旅游市场营销学

(第2版)

安贺新 主 编
史锦华 韩玉芬 副主编

清华大学出版社
北 京

内 容 简 介

本书全面介绍了旅游市场营销的理论和实际应用成果，包括旅游市场营销的基本原理、基本策略(7Ps策略)以及旅游市场营销管理和主要旅游行业的营销。本书以大量的旅游市场营销实际问题及案例研究证实和支撑了旅游市场营销基本理论的正确性、先进性。书中案例均从国内外多种渠道收集和整理而成，案例和操作方法对旅游院校的教师和学生以及旅游从业人员具有重要的参考价值。

本书内容充实，体系严密，案例丰富，并附有丰富的电子课件，下载地址为http://www.tupwk.com.cn。

本书封面贴有清华大学出版社防伪标签，无标签者不得销售。
版权所有，侵权必究。举报：010-62782989，beiqinquan@tup.tsinghua.edu.cn。

图书在版编目(CIP)数据

旅游市场营销学 / 安贺新 主编. —2版 —北京：清华大学出版社，2016（2022.2重印）
ISBN 978-7-302-42015-6

Ⅰ. ①旅… Ⅱ. ①安… Ⅲ. ①旅游市场—市场营销学 Ⅳ. ①F590.8

中国版本图书馆 CIP 数据核字(2015)第 263172 号

责任编辑：崔 伟 马遥遥
封面设计：周晓亮
版式设计：方加青
责任校对：成凤进
责任印制：宋 林

出版发行：清华大学出版社
    网　　址：http://www.tup.com.cn，http://www.wqbook.com
    地　　址：北京清华大学学研大厦A座　　邮　　编：100084
    社 总 机：010-83470000　　邮　　购：010-62786544
    投稿与读者服务：010-62776969，c-service@tup.tsinghua.edu.cn
    质 量 反 馈：010-62772015，zhiliang@tup.tsinghua.edu.cn
    课 件 下 载：http://www.tup.com.cn，010-62796865

印 装 者：三河市龙大印装有限公司
经　　销：全国新华书店
开　　本：185mm×260mm　　印　张：20.75　　字　数：505千字
版　　次：2011年1月第1版　　2016年2月第2版　　印　次：2022年2月第8次印刷
定　　价：59.00元

产品编号：067138-03

前　言

自20世纪80年代以来，被称为"朝阳产业""绿色产业""惠民产业"的旅游业已经成为中国新的经济增长点。旅游业综合性强、关联度大、产业链长，是带动其他产业链滚动发展的有效途径，能够影响、带动和促进与之相关联的产业发展。在当前经济背景下，我国经济战略的重点就是保增长、扩内需、调结构、促就业。2009年12月1日，国务院正式发布《关于加快发展旅游业的意见》，明确提出要制定国民旅游休闲纲要，设立"中国旅游日"，将旅游业培育成国民经济的战略性支柱产业。可以认为，发展旅游业是一个国家战略。

近些年，随着人民生活水平的提高，闲暇时间的增多，旅游消费需求日益高涨，并呈理性化、个性化之势。而纵览我国旅游行业，旅游景区、旅游住宿、旅游酒店、旅游交通等旅游项目一拥而上，很多旅游企业经营理念落后，市场营销观念淡薄，导致其同质化程度越来越高，可替代旅游产品不断增多，市场竞争日益加剧。这些问题若得不到解决，将严重制约我国旅游业的进一步发展。如何持续保持旅游产品对顾客的吸引力是旅游企业开发和经营的关键，越来越成为投资者和经营者关注的焦点。

目前图书市场上旅游市场营销类教材数量不少，但尚缺少符合旅游市场营销一般原理的体系完整、结构设计合理、覆盖旅游企业营销活动全部内容的教材。本书力图弥补这一不足。本书较为全面地介绍了旅游市场营销的理论和实际应用成果，以大量的旅游市场营销实际问题和案例证实与支撑旅游市场营销基本理论的正确性、先进性。书中所用案例由编者从国内外、线上线下多种渠道收集和整理而成。这些案例和操作方法对旅游院校的教师和学生以及旅游从业人员具有重要的参考价值。

与国内其他同类教材相比，本书的特色如下。

(1) 内容充实、框架完整、体系严密。本书较为全面地介绍了旅游市场营销的理论和实际应用成果，包括旅游市场营销的基本原理、基本策略(7Ps策略)以及旅游市场营销管理和主要旅游行业的营销。

(2) 体例编排新颖。在编写体例上，本书力图新颖实用。旅游学科是一个典型的实用学科，旅游市场营销的实践性与应用性非常强。本书各章的体例安排为：学习目标、导入案例、正文(其中在关键知识点穿插实例)、本章小结、案例分析、复习思考题，以突出实务性和可操作性。课件下载网址为http://www.tupwk.com.cn。

(3) 理论与实际紧密结合。本书以大量的旅游市场营销实际问题和案例研究来佐证旅游市场营销的基本理论，并使读者能够身临其境地感受所学所知。

(4) 理念先进。本书集中了团队的集体智慧,观点新颖、取材广泛、论述流畅、信息量大,在编写过程中整合了大量国内外旅游市场营销的先进理念。

本书由中央财经大学安贺新教授任主编,负责全书框架体系设计,并统稿、修改与定稿,由史锦华、韩玉芬任副主编。参加编写的主要人员有:韩玉芬(第一、八章),田晶、安贺新(第二章),裴沙莎、安贺新(第三章),赵璇(第四章),史锦华(第五、六章),史锦华、于秀霞(第七章),王乙臣(第九章),张宏彦(第十、十一章),韩玉芬、李祎伟(第十二章),杨丽(第十三、十四章)。另外,王广生、任亚辉、秦声、刘雨、高玮等也参与了本书的编写。

在本书的编写过程中,我们参考和引用了大量文献,在此向原作者致以诚挚的谢意。书中不当之处敬请读者批评指正。

安贺新
2015年12月

目 录

第一章 旅游市场营销概述 ……………… 1
第一节 旅游市场与旅游市场营销 ……… 1
一、旅游市场的含义与特点 ……………… 1
二、旅游市场营销的含义与特点 ………… 4
第二节 旅游市场营销观念的演进 ……… 7
一、生产者导向的旅游市场营销观念 …… 8
二、市场导向的旅游营销理念 …………… 9
三、旅游市场营销新理念 ………………… 11
第三节 旅游服务产品的特征 …………… 13
一、旅游服务产品的特征 ………………… 13
二、旅游服务产品的分类 ………………… 15
第四节 旅游市场营销组合 ……………… 15
一、产品 …………………………………… 15
二、定价 …………………………………… 16
三、渠道 …………………………………… 17
四、促销 …………………………………… 17
五、人员 …………………………………… 17
六、有形展示 ……………………………… 17
七、过程 …………………………………… 17
第五节 旅游市场营销新发展——体验营销 …………………………………… 18
一、旅游体验营销的含义 ………………… 18
二、旅游体验营销的特征 ………………… 18
三、旅游体验营销在我国的发展 ………… 19
【本章小结】 ……………………………… 19
【案例分析】凤凰古城——品牌在旅游市场营销中价值的体现 …… 20
【复习思考题】 …………………………… 22

第二章 旅游市场营销环境 ……………… 23
第一节 旅游市场营销环境概述 ………… 25
一、旅游市场营销环境的概念 …………… 26
二、旅游市场营销环境的构成 …………… 26
三、旅游市场营销环境的特点 …………… 26
第二节 旅游市场营销宏观环境分析 …… 28
一、人口环境 ……………………………… 28
二、经济环境 ……………………………… 30
三、政治与法律环境 ……………………… 33
四、社会文化环境 ………………………… 35
五、科学技术环境 ………………………… 37
六、自然生态环境 ………………………… 38
第三节 旅游市场营销微观环境分析 …… 39
一、旅游企业内部环境 …………………… 40
二、中介机构 ……………………………… 40
三、供应商 ………………………………… 42
四、竞争者 ………………………………… 42
五、顾客 …………………………………… 43
六、公众 …………………………………… 44
第四节 旅游市场营销环境分析方法与对策 …………………………………… 45
一、SWOT分析法 ………………………… 45
二、企业的对策 …………………………… 49
【本章小结】 ……………………………… 50
【案例分析】秦皇岛乐岛海洋公园 ……… 50
【复习思考题】 …………………………… 52

第三章 旅游购买行为分析 ……………… 53
第一节 旅游购买行为概述 ……………… 55

一、旅游购买行为的含义 …………… 55
二、旅游购买行为类型 ……………… 55
三、旅游购买行为模式 ……………… 56
第二节 旅游者购买行为分析 ………… 57
一、旅游需求及特点 ………………… 57
二、影响旅游者购买行为的因素 …… 60
三、旅游者购买决策过程 …………… 70
第三节 旅游组织的购买行为分析 …… 74
一、旅游组织的分类和特征 ………… 74
二、组织旅游购买过程的参与者 …… 75
三、影响组织机构购买行为的因素 … 76
四、旅游组织的购买决策过程 ……… 77
【本章小结】 …………………………… 79
【案例分析】中国旅游率先布局"一带
一路"谋发展 …………… 80
【复习思考题】 ………………………… 84

第四章 旅游市场调研与预测 ………… 85
第一节 旅游市场调研 …………………… 86
一、旅游市场营销调研的概念 ……… 86
二、旅游市场营销调研的内容 ……… 86
三、旅游市场营销调研的类型 ……… 89
四、旅游市场调研的程序 …………… 90
五、旅游市场营销调研的方法 ……… 91
六、旅游市场调查问卷设计技术 …… 93
第二节 旅游营销信息系统 …………… 95
一、旅游营销信息 …………………… 95
二、旅游营销信息系统 ……………… 97
第三节 旅游市场预测 ………………… 100
一、旅游市场预测的概念 …………… 100
二、旅游市场预测的内容 …………… 100
三、旅游市场预测的分类 …………… 102
四、旅游市场预测的步骤 …………… 102
五、旅游市场预测的方法 …………… 103
【本章小结】 ………………………… 106
【案例分析】房山区旅游景区调研报告 … 106
【复习思考题】 ……………………… 108

第五章 旅游目标市场营销 …………… 109
第一节 旅游市场细分 ………………… 109
一、旅游市场细分的概念 …………… 109
二、旅游市场细分的作用 …………… 110
三、旅游市场细分的原则 …………… 111
四、旅游市场细分的依据 …………… 111
五、旅游市场细分的方法 …………… 116
六、旅游市场细分的步骤 …………… 117
第二节 旅游目标市场选择及策略 …… 118
一、旅游目标市场概述 ……………… 118
二、旅游目标市场的选择 …………… 118
三、旅游目标市场选择的依据 ……… 119
四、旅游目标市场策略 ……………… 120
五、影响旅游目标市场营销策略选择的
因素 …………………………… 122
第三节 旅游产品的市场定位 ………… 123
一、旅游产品市场定位概述 ………… 123
二、旅游市场定位的程序 …………… 124
三、旅游市场定位的一般方法 ……… 125
四、旅游市场定位的创新方法 ……… 128
五、旅游目标市场定位营销战略 …… 130
【本章小结】 ………………………… 131
【案例分析】借助"方便旅游"理念发展
老年旅游 ……………… 131
【复习思考题】 ……………………… 133

第六章 旅游产品策略 ………………… 134
第一节 旅游整体产品与旅游产品组合 … 134
一、旅游产品的含义 ………………… 135
二、旅游产品的特点 ………………… 135
三、旅游整体产品的概念和内容 …… 136
四、旅游产品组合 …………………… 138
第二节 旅游产品生命周期策略 ……… 140
一、旅游产品生命周期理论 ………… 140
二、影响旅游产品生命周期的主要因素 … 141
三、旅游产品生命周期各阶段的营销
策略 …………………………… 142

第三节 旅游新产品开发策略……………… 144
  一、旅游新产品的含义 …………… 144
  二、旅游新产品的开发要求 ……… 146
  三、旅游新产品开发的原则和策略 …… 146
  四、旅游新产品的开发程序 ……… 147
第四节 旅游产品品牌策略 ……………… 149
  一、旅游产品品牌的含义 ………… 149
  二、旅游产品的品牌分类 ………… 149
  三、旅游产品品牌策略 …………… 150
  【本章小结】………………………… 152
  【案例分析】麻城杜鹃花旅游产品开发
          策略 ………………… 152
  【复习思考题】……………………… 153

第七章 旅游产品定价策略…………154

第一节 旅游产品价格概述……………… 154
  一、旅游产品价格的构成 ………… 155
  二、旅游产品价格的特点 ………… 155
  三、影响旅游产品定价的因素 …… 157
  四、旅游产品定价步骤 …………… 160
第二节 旅游产品定价方法 ……………… 161
  一、旅游产品定价的机制 ………… 161
  二、旅游产品的定价方法 ………… 162
第三节 旅游产品定价策略……………… 167
  一、心理定价策略 ………………… 167
  二、新产品定价策略 ……………… 169
  三、折扣定价策略 ………………… 170
  四、其他定价策略 ………………… 172
  【本章小结】………………………… 173
  【案例分析】海南品质旅游产品定价 …… 174
  【复习思考题】……………………… 174

第八章 旅游产品分销渠道策略………176

第一节 旅游产品分销渠道的概念与
      功能 ………………………… 177
  一、旅游产品分销渠道的概念 …… 177
  二、旅游产品分销渠道的功能 …… 177

第二节 旅游产品分销渠道的类型与
      选择 ………………………… 178
  一、旅游产品分销渠道的类型 …… 178
  二、旅游产品分销渠道的选择 …… 181
第三节 旅游中间商 ……………………… 185
  一、旅游中间商的类型 …………… 186
  二、旅游中间商的功能 …………… 187
  三、旅游中间商的选择 …………… 187
  四、旅游中间商的管理 …………… 188
第四节 旅游产品分销渠道的发展
      趋势 ………………………… 189
  一、旅游产品分销渠道的联合趋势 …… 189
  二、旅游产品分销渠道的发展趋势 …… 190
  【本章小结】………………………… 191
  【案例分析】象山拓展旅游网络营销
          新渠道提高旅游信息化
          服务水平 …………… 191
  【复习思考题】……………………… 192

第九章 旅游产品促销策略……………193

第一节 旅游产品促销概述……………… 194
  一、旅游产品促销的概念 ………… 194
  二、旅游产品促销的作用 ………… 194
第二节 旅游广告策略…………………… 196
  一、旅游广告的定义及作用 ……… 196
  二、旅游广告策略的实施步骤 …… 196
第三节 旅游产品人员推销……………… 200
  一、人员推销的特点及作用 ……… 200
  二、人员推销的开展方式 ………… 201
  三、人员推销的实施过程 ………… 202
第四节 旅游销售促进策略……………… 203
  一、销售促进的含义及作用 ……… 203
  二、销售促进的方式 ……………… 204
  三、销售促进的实施步骤 ………… 205
第五节 旅游公共关系策略……………… 206
  一、公共关系的作用及目标 ……… 207
  二、公共关系的基本工具 ………… 208

三、危机公关管理 ························ 209
第六节　旅游促销组合策略 ············· 209
　　一、影响促销组合的因素 ··············· 209
　　二、制定促销组合策略 ·················· 211
【本章小结】 ······································· 211
【案例分析】旅游电商"双十一"让利
　　　　　　促销 ································ 212
【复习思考题】 ··································· 213

第十章　旅游人员管理策略 ············· 214

第一节　旅游人员要素 ······················· 215
　　一、旅游服务营销中的人员要素 ····· 215
　　二、旅游人力资源分析 ·················· 216
第二节　旅游服务人员的条件 ············· 218
　　一、良好的职业道德 ······················ 218
　　二、广博的知识 ···························· 219
　　三、良好的仪容风范 ······················ 220
　　四、社交沟通能力 ·························· 220
　　五、良好的心理素质和健康的体魄 ··· 221
　　六、应变与应急能力 ······················ 221
　　七、跨文化交流能力 ······················ 222
　　八、服务角色化要求 ······················ 223
第三节　旅游企业的内部营销 ············· 223
　　一、内部营销理论的兴起与发展 ····· 223
　　二、内部营销的内涵 ······················ 224
　　三、内部营销与服务利润链 ············ 224
【本章小结】 ······································· 225
【案例分析】海南好导游传播旅游
　　　　　　正能量　游客为其点赞 ····· 226
【复习思考题】 ··································· 227

第十一章　旅游服务过程管理策略 ······ 228

第一节　旅游服务过程及管理 ············· 229
　　一、服务过程与真实瞬间 ··············· 229
　　二、旅游服务过程改进 ·················· 230
　　三、旅游服务过程失误的补救 ········· 233
第二节　旅游服务流程设计 ················· 235
　　一、旅游服务流程 ························· 235

二、服务流程设计方法 ·················· 235
【本章小结】 ······································· 240
【案例分析】西南航空公司：将人员、过
　　　　　　程和有型设施结合起来 ····· 240
【复习思考题】 ··································· 242

第十二章　旅游产品有形展示策略 ······ 243

第一节　旅游产品有形展示的概念和
　　　　作用 ································ 243
　　一、旅游产品有形展示的概念 ········ 244
　　二、旅游产品有形展示的作用 ········ 245
第二节　旅游产品有形展示的类型 ······ 247
　　一、内部有形展示 ························· 247
　　二、外部有形展示 ························· 251
第三节　旅游产品有形展示的设计与
　　　　管理 ································ 253
　　一、旅游产品有形展示的设计 ········ 254
　　二、旅游产品有形展示的管理 ········ 257
【本章小结】 ······································· 259
【案例分析】杭州旅游形象片出现在美国
　　　　　　主流媒体 ························· 260
【复习思考题】 ··································· 261

第十三章　旅游市场营销管理 ············ 262

第一节　旅游市场营销管理过程 ········· 263
　　一、分析旅游市场营销机会 ············ 263
　　二、研究和选择旅游目标市场 ········ 264
　　三、制定旅游市场营销战略 ············ 265
　　四、制订营销计划 ························· 266
　　五、实施和控制旅游市场营销计划 ··· 266
第二节　旅游市场营销计划 ················ 266
　　一、旅游市场营销计划的内容 ········ 267
　　二、旅游市场营销计划的实施 ········ 269
第三节　旅游市场营销组织 ················ 270
　　一、旅游市场营销组织的特点 ········ 270
　　二、旅游市场营销组织建立的原则 ··· 271
　　三、旅游市场营销组织的演化过程 ··· 272

四、现代旅游市场营销部门的组织
　　形式 ·············· 273
五、市场营销部门和其他部门的关系 ···· 276
六、旅游企业营销组织的发展趋向 ······ 276
七、影响旅游企业设立营销组织的
　　因素 ·············· 278
第四节　旅游市场营销控制 ·············· 279
一、旅游市场营销控制的类型 ·········· 279
二、旅游市场营销控制的步骤 ·········· 281
【本章小结】 ························· 282
【案例分析】江西养老旅游市场营销策略
　　探析 ·············· 283
【复习思考题】 ······················· 285

第十四章　旅游业各行业营销 ············ 286

第一节　旅游目的地营销 ················ 287
一、旅游目的地的界定及类型 ·········· 287
二、旅游目的地营销的内涵 ············ 288
三、旅游目的地营销的要素 ············ 289
四、旅游目的地营销特点 ·············· 290
五、旅游目的地营销组织及其职责 ······ 291
六、旅游目的地营销策略 ·············· 292
第二节　旅游景区营销 ·················· 293
一、旅游景区的概念 ·················· 293

二、旅游景区的构成要素 ·············· 293
三、旅游景区的类型 ·················· 293
四、影响旅游景区营销的因素 ·········· 295
五、旅游景区营销策略 ················ 296
第三节　旅游交通营销 ·················· 301
一、旅游交通的概念和特征 ············ 301
二、旅游交通体系的构成 ·············· 302
三、旅游交通在旅游业中的地位和作用 ··· 304
四、影响旅游交通营销的因素 ·········· 305
五、旅游交通营销策略 ················ 306
第四节　旅游饭店营销 ·················· 307
一、旅游饭店营销的内涵 ·············· 308
二、旅游饭店营销的特点 ·············· 309
三、旅游饭店产品的营销 ·············· 309
第五节　旅行社营销 ···················· 311
一、旅行社的定义 ···················· 311
二、旅行社市场营销的含义 ············ 311
三、旅行社市场营销策略 ·············· 312
【本章小结】 ························· 314
【案例分析】上海春秋国际旅行社
　　简析 ·············· 315
【复习思考题】 ······················· 317

参考文献 ·························· 318

第一章
旅游市场营销概述

学习目标

(1) 掌握旅游市场的含义及其特点
(2) 了解旅游市场营销观念的演进过程
(3) 掌握旅游市场营销组合的内容
(4) 了解旅游服务产品的特征
(5) 了解旅游市场营销的发展趋势

导入案例

运城盐湖地处晋南盆地，位于山西省运城市南端，东西全长30公里，南北宽5公里，总面积为132平方公里。由于它是典型的闭流湖泊，含盐量比普通海水高出约8倍，水生生物无法生存，浮力甚大，即使不会游泳的人也能畅游碧波，故得"中国死海"之名。2002年起，南风化工集团对盐湖进行了转换型开发，精心打造了国内唯一的"中国死海"——运城瑞莱斯漂浮浴场。在寒冷的冬季，漂浮城里并不受季节影响，游客依然可以自得其乐。

南风化工集团在开发旅游产品中，考虑到自身的独特资源，利用盐湖6000年沉淀的大量黑泥、盐水及独特的地质结构等自然生态资源涉足旅游业，资源得天独厚，题材新颖独特，有较强的排他性和不可模仿性。

运城盐湖明确的战略定位，使其产品拥有较大的市场发展潜力，其今后的规划思路是保护运城盐湖的生态环境，节省投资，提高经济效益，增加配套服务，提高档次，把"中国死海"旅游做成特色突出、功能齐全、管理服务完善、品位高雅的AAAA级风景名胜。

(资料来源：禹贡.运城盐湖瑞莱斯漂浮浴场——"中国死海"诞生，2014-5-1)

第一节 旅游市场与旅游市场营销

一、旅游市场的含义与特点

(一) 旅游市场的含义

旅游市场是商品经济的产物，旅游市场的概念随着商品经济的不断发展，其内容也在不断地丰富和充实。关于旅游市场的表述有多种，概述如下。

(1) 旅游市场是旅游商品交换的场所。它是指买卖双方购买和出售旅游商品，进行交易活动的地点或地区。但是这一概念表述得不够全面。因为如果有人说："中国的旅游市场很大。"显然不是指中国旅游的场所很大，而是指中国的市场需求很大。

(2) 旅游市场是对旅游商品具有需求、支付能力和购买欲望的人或组织。这里所说的旅游市场是指有购买欲望、有购买力和通过交易达到旅游商品交换的消费者群及组织，而不是场所。

从这个概念中可以看出，一个完整的旅游市场包括3个要素：旅游者、一定的购买力、有旅游购买欲望。用公式表示即为：

$$旅游市场=旅游者+购买力+购买欲望$$

旅游者是构成旅游市场的基本因素。它是旅游市场的核心，哪里有旅游者，哪里有旅游的消费者群，哪里就有旅游市场，它决定着旅游市场的规模和容量。旅游者既包括现实的旅游者，也包括潜在的旅游者。所谓潜在的旅游者是指暂时没有购买力或目前没有购买欲望的旅游者。这些潜在的旅游者，一旦收入有了提高，或受旅游市场的宣传，其潜在需求就会转变成现实需求，成为现实的旅游者。因此，对于旅游企业来说，明确本企业的现实的旅游者和潜在的旅游者，对正确制定旅游营销决策具有重要意义。

购买力是指人们支付货币购买旅游商品的能力。旅游购买力的高低由购买者收入多少而定。一般来说，人们的收入越高，旅游的购买力就越高，旅游市场也就越大；反之，旅游市场也就越小。

购买欲望是指人们购买旅游商品的动机、愿望和要求。它是旅游者把潜在的购买欲望转变为现实购买行为的重要条件，也是构成旅游市场的基本因素。

上述三要素相互影响，缺一不可。只有三者结合才能构成有效的旅游市场。

(3) 旅游市场是旅游商品交换关系的总和。主要是指旅游商品的现实消费者、潜在消费者与生产者、销售者之间的经济关系，还包括旅游商品在交易过程中起辅助作用的一切机构、部门(如银行、保险公司、运输部门等)与旅游商品的买卖双方之间的关系。这个概念是从旅游商品交换过程中人与人之间经济关系的角度定义的。

以上旅游市场的含义是从各个不同的角度阐述的，相互之间并不矛盾，只是各自强调的角度不同。旅游企业要全面理解旅游市场的含义，这对旅游企业的生产、经营、市场营销具有重要的意义。也就是说，旅游企业面向旅游市场，是指旅游企业要面向某一国家、某一地区的游客，面向目标顾客的需求，研究其购买行为和购买心理，以顾客需求为导向，结合企业的实际情况，研究旅游商品交换中的买卖、协作、竞争等关系，确定旅游企业的经营方向和经营服务对象，制定旅游市场营销策略，以达到旅游企业的经营目标，提高经济效益。

(二) 旅游市场的特点

旅游市场具有如下特点。

1. 广泛性和大众性

旅游已由高消费向大众化发展。过去人们认为，旅游是有钱有地位的人享受的活动，但是，从20世纪60年代起，旅游不但在许多国家内部普遍开展起来，而且旅游作为人类广泛的社会地域活动已经遍及世界各个角落，形成了国际旅游流。旅游大众化时代的到来，要求旅游市场经营者要根据大众化的市场特点组织丰富多彩的旅游项目，以满足广大社会成员对旅游的各种偏好和需求。

2. 需求多样性

随着各地旅游资源和旅游产品的不断丰富，旅游产品替代性极强，使旅游者增加了许多可选择性。由于旅游者的经济收入、个人兴趣爱好、职业、性别、受教育程度等的不同，旅游者的市场需求随着旅游者的要求不同而呈现多样化的特征。

3. 多层次性

旅游已由基本旅游层次向高层次发展。旅游活动可分3个层次，一是基本旅游，二是高层次旅游，三是专门旅游。所谓基本旅游，指旅游者的一般观赏景物的需求。这是旅游者的基本需求。所谓高层次旅游，主要指人们参加旅游活动，不仅要观光，还要有娱乐、购物等内容，使观光、娱乐和购物紧密结合起来。所谓专门旅游是更高层次的旅游，如会议旅游、商务旅游、疗养旅游、新婚旅游、登山旅游等，都是以专门旅游市场的形式出现的。以上3个层次，逐级提高，反映了旅游市场的发展规律。

实例1-1

2013年，我国旅游业总体保持健康较快发展。国内旅游市场继续较快增长，入境旅游市场小幅下降，出境旅游市场持续快速增长。国内旅游人数达32.62亿人次，收入26 276.12亿元人民币，分别比2012年增长10.3%和15.7%；入境旅游人数1.29亿人次，实现国际旅游(外汇)收入516.64亿美元，分别比2012年下降2.5%和增长3.3%；中国公民出境人数达到9818.52万人次，比2012年增长18.0%；全年实现旅游业总收入2.95万亿元人民币，比2012年增长14.0%。

(资料来源：2013年中国旅游业统计公报. 国家旅游局政策法规司. http://www.360doc.com/content/14/1216/08/20013263，2014-9-24)

4. 全球性市场格局

旅游已从发达国家向发展中国家发展。旅游市场发展初期，市场范围并不太大，仅仅局限在欧美等西方发达国家之间。近三十年来，东亚及太平洋旅游区已成为世界上接待人数最多、发展最为迅速的地区，亚非拉等发展中国家和地区的旅游业，正以快速发展的姿态活跃在国际旅游市场上，吸引着世界各国的旅游者。

旅游已由国内旅游向国际旅游发展。世界旅游业的迅速发展，使得国内旅游活动已不能满足本国人民的需求，随之出现了出国旅游和接纳外国人入境旅游的活动。国内旅游与国际旅游相互促进，彼此结合，形成了今日这种强大的旅游市场体系。

5. 竞争呈现多角化

从消费者的角度看，随着世界经济的快速增长，人们物质生活水平的提高，收入的增加，观念的更新，使得旅游业发展势头迅猛，竞争加剧，并且这种竞争将进一步国际化、白热化、长期化，这就对旅游企业在市场创新方面提出了更高的要求。

从旅游企业的角度看，过去的旅游市场的竞争基本是同行业之间的竞争，这种竞争在一定程度上还带有垄断的性质。然而，随着旅游业在各地的兴起，各类旅游饭店拔地而起，使得竞争加剧，表现为多方位和多角度的竞争，不仅有来自行业内部的竞争，还有行业外部的竞争，以及来自潜在竞争者、替代产品的竞争等多个方面。并且今后市场竞争将日益复杂化、多角化，要求旅游企业从长期性和战略性来考虑企业营销战略问题。

二、旅游市场营销的含义与特点

(一) 旅游市场营销的含义

市场营销是指在变化的市场环境中，企业以适应和满足消费者的需求为宗旨，实现企业经营目标的商务活动过程。它包括市场调研、选择目标市场、产品开发、定价、渠道选择、促销、产品储运、售后服务等一系列与市场有关的企业经营活动。企业的经营观念经历了生产观念导向、产品观念导向、推销观念导向、营销观念导向、社会营销观念导向等5个阶段渐次递进的演变过程。

旅游市场营销是市场营销学在旅游行业中的具体运用，它是企业以旅游消费需求为导向，通过分析、计划、执行、反馈和控制等一系列过程，向游客提供满意的产品和服务，从而实现旅游企业的经济目标和社会目标。旅游市场营销研究的出发点是旅游市场需要，研究的目的是通过满足游客需求而获取效益。旅游市场营销对发展旅游事业起到重大的作用。

(二) 旅游市场营销研究的主要内容

1. 国际旅游业市场营销研究的进展

第一阶段：旅游市场营销的兴起。20世纪50年代，第二次世界大战结束后，由于科技的进步和发展，劳动生产率大幅提高，人民的收入和生活水平迅速提高，对旅游的需求和欲望发生着变化，世界旅游业呈现迅猛发展的势头，旅游市场竞争日趋激烈，许多旅游企业开始把市场营销的相关理论运用到旅游市场竞争当中，使得旅游市场营销学开始从市场营销理论中独立出来。

第二阶段：旅游市场营销理论的发展。随着旅游市场竞争的日益激烈，旅游市场营销理论也得到了发展，由过去仅限于研究旅游产品的特征、旅游市场的特征、旅游市场营销与传统市场营销的区别等问题逐步发展为研究游客的心理、游客的需求特征及旅游市场的风险评估等，研究内容在不断地充实和丰富。

第三阶段：旅游市场营销理论的成熟。从20世纪80年代末期开始，旅游市场营销理论进入了一个飞速发展的时期。研究者在前期研究的基础上，充分吸收了传统营销的4P理论，即产品、价格、渠道、促销策略的精华，又增加了"人(people)""服务过程(process)"和"有形展示(physical evidence)" 3个要素，共同构成了旅游市场营销的7P组合策略。并在发展过程中又吸收了社会学、心理学、公共关系学、消费经济学等相关学科的精髓，建立了旅游市场营销自身的一套理论体系，成为一门多学科交叉的、应用性较强的、综合性的管理学科。

2. 旅游市场营销的内容

旅游市场营销的内容十分广泛，基本可以概括为以下5个方面。

(1) 旅游市场营销观念。以满足游客需求为中心的市场营销观念作为旅游企业的核心经营思想，贯穿于旅游市场营销学的始终。

(2) 旅游市场调研与预测。如何进行市场调研、分析市场，进行目标市场定位是旅游企业认识市场、了解市场发展变化趋势的重要手段，也是旅游企业确定经营战略、制定经营目标、经营计划和营销策略的主要依据。

(3) 旅游者需求分析。旅游企业要想满足游客的消费需求，其前提就是要了解旅游者的需求，分析影响旅游者需求的各种因素和购买行为，制定有针对性的市场营销策略，实现企业的经营目标。

(4) 旅游市场营销组合策略。旅游企业如何有效运用旅游市场营销组合，制定旅游产品、价格、渠道、促销等营销策略和手段，决定了企业能否获得最大的经济效益。主要包括新产品开发、产品品牌、定价的方法和影响定价的因素、广告、销售促进等内容。

(5) 旅游企业如何开展旅游市场管理、组织、控制等营销活动。

(三) 旅游市场营销研究的方法

同市场营销的研究方法一样，旅游市场营销的研究方法也有很多，具体包括以下几种。

(1) 旅游品牌营销。就是企业以目标市场的需求为中心，努力地去塑造和传播本企业有特色的产品或服务品牌形象的过程，目的就是要在顾客心中塑造出一个理想的品牌形象。包括对各种信息的收集、对目标顾客的心理期望的掌握、对品牌形象的设计、对传播方式的选择以及对品牌的形象创意等，是一个复杂的、综合性的系统工程。

(2) 旅游体验营销。是旅游企业在营销方式上的变革，与传统的旅游营销相比有独特的优势。它需要旅游企业从旅游者的感官、情感、思考、行动、关联五个方面入手，创造一种稳定的、明确的、独特并有价值的体验，让消费者在独特的体验过程中获得满意，并与品牌产生互动，建立忠诚度。

(3) 旅游网络营销。旅游业网络营销是利用互联网这一载体，对旅游市场进行更有效的细分和目标定位，对分销渠道、产品的定价、服务、产品理念进行更为有效的规划和实施，创造满足旅游者与旅游产品销售者之间的交易。

(4) 旅游整合营销。旅游市场需求有其自身的特点与发展规律，旅游企业应以品牌营销为核心，整合各种资源，努力打造整体形象。包括旅游目的地公共营销组织整合、旅游行业部门优化整合、旅游产品开发整合、旅游品牌形象整合与旅游营销区域整合等。

实例1-2

2013年10月24日，中国国际旅游交易会在昆明国际会展中心开幕。海南省近百人的代表团参加了本届国际旅游交易会，代表团成员来自省旅游委、6个市县及多家旅行社、景点、景区。

海南馆紧挨中国国家馆，面积达496平方米，是所有省市展馆中最吸引眼球的展馆之一。挺拔的椰子树、舒适的沙滩椅、绚丽的冲浪板、五彩缤纷的海底世界、浪漫的婚庆长廊……整个展馆处处洋溢着海南元素，向世人发出海南的邀请。

一对昆明退休夫妇告诉记者，近年来，他们已经多次到海南游玩，但还没去过槟榔谷等景区，下次还要找机会来海南。

海南代表团团长、省长助理、省委旅委主任陆志远介绍："这次主推的是爱情文化。我们把婚庆殿堂、婚纱摄影、独家休闲、美食包括游轮、游艇等综合到一起，形成了海南情爱文化，打造了海南情爱文化的产业链。"

据介绍，为期4天的国际旅游交易会吸引了102个国家及地区参展，来自世界各国、各地区的1000多名买家和20个海外贵宾团、40余位贵宾出席了相关活动。

(资料来源：中国国际旅游交易会开幕 海南馆吸引世界眼光.中国国家旅游局网站，2013-10-25)

(5) 旅游互动营销。互动营销是建立在通信网络的基础上，大多以互联网络、手机、电话中心和数字电视为载体，使消费者在消费的过程中通过通信网络快速与旅游景区直接建立联系，使得消费信息快速、准确地传递到景区，同时景区可以向消费者提供其他增值服务。通过这种方式提高旅游市场占有率及消费者对景区的忠诚度。

(四) 旅游市场营销的特点

旅游业属于特殊的服务性行业，所提供的产品既包括有形的产品，又包括无形的服务，旅游服务产品的不可感知性、不可分离性、差异性、不可储存性、缺乏所有权等特征，导致了围绕旅游服务产品而展开的旅游市场营销也有别于传统的市场营销，自身拥有如下特征。

(1) 旅游产品营销的外延更加广泛。同实体产品相比，旅游服务产品更多关注的是提供服务者的行为、旅游景点的环境卫生、设施的安全等内容。因为游客对旅游产品的感知和效果判断主要在于旅游的项目设计、人员态度、设施及环境等相关因素。

(2) 营销管理的目标以人为主。因旅游企业与游客的参与性、互动性非常强，使得旅游服务的效果不仅取决于提供服务人员的素质，还与游客本身的行为密切相关，所以旅游业的市场营销人性化色彩浓郁，提供服务者和游客成为旅游营销的两大目标。

实例1-3

两家鞋业制造公司分别派出了一个业务员去开拓市场，一个叫杰克逊，一个叫板井。在同一天，他们两个人来到了南太平洋的一个岛国，到达当日，他们就发现当地人全都赤足，不穿鞋！从国王到贫民、从僧侣到贵妇，竟然无人穿鞋子。当晚，杰克逊向国内总部老板发了一封电报："上帝呀，这里的人从不穿鞋子，有谁还会买鞋子？我明天就回去。"板井也向国内公司总部发了一封电报："太好了！这里的人都不穿鞋。我决定把家搬来，在此长期驻扎下去！"两年后，这里的人都穿上了鞋子……许多人常常抱怨难以开拓新市场，事实上是新市场就在你的面前，只不过你怎样发现这个市场而已。

(资料来源：程贤军.两个业务员到非洲卖鞋的故事，http://club.1688.com/article/42631768.html，2014-07-04)

(3) 旅游产品质量的整体控制。由于旅游营销人性化色彩所带来的个人主观性，使得旅游产品的质量控制很难，不像有形产品可以用统一客观标准来衡量质量的好坏。旅游产品质量的控制需要技术质量(旅游服务的操作规程)和功能质量(游客的感受和满意度)两方面来控制，是全面意义上的旅游产品质量控制，是对企业内外部各种营销关系进行全面管理。

(4) 旅游营销的时效性强。旅游产品是不可储存的。主要表现在：一方面，旅游产品供过于求会造成资源浪费，供不应求又会使游客不满意，因此，如何在时间上使波动的市场需求与旅游企业的资源保持一致，是旅游企业市场营销研究的主要课题。另一方面，旅游企业对游客提供的新产品或其他承诺，必须及时、快速地兑现。因为在旅游产品消费过程中，时间是第一要务，它对提升游客满意度、提高企业绩效起着重要的作用。

实例1-4

目前，国内许多旅行社特别是中小型旅行社在面临淡季的时候，都比较消极地去对待。现在网上流传着这样的一句话：“淡季到，小旅行社睡觉。”在淡季到来时，一些中小旅行社通常只考虑短线的游客，至于长线的，他们会将所接手的业务转交给规模较大的旅行社，自己则进入了"休眠"期。一些小旅行社甚至直接关门歇业，撑到下一个旺季的到来。

这些措施看似合理，其实其负面影响也不小。比如在旅行社品牌的宣传方面来说，如果一间旅行社做了一段时间，又停业了一段时间，这样消费者会对旅行社的实力产生怀疑，就不敢再去找这间旅行社，也不会为旅行社推荐新客户。这样即使到了旺季，也许客源也不理想。而且对旅行社的员工来说，淡季收入减少或者没收入，会影响其工作积极性，对旅行社也逐渐失去归属感。这对旅行社长远发展是非常不利的。所以，消极对待不是解决问题的良策，旅行社经营者应积极对待，在可预测的范围内，充分抓住淡季空档，将旅游产品的设计、价格和人员结构做出合理调整，为下一阶段的发展奠定基础，也许能够化弊为利。

（资料来源：旅行社应如何应对旅游淡季. http://wenku.baidu.com/linkurl=1LgEAuF_RCn_zFRBg2xSDYZRbCXq0DLLbdFYT)

(5) 分销渠道的特定化。由于旅游产品的不可分离性，使得旅游企业不可能像有形产品的生产企业那样通过批发、零售等分销渠道，把产品从生产地送到顾客手中，而只能借助特定的分销渠道推广旅游服务产品。如餐厅、酒店、旅游景点、旅游交通、旅游携程网络等，在与游客的接触当中展示形象，促进销售。

第二节 旅游市场营销观念的演进

旅游市场营销观念又称旅游市场营销理念或旅游市场营销管理哲学，是旅游企业进行旅游市场营销活动的指导思想，决定着企业经营活动的成败。如何树立正确的市场营销观念，对于当今市场竞争十分激烈的旅游企业来说，则更加重要。

旅游市场营销相继经历了生产者导向、市场导向和现代营销新理念3个阶段的转变，不同的阶段曾出现过各种营销观念，如生产观念、产品观念、推销观念、市场营销观念、社会营销观念、绿色营销观念、关系营销观念、文化营销观念、网络营销观念等，每一种市场营销观念都代表着企业的一种经营思想。其核心是企业以什么为中心，如何正确处理企业、消费者、社会三者关系来开展营销活动。营销指导思想是随着生产力和科学技术的不断发展，市场形势的不断变化而发展、变化。这种变化既反映了社会经济的进步和市场发展的趋势，也反映了企业管理者对市场营销客观规律认识的深化。本节将详细阐述旅游市场营销观念的发展历程。

一、生产者导向的旅游市场营销观念

生产者导向旅游市场营销观念是指从旅游企业出发，企业生产什么就销售什么，以产定销，先产后销。这种经营思想的代表观念是旅游生产观念、旅游产品观念和旅游推销观念。

(一) 旅游生产观念

旅游生产观念的特点是：旅游企业只关注自身产品的生产，能生产什么就销售什么，批量生产、提高效率；不考虑消费者的需求。

旅游生产观念流行于西方国家20世纪20—30年代。当时社会生产力水平低，科技落后，旅游产品短缺的现象十分严重，旅游市场需求大大超过供给；旅游企业生产的产品，不论质量优劣，都不愁没有销路；消费者的需求是被动的，是典型的旅游卖方市场。

(二) 旅游产品观念

旅游产品观念的特点是：旅游企业认为只要产品物美价廉，就能吸引顾客，顾客会自动找上门来，"好酒不怕巷子深""皇帝的女儿不愁嫁"。旅游企业致力于不断改进旅游产品，追求质量好、价位高的产品，忽视顾客的需求特征。

旅游产品观念盛行于20世纪50年代。随着社会生产力水平不断提高，旅游市场上产品增多，消费者开始挑剔，旅游企业间出现了竞争，旅游企业把全部注意力都集中在旅游产品身上，旅游产品观念盛极一时，忽视市场需求动态和变化，致使旅游企业产品的销量下降而陷入困境。

实例1-5

2014年3月16日，我国内河上首艘客滚游船"新高湖"号满载着近600名游客和近百部大小车辆，从湖北秭归县银杏沱码头出发，驶向重庆奉节。该客船的运营填补了国内内河水陆同游的空白，也使长江三峡实现了从过去单一的乘船游览方式，向"乘船+自驾"的新出游方式转变。

据了解，"新高湖"号长110米、高4层，可容纳110辆汽车，636位乘客。自2013年6月首航以来，经大半年运营调试，三峡客滚游船正式确定湖北秭归至重庆奉节160公里航线的常态化运营。即日起，"新高湖"单号从奉节发航，双号从秭归始发，遇31号休班。目前按小车(8座)以下380元/辆，成人客票230元/人，儿童客票(身高1.2米至1.4米)120元/人的标准收费。

湖北省旅游协会秘书长王李力说，客滚游船实现了人车同行，改变了水路或陆路游三峡的单一形式，让游客有更多选择。三峡客滚游船对于长途自驾游游客而言，是非常好的选择。过去，自驾游游客只能弃车登船游览三峡，然后又要折回宜昌取车。现在，自驾游游客到三峡后可实现"车在船中歇，人在峡中游"，既使人车得到休养，又节约了大量时间和经济成本，而且还可以观光游览长江三峡最精华的景区，可谓"一举多得"。

(资料来源：程芙蓉.长江三峡可以自驾游了[N].中国旅游报，2014-3-21.)

(三) 旅游推销观念

旅游推销观念的特点是：注重旅游产品生产的同时，大力开展推销活动，以广告和促销千方百计刺激消费者的购买兴趣，奉行的口号是"我生产什么，我就卖什么，你就得买什么"。

旅游推销观念风行于20世纪20—50年代之间，随着社会生产力进一步发展，一方面市场上旅游商品的供应量不断增加，出现了供大于求的局面，旅游企业间竞争加剧；另一方面随着人们生活水平不断提高，挑剔程度进一步加强，迫使旅游企业不得不考虑产品的销售问题。在这一时期，旅游企业为了扩大销售利润，大力发展旅游销售部门，采用五花八门的推销术与广告策略。但是即便如此，由于旅游推销观念还是建立在旅游生产观念的基础上，没有考虑消费者需求的差异和变化，市场已由卖方市场转向了买方市场，旅游产品过剩，即使企业再大肆推销也无济于事。促使旅游企业必须要转变营销观念。

中国的旅游企业在改革开放前普遍奉行的是旅游生产观念。尤其是我国饭店行业一直处于卖方市场，绝大多数饭店基本上是等客上门，无须推销，而且入住率都能达到90%以上。在这种市场环境下，旅游企业就信奉一条：只要多建饭店、建好饭店，企业就将财源滚滚。因此，我国许多高档饭店都是那个年代建起来的。到了20世纪90年代中后期，旅游市场局势发生了巨大的变化，由供不应求的卖方市场一下子转变为供过于求的买方市场，客源成了制约旅游企业利润的"瓶颈"，于是旅游饭店派出大量推销人员出去拉客源，采用令人眼花缭乱的促销手段吸引消费者，一时间，推销观念盛行。但由于旅游行业缺乏市场调研，缺乏对顾客需求的了解，没有长远的市场营销规划，虽然采取强力推销解了企业的燃眉之急，但从长远来看不利于旅游企业整体形象的树立。

二、市场导向的旅游营销理念

市场导向的旅游营销观念是指旅游企业以消费者的需求为出发点，以销定产，先销后产，产销平衡，它既满足了消费者的需求，企业又获得了利润。最具有代表性的市场导向的营销理念是旅游市场营销观念和旅游社会营销观念。

(一) 旅游市场营销观念

旅游市场营销观念流行于20世纪50—80年代，是第二次世界大战后在西方买方市场形势下形成的全新的旅游企业经营理念，后又盛行于日本和西欧各国。它的特点是：实现旅游企业目标的关键，是掌握目标消费者的需求和欲望，并以此为中心生产旅游产品，为消费者提供各种售后服务，满足消费者需要的同时实现旅游企业经营目标。

旅游市场营销观念是旅游企业经营思想的一次根本性的变革。与传统旅游生产导向观念的最大区别是它彻底改变了在卖方市场条件下以生产者为中心，生产者处于主动地位，以产定销的传统经营思想。实践证明，奉行旅游市场营销观念的西方旅游企业都取得了极大的成功。因此，在西方有人把这一经营思想的变革同产业革命相提并论，称为"市场营销革命"，足以证明这一思想的重要性及其影响。美国著名市场营销学家菲利普·科特勒将推销观念与市场营销观念作了一个比较分析，如图1-1所示。

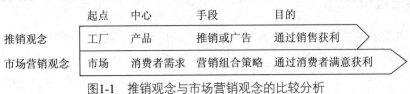

图1-1 推销观念与市场营销观念的比较分析

上述比较分析，对于旅游营销观念同样适用。归纳起来，旅游市场营销观念与旅游推销观念有如下区别。

第一，营销的目的不同。旅游市场营销观念是以满足消费者需求为目标，而旅游推销观念是以推销旅游产品为目标。

第二，营销的手段不同。旅游市场营销观念注重营销组合策略的运用，旅游推销观念注重各种推销技巧和方法。

第三，营销的重点不同。旅游市场营销观念是以顾客为重点，旅游推销观念是以旅游企业自身为重点。

第四，营销的过程不同。旅游市场营销观念是通过满足消费者的需求来创造利润，旅游推销观念是通过扩大消费者需求将旅游产品变为利润。

第五，营销的着眼点不同。旅游市场营销观念着眼于企业长远利益和发展，旅游推销观念则注重眼前利益，短期效益。

(二) 旅游社会营销观念

旅游社会营销观念是20世纪80年代以来出现的。旅游社会营销观念认为：旅游企业在进行经营活动时，要以消费者的需求和社会利益为重点，在满足消费者需要的同时，考虑到社会公众的长远利益，从而达到谋求企业利润的目的。所以，旅游社会营销观念的实质是在旅游市场营销观念的基础上，综合考虑消费者、旅游企业和社会三者利益的统一。

旅游社会营销观念是对旅游市场营销观念的修正和发展。因为旅游企业在执行旅游市场营销观念开展经营活动的过程中，在满足消费者需要的同时，其行为或旅游产品往往自觉不自觉地就会与社会公众利益发生矛盾，导致损害社会利益或道德。例如一些旅游景区的人造旅游景点，为了满足旅游爱好者求奇、求新的心理需要，不惜以破坏环境为代价，危害人类健康。又如餐饮行业使用的一次性木筷子，满足了消费者安全、卫生、使用方便的需要，但却造成了社会资源的浪费等。因此，旅游社会市场营销观念的产生，摒弃了旅游市场营销观念的片面性，提出重视社会公众利益的主张，受到社会的广泛欢迎。

上述两种市场导向的旅游营销理念的产生和演进，都是与社会发展水平、市场环境变化相适应的，都有其存在的必然性，旅游企业应结合本企业的具体情况和本国经济发展的实际情况而适当采用。我国多数旅游企业，尤其是旅游饭店、旅行社、铁路运输、航空公司等，虽然有些企业仍坚持以旅游推销观念为主，但绝大多数企业进入90年代以后，随着市场环境的变化已转变为旅游市场营销观念和旅游社会营销观念等其他营销观念并存的局面。比如有些旅游企业在旅游景区限制使用私人交通工具；对垃圾进行分类处理；减少更换和洗涤床单和毛巾的次数；减少使用一次性客人用品和一次性包装材料；不食用野生动物、植物，尽量向客人提供高营养、无损健康的菜肴和饮料等，以实际行动转变经营思想，与社会的发展和市场的变化同步，进而在竞争中取胜，立于不败之地。

三、旅游市场营销新理念

20世纪80年代以后，随着商品经济和现代市场环境的变化，旅游市场又催生了许多新型的现代市场营销理念。有代表性的是旅游生态营销观念、旅游绿色营销观念、旅游服务营销观念、旅游文化营销观念和旅游关系营销观念。

实例1-6

2014年的青岛啤酒节，游客玩"嗨"了，商家赚"恣"了，众多外地游客趁着啤酒节期间来体验欢乐的气氛，出租车、代驾、打车软件等上演了啤酒节的经济战，星级酒店、家庭旅馆一床难求，景点、啤酒节联动打出产业链的营销。

截至2014年，青岛啤酒节已经举办了24届。对于青岛来说，它已经成为了一张闪亮的名片，是青岛的城市品牌。据了解，在历届啤酒节上，都有开幕式、闭幕式文艺晚会、艺术巡游、文体娱乐、饮酒大赛和经贸展览等丰富多彩的活动。这些活动与世界知名啤酒融合在一起，释放出独特的魅力，感染着现场的每一个人，点燃了青岛这座城市的激情。

随着青岛国际啤酒节在国际上的名声越来越响亮，青岛市也逐步扬名世界。借助啤酒的力量，青岛倾力发展旅游业，且成效显著。中国奥委会主席何振梁，曾贴切地解读了啤酒节对青岛的积极影响。他说，青岛啤酒因青岛而得名，青岛因青岛啤酒而扬名四海。名城、名酒的结合，印证了一个企业和一座城市的光荣与梦想。

(资料来源：青岛啤酒节品牌效应凸显，拉动旅游交通酒店业. 半岛网，2014-8-25)

(一) 旅游生态营销观念

旅游生态营销观念是旅游企业在不断满足消费者需要的同时，具备长远眼光，注重发挥本企业的特长和比较优势的旅游营销观念。在市场导向旅游营销观念的支配下，有些旅游企业一味地追求最大限度地满足消费者的利益和需求，从而忽视了本企业所擅长的，造成了企业的短期行为和社会资源的巨大浪费。市场上消费者的需求是多种多样的，任何一个旅游企业都不可能满足整个市场上消费者的需求，只有发挥自身的特长，找到本企业的优势，才能有足够强的竞争实力，否则就会削弱企业的竞争能力；同时，旅游企业是社会的一分子，企业与社会的内外环境是相互依存、相互制约的，如果以破坏环境为代价获取利润，既不利于企业的长远发展，也会遭到社会的谴责，企业将无法在社会当中立足和生存。

(二) 旅游绿色营销观念

旅游绿色营销观念是旅游企业以环境保护为经营理念，以绿色消费为出发点，在满足消费者旅游需求的基础上，实现企业、消费者、社会与生态环境的健康、协调和可持续发展。

旅游绿色营销观念的产生有着深刻的时代背景。20世纪60年代，大众旅游得到了很大的发展，成为世界上最大的朝阳产业，但同时也带来了一些弊端。许多著名的旅游胜地都出现了不同程度的环境污染，如地中海海滨出现了海藻和赤潮，东欧的许多国家空气污浊，水源遭到污染，陆地、海洋物种濒临灭绝，自然灾害频繁发生，不仅旅游企业受到严重的影响，人类赖以生存的地球也受到了严重的威胁。1992年6月，来自世界一百多个国家的代表在巴西召开环境与发展大会，商讨如何解决热带雨林的破坏、全球变暖等环境问题，提出了绿色营销的新概念，一场以绿色经济、绿色消费、绿色营销为主题的绿色运动在全球迅速展开。经济发达国家的旅游企业率先行动起来，倡导21世纪要开展"生态旅游""绿色旅游""可持续发展旅游"等保护资源和环境的旅游模式。旅游企业要优先考虑社会利益和环境资源，将绿色营销的理念贯穿于企业经营管理的全过程，制定绿色营销战略，开发绿色产品，创造绿色品牌，树立绿色形象，实施绿色服务等；同时旅游企业还要引导每一个员工"从我做起""从身边的每一件小事做起"，创造绿色企业和绿色社会，为子孙后代的生存、企业的可持续发展做出应有的贡献。

实例1-7

太湖源景区位于浙江省临安市天目山东南麓的太湖源镇境内，是我国第三大淡水湖——太湖源头。太湖源主景区多样性保存完好，植被覆盖率96.3%；年平均气温21度，空气清新湿润；动物种类繁多，因此被誉为"生态沟"以及"动植物的天堂"。太湖源也是华东地区开发较早的生态旅游景区之一，自1998年开业以来接待国内外游客数百万人。

太湖源景区在内部提出"保护太湖，从我做起，从源头做起"的口号，对"景区环保"起到了表率作用。在外部先是利用"南京市周边地区旅游交易会"进行接力宣传，接着开展了用5节废电池可换取一张价值28元的景点门票的活动；采取了开"环保直通车"进社区的方式，引起了杭州市民的轰动。太湖源的这一举动，不仅提高了杭州人环保公益意识，而且激发了他们对临安真山真水的向往。仅杭州统计，有数万市民收集了4万多节废电池，换回了近万张太湖源门票。

(资料来源：薛群慧. 太湖源生态旅游营销模式案例启示. http://news.bandao.cn/news_html/201408/20140825/news_20140825_2447394.shtml)

(三) 旅游服务营销观念

旅游服务营销是旅游企业为满足消费者的需求，不仅需要提供优质的实体产品，同时也需要提供上乘的服务，从而实现旅游企业经营目标的一系列商务活动过程。

旅游服务的特性决定了旅游企业在提供服务产品时必须树立提供稳定优质的服务、迅速地传递服务、积极地与顾客沟通、与顾客保持长期合作关系的旅游服务营销观念。

(四) 旅游知识营销观念

随着全球经济向知识经济的过渡，知识营销也逐渐融入旅游企业的经营活动当中。所谓知识营销，是指企业创造性地生产知识型产品，运用适当的价格、分销、促销等手段，去满足消费者对知识产品的需求和渴望，并使企业获利。旅游知识营销的核心内容和基本特征就是把旅游知识和文化作为商品来营销，求得旅游企业、社会和环境的协调发展。比尔·盖茨及其微软公司就是典型的知识营销观念的成功范例，他们"先教电脑，再卖电脑"的做法，真正迎合了人们对知识的渴望，满足了人们对计算机技术的需求和需要。

旅游行业也是如此。随着人们生活水平的逐步提高，人们外出旅游不仅仅在于观看美丽的风景，对精神文化方面的需求也在不断提高，人们更多地是想了解景区当地的风土人情，地势地貌，历史变迁等自然科学和历史文化知识。而旅游则成为人们获取这些知识的有效途径。因此，旅游企业应适时把握住消费者的这一需求变化，树立知识营销观念，在旅游景区形成浓厚的现代文化氛围，吸引知识消费者，实现他们的消费行为，提高企业经营业绩。

(五) 旅游关系营销观念

旅游关系营销观念也是21世纪兴起的现代营销新理念。它是指旅游企业强调尽力满足客户需求并与之保持有利的、长期的、稳定的合作关系，充分利用各种关系网络来开展营销活动，摒弃仅仅满足一次交易的经营观念。旅游关系营销观念的宗旨是通过消费者的重复购买，力争减少每次交易的成本和时间，提高客户的忠诚度，从而和旅游企业保持长期稳定的关系。

旅游企业竞争的实践证明，在日臻成熟的旅游市场中，面对日益强盛的竞争对手，保持好现有的客户关系比从竞争对手那里或到市场当中去开发新的客户要划算得多。因此，旅游企业要更加重视企业重要的业务关系，要经常对客户进行研究，给客户打电话或登门拜访，和客户合作，帮助客户解决问题，改进业务，像对待朋友一样关心客户。只有这样，才能保持长期稳定的客户关系，实现旅游企业经营目标。

第三节 旅游服务产品的特征

一、旅游服务产品的特征

美国营销专家菲利普·科特勒认为，每一个行业中都渗透着服务，它们的区别只在于所包含的服务成分的多少，由此他提出了一种由"纯粹有形产品"向"纯粹服务产品"过渡的产品分类模式。其中，旅游服务产品介于纯粹有形产品和纯粹服务产品之间，既包含有形的实体产品，又包含纯粹的服务，因此，旅游服务产品有其自身的特征，就是：无形性、不可分离性、差异性、不可储存性、易受影响性和不可转移性。

(一) 无形性

旅游产品主要表现为旅游服务，它看不见、摸不着、闻不到，是无形的，具有不可感知的特点，这是旅游服务产品最主要的特征。这一特征导致人们在消费之前和消费过程中都无法触摸或感受到它的存在；旅游者花费一定的时间、费用和精力，获取的是一种旅游的经历和体验，这种经历和体验也是无形的，从而加大了旅游者的购买风险，增加了旅游企业与旅游者交易的难度。因此，良好的企业形象是旅游服务企业成功的重要因素。

(二) 不可分离性

不可分离性，是指旅游服务产品的生产和消费同时进行。与物质产品从生产到销售再到消费存在着时间和空间的分离不同，旅游服务产品是旅游者直接介入旅游产品的生产过程，在消费中检验旅游产品的数量和质量，并以其亲身感受证明产品是否让他们满意。一旦旅游者停止消费，旅游服务产品的生产即告结束。旅游产品的不可分离性，要求旅游企业要以旅游需求为前提，满足游客的需求。

(三) 差异性

差异性，是指旅游服务产品的质量评定标准难以标准化，其质量也难以控制。因为不同游客因年龄、性别、兴趣、爱好等方面的不同，消费需求也不同，使得他们对旅游产品的满意程度也是不一样的。即使是同一服务人员提供的服务，不同的游客感觉也是不同的。例如，不同的游客对同一位导游的讲解会有不同反应。因此，旅游企业要正确对待不同游客的差别性需求，控制服务质量，向游客提供个性化服务。

(四) 不可储存性

旅游服务产品在时间和空间上的同一性决定了旅游服务产品是不可储存的。因为旅游产品的核心是服务，而服务是一种行为，只有当旅游者来到并消费时，服务产品才能体现出它的使用价值和价值。没有旅游者的消费，旅游产品就生产不出来。因此，它不像其他实物产品，如果暂时卖不出去还可以储存起来，以后再卖。例如，航空公司不能将运输淡季飞机上空余的座位储存起来，用于高峰期的需求。旅游产品的不可储存性决定了旅游企业要依据市场需求的波动，及时盘活现有资源，争取最大效益。

(五) 易受影响性

从旅游产品的构成来看，它是由物质、精神、交通、气候、当局政策、服务等多种成分构成的综合性产品。因此，旅游产品价值的实现要受到多种因素的制约。一旦其中的任何一个要素，如气候、政治事件等发生变化，都会影响买卖双方交易的实现。

(六) 不可转移性

实物产品可以从一个地方转移到另一个地方，交易达成，产品的所有权即发生了变化。

而旅游服务产品不同。旅游企业凭借的是旅游资源和旅游设施向旅游者提供服务，资源和设施无法从旅游目的地运输到客源所在地，被运输的对象只能是旅游者；同时，旅游者在使用或消费过程中，对旅游产品只拥有暂时的使用权，旅游产品不发生所有权的转移。例如，旅馆是为游客提供住宿服务的，床铺在参与服务的过程中始终是属于旅馆的，不会转移给客人。

在上述特征中，无形性是旅游服务产品中最基本的特征，其他特征都是从这一特征派生出来的。

二、旅游服务产品的分类

旅游服务产品的类型很多，划分的角度不同，表现形式也就不同。
(1) 按地域划分，可以分为国内旅游、国际旅游。
(2) 按行程远近划分，可以分为近距离旅游、长途旅游。
(3) 按旅游目的划分，可以分为商务旅游、休闲旅游。
(4) 按旅游者的组织形式，可以分为团体旅游和散客旅游。
(5) 按照产品档次，可以分为豪华旅游、标准旅游和经济旅游。
(6) 按费用的来源划分，可以分为自费旅游和公费旅游。
(7) 按交通工具划分，可以分为航空旅游、铁路旅游、汽车旅游、游船旅游、徒步旅游。
(8) 按旅游主题划分，可以分为观光旅游、民俗旅游、考古旅游、文化旅游等各种专项旅游。

第四节 旅游市场营销组合

旅游市场营销的特殊性决定了旅游市场营销组合无论是在层面上和范围内都应该采取新的方式。有学者将旅游市场营销组合概括为7个要素，即产品(product)、定价(price)、地点或渠道(place)、促销(promotion)、人员(people)、有形展示(physical evidence)、过程(process)。因为每个要素英文的第一个字母都是"P"，因此简称"7Ps"旅游营销组合。

一、产品

旅游市场营销是以满足旅游市场需求为出发点，而市场需要的满足只能靠提供某种产品或服务来实现，因此，旅游产品是旅游企业市场营销组合中的一个重要因素。旅游产品策略直接影响和决定着其他旅游市场营销组合策略，对旅游市场营销的成败关系重大。每一个旅游企业都应致力于潜心打造优质的旅游产品，并随着产品市场生命周期的变化，及时开发新产品，淘汰老产品，更好地满足旅游者的需求，提高旅游企业产品竞争力，并取得更好的经济效益。

对于旅游产品而言，从整体产品观念来看，应包括核心产品、形式产品和延伸产品。

具体来说，核心产品通常包括吃、住、行、游、购、娱6大要素；形式产品则包括旅游产品的品质、形态、价格、商标、旅游类型等；而延伸产品则包括在供给者和需求者交易过程前后所得到的任何附加服务和利益。与一般产品不同的是，旅游产品更加注重的是其形式产品和延伸产品部分，旅游消费者更为注重的是旅游过程中的信用和服务过程。对于旅游产品而言，旅游服务贯穿着整个旅游产品交易的全部过程，它不仅要求旅游企业要满足旅游者最基本、最主要的效用或利益，还要满足旅游者心理上、精神上的需要。这就要求旅游企业要把游客看作"上帝"并为之服务，在实施旅游产品品牌策略时应充分注重旅游前、中、后期的整个过程，注重产品的整体观念。现在绝大部分旅游企业没有一个较好的旅游产品售后服务体系，许多旅游企业认为这根本没有必要，导致游客流失。其实附加产品在某种程度上比实体产品更重要。借用美国学者西奥多·莱维特的话说："新的竞争不是发生在各个公司的工厂生产什么产品，而是发生在其产品能提供何种附加利益(如服务、广告、咨询、融资及具有其他价值的形式)。"

同时，对于旅游产品的设计，应考虑它的独创性，即在旅游产品的开发及设计中，一定要注重产品的独特卖点，并在广告宣传中重点突出。

实例1-8

著名电影对拍摄地旅游业的促进作用是显而易见的。随着生活水平的提高，人们产生了对于休闲生活的更高要求，旅游业顺势发展。时代赋予了电影和旅游结合发展的契机，一个新兴的行业——电影旅游业应运而生。

电影《非诚勿扰II》有2/3的景色是在三亚亚龙湾热带天堂森林公园拍摄的，三亚亚龙湾热带天堂森林公园在电影上映后从一个默默无闻的新景区一跃成为海南省乃至全国最受游客欢迎的景区景点之一。2010年春节黄金周，三亚亚龙湾热带天堂森林公园接待游客不足四万人次，到电影上映后的2011年春节黄金周，景区游客接待量猛增到八万六千多人次。影片中葛优和舒淇"试婚"的"鸟巢"酒店西区蜜月房在春节期间预订全满，销售均价达到1.6万元左右。而影片中男女主人公牵手走过的168米长的过江龙索桥，春节期间由于游客数量太多，景区不得不采取分批限量通过的方法来保证游客安全。

通过观看电影，接受主体会对影片中涉及的人、物、故事发生地产生一定的兴趣和情感。当这些情感都起到积极作用时，加上其他的动机促发和时间、经济条件的允许，接受主体就会对拍摄地产生旅游的动机，从而引发旅游活动。当接受主体游览拍摄地或影片涉及地的同时，通过现实实景的体验引发对电影的回味，进一步对作品玩味，深入领悟作品的意义，去思考历史和人生。因此，我们认为旅游者到电影拍摄地去旅游是一种重要的心理需要。

(资料来源：李治、杨光. 著名电影对拍摄地旅游业的促进作用. http://www.xzbu.com/2/view-45，2013-11-29)

二、定价

价格制定也是旅游营销中非常重要的一个环节。如果企业的旅游产品具有独特的卖点，那么在价格制定的时候可与其他产品的价格有所区别;但如果本企业产品和其他的产品一样,那么如果要想在激烈的竞争中脱颖而出,产品的价格就应该有优势。

在旅游价格制定的过程中,要考虑的因素包括:价格水平(必须进行反复测试和比较)、利润总量而不是单笔业务的收入、付款方式和信用。游客可从旅游价格的高低感受到其价值的高低,而价格与旅游质量间的相互关系,也是旅游定价的重要考虑因素。

三、渠道

地点或渠道就是让游客能够了解我们产品的途径(直接的或间接的),它是旅游市场营销效益的重要因素。

当企业确定好了目标顾客群后,就应该利用或开辟多条渠道,既能让目标顾客群可达,还能够让目标顾客群传导和接触,包括广告、传单、文章或其他的途径,渠道类型越多,顾客的可达性就越高,旅游企业可实现的营销效果则会越好。

四、促销

销售促进是旅游营销的必要手段,促销包括广告、人员推销、销售促进、宣传、公共关系等各种旅游市场营销沟通方式。促销的具体方式的运用应根据渠道情况来确定。

五、人员

在旅游企业担任公关或导游角色的人员,在游客看来其实就是旅游产品的一部分,是整个旅游营销中一个非常重要的要素。旅游营销管理者必须重视雇佣人员的甄选、训练、情绪、敬业和素质。此外,游客与游客间的关系也应引起重视。因为某游客对旅游产品质量的认知,在很大程度上要受到其他游客的影响。

六、有形展示

有形展示会影响游客对于旅游企业的评价。有形展示包含的要素有:实体环境(游区的装饰、颜色、陈设、声音等)、提供服务时的交通工具、实体的安全性等。

七、过程

人员的行为在旅游企业很重要,而旅游的过程也同样重要。整个旅游系统的运作程序和方法、旅游过程中的现代化程度、游客参与操作过程的程度、咨询与服务的方便等,都可以减轻游客的不耐烦感和怨言,是旅游市场营销管理者应特别关注的问题。

第五节 旅游市场营销新发展——体验营销

一、旅游体验营销的含义

旅游体验营销是一种伴随着体验经济出现的一种新的营销方式,是旅游市场营销近些年发展的新趋势。它最初是1998年由美国战略地平线LLP公司的两位创始人提出的。他们对体验营销的定义是:"从消费者的感官、情感、思考、行动、关联5个方面重新定义,设计营销理念。"国内学者对旅游体验营销的研究也有几年,但关于体验营销的概念还是众说纷纭。本书将采纳如下观点。

旅游体验营销是指旅游企业以服务为舞台,以旅游产品为道具,消费者作为主角,以满足消费者体验需求为核心,创造出令消费者难以忘怀的体验所进行的一系列营销活动的总称。其目的是为消费者创造全面的体验,即通过塑造感官及思维、情感体验,吸引消费者的注意力,并引起消费者的情感共鸣或思维认同,来诱导消费,为产品和服务找到新的价值和生存空间。

二、旅游体验营销的特征

与传统营销相比,旅游体验营销具有如下特征。

(1) 个性化。这是旅游体验营销最重要的特点之一。所谓"个性化",就是消费者需求的多样性与差异性。体验即体会、感觉,人的性别、背景、爱好等不同,体验是不相同的。如何承认需求的个性化,并让自己的产品有自己的个性,最大限度地满足消费者的需求,是旅游企业必须关注的问题。星巴克咖啡制造的环境氛围就体现了这一特点。

(2) 人性化。旅游体验营销是对人的营销,人的感官和情感因素是构成消费者良好体验的重要因素。因此,企业应注重与消费者之间的沟通,通过无微不至的关怀、关爱,增进彼此间的感情,站在消费者体验的角度审视企业的产品和服务,在精心设计的同时加入情感因素,建立消费者对企业的忠诚度。

(3) 互动性。旅游体验营销是通过消费者的视觉、听觉、触觉、味觉和嗅觉等感官上的体验来设计营销策略的方式,因此就更加注重消费者的参与性和互动性,强调消费者的"情感共鸣",这是旅游体验营销与传统营销的显著区别。只有在互动中才能使消费者有身临其境的感觉,才能让消费者切实感受到难以忘怀的体验,从而激发消费者的购买欲望,实现旅游企业经营目标。

(4) 灵活性。旅游体验营销虽说是精心策划的一系列活动,只要自始至终不偏离体验主题,采取的手段可以是灵活多变的,可以根据不同的情境、产品的不同特质、消费者的不同需求灵活采用,冲破原有的思维定势,打破常规,敢于创新,真正引起消费者的极大兴趣,吸引消费者的参与,从而取得体验活动的成功。

实例1-9

2012年4月，在线旅游媒体酷讯旅游网在业内首家提出"旅游体验师"这一创新性的职业，并携手天津卫视职场真人秀栏目《非你莫属》进行联合招募，而其免费旅游并可获高薪的职业特色，更是被媒体称为"天下第一美差"，轰动效应不亚于澳大利亚大堡礁面向全球招聘护岛人。那么，旅游体验师都干些什么呢？

据介绍，旅游体验师没有学历限制，要熟悉各地的旅游情况，如香港三日游最近多少钱，另外就是文字表达能力强，会摄影，可以随时在线传播旅游心得。旅游体验师可以说是伴随着互联网的发展应运而生的新事物。2010年中国在线旅游行业同比增长58%，传统旅行社越来越看重在线旅游市场的力量，未来会更注重借助在线旅游平台进行口碑营销。随着微博、视频等传播手段兴起，一个人也可成为一个电视台、通讯社，向全世界现场直播。"这是旅游体验师这个新职业产生的互联网技术基础"。

随着旅游体验师风行于旅游界，一些网站也都推出了自己的旅游体验师，主要目的也是加强旅游体验式营销力度，抢占市场份额，这块市场的蛋糕已被更多人品出甜味来。

（资料来源：旅游体验式营销悄悄热起来. 大河网，2012-3-30）

三、旅游体验营销在我国的发展

纵观我国国内旅游市场，与"体验"拉得上关系的旅游产品少之又少。最早开始旅游体验营销的是广东一家旅游公司推出穿越罗布泊的探险游。近几年，国内一些旅行社又开发了高校游，把清华、北大等名校作为一个旅游景点，激励孩子们考名校的决心。还有部分旅行社推出"当一天牧民""做一回军人"等体验游。虽然在某些行业取得了一定的成功，但旅游体验营销在我国基本上是空白。

体验游强调的是旅游者的切身体验，因此，在旅游过程中必须强化游客的参与性，这是非常有效的一种产品设计。例如，国内一些大型葡萄酒庄在组织酒庄游时，除了品酒、介绍葡萄酒知识外，还会邀请有兴趣的游客和工作人员一起参与葡萄采摘、分拣、清洗、榨汁等酿酒过程，通过这种亲力亲为来强化对葡萄酒文化的深层体验。

当然，旅游体验营销在我国发展的速度有些缓慢，受到许多因素的制约。例如，旅游企业营销观念滞后、旅游产品质量不高、游客参与度较低等。旅游企业实施体验营销，从市场调研、市场细分、市场定位、产品研发以及广告宣传等，都应立足于"顾客导向"的营销理念，发现和挖掘潜在客户，提高顾客满意度，挖掘品牌核心价值，制定体验价格，整合多种感官刺激，创造终端体验。

我们相信，随着新经济时代的到来，旅游体验营销由于其本身的特征及优越性，无论是在西方国家还是在中国都越来越受到广大企业和旅游爱好者的关注和青睐，体验营销必将成为21世纪旅游营销发展的新趋势，成为旅游企业参与市场竞争的有力武器。

本章小结

旅游市场营销是企业以旅游消费需求为导向，通过分析、计划、执行、反馈和控制等一系列过程，向游客提供满意的产品和服务，从而实现旅游企业的经济目标和社会目标。

旅游市场是商品经济的产物，其内容随着商品经济的不断发展也在不断地丰富和充实。一个完整的旅游市场包括3个要素：旅游者、一定的购买力、有旅游购买欲望。

旅游市场营销观念是旅游企业进行旅游市场营销活动的指导思想，决定着企业经营活动的成败。旅游市场营销观念相继经历了生产者导向、市场导向和现代营销新理念3个阶段的转变，其核心是旅游企业以什么为中心，如何正确处理旅游企业、消费者、社会三者关系来开展旅游营销活动。

旅游服务产品具有无形性、不可分离性、差异性、不可储存性、易受影响性和不可转移性等特性。

旅游市场营销组合即7Ps，包括产品、定价、地点或渠道、促销、人员、有形展示、过程。

旅游体验营销是一种伴随着体验经济出现的新的营销方式，是旅游市场营销近些年发展的新趋势，具有个性化、人性化、互动性和灵活性等特点。相信不久的将来，旅游体验营销必将成为21世纪旅游企业参与市场竞争的有力武器。

案例分析

凤凰古城——品牌在旅游市场营销中价值的体现

一、背景介绍

旅游营销已进入品牌竞争时代，品牌作为引导旅游者识别和辨认旅游目的地产品和服务特征以及让旅游者对旅游目的地原本无形的旅游经历产生一种体验式的憧憬和向往的重要途径，正逐步受到各旅游目的地的关注。在分析"凤凰古城"旅游目的地品牌现状基础之上，构建了"凤凰古城"旅游目的地品牌"重塑—传播—管理"的整体性营销策略体系，期望对于提升"凤凰古城"旅游目的地品牌竞争力、增强其可持续发展能力提供些许借鉴。

二、凤凰古城的品牌传播

由于涉及众多的利益相关者，加之品牌形象本身的难以驾驭性，旅游目的地可以说是最难以有效传播的"产品"。"凤凰古城"虽然已是知名的旅游目的地品牌，但其美誉度的不足仍使得大量潜在旅游者欲游又止。因此，为了协调各利益相关者的利益和吸引更多的潜在旅游者，重塑品牌之后，选择恰当的传播手段将新的"凤凰古城"旅游目的地品牌形象迅速而有效的传播开来就显得尤为重要。

1. 形象广告

现代旅游者所进行的旅游活动和消费，比实物商品更具有形象购买与形象消费的特征，因此，旅游目的地更应该通过设计制作形象广告来进行品牌传播。在众多的形象广告传播媒介中，电视媒体以其直观性、实时性和普及性而成为当前效果最好的形象广告载体，但其费用非常昂贵，为数不多的有关"凤凰古城"的旅游宣传片主要只在本地电视台和极个别省外电视台播放，宣传效果有限。为此，"凤凰古城"应积极开拓其他相对便宜的形象广告传播途径：利用广播、报纸、杂志等进行旅游促销；通过湘西州和凤凰县驻外办事处以及其他一些机构组织散发宣传广告；在途经湘西的火车线路上播放"凤凰古城"宣传片，散发宣传资料；在国内主要城市举办展览会，开展旅游宣传和促销活动；委托外出进行文化、艺术、体育和科技交流活动的团体协助宣传。

2. 公共活动

"凤凰古城"作为以"古"闻名的千年小城拥有许多开展公关活动的先天优势，一方面应继续通过举办如"南方长城中韩围棋巅峰对决赛""中国苗族银饰文化节""烟雨凤凰"大型旅游晚会、"凤凰旅游发展论坛"等活动吸引各种媒介的眼球，另一方面还应主动邀请在主流社会中有着广泛影响力的新闻媒体和旅游专栏的记者来亲身感受"凤凰古城"的古香古色、淳朴民风以及独特的民族文化，这些都将对传播"凤凰古城"的美好形象，提升其知名度和美誉度起到积极作用。

3. 网络媒介

"凤凰古城"旅游目的地品牌的网络传播主要应做好以下方面：整合现有网络资源，建立一个由当地旅游部门牵头，相关旅游景点和服务企业参与的"凤凰古城"旅游网，全面介绍"凤凰古城"的"吃、住、行、游、购、娱"；利用电子邮件发送电子宣传刊物并定期进行关于"凤凰古城"旅游目的地品牌形象的网络调查，借以发现问题并及时加以解决；有可能的话，在网上建立"凤凰古城"旅游景点的三维动画，甚至开发以"凤凰古城"为主题的网络游戏，让人们在虚拟的网络动画和游戏中体验"凤凰古城"的神奇，进而产生对"凤凰古城"实地的旅游冲动。

三、"凤凰古城"旅游目的地品牌管理

"凤凰古城"旅游目的地品牌管理以增强"凤凰古城"旅游竞争力为目标，以"凤凰古城"旅游目的地品牌资产为核心，通过品牌生命周期管理、品牌延伸管理和品牌危机管理等管理体系，发挥品牌创建、发展过程中的保驾护航作用，巩固和提高"凤凰古城"旅游目的地的品牌竞争力，保证该品牌的持续有力发展。

1. 品牌生命周期管理

从微观的、动态的视角看，由于品牌真正的意义在于其内在的核心价值和观念，且这种核心价值和观念是会随着时代的变迁而不断调整的，因而，"凤凰古城"旅游目的地品牌是有生命周期的。从宏观的、静态的视角看，品牌所外显的是系统化的标识符号、产品包装等元素，品牌可以通过其核心价值和观念的不断自我调适或更替来实现品牌符号的永续，从这个意义上说，"凤凰古城"旅游目的地品牌又是没有生命周期的。"凤凰古城"旅游目的地品牌的生命周期管理应将上述两种视角的观点进行融合，既要在品牌名称、品牌标志等品牌外显部分保持一贯性以加深外界对该旅游目的地品牌的直观印象，又要不断根据该旅游目的地的旅游项目开发情况、旅游市场需求状况等调整其品牌的核心价值和观念，以保持"凤凰古城"旅游目的地品牌的持续生存和发展能力。

2. 品牌延伸管理

一是品牌延伸基础。"凤凰古城"旅游目的地品牌虽有一定的知名度，但美誉度和忠诚度都还有待加强，仍需夯实品牌延伸的基础；二是品牌核心价值。品牌核心价值是一个品牌永恒的本性、精髓和灵魂。在品牌延伸中，延伸产品或服务必须符合原品牌的核心价值，品牌核心价值的内涵决定了品牌延伸的最大范围。"凤凰古城"旅游目的地品牌的核心价值主要体现在"古民族""古城镇""古文化"等"古"特色方面，因而其延伸产品或服务应紧紧围绕这些核心价值进行开发；三是品牌延伸环境。品牌延伸效果是综合因素作用的结果，除上述要素外，环境因素亦不可忽视。"凤凰古城"的延伸产品虽然有一定的市场容量，但由于当地经济发展较为落后，旅游企业规模实力不强，加之当前旅游市场竞争的激烈性，所有这些都使得要想将多个"凤凰古城"旅游目的地品牌的延伸产品做大做强几乎成了不可能完成的任务。

3. 品牌危机管理

品牌危机管理是指在品牌经营过程中针对该品牌可能面临或正在面临的危机，包括危机防范、危机处理及危机利用等一系列管理活动的总称。在旅游目的地品牌竞争日趋激烈的今天，危机无时无刻不在威胁着"凤凰古城"旅游目的地品牌，"凤凰古城"需尽快建立健全自身的品牌危机管理体系。一是品牌危机发生之前，应增强旅游相关部门、企业和人员的品牌危机意识，成立品牌危机处理常设机构，加强目的地经营管理，做好"凤凰古城"旅游目的地品牌的危机防范工作。二是品牌危机发生之时，应当及时调查事件的真相，控制危机的蔓延，主动积极与媒体进行沟通，表明态度，拿出举措，做好"凤凰古城"旅游目的地品牌的危机处理工作。三是品牌危机妥善处理之后，应积极总结经验教训，理清存在的问题与不足，纠正错误与混乱，变危机为机遇，使"凤凰古城"旅游目的地品牌在危机中不断成长。

(案例来源：袁明达. "凤凰古城"旅游目的地品牌营销研究[J]. 西昌学院学报.)

案例讨论

结合案例，谈谈旅游景区如何通过品牌营销手段拓展景区的市场空间？

复习思考题

1. 谈谈你对旅游市场营销的理解。
2. 旅游市场营销观念的核心是什么？它相继经历了哪些营销观念的演变？
3. 旅游市场营销组合一般包含哪些要素？
4. 旅游市场的构成要素有哪些？

第二章
旅游市场营销环境

学习目标

(1) 了解旅游市场营销环境的概念、组成及特点
(2) 掌握旅游市场营销宏观环境的构成及其特点
(3) 掌握旅游市场营销微观环境的构成及其特点
(4) 了解旅游市场营销环境的分析方法及其步骤
(5) 学会运用环境分析法分析旅游市场营销环境并制定相应的对策

导入案例

"2020年的万达将不再是房地产企业。"这是王健林2013年最常说的一句话。在万达年会的内部讲话中,他提到的2014年五大重点工作任务中,前三个都与文化旅游产业相关。

这一切传递出的是,万达这个商业地产王国谋求转型的决心。根据王健林的设想,到2020年,万达文化集团的收入将要达到800亿元,进入世界文化企业前10强。届时万达集团的房地产收入占比将降到50%以下,到2030年可能不到三分之一。万达的理想是成为世界一流的跨国企业。如果要给"世界一流"加上个期限,王健林希望至少,或者说首先是一百年。"不破不立。"显然,王健林认为要实现这一理想,转型是必然的选项。

缘由:危机感

危机感是什么东西?当腾讯跻身全球第三大互联网公司时,马化腾却比以前更睡不安稳了,他说自己很害怕,"巨人倒下时,身体还是暖的"。当万科的销售规模突破1400亿元之后,在市场上已经找不到学习的对象。万科董事局主席王石说:"往下走必须要靠创新。"朝生暮死的企业太多,瞬间崩盘的案例不少。只有那些洞悉市场趋势,对成绩和潮水般赞誉始终警觉,时刻处于如履薄冰状态的企业才能保持持续的发展和创新能力,为下一个时代的来临做好充分的准备。万达集团连续8年保持环比30%以上的增速。但面对持续的高增长,王健林始终保持危机感:"地产行业是一个阶段行业,不能够永久兴盛。未来当城市化率达到80%,自有住房率超过80%的时候,新房市场就会出现萎缩。如今大规模高周转的房地产开发模式并非长远之计。万达需要具备这样的前瞻性,及早布局,做文化,做旅游,做零售。"在王健林看来,随着经济转型,转向消费时代,消费类、服务类、创新类的公司将成为未来的主导。转型无疑是为了未来更好地生存,但当所处的商业地产领域仍处于高速发展期时,将大量的资金投入新产业同样面临不确定性。受到政策、电商多重因素冲击,2013年万达百货收入只完成调整后计划的91%,净利润增亏7%。这是万达百货历史上第一次没有完

成利润计划，万达百货也是集团唯一没有完成指标的公司。

对此，王健林把原因更多地归咎于内部管理问题而非外部冲击。"年中出现的核心领导层大幅变动使得万达百货没有完成业绩目标。就今年1月的业绩，今年完成目标问题不大，预计在两年内实现整体盈利，加上万达电商的配合，未来每年预计业绩会有十亿级别增长。"显然，万达不惜重金希望在商业地产之外寻找到新的核心竞争力。对于这一目标，万达有着明确的时间表，2020年万达集团的房地产收入占总收入的比例将降到50%以下，2030年房地产收入可能不足集团总收入的三分之一，摘掉地产开发商的帽子是迟早的事。

思路：整合创造价值

受到新技术、互联网等因素影响，单一业态的商业地产因不能满足消费者的各种体验需求而受到极大的冲击。对于未来的市场趋势，万达有着清晰的判断。在进入文化产业后，万达便开始强调将尽可能多的要素组合，并标准化生产，电影院、KTV、电子游戏、儿童娱乐成为第三代万达广场的标配。值得关注的是，2013年年初刚刚成立的万达文化旅游规划研究院正在筹划的被业界视为万达第四代升级产品的"万达城"，将会是一个集室内外主题公园、秀场、滑雪场、酒店群、万达城等复杂业态，融合了文化、旅游、商业以及高科技的惊世之作。

在基于核心竞争力的"订单商业地产"模式的基础上，万达不断地在原有的基础上做加法，希望将包括商业地产、酒店、旅游、电影院线以及连锁百货在内的几大业务板块整合，从而创造新的价值。与万达的"全产业链加法"形成鲜明对比的是另一行业巨头，内地最大的住宅开发商万科的转型始终专注于做"减法"，砍掉了所有与住宅不相干的业务。2月24日，万科董事会主席王石在接受媒体采访时表示："万科非常明确自己住宅开发商的身份，因此专注于住宅开发及相关配套服务。未来万科将从产品供应商转型为城市配套服务商。"纵使转型道路截然不同，"加法""减法"本身也无好坏之分，能够让企业立于不败之地的始终是其核心竞争力，依靠产品、品牌和管理去赢得市场。

CIRC研究中心的最新分析报告指出，万达第四代产品体量惊人，以首试项目武汉中央文化区为例，项目包括了15万平方米的购物中心、10万平方米创意休闲街区、10万平方米体验型娱乐中心，涵盖了大剧院和会展中心、2个电影院及影视主题公园、2家星级酒店及3家经济型酒店、20万平方米以上的写字楼，项目总建筑面积超过65万平方米。如此大规模的产品不再是简单的商业运营，而将成为一种城市运营。以旅游地产为载体，承接旗下商业、酒店、影视、百货和旅游度假业务，依托万达在地产行业的优势地位，谋划文化旅游全产业链模式。"万达城是万达首创的文化、旅游与商业的融合模式。"王健林给万达城这样的定义。虽然这样的模式始终遭受业界质疑，"不过是打着文化产业的幌子搞房地产"，但王健林反驳，做房地产的目的是为了做文化产业。一个文化旅游城需上百亿元，而文化产业现阶段不足以支撑如此大的现金流，所以要通过房地产得到现金流，稀释投资成本。王健林的解释并非牵强附会，除了自营万达影城以及投资美国AMC影院外，2013年，万达还斥巨资与国际顶尖舞台艺术制作公司弗兰克·德贡娱乐集团(Franco Dragone Entertainment Group)合作，投资打造全球最高水平的舞台演艺节目——汉秀。

做法：大投入，大产出

把中国文化产业做出品牌，万达坚信六个字——"大投入，大产出"。万达要做的文化产业，不是一台戏、一部电影，而是结合文化与科技并能快速做大，带来更高收益的项目。

2012年,万达集团以26亿美元收购全球第二大院线集团美国AMC影院公司,并成立北京万达文化产业集团,并在当年便实现了208亿元的收入,成为全国最大的文化企业。万达最新的工作报告披露,2013年万达文化集团收入255.2亿元,完成计划的117%,同比增长23%。其中,AMC收入完成计划的105%,净利润同比大幅增长。这在美国影院行业年平均增长只有1%情况下,实属不易。而万达投资的文化旅游城项目也都是百亿元规模,包括被万达内部称为"头号工程"的全球投资规模最大的影视产业基地——青岛东方影都总投资额高达500亿元,最新开工的无锡万达文化旅游城总投资400亿元,合肥万达文化旅游城总投资350亿元,哈尔滨万达文化旅游城总投资200亿元,最小规模的西双版纳文化旅游城也投资160亿元。

截至目前,万达在全国共签约12个文化旅游城项目或旅游度假区项目,其中9个项目已经全部开工,且部分项目已经建成投入运行,投资总额超过2000亿元。而这已经超过了2013年全年万达集团1866.4亿元的总收入。如此大手笔的投入,不免遭外界对于万达风险管控的质疑,然而王健林的账不是这么算的,"大投入并不意味着大风险,在投入之前必定为充分考量、反复琢磨并对收入做出测算。而只有大投入才能支撑如此多的项目同时运行,快速地实现回报。大投入一定有大产出。"

理想:基业长青

牢牢占据国内商业地产霸主地位,总资产3800亿元,年收入1866.4亿元,万达为什么还要"自找麻烦"转型做零售、做文化旅游?打开万达集团的官方网站就能找到答案,"国际万达,百年企业"八个字在首页的醒目位置,这八个字已经成为万达企业文化的核心理念。这解释了万达激进的投入转型并非受到外部冲击,更多的是出自企业自身需求。"万达要做百年企业,就要拥有百年企业的物质基础,房地产无法产生长期、持续、稳定的现金流,所以必须向文化旅游转型,这将成为未来万达新的支撑点和利润增长点。"王健林的梦想是将万达集团打造成为"世界级的优秀组织",并能够使之传承下去。一直以来,"百年企业"是众多经营者毕生追求的目标,但能够始终站在时代浪潮上并非易事。放眼全球,我们似乎能够从万达身上看到些许IBM当年的影子。成立于1911年,起步于计算制表记录类设备制造的IBM抓住了计算机发展的浪潮,先后参与大型、小型、集成电路计算机的开发,并引领数据处理行业的发展。在计算机发展的如日中天的20世纪90年代,IBM调整结构,从并购入手实现从产品到整体解决方案,从硬件到软件、服务的输出转型。纵观百年发展历程,"因时而变"贯穿公司整个发展历程,成熟的管理和把握未来社会发展的深刻洞察力让其始终屹立不倒。

居安思危,因时而变从来就是成就百年基业的关键。

在万达,这一切正在发生。

(资料来源:顾菁.万达帝国转型记[N].东方早报,2014-3-6.)

第一节 旅游市场营销环境概述

旅游企业的市场营销活动是在一定的因素和条件的影响作用下展开的。这些因素和条件的发展变化既可能给旅游营销活动带来新的市场机会,又可能对旅游企业形成某种威胁。旅游企业必须时刻关注营销环境的变化趋势并识别由此带来的机会和威胁,制定并适时地调整适应环境变化的营销策略,确保企业长期地生存及发展。

一、旅游市场营销环境的概念

旅游市场营销环境泛指一切影响和制约旅游企业市场营销决策和实施的内部条件和外部环境的总和。旅游市场营销环境是旅游企业在其中开展营销活动并受之影响和冲击的难以控制的各种因素和力量。

二、旅游市场营销环境的构成

旅游市场营销环境由宏观环境和微观环境两部分构成。旅游企业的宏观环境包括企业所在区域的政治法律环境、经济环境、人口环境、社会文化环境、科学技术水平以及自然生态环境等因素。旅游企业的微观环境是指与企业紧密相连的、并且直接影响企业营销活动的各种力量和因素的综合,包括企业内部环境、供应商、各种中介机构、竞争者、顾客以及社会公众。企业的宏观环境是企业自身难以控制的一些环境因素,其主要通过影响微观环境来影响企业的营销活动,如图2-1所示。

图2-1 旅游市场营销环境的构成

三、旅游市场营销环境的特点

(一) 客观性

旅游企业的市场营销环境总是客观地存在于旅游企业周围,其存在并不以企业的意志为转移,并且表现出一定程度的不可控性。例如,旅游企业面临的宏观环境,其政治法律、人口、社会文化等因素都是客观存在的,旅游企业不可能按照自己的意愿使之不存在或改变它们。当环境发生改变时,旅游企业应该根据环境的变化迅速地改变、调整营销策略以适应环境,企业要想成功,就一定要做到"适者生存"。

(二) 差异性

旅游市场营销环境的差异性主要体现在两个方面：其一，不同的旅游企业受不同营销环境的影响；其二，同样的环境因素对不同的旅游企业的影响也不相同。例如，不同的国家或地区，由于社会经济法律制度、民俗文化、经济发展水平的不同，使旅游市场营销环境具有一定的差异。但即使处于同一国家或同一地区，宏观环境大致相同，其微观环境也会有所差异。如在同一城市的一家会议型酒店与一家度假型酒店，面临不同的顾客市场。

(三) 相关性

旅游市场营销环境是一个系统，在这个系统中，各个环境因素间是相互影响、相互依存和相互制约的，其中某一项因素的变化，都会引发连锁的反应，带动其他因素发生变化，形成新的市场营销环境，即"牵一发而动全身"。例如一个国家的政治法律环境影响着该国的经济发展速度与方向及科技水平，而经济与科技的发展又会影响政治经济体制的变革。又如，竞争对手是旅游企业重要的微观环境因素之一，而宏观环境中政治法律或经济政策的变动均能影响其竞争对手数量的增减，从而形成不同的竞争格局。再如，各个环境之间有时存在矛盾，某些旅游景点资源等级较高，旅游者有前往观光游览的需求，但是地处偏远，交通落后，可进入性差，在很大程度上无疑将制约该景点旅游市场的扩展。

(四) 多变性

旅游市场营销环境各项因素的状态随着时间的变化不断地发生着变动，多因素变动的各个状态的多重组合，形成了不同时间相对应的多样化环境。旅游需求与可支配收入变化、闲暇时间的分布差异，易形成旅游流的时空波动，如寒、暑假，"五一""十一"黄金周等；旅游目的地的旅游资源差异造成相对的旅游季节波动，如北京香山红叶的季节性；此外，政治局势的剧变、重大自然灾害的突发、传染性疾病的爆发等环境变化会给旅游业造成重大冲击，如2008年的汶川大地震对四川省的旅游造成灾难性影响。旅游市场营销环境的变化有大小快慢之分。如科技、经济等因素的变化相对大而快，对营销活动的影响相对短暂且跳跃性大；而人口、社会文化、自然环境等因素的变动相对较慢较少，对企业营销的活动的影响相对长期而稳定。因此，对于旅游企业来说，随时监控与关注环境的变化，以及由此引起的对旅游企业市场营销活动直接和间接的影响是十分必要的。

(五) 可转换性

旅游市场营销环境既能威胁到旅游企业的发展，同时，又能为旅游企业的发展提供机会。旅游市场营销环境是动态发展的因素，它对企业的影响不是一成不变的，所以，旅游企业在适应环境的同时，还需要积极主动地去发现机会，因势利导，将不利的环境转换为有利于企业发展的因素。

实例2-1

2008年5月12日，四川汶川发生特大地震，当绝大多数人还沉浸在悲痛中无法自拔的时候,重灾区青川县人却以另一种眼光审视那片曾经生养他们,如今已面目全非的土地。换一个角度看,虽然地震带来巨大的伤害,却也成就了一种罕见的美丽;虽然大地震拉出了一道道伤疤,却将地震的秘密暴露无遗。于是,不需要过多的开发和繁复的重建,就在地震遗址上将典型的地震形态展示出来,一座地震遗址公园应运而生。

整个地震遗址公园弥漫着哀伤的气息,却也凄美地震撼人心。这样一个特殊的地方,自然独具魅力。资料显示,自2008年开园以来,东河口地震遗址公园引起了社会各界的广泛关注,迅速成为感恩纪念、寻亲祭奠和科学考察的重要场所,大量游客蜂拥而至,不到半年时间,公园就已接待了来自中国各地及美、日、韩等10多个国家的游客共计近50万人次。

(资料来源:兰世秋,胡勇,黄光红.最新经典旅游创意案例集[M].重庆:重庆大学出版社,2011.)

旅游市场营销环境是一个多因素、多层次而且不断变化的综合体。旅游市场营销的关键就在于能否把握营销环境的特点及其变化,只有与环境的变化相适应、相协调,企业才能顺利地开展营销活动,并实现预期的各种营销目标。

第二节 旅游市场营销宏观环境分析

旅游企业开展营销活动的时候,离不开所处的宏观环境。所谓旅游市场营销的宏观环境是指影响企业运作的外部环境,既包括国内环境,也包括国际环境,旅游企业对它既不能控制,也无法逃避,宏观环境对旅游企业营销成功与否起着重要的作用。宏观环境主要包括以下6种环境因素(见图2-2)。

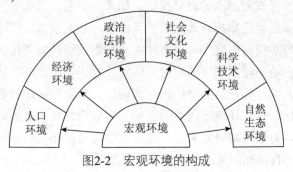

图2-2 宏观环境的构成

一、人口环境

人口因素对旅游市场营销活动的影响是多方面的,主要包括人口的规模与分布、人口结构、家庭结构。

(一) 人口规模与分布

1. 人口规模

人口是构成旅游市场的第一位因素,市场是由那些具有购买欲望和购买能力的人构成的,在收入接近的情况下,人口的总量与旅游市场规模的大小成正比。但随着经济的发展,大众的旅游意识增强，出行的人数增加，旅游市场规模也将进一步扩大。到2007年年底，世界人口已经突破了66亿，2008年年底，我国的人口数量突破了13.2亿，世界人口正以1.1%的速度增长。据官方统计数据显示，在我国，2007年年底，国内旅游达到16.10亿人次，国内居民出境人数达到4095.40万人次；2008年年底，我国国内旅游的人数为17.12亿人次，出境人数为4584.44万人次。尽管在金融危机的情况下，我国的旅游市场还是呈现了较快速的增长，我国的旅游市场潜力巨大，许多国家在意识到了这一点后，纷纷与我国签订协议，成为我国的旅游目的地，加入了争夺我国旅游市场的行列。

2. 人口分布

人口的分布对旅游市场营销环境的影响主要体现在人口的地理分布与人口城市化两点。

人口的地理分布对旅游市场营销环境有三种影响。首先，从地理学的角度来讲，随着地理距离的增大，客源会逐渐衰减，因为近距离旅游的旅游费用少，所需时间短，手续简单，交通更加便利，旅游出行的障碍相对较少。因此，在旅游市场的格局中，国内旅游市场大于国际旅游市场，中短途国际旅游市场大于长途国际旅游市场。针对这一特点，旅游企业应该注重把近距离的市场争取到手。其次，由于自然地理条件与经济发展程度等因素的影响，导致任何一个国家或地区的人口分布都是不均匀的，因此，对旅游企业来说，人口比较密集的地区，旅游市场的潜力更大。相对来说，城市的人口比较集中，尤其是大城市的人口密度更大，而农村的人口密度相对稀疏，因此城市的旅游潜力更大。从我国来看，人口主要集中在东南沿海地带，而且人口密度从东南向西北递减。再次，由于所处的地理位置的自然条件差异，不同的旅游目的地会对旅游者产生不同的吸引力，由于旅游者的兴趣不同，旅游的动机也不尽相同，有的是为了减轻压力，有的是为了回归大自然，有的是为了修身养性等，旅游企业应该抓住旅游者的消费心理，投其所好地为其选择旅游目的地。

人口城市化是指农村人口不断向城市转化和集中，城镇人口占总人口的比重逐渐提高的动态过程。城市化的发展主要有三种途径：城市人口的自然增长；农村人口大批涌入城市；农村人口通过社会经济发展就地转化为具有城市生活方式的人口。一般而言，由于城市居民的收入高，城市旅游信息多以及城市环境污染重的原因，城市的居民参加旅游的人次比农村居民多，出游的人次占总人次的比例也更高。因此，人口的城市化必然会带动旅游市场的发展，旅游企业要抓住城市化带来的机遇，调整营销策略，以适应未来的发展。

(二) 人口结构

人口结构主要包括人口的年龄结构、性别结构、职业结构及收入结构。

人口的年龄结构是指不同年龄阶段的人占总人口的比例。不同年龄阶段的人对旅游产品的需求差异较大，例如，老年人一般喜欢休闲的旅游产品，而年轻人更偏爱比较刺激的旅游产品，旅游企业应该深入分析不同年龄阶段的消费者对旅游产品的需求特点，开发出有针对性的旅游产品。从人口年龄结构的发展趋势上来看，许多国家的人口正在趋于老龄化，这种发展趋势对旅游业的发展有着深刻的影响，因此，旅游企业应该特别关注对于"银发团"的旅游产品的开发。

人口的性别结构是指全体人群中男性与女性的比例，不同性别的人对旅游产品的需求也有一定的差异。近年来，由于女性社会地位的提高，她们出游的数量在不断地增加，女性旅游市场成为一个越来越值得关注的市场。

人口的职业结构往往对收入的多少起着决定性的作用，同时对消费者空闲时间多少及旅游兴趣的大小上有着关键性的影响，如教师有寒暑假，出游时间较充分，而一些基层的工作人员，出游机会较少。

人口的收入结构决定了消费者对旅游产品的购买力。

(三) 家庭结构

家庭是购买和消费的基本单位，家庭生命周期阶段的变化往往会影响家庭成员对旅游产品的需求。近年来，晚婚晚育以及不要小孩的观念对旅游业产生了重大的影响，例如，"丁克家庭"(有双份收入，无小孩的家庭)生活较为富裕并有更多的闲暇时间，因此，他们会对旅游行业做出更大的消费贡献，而一个普通家庭中有了孩子之后往往由于负担加重而减少出行的次数，孩子相对较小的家庭出行的时候往往选择更加安全的旅游目的地。并且，不同的家庭，在购买决策时，同样的角色可能承担着不同的作用，如有的家庭以父亲为决策主导人物，有的家庭以母亲或者孩子为主导人物；在决策风格上，有的家庭是独裁式，有的家庭是民主式决策。对这些情况的掌握与理解，有助于旅游企业开展有效的营销活动。

二、经济环境

经济环境是影响旅游营销的重要因素，它是由一些影响消费者购买力和支出模式的因素构成的。各国、各地区所处的经济发展周期的阶段不同，其收入水平与分布状况都不尽相同，使旅游的发展也存在很大的差异。经济的衰退会使投资于商业和娱乐业、旅游业的消费大大缩减，国际经济事件也会对旅游业产生影响。如2008年由美国次贷危机引起的金融危机，极大地削减了我国近两年来入境旅游的收入。一般来说，影响旅游市场营销活动经济环境的因素主要包括国民生产总值、个人收入与个人可支配收入、个人消费结构及恩格尔系数、国家经济发展阶段以及货币汇率水平。

(一) 国内生产总值

国内生产总值(gross domestic product，GDP)是指在一定时期内(一个季度或一年)，一个国家或地区的经济中所生产出的全部最终产品和劳务的价值，常被公认为衡量国家经济状况的最佳指标。它不但可以反映一个国家的经济表现，更可以反映一国的国力与财富。

一般来说，国内生产总值共有四个不同的组成部分，其中包括消费、私人投资、政府支出和净出口额。用公式表示为：$GDP=CA+I+CB+X$。式中CA为消费，I为私人投资，CB为政府支出，X为净出口额。国内生产总值与旅游市场的发育和发展密切相关。

(二) 个人收入、个人可支配收入与个人可随意支配收入

个人收入包括每人的工资、奖金、津贴、助学金、退休金、红利、租金、赠与等从各种来源所得的全部货币收入，它反映消费者的购买力水平。

个人可支配收入是从个人收入中扣除直接支付税款及非税性负担(个人所得税、自行车

牌照税、公债、工会会费、各种罚款)后所剩的收入。它是营销中的决定性因素,即使通过营销努力也很难争取到的收入。

个人可随意支配收入是从个人可支配收入中扣除维持生活所必需的支出(食品、固定费用、水电费、分期付款、学费、托儿费、抵押借款等)后所剩余的收入,它是影响消费需求变化最活跃的因素,投向不固定,是企业市场营销的机会。

通常,个人可支配收入在个人收入中占的比例越高,对旅游的需求越旺盛。

(三) 个人消费结构及恩格尔系数

恩格尔系数(Engel's coefficient)是食品支出变动百分比与收入变动百分的比值。19世纪德国统计学家恩格尔根据统计资料,对消费结构的变化总结出一个规律:一个家庭收入越少,家庭收入中(或总支出中)用来购买食物的支出所占的比例就越大,随着家庭收入的增加,家庭收入中(或总支出中)用来购买食物的支出比例则会下降。推而广之,一个国家越穷,每个国民的平均收入中(或平均支出中)用于购买食物的支出所占比例就越大,随着国家的富裕,这个比例呈下降趋势。简单地说,一个家庭或国家的恩格尔系数越小,就说明这个家庭或国家越富裕。当然数据越精确,家庭或国家的经济情况反映也就越精确。

恩格尔定律的公式如下:

食物支出变动百分比÷总支出变动百分比×100% = 食物支出对总支出的比率(R1)

一般来说,恩格尔系数大于60%就是极贫困地区,而小于30%则可认为是较富裕,只有恩格尔系数足够小,家庭才有能力购买生活必需品以外的娱乐及奢华耐用品,高收入的旅游者往往比低收入的旅游者在旅游过程中平均逗留的时间长、平均花费高,旅游者在旅游中选择参加的活动类型、购买的旅游产品也因收入不同而有很大差别。

长期以来,由于政府在住房、医疗、交通等方面实行福利政策。从而引起了消费结构的畸形发展,并且决定了我国的居民的支出模式以食物、衣物为主。随着我国社会主义市场经济的发展,以及国家在住房、医疗等制度方面改革的深入,人们的消费模式和消费结构都发生了明显的变化。旅游企业要重视这些变化,尤其应掌握拟进入的目标市场的支出模式和消费结构的情况,开发出相应的旅游产品,以满足消费者不断变化的需求。

(四) 国家经济发展阶段

不同的国家经济发展阶段不同,人们对旅游这一现象的认识和接受程度不同,旅游需求也不相同。根据1960年,美国经济学家华尔特·惠特曼·罗斯托(Walt Whitman Rostow)在《经济成长的阶段》中提出了他的"经济成长阶段论"(又叫起飞理论),将一个国家的经济发展过程分为6个阶段,依次是传统社会阶段、准备起飞阶段、起飞阶段、走向成熟阶段、大众消费阶段和超越大众消费阶段。

1. 传统社会阶段

传统社会是在生产功能有限的情况下发展起来的,是围绕生存而展开的经济,通常都是封闭或者孤立的经济,非洲撒哈拉沙漠地区的一些国家至今还处在这一发展阶段。

2. 准备起飞阶段

摆脱贫穷落后走向繁荣富强的准备阶段,社会开始考虑经济改革的问题,希望通过现代化的经济体制改革来增强国力并改善人民的生活。

3. 起飞阶段

经济由落后阶段向先进阶段的过渡时期。在起飞阶段,随着农业劳动生产率的提高,大量的劳动力从第一产业转移到制造业,外国投资明显增加,以一些快速成长的产业为基础,国家出现了若干区域性的增长极。起飞阶段完成的标志是国家在国际贸易中的比较优势从农业出口转向了劳动密集型产品的出口,开始出口大量的服装、鞋、玩具、小工艺品和标准化的家电产品。

4. 走向成熟阶段

这是指一个社会已把现代化的技术有效地应用到了它的大部分产业的时期。在这一阶段,国家的产业以及出口的产品开始多样化,高附加值的出口产业不断增多,厂家和消费者热衷新的技术和产品,投资的重点从劳动密集型产业转向了资本密集型产业,国民福利、交通和通讯设施显著改善,经济增长惠及整个社会。

5. 大众消费阶段

大众消费阶段即高消费阶段,在这一阶段,主要的经济部门从制造业转向服务业,奢侈品消费向上攀升,生产者和消费者都开始大量利用高科技的成果。人们在休闲、教育、保健、国家安全、社会保障项目上的花费增加,而且开始欢迎外国产品的进入。目前主要的发达国家都已进入这一发展阶段。

6. 超越大众消费阶段

超越大众消费阶段即追求生活质量的阶段,罗斯托认为,从大众消费阶段到追求生活质量阶段的过渡是人类社会发展中继起飞之后又一重大突破。在人类历史上,将第一次不再以产品数量的多少来衡量整个社会的成就,而是以劳务形式的生活质量作为衡量成就的标志。

在上述六个阶段中,处于前三个阶段的是发展中国家,已达到后三个阶段的是发达国家,而我们的旅游市场营销活动应该主要针对后四个阶段,因为处于这四个阶段的人不再为衣食住行忙碌不停,有了充足时间和精力投入到旅游当中,从而成为旅游活动的主要目标市场。

(五) 货币汇率水平

货币汇率亦称"外汇行市或汇价",是一国货币兑换另一国货币的比率,是以一种货币表示另一种货币的价格。汇率主要取决于国际收支状况,国际收支是指一国在一定时期内(一般为一年),同其他国家由于贸易、资本、劳务等往来而引起的资产转移。汇率的变动对国际旅游需求的变化起着重要的影响作用,表现在以下两个方面。

(1) 当一国的国际收支出现逆差时,汇率上升,本国货币贬值,外国货币升值,出境游成本增加,旅游数量减少,而入境游成本下降,需求增加,导致境外游客人数上升。旅游客源国政府会采取措施鼓励国内旅游来代替国际旅游,例如20世纪80年代中期,美国国际收支逆差达1000多亿美元,财政赤字达2000多亿美元,为此,美国政府自1996年起向购买国际机票者征税。

(2) 当一国的国际收支出现大幅度顺差时,汇率下降,本国货币升值,外国货币贬值,出境游成本下降,人数增多,而入境游成本上升,需求下降,旅游客源国会放松对国民出国旅游的限制。如1997年东南亚金融危机时，人民币坚挺，泰铢严重贬值，泰国政府采取措施吸引游客入境旅游以增加收入，我国各家旅行社及时推出价位低廉的"新马泰"之旅，国内赴泰国旅游人数急剧增多。

因此，旅游营销人员应审时度势，利用货币汇率调整带来的旅游经济的转变，及时调整相应的政策，以增加旅游收入。

实例2-2

日媒称，在日本运营免税店的JTC公司将于2015年夏季在韩国釜山港的新国际旅客航站楼内开店，将销售知名品牌的化妆品、杂货和食品等。在韩国，中国游客数量正迅猛增长。JTC计划将在日本积累的服务经验和丰富的产品带到韩国，以获取中国游客的需求。

韩国观光公社统计显示，2014年共有612万中国人到访韩国，较2013年大增42%。据称在韩国的乐天免税店，中国游客占到来店消费者一半以上。

JTC成立于1993年，在日本的九州、东京、大阪和北海道等地开设有12家店铺。2013财年(截至2014年2月)的销售额为300亿日元。JTC旗下免税店常有很多中国游客来店购物，因此积累了符合中国人喜好的商品和服务等经验，该公司认为在韩国也可活用上述经验。

(资料来源：日媒：日本免税店赴韩国开店 就近招揽中国游客. http://news.163.com/15/0309/08/AK8I4H1P00014AEE.html，2015-3-9)

三、政治与法律环境

在任何社会制度下，旅游企业营销活动都必然受到政治与法律环境的强制和约束，旅游业的发展不仅与本国政治法律相关，而且与客源国的政治法律密切相关。政治环境主要是指企业市场营销活动所在国家或地区的政治局势环境以及给企业市场营销活动带来的或可能带来的影响。而法律环境主要是国家的各种方针政策及法律法规环境，政治像一只有形的手，调节着企业营销活动的方向；法律则为企业规定商贸活动行为准则。政治与法律相互联系，共同对企业的市场营销活动发挥影响和作用。政治和法律环境主要包括以下几个方面的内容。

(一) 国家或地区的政治局势

政治局势是指旅游企业营销活动所在国家或地区的政治稳定状态。一个国家或地区在一定时期内政局是否稳定直接影响着整个国家或者地区旅游业的发展。如果一个国家或地区的政局比较稳定，生产发展，人民安居乐业，没有战争、恐怖袭击、暴乱、罢工等，旅游业就能顺利发展，旅游市场也存在较多的机会；反之，如果一个国家或地区的政局动荡，社会矛盾尖锐，秩序混乱，政变连续不断，旅游者出于安全的考虑将不会去该旅游目的地，这将会对旅游业的发展带来较大的冲击。例如，"9·11"事件后，美国的旅游业受到重创，连续几个月旅游人数剧减；政治局势对旅游的影响由此可见。

(二) 国家的方针政策

国家的方针政策是一国政府管理国家的主要手段之一，各个国家在发展的不同时期，根据社会经济发展的不同要求会提出相应的方针政策。这些方针政策规定了一个国家国民经济的发展方向和发展速度，同时也反映了一国政府对各个行业所持的态度。国家的旅游政策对旅游业营销的影响主要表现为：国家的旅游产业政策及旅游政策变化对旅游企业的营销活动有利与否，对旅游企业来说，这些政策既可能是机会也可能是威胁。诸如积极地扶持政策会使旅游业快速发展，如国家采取减免关税、长期低息贷款、信誉担保、公共事业费减免、简单的入境手续、实行特殊的旅游者汇兑率，以及积极地提供各种优惠条件鼓励投资者向旅游业投资。反之，复杂的入境手续，将会使许多旅游者望而却步。例如，我国现行的"清明""五一""端午"三天的假期以及"十一"黄金周的政策在很大程度上促进了旅游业的发展。政府的方针政策有很大的可变性，它随着政治经济形势的变化而变化。旅游企业的营销者要随时注意研究不同时期的有关方针政策，自觉接受国家的行业管理，在贯彻执行国家政策的基础上及时寻找营销机会，调整相关的营销策略。

(三) 法律法规

法律法规环境是指国家或者地方政府颁布的、影响企业市场营销活动的各项法律、法规、条例等，这些法律法规从多个方面直接或间接地影响着旅游企业的经营及发展。

1. 规范旅游企业与旅游者之间关系的法律法规

一般来说，当旅游者与旅游企业发生冲突，旅游者的利益受损时，旅游者处于相对弱势的地位，维护自身权益相对困难，因此，国家制定了许多保护消费者权益的法律法规，如《中华人民共和国消费者权益保护法》《中华人民共和国国内航空运输旅客身体损害赔偿暂行规定》《游客出游应购买的几种保险》《旅游投诉暂行规定》《关于严格禁止在旅游业务中私自收受回扣和收取小费的规定》等。

2. 规范旅游企业之间竞争关系的法律法规

由于旅游业的进入门槛相对较低，进入的企业数量相对较多，竞争在所难免。良性的竞争有利于市场的发展，优胜劣汰。但是恶性的竞争会扰乱行业的秩序，甚至损害消费者的利益。因此，各国都会制定相应的法律来规范企业间的竞争关系，尽管许多法律不是对旅游业专门制定的，但是对旅游业也同样适用，如《中华人民共和国反不当竞争法》《中华人民共和国价格法》《中华人民共和国合同法》《中华人民共和国旅行社管理条例》等。

3. 规范旅游企业和社会利益之间的法律法规

旅游企业在开展营销活动时，常常会遇到其经济利益与国内公共利益相冲突的状况，例如，旅游企业在开展经营活动时，是否会损坏生态、自然、人文环境，企业在开发新产品时，是否会含有不健康的内容等。为了约束企业的这些行为，国家或地方政府制订了许多相应的法律法规，如《风景名胜区管理暂行条例》《中华人民共和国文物保护法》《野生动物保护条例》《中华人民共和国环境保护法》等。

旅游企业在进行营销活动时，除了研究其所在国家有关旅游企业营销活动的法律，还要研究旅游客源国以及旅游目的地国相应的法律法规。旅游企业必须要了解并熟悉法律法规环境，这样不仅能保证企业自身严格地依法办事，同时也能依照法律来保护企业的自身利益。

实例2-3

超市里，一元钱甚至连一瓶矿泉水都买不到，但在旅游网站上，近的能玩北京密云黑龙潭景区，远的能飞到马尔代夫玩6天。每逢节假日来临前，各大在线旅游网站便会争相推出各种特价促销项目，其中这种"1元游"的特价活动也经常被各家拿来作为噱头，一些在线旅游网站甚至还推出了"1元出境游"的旅游产品。打价格战、靠降价吸引用户靠谱吗？国家旅游局网站上一则百余字的消息似乎给出了答案。昨日，国家旅游局网站对外发布消息，针对同程、途牛这两家旅游网站在互联网上以低价招徕游客的经营行为，已经责成江苏省相关旅游部门约谈。而途牛方面也收到了来自南京市旅游委关于停止"1元出境游"业务的整改通知书。

从2014年冬天开始，同程与途牛这两家均位于江苏的在线旅游网站便把同行之间的私下"暗斗"搬上台面。有消息称，2014年11月7日在南京举行的途牛第三届合作伙伴大会上，途牛相关负责人私下要求供应商给同程的价格必须比给途牛的价格高，与途牛联合采购的资源不允许在同程平台上销售。这一做法直接激怒了对手，同程旅游表态将用12个月的时间从业务规模上全面超过途牛出境业务，并预计2015年6月同程在总收客量上也会超过途牛。此后，无论是元旦、春节等节假日，还是在线旅游网站开辟的"双十一""双十二"购物节，同程和途牛针锋相对、打折促销的场面一个接着一个。昨天，国家旅游局的一盆冷水浇向了战火正酣的双方，要求其就相关旅游产品成本构成做出说明。国家旅游局相关部门负责人也介绍，近期将部署开展对"不合理低价"为主要特征的扰乱旅游市场秩序行为的专项整治。

(资料来源：1元出境游扰乱市场 有钱不能尽情烧.法治中国网，2015-03-26)

四、社会文化环境

由于旅游活动本身就是一种文化活动，因此，社会文化环境是影响旅游企业营销诸多变量中最复杂、最深刻的变量。社会文化是人类社会在其长期发展历史过程中形成的，它主要由特定的价值观念、行为方式、伦理道德规范、审美观念、宗教信仰及风俗习惯等内容构成，它影响和制约着人们的消费观念、需求欲望及特点、购买行为和生活方式，对企业营销行为产生直接影响。

影响旅游企业营销活动的文化社会因素主要有以下几点。

(一) 教育水平

教育水平是指消费者受教育程度的高低。文化教育水平的高低，反映并影响着一个国家的社会生产力、生产关系和经济发展水平。受教育程度的高低，影响到消费者对商品功能、包装和服务要求的差异性。通常文化教育水平高的国家或地区比文化教育水平低的国家或地区具有更强的旅游需求。例如，世界主要旅游客源国日本，儿童的入学率为100%，93%的初中毕业生升入高中，40%的高中毕业生升入大学；同时，一个有一般教育文化水平的日本成年人平均每天与宣传工具接触4～5小时。因而，日本对旅游表现出极大的兴趣。教育水平的高低还影响着消费者的心理、消费结构、选择商品的原则和方式，因此，旅游企业营销开展的市场开发、产品定价和促销等活动都要考虑到消费者所受教育程度的高低，采取不同的策略。

(二) 宗教信仰

宗教是构成社会文化的重要因素，宗教对人们消费需求和购买行为的影响很大。不同的宗教有自己独特的对节日礼仪、商品使用的要求和禁忌。为此，旅游企业可以把影响大的宗教组织作为自己的重要公共关系对象，在开展营销活动时，要全面深入地了解并注意不同地区、不同民族、不同旅游目的地和旅游者的宗教信仰，以避免由于矛盾和冲突给企业营销活动带来的损失。例如，一位漂亮女性形象的广告，在世界上许多国家都是可以接受的，但是在信奉伊斯兰教的国家却会遭到抵制；在比利时和荷兰，天主教和新教各有自己的政党和报纸，旅游企业想要打入这一市场，就不得不分别在双方的报纸上做广告宣传；墨西哥人视黄花为死亡、红花为晦气而喜爱白花，认为白花可以驱邪。旅游企业市场营销人员应该做到"入境而问禁"，既尊重旅游者的宗教信仰，又尊重旅游目的地的宗教信仰。

(三) 风俗习惯

风俗习惯是指人们在长期经济与社会活动中形成的一种生活方式与习惯。不同的风俗习惯，在饮食、服饰、居住、婚丧、信仰、节日、人际关系等方面，都表现出独特的心理特征、伦理道德、行为方式和生活习惯，不同的国家、不同的民族、不同的地区，有不同的风俗习惯，他们对旅游者的消费模式、消费习惯有很重要的影响。旅游企业营销人员不仅要学会做到"入乡随俗"，更要在深入研究的基础上，正确、主动地引导健康的旅游消费。例如，英国忌用大象，法国人讨厌墨绿色，中国有春节辞旧迎新、端午划龙舟、中秋庆团圆等许多特色的风俗习惯。旅游企业的营销人员一方面要充分展示旅游目的地有特色的风情民俗来吸引顾客，同时，也要尊重旅游者的风俗习惯，因此，旅游营销必须注重风俗习惯的研究，开发各种相关的旅游产品，以促进旅游业的发展。

(四) 语言文字差异

语言文字是人类文化长期发展演变的结果，是人们日常交流最常用的工具。语言自身是多种多样的，又因国家、地域、民族的不同有很大的差异，给交流带来了一定的困难。同样的一句话，可能会因为在不同的场景、不同的地区有完全不同的含义。语言文字的翻译正确与否对营销活动产生了重大影响，如20世纪20年代，可口可乐刚进入中国市场，根据CoCa-CoLa的发音，当时被译成"口渴口蜡"，被人们理解为"口渴的时候喝一口蜡"而不愿意购买。企业在进行国内、国际的营销活动时，要针对不同的语言群体制作不同的广告宣传。营销人员在研究语言文字环境时一定要做到：顺利地与各方面沟通；准确地翻译；制定适当的策略。

(五) 价值观念

所谓价值观念，是指个人对客观事物及对自己的行为结果的意义、作用、效果和重要性的总体评价，是推动并指引一个人采取决定和行动的原则、标准，是个性心理结构的核心因素之一。人们的价值观决定了人们对事物的爱憎，只有与顾客价值观相适应、相匹配的旅游产品才能给顾客愉悦的感受。在不同的社会和文化背景下，人们的价值观念差别会很大，从而会影响旅游者的消费习惯。例如，在中国，人们习惯于"有多少钱花多少钱"的生活，而在西方国家，超前消费是司空见惯的事情。对于不同的价值观念，营销人员要采取不同的策略，以满足各个细分市场的旅游要求。例如，对于喜欢追求冒险、乐于变化的旅游者，营销人员应为其提供有刺激性、新颖奇特的旅游项目。

(六) 相关群体

相关群体是指能够直接或间接影响消费者购买行为的个人或集体。能够影响旅游者的相关群体主要包括三种：主要团体，次要团体及期望团体。首先，主要团体，包括家庭成员、亲朋好友和同窗同事。主要团体对旅游者的旅游决策发生直接和主要的影响。其次，次要团体，即旅游者参加的工会、职业协会等社会团体和业余组织，由其社会地位所在的相关团体以及旅游者所在的一些亚文化群，这些团体对消费者购买行为发生间接的影响。三是期望群体。消费者虽不属于这一群体，但这一群体成员的态度、行为对消费者有着很大影响。

旅游企业的营销活动要建立在对客源市场社会文化环境深入了解的基础上，从旅游者的角度去想，适应当地的社会文化，营销活动才能成功。

实例2-4

几乎每一个80后都看过家喻户晓的《新白娘子传奇》，断桥、西湖、雷峰塔成为一代人心目中杭州的代名词，也为杭州优美的自然风光增添了些许浪漫的人文情怀，让许多人心驰神往。《阿凡达》的热播让钟灵毓秀的张家界又火了一把，张家界也借机打出"潘多拉很远，张家界很近"的宣传口号，更将"南天一柱"更名为"哈利路亚山"，游客络绎不绝只为一睹其风采。《天龙八部》翻拍了一轮又一轮，大理也因此成为现代都市人群心目中青山绿水、花开四季的世外桃源，苍山脚下、洱海岸边多了一批又一批追逐心目中风花雪月的异乡人。韩国电影或电视剧在国内市场的热播在年轻一代中刮起韩流热潮，90后、00后对韩国精美的服饰、美丽的风光、优雅的生活情调，甚至烤肉、泡菜等美食充满了期待和向往。由此可见，影视作品对旅游业而言是一种十分有效的营销工作，对旅游目的地有极大的宣传和带动作用。

(资料来源：影视作品对旅游目的地的营销带动作用. http://market.cnta.gov.cn/yjk_yxal/1414722540673.html, 2014-10-31)

五、科学技术环境

科学技术是现代生产力中最活跃和最有决定性的因素，对于经济发展、社会进步、生活方式的变革都起着巨大的推动作用。现代科技和信息产业的发展也推动了高新技术在旅游业中的广泛应用，直接影响到旅游企业产品开发、设计、销售和管理，决定了旅游企业在市场中的竞争地位。

(1) 科学技术的发展使旅游设施现代化，并且大大缩减了旅游的空间距离，为人们的旅游活动带来了便利。如通信的发达缩短了时空距离，使环球旅游和洲际旅游变成一件非常容易的事情。私家车的普及、高速公路的建设、高速列车的发展等交通水平的提高使旅游者能快速、舒适、方便和安全地进行远距离旅游，充分满足了国际国内旅游市场大规模发展的需求。例如，京津高速列车的时间缩短至28分钟，大大方便了京津两地的短途旅游。

(2) 科学技术的发展改善了旅游企业的营销及管理的问题。首先，旅游电子商务的蓬勃发展，出现了很多与旅游相关的网站。例如一些门户网站(新浪、网易等)的旅游频道；旅游企业自建的网站(青旅在线、昆仑在线等)；还有一些专业的旅游网站(如中国旅游资讯网)；再如政府背景类应用服务供应商网站，这种网站不仅自己经营旅游业务，还为旅游企业提供了电子商务平台。这些网站的出现为旅游企业的营销活动带来了极大的便利，增进了顾客对旅游产品的体验。其次，先进的管理信息系统的应用，极大地方便了当今旅游企业的营销和运营。例如，旅游企业可以利用电脑来储存详细的顾客资料，包括消费标准、光顾频率、偏好等，从而跟进服务质量和预备下一次服务。一些酒店、度假村、娱乐场所应用的"一站式智能卡"技术使顾客在组织内的任何消费都可使用此卡，从而减少顾客签单的繁琐。再如，星级饭店普遍使用的计算机预定系统，包括许多商务酒店运用的VOD视频点播系统，为客人提供了前所未有的便利。POS零售管理系统使餐厅部门经理可以及时知道任何时段的利润结果，如此高的信息沟通效率和速度为企业的经营和运转提供了很大的方便。消费者还可以利用中央预定系统、旅游目的地信息系统、物业管理系统等服务，在家中通过网络即可完成预订机票、车票、酒店房间，景点信息查询，换领登机牌的程序。

科技环境的变化给旅游企业带来了前所未有的机遇与挑战。一方面，新技术的发明和应用，增加了旅游产品的吸引力，提高了旅游服务水平和质量，给旅游企业创造了新的市场，带来了新的消费利润。例如，电脑的广泛应用，可以提高饭店的工作效率，使饭店开展一对一营销，为客人提供定制化产品成为可能。再如，声控技术和光学技术在旅游人造景观上的运用，强化了模拟功能，创造了迪士尼一类的特色主题公园，刺激了旅游需求量的增加。但新技术的发明，对一些旅游产品构成了威胁，给旅游企业带来了生存危机。例如，新材料的不断出现，使饭店硬件的更新速度加快，加大了饭店的成本。互联网的出现，弱化了旅行社的代理功能，使不少旅行社面临生存危机。先进的室内娱乐互联网成为外出娱乐和旅游的替代品。旅游企业的营销人员一定要了解并估计到科技环境的变化，对任何可能损害使用者利益从而引起人们反对的技术保持敏感，去应用那些能满足人们需要的技术，来增加旅游产品的吸引力。

六、自然生态环境

自然生态环境是由一些企业营销所必需的或能受到营销活动影响的自然及生态资源构成。对于旅游企业来说，自然生态环境主要是指优越的地理位置和丰富的景观资源，其为旅游企业带来许多市场机会，同时，企业和旅游开发者也对自然生态环境的变化负有一定的责任。旅游业和自然生态环境有着密切的联系，旅游业的发展必须依托一定的自然地理环境，而自然资源、气候条件的变化会对旅游业的存在和发展起着一定的制约作用。旅游企业在进行营销活动时一定要注意关注以下两点。

1. 自然生态资源的现状及发展变化

自然生态资源是发展旅游业的基础，是一个国家或地区的自然、文化、历史、风俗的体现，对生活在异国他乡的人们有着巨大的吸引力。自然景观是众多旅游资源中最活跃、最富于变化、最能激发想象力的重要因素，主要是指经过亿万年的自然演变过程而得以保存下来的具有一定欣赏价值的珍贵的自然资源。根据其特点主要分为3种：其一，顺境自然生态景观，主要是指保存完整的自然景观，多分布在高山深谷、人类难以到达的区域和宗教圣地，主要包括一些世界自然遗产、自然风景区等，如四川的九寨沟，其清新的空气和雪山、森林、湖泊组成的美丽神奇的自然风光吸引了世界各地的游客，再如泰山日出、黄山云海、峨眉佛光、三峡云雾等，都是由气候、空气、阳光构成的美丽风景；其二，逆境自然生态景观，主要是指由于自然生态系统的演化所形成的具有观赏价值的自然景观，如云南的元谋土林和陆良彩色沙林风景区是由于水土流失所形成的。其三，特异自然生态景观，它是指自然形成的以奇异特征吸引游客的自然景观，如云南石林、桂林山水等。

自然生态环境给旅游营销带来了得天独厚的机遇，但同时环境突变也会给旅游营销带来危险。如地震、山崩、火山爆发、洪水袭击、恶劣的天气等各种自然灾害都可能给旅游业造成极大的损失，如2004年的印尼海啸以及2008年的汶川地震都给当地的旅游业造成了巨大的损失。

自然界的变化会从不同的方面影响着旅游营销，旅游企业需要进行具体的调查研究而做出相应的反应，在合适的时机充分地利用优越的旅游资源，积极地开发旅游市场，吸引更多的旅游者，促进旅游业的发展。

2. 旅游资源及环境保护问题

在旅游业繁荣的同时，也面临着巨大的挑战，主要表现在：

(1) 旅游者的大量涌入冲淡了旅游目的地的传统文化风俗，甚至导致许多旅游目的地的传统文化消失，金钱利益的驱动，导致了许多破坏环境和扰乱社会秩序的行为。

(2) 不合理的旅游业的发展对旅游目的地的环境造成严重的不良影响。基础设施和交通设施的过度膨胀，旅游饭店的"三污排放"，旅游景点的粗放管理，以及无节制的旅游活动，给旅游目的地带来大量的污染与破坏。

(3) 在千百年的风雨侵蚀和人为作用的影响下，许多旅游资源已经出现了衰竭的状况。例如举世闻名的黄果树瀑布，近年来由于人为因素的破坏，水量越来越小。

生态环境的破坏、资源的衰竭、全球变暖、严重的自然灾害等，都会给旅游业的生存和发展带来极大的危害，因此，旅游营销人员在开展营销活动时，必须坚持走可持续发展的道路，提倡"生态旅游""绿色旅游"，将经济效益与环境效益相结合，保证人与自然生态环境的和谐发展，以最小的资源环境为代价，来换取最大的发展效益。

第三节 旅游市场营销微观环境分析

旅游市场营销微观环境是指存在于旅游营销管理组织周围并且影响其营销活动的各种因素和条件，相对于宏观环境而言，微观环境主要有以下几个不同点：首先，旅游企业可能拥有基本相同的宏观环境，但是不可能拥有基本相同的微观环境，微观环境对旅游市场营销活动的影响比宏观环境更为直接、更为迅速；其次，微观环境比宏观环境具有更大的可控性，旅游企业通过一些努力可以不同程度地对微观环境中的某些因素加以控制。旅游市场营销微观环境主要包括旅游企业内部的各部门，各种中介机构、企业的供应商、竞争者、顾客群以及可能会影响到企业行为的各种公众(见图2-3)。

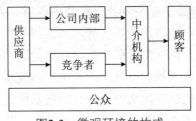

图2-3　微观环境的构成

一、旅游企业内部环境

旅游企业的营销活动并不是一个孤立的过程，它在从规划到具体实施的一系列过程中都要与企业内部的众多职能部门紧密联系和相互配合，如董事会、财会、餐饮、采购、住房、娱乐等。所有这些相互联系的部门构成了公司的内部环境：首先，企业的最高管理层制定公司的使命、目标、总体的战略计划等，营销部门必须在最高管理层制定的计划范围内做出决策，并且在一个小计划实施之前要经过最高管理层的审批；其次，营销部门必须与其他部门紧密联系与配合，如财会部门提供资金、采购部门提供原材料，人力部门保证人力资源的优化配置等。所以，企业在制订营销计划，开展营销活动时，必须协调和处理好各部门之间的矛盾和关系。这就要求进行有效沟通，营造良好的企业环境和企业文化，更好地实现营销目标。

二、中介机构

中介机构是指协助旅游企业通过促销、销售和分销等方式将其产品提供给最终购买者的企业或个人，主要包括中间商、实体分配机构、营销服务机构和财务中间机构。这些中介机构都是旅游企业在进行营销活动中必不可少的环节，大多数企业的营销活动，都必须通过它们的协助才能顺利进行。例如，当企业资金周转不灵时，须求助于银行或信托机构等。随着市场经济的发展，社会分工愈来愈细，这些中介机构的影响和作用也就会愈来愈大。因此，旅游企业在市场营销过程中，必须重视这些中介机构对营销活动的影响，处理好同这些中介机构的合作关系。

(一) 中间商

中间商指把产品从生产商流向消费者的中间环节或渠道，对于旅游者来说，中间商是帮助旅游企业寻找顾客或是直接与顾客进行交易的商业机构。它对旅游产品从生产领域转到消费领域起到了极其重要的作用。旅游中间商主要有两种——旅游经销商和旅游代理商。旅游经销商，是指那些在转售旅游生产者产品过程中，拥有产品"所有权"的旅游中间商。它可分为旅游批发商和旅游零售商两大类。旅游批发商，不直接面向公众，而是通过零售机构转售旅游产品。旅游零售商是直接面向广大公众从事旅游零售业务的中间商。旅游零售商在销售渠道中的作用主要表现在3个方面。

(1) 旅游零售商对消费者选择决策具有相当大的影响力。
(2) 旅游零售商是销售信息的主要传播者。
(3) 旅游零售商给消费者带来了极大的便利。

旅游代理商，是指那些接受旅游产品生产者或供应者的委托，在一定区域内代理销售其产品的旅游中间商。他们并没有商品的所有权，只是负责专门招揽顾客或与顾客商议交易合同的中间商。旅游代理商一般具有三大特点。

(1) 不需承担市场风险。
(2) 经营费用较低。
(3) 依靠佣金获得收入。

中间商对旅游企业营销具有极其重要的影响，它能帮助旅游企业寻找目标顾客，为产品打开销路，为顾客提供有价值的信息，帮助他们找到理想的旅游产品。因此，旅游企业必须重视旅游中间商的作用，加强与旅游中间商的合作，最终获得企业的经济效益。

(二) 实体分配公司

实体分配公司是指帮助企业进行保管、储存、运输的物流机构，包括仓储公司、运输公司等。对于饭店业来说，食物和客房用品的储存和运输是极为重要的。一般货物在下一个目的地前，由仓储公司负责储存和保管商品。运输公司则是通过铁路、汽车、航空、船舶等运输手段，把货物从一地运往另一地。每一个企业都必须从成本、运输速度、安全性和交货方便性等因素出发，综合考虑，选择运输成本低而效益最高的运输和储存货物的最佳方式。

(三) 营销服务机构

营销服务机构是指为企业营销提供专业服务的机构，包括广告公司、广告媒介经营公司、市场调研公司、营销咨询公司、财务公司等等。这些机构对旅游企业的营销活动会产生直接的影响，它们的主要任务是协助旅游企业确立市场定位，进行市场推广。一些大型的旅游企业有自己的广告代理公司和市场调研部门，但大多数的旅游企业则以合同方式委托这些专业公司来办理有关事务。因此，企业需要关注、分析这些服务机构，选择最能为本企业提供有效服务的机构。

(四) 金融机构

金融机构指旅游企业营销活动中进行资金融通的机构，包括银行、信托公司、保险公司等。金融机构的主要功能是为企业营销活动提供融资或为他们的商品或服务交易提供风险担保。在现代化社会中，任何企业都要通过金融机构开展经营业务往来。金融机构业务活动的变化还会影响企业的营销活动，如银行贷款利率上升，会使企业成本增加；信贷资金来源受到限制，会使企业经营陷入困境。为此，旅游企业应与这些公司保持良好的关系，以降低企业的经营风险，保证融资及信贷业务的稳定和渠道的畅通。

三、供应商

旅游企业的供应商是指那些为旅游企业以及其竞争者生产产品和服务并提供所需资源的企业或个人。例如，对旅游饭店来说供应商主要有旅游用品商店、水电部门、公安部门、卫生部门等；对旅行社而言供应商主要有旅游风景区、交通运输部门、宾馆饭店、娱乐场所；对旅游目的地而言，供应商有旅行社、饭店、宾馆、交通运输部门、会议场所、旅游场所、旅游风景区等。

对于旅游企业来说，与供应商的关系是十分重要的，它对旅游企业能否正常进行其营销活动具有重要的影响。例如，在游客出游前，要求住四星级的饭店，但是恰逢旅游旺季，只能订到二星级的饭店，游客就有可能取消或者改变此次旅行计划。再如，酒店的日常必需品供应紧张，成本价变高，势必会增加酒店的成本，使酒店在竞争中处于不利的地位。因此，对于旅游企业的营销部门来说，必须清楚地了解原材料市场的供需状况和市场价格的变化，为企业选择合适的供应商，以保证企业营销活动的顺利进行，达到利润的最大化。

旅游企业选择供应商时，应注意以下几点：产品质量、价格水平、供货能力、财务状况、地理位置、售后服务、商业信誉以及赔偿政策。在选择合适并且有实力的供应商后，还要加强对供应商的管理，建立并保持长期友好的合作关系。同时，旅游企业要尽力避免单一的供应商，至少要有2~3个供应商，以保证物资供应的稳定性。

四、竞争者

对于一个企业来说，广义的竞争者是来自于多方面的。企业与自己的顾客、供应商之间，都存在着某种意义上的竞争关系。狭义地讲，竞争者是那些与本企业提供的产品或服务相类似、并且服务的目标顾客也相似的其他企业。一个企业想要成功，必须能够比竞争者更好地满足目标消费市场需求，企业的营销人员不仅要针对目标顾客的需求适时地做出调整，还要根据竞争者所采取的战略来做出相应的调整。旅游企业的竞争者主要包括以下几种类型。

1. 愿望竞争者

愿望竞争者是指提供不同的产品以满足不同旅游需求的竞争者。例如，一个人外出旅游，可以选择近郊的生态游，还可以选择游览名胜古迹等。

2. 一般竞争者

一般竞争者是指提供不同的产品以满足相同需求的竞争者。例如，假期休闲时，电视可以成为旅游的替代品，或者书籍、电影院也可以满足人们休闲的需要。再如，火车、汽车、飞机都可以满足人们出行的需要。

3. 产品形式竞争者

产品形式竞争者指提供同类但不同形式旅游产品的竞争者。例如，四星级酒店与五星级酒店之间的竞争；酒店中不同标准的房间之间的竞争。

4. 品牌竞争者

品牌竞争者指提供相同的产品，但品牌不同的竞争者。例如，千禧大酒店和香格里拉酒店之间的竞争关系就是品牌竞争。

在进行竞争分析时，一般要考虑以下几个因素：产品的差异化程度、同行或同类产品中卖方的数目以及进入和退出壁垒的高低。旅游企业的营销人员要充分地分析企业所处的竞争环境，帮助企业确立显著的竞争优势。

实例2-5

旅游业不断发展，带来在线旅游市场新的机遇。很多在线旅游商开始在争抢占领先机。据了解，如家退出给了同程网酒店预订业务一记"当头棒喝"后，OTA(在线旅游预订商)"龙头"携程网也对同程网"出手"了。携程网昨日宣布，其"全球门票预订平台"全新上线，这也被业界看做是对同程网核心板块进行的直接打击。同行的针锋相对让重回去哪儿网怀抱的同程网如鲠在喉。携程网方面介绍，新门票预订平台覆盖了3000多家国内景区，在境外覆盖30多个国家和地区，是国内景区覆盖面最广的门票预订平台。据悉，在众OTA中，同程网的门票业务最为出色，占据在线旅游市场份额最高，携程网这次推出门票预订业务，并将其上升为与酒店、机票、旅游度假同地位的核心业务板块之一，在业内看来携程此举是正面与同程进行抢食。

据了解，近年来在线旅游市场的交易规模持续快速增长。相比于OTA的其他业务板块，门票比机票和酒店更直观地对接人们的旅游消费需求。在中国旅游研究院行业分析师杨彦锋看来，中国全年门票销售数量在1300～1400亿元之间，尽管同程网的门票业务非常出色，但其实际市场份额还不到1%，可见门票市场的广阔前景。在整个OTA领域中，酒店、机票、旅游度假三大板块市场份额相对固定之时，携程网无疑想拓展另一块资源广阔的空间，同时完善本身一站式在线旅游服务平台。在线旅游市场作为一种新型旅游模式，改变了大家旅游预订的方式，减少了旅游预订方面的麻烦。

(资料来源：在线旅游市场竞争激烈. 客运站网，2014-10-20)

五、顾客

顾客是企业营销活动的最终目标市场，是影响旅游活动的最直接、最基本的因素。顾客是市场的主体，任何旅游企业的产品和服务，只有得到了顾客的认可，才能赢得这个市场，企业要把满足顾客需要作为企业营销管理的核心。顾客一般分两大类：个人购买者及组织购买者。

(一) 个人购买者

个人购买者，是指为满足家庭和个人的物质和精神需要而购买旅游产品，而非为经济利益转卖的顾客群体，这类购买者是旅游产品的直接消费者和最终消费者。主要包括观光旅游者、度假旅游者、商务旅游者、会议旅游者等。这类购买者，在购买旅游产品时具有以下特征，即人员构成复杂、单次购买数量少、小型购买、需求差异大、购买频率较高、缺乏专业的知识与了解，易受广告和促销的影响。在做出旅游购买决策时，参与决策的角色主要有：

倡议者、影响者、决定者、购买者、使用者。这些角色有可能是多个人承担、也有可能是一个人承担。旅游企业要根据个人购买者购买行为的特点，了解购买过程中的角色参与和所起到的作用，开展针对性的营销活动。

(二) 组织购买者

组织购买者主要是指各种企业或组织为奖励员工、提供福利、开展业务等目的而购买旅游产品和服务的购买者。组织购买者的形式多种多样，如集体旅游、在宾馆召开员工会议、客户的联谊会等。这类购买者的主要特点是：①购买者数量较少，购买规模较大，一般为批量购买；②组织购买属于派生购买，即不是为自己消费，而是为了开展业务；③组织购买的需求弹性较小。组织购买是由单位来承担费用，对旅游产品和服务的需求受价格变动的影响较小。④组织购买是专家购买。组织中会有专门的人员来负责购买旅游产品，他们通常具有比较专业的知识，重视旅游产品的质量。广告对他们的影响较小。因此，旅游企业为组织购买者提供产品和服务时，要特别重视旅游产品的质量，采用高价优质的策略，通过满意的服务，实现与组织购买者长期合作。

六、公众

公众是指旅游企业的营销活动有现实或者潜在影响的群体，主要包括以下几种。

(一) 金融公众

金融公众是指与旅游企业有关的，能够影响旅游企业获得资金的金融机构和组织，如银行、投资公司、证券经纪公司、保险公司等。

(二) 媒介公众

媒介公众主要是指提供普通传媒服务的组织与机构，包括报纸、杂志社、广播电台、电视台、网站等大众传播媒介，它们对企业的形象及声誉的建立具有举足轻重的作用。

(三) 政府公众

政府公众是指负责管理旅游企业营销活动的有关政府机构，如旅游局、工商局、税务、环保等组织与部门。企业在制定营销计划时，应充分考虑政府的政策，研究政府颁布的有关法规和条例。

(四) 企业内部公众

企业内部公众是指旅游企业内部的公众，包括董事会、经理、企业职工。内部公众的工作态度、能力、积极性等都会影响到企业经营目标的实现。

(五) 一般公众

一般公众是指一般性社会公众，主要包括旅游企业产品的潜在购买者，一般公众虽然不会有组织地对企业采取行动，但企业形象会影响他们的惠顾。

(六) 社团公众

社团公众主要是指由群众自发组织建立的一些团体，如保护消费者权益的组织、环保组织及其他群众团体等。尽管这些组织的影响力不如政府公众，但企业营销活动关系到社会各方面的切身利益，必须密切注意并及时处理来自社团公众的批评和意见。

(七) 社区公众

社区公众是指企业所在地附近的居民和社区组织。与社区公众保持良好的关系，有助于企业日常经营活动的展开。

所有这些公众，均对企业的营销活动有着直接或间接的影响，他们可能支持促进企业的营销活动，也有可能为企业的营销活动带来极大阻力，处理好与广大公众的关系，是企业营销管理的一项极其重要的任务。

第四节 旅游市场营销环境分析方法与对策

旅游企业处于一个不断变化的市场营销环境当中，因此旅游企业必须对环境进行持续的分析，以确认哪些因素会对企业有利，而哪些因素会对企业构成威胁。在进行环境分析时，了解环境因素的现有状态及发展趋势，找出优势与劣势，并且在经营活动中巧妙地利用有利因素，规避有害因素，不断地修正企业的原有计划，才能确保企业经营目标的实现。

进行旅游市场营销环境分析时，常用的方法是SWOT分析法。S是strength，指"优势"；W是weak，即"劣势"；O是opportunity，即"机会"或"机遇"；T是threaten即"威胁"或风险。采用SWOT分析法，可以对企业的优势、劣势以及环境中的机会与风险做出综合评估，帮助企业做出更有效的营销决策。

一、SWOT分析法

(一) 分析环境因素

1. 外部环境因素：机会—风险分析

随着经济、社会、科技等诸多方面的迅速发展，特别是世界经济全球化、一体化进程的加快，全球信息网络的建立和消费需求的多样化，使企业所处的环境更为开放和动荡。这种变化几乎对所有企业都产生了深刻的影响。正因为如此，外部环境分析成为一种日益重要的企业职能。

环境发展趋势分为两大类：一类是企业面临的市场机会，另一类是威胁企业的外部风险。

(1) 市场机会(O)

旅游企业的市场机会，是指对旅游企业的市场营销活动具有吸引力的，或者为企业的营销活动带来好处的有利因素，能够使公司获得的更大竞争优势。潜在的发展机会可能有以下几种。

① 具有发展潜力的产品市场进入壁垒降低。
② 技能技术向新产品新业务转移，扩大了客户群。
③ 前向或后向整合。
④ 产品细分市场。
⑤ 获得购并竞争对手的能力。
⑥ 市场需求增长强劲，可快速扩张。
⑦ 出现向其他地理区域扩张，扩大市场份额的机会。

(2) 外部风险(T)

在企业的外部环境中，总是存在一些限制或者不利于企业营销活动发展的因素，这些因素会对企业的盈利能力和市场地位构成一定的威胁。企业的外部威胁可能有以下几种。

① 强大的竞争对手。
② 替代品抢占产品的销售份额。
③ 主要产品市场增长率下降。
④ 汇率和外贸政策的不利变动。
⑤ 人口特征，社会消费方式的不利变动。
⑥ 受到经济萧条和业务周期的冲击。
⑦ 市场需求减少。
⑧ 客户、中介机构或供应商的谈判能力提高。

对于企业的外部环境，可以利用机会—风险矩阵对外部环境进行一个简单的评估，具体如2-4图所示。

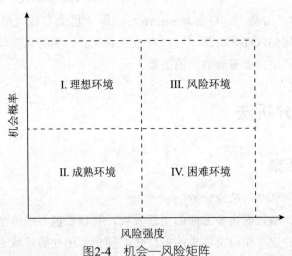

图2-4　机会—风险矩阵

① 理想环境：在此种环境下，企业拥有较大的市场机会，并且风险性、不确定因素较少，这时的企业被称为"理想的企业"。企业在这种环境下应该不失时机地开拓市场，扩大市场份额，提高竞争优势。

② 成熟环境：在此种环境下，企业虽然拥有较低的风险水平，但同时企业拥有的市场

机会也不大，企业处于相对稳定的发展阶段，这个阶段，产品与市场都走向成熟，企业要在维持正常运转的同时，注意发掘新的市场增长点，为开展新的业务准备必要的条件。

③ 风险环境：机会与风险水平都较高，在这种环境下，企业不应该盲目冒进，但也不能迟疑不决，要在充分的市场调查和科学预测的基础上，抓住市场中的机会发展自己，同时注意回避环境中的不利因素，降低风险。争取取得突破性的发展。

④ 困难环境：面临的机会少，困难多，被称为"困难的企业"，这时的企业，或者努力改变环境中的不利因素，走出困境，或者采取战略转移，从现有的困难环境中撤退出来。

市场机会的实质是指市场上存在着"未满足的需求"。它既可能来源于宏观环境，也可能来源于微观环境。随着消费者需求的不断变化和产品生命周期的缩短，旧产品不断被淘汰，同时要求开发新产品来满足消费者的需求，从而市场上出现了许多新的机会。环境机会对不同企业是不相等的，一个环境机会对一些企业有利，而对另一些企业可能会造成威胁。环境机会能否成为企业的机会，要看环境机会是否与企业目标、资源及任务相一致，企业利用此环境机会能否比其竞争者获得更大的利益。环境威胁是指对企业营销活动不利或限制企业营销活动发展的因素。这种环境威胁，主要来自两方面：一方面，环境因素直接威胁着企业的营销活动，如政府颁布的某条法律；另一方面，企业的目标、任务及资源同环境机会相矛盾，也会对企业造成一定的威胁。旅游企业营销人员要随时监控企业的外部环境，及时发现市场机会，避免环境威胁，以保证旅游企业营销目标的顺利实现。

2. 内部环境因素：优势—劣势分析

识别环境中有潜力的机会是一回事，拥有在机会中成功所必需的竞争能力是另一回事。企业的竞争能力主要分为竞争优势与竞争劣势两类。

(1) 竞争优势(S)

① 竞争优势是指一个企业超越其竞争对手的能力。企业的优势可以是以下几个方面。

② 竞争能力优势：产品开发周期短，强大的经销商网络，与供应商良好的伙伴关系，对市场环境变化的灵敏反应，市场份额的领导地位。

③ 技术技能优势：独特的生产技术，完善的质量控制体系，低成本生产方法，雄厚的技术实力，丰富的营销经验，上乘的客户服务。

④ 有形资产优势：完备的基础设施，先进的生产流水线，现代化车间和设备，丰富的自然资源储存，充足的资金，完备的资料信息。

⑤ 无形资产优势：优秀的品牌形象，良好的商业信誉，积极进取的企业文化。

⑥ 人力资源优势：关键领域拥有专长的员工，高素质的员工，很强的组织学习能力，丰富的经验。

⑦ 组织体系优势：完善的信息管理系统，忠诚的客户群，强大的融资能力。

(2) 竞争劣势(W)

竞争劣势是指一个企业缺少或做得不好的方面，或指相对于竞争对手处于不利地位的条件。可能导致内部弱势的因素有如下几个方面。

① 缺乏具有竞争意义的技能技术，或者缺乏有竞争力的有形资产、无形资产、人力资源、组织能力。

② 在关键业务领域里的竞争能力正在丧失。

③ 企业内部各部门不能很好地协调配合。

企业自身所拥有的优势与劣势并不是绝对的，而是相对于企业的竞争对手而言的，每个旅游企业都要定期检查自己的优势与劣势，这可通过"营销备忘录优势/劣势绩效分析检查表"的方式进行。管理当局或企业外的咨询机构都可利用这一格式检查企业的营销、财务、制造和组织能力。每一要素都要按照特强、稍强、中等、稍弱、特弱划分等级。旅游企业要不断加强自己的竞争优势，同时改善并转化企业的竞争劣势。以确保企业经营目标与营销方案的顺利实现。

(二) 构造SWOT分析表和SWOT矩阵

将调查得出的各种因素根据轻重缓急或影响程度等排序，填入SWOT分析表(如表2-1所示)，然后构造SWOT矩阵(如图2-5所示)，以确定企业的现状和未来的发展战略。在此过程中，将那些对公司发展有直接的、重要的、大量的、迫切的、久远的影响因素优先排列出来，而将那些间接的、次要的、少许的、不急的、短暂的影响因素排列在后面。

表2-1　SWOT分析表

外部环境 \ 内部环境	优势(S) 1，2，3，…	劣势(W) 1，2，3，…
机会(O)1，2，3，…	利用	改进
风险(T)1，2，3，…	监视	消除

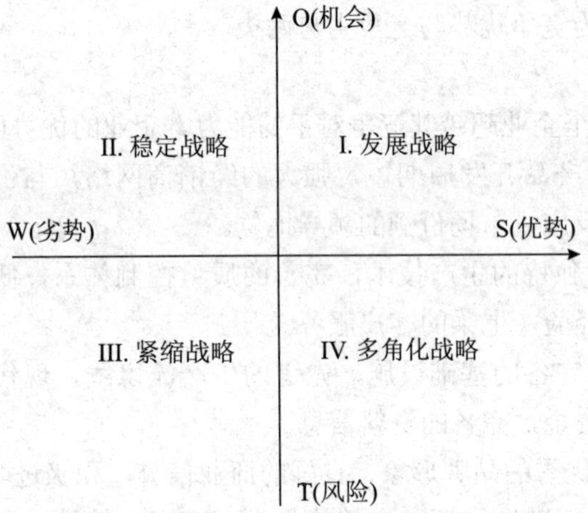

```
              O(机会)
                │
    II. 稳定战略 │ I. 发展战略
                │
W(劣势)─────────┼─────────S(优势)
                │
    III. 紧缩战略│ IV. 多角化战略
                │
              T(风险)
```

图2-5　SWOT矩阵

① 发展战略(SO)：企业具有强大的内部竞争优势，并且外部有许多市场机会，此时，企业宜采取发展性战略，依靠内部的优势去抓住外部的机会，为企业赢得利润。

② 稳定战略(WO)：企业在外部有较多的机会，但是内部条件不佳，此时，企业宜采取稳定型战略，利用外部机会来克服内部的劣势，即先稳定后发展。

③ 紧缩战略(WT)：企业外部有风险，并且内部状况不佳。这时，旅游企业应该设法避开风险、克服内部劣势，可采取紧缩型战略。

④ 多角化战略(ST)：企业拥有内部优势，但存在外部风险，这时，企业应采取多角经营策略，利用内部的优势，避免或减轻来自外部的风险，并寻找新的市场机会。

(三) 制订行动计划

在完成环境因素分析和SWOT矩阵的构造后，便可以制订出相应的行动计划。制订计划的基本思路是：发挥优势因素，克服弱势因素，利用机会因素，化解威胁因素；考虑过去，立足当前，着眼未来。运用系统分析的综合分析方法，将排列与考虑的各种环境因素相互匹配起来加以组合，得出一系列企业未来发展的可选择对策。

二、企业的对策

企业面临的市场机会、威胁都是客观存在的，通常，旅游企业环境中的任何一个因素的变化，都可能会给旅游企业带来新的市场机会和环境威胁。企业如果不能及时利用机会，可能会失去大好的发展契机，若不能恰当、及时地处理环境威胁，可能会导致情况恶化，使企业陷入困境。从总体上讲，企业对于市场机会和环境威胁是不可控制的，但可以通过企业的努力，利用市场机会，化解环境威胁，从而使企业得到更好的发展，获取更多的利润。

(一) 利用市场机会

市场机会对企业来说是难得的宝贵资源，有效地捕捉和利用市场机会，是旅游企业营销成功和发展的前提。企业营销人员不仅要善于发现和识别市场机会，还要善于分析和评估市场机会，并对其充分地加以利用。

(1) 及时。企业的营销人员必须时刻保持"机不可失，失不再来"的紧迫感，及时地发现市场机会，并且要抢在竞争对手前面采取应对措施，争取主动，做到"人无我有"。

(2) 创新。企业在利用市场机会时要勇于创新，突出特色，做到"人有我优"。

(3) 应变。企业所面临的市场机会，也有可能在一段时间后变成对企业的威胁，因此，企业营销人员要密切关注这些因素，认真分析机会给企业带来的潜在利益的大小以及机会出现的概率，做到及时应变。

(二) 化解环境威胁

(1) 反抗。企业要设法限制或尽力扭转不利因素的发展。

(2) 转移。避开环境威胁，即将受到环境影响比较严重的业务转移到盈利较多的业务上，通过多元化经营来降低风险。

(3) 减轻。通过企业营销策略的改变，来减轻客观存在的威胁对企业造成的危害。

(4) 改良。改进自身产品，增强对环境威胁的防御能力。

(5) 转化。因势利导，通过企业以及相关部门的努力，将威胁因素转化为市场机会。

(6) 防备。防患于未然，尽最大努力避免威胁的产生。

总之，旅游市场营销环境是旅游企业经营活动的约束条件。旅游企业经营的成败，关键看旅游企业是否能适应不断变化的市场营销环境。当前，科学技术飞速发展，生产力水平显著提高，使得市场营销环境的变化速度越来越快，因此，对于旅游营销人员来说，除了要制定不断适应外部环境变化的营销组合，还要积极主动地适应和改变营销环境，只有这样，才能在新的时代、新的形势下，抓住市场机会，打造旅游企业的优势，增强竞争力，实现旅游企业目标。

本章小结

旅游市场营销环境是指旅游企业在其中开展营销活动并受之影响和冲击的难以控制的各种因素和力量，由宏观环境和微观环境两部分构成。旅游企业的微观环境是指与企业紧密相连的、并且直接影响企业营销活动的各种力量和因素的综合，企业的宏观环境是企业自身难以控制的一些环境因素，其主要通过影响微观环境来影响企业的营销活动。旅游市场营销环境的特点主要有客观性、差异性、相关性、多变性和可转换性。

旅游市场营销的宏观环境既包括国内环境，也包括国际环境，旅游企业对它既不能控制，也无法逃避，而宏观环境却对旅游企业营销成功与否起着重要的作用。宏观环境主要包括企业所在区域的政治法律环境、经济环境、人口环境、社会文化环境、科学技术水平以及自然生态环境等。

旅游市场营销微观环境主要包括企业内部环境、供应商、中介机构、竞争者、顾客以及社会公众。相对于宏观环境来说，微观环境的影响更直接、更迅速，并且更容易加以控制。

旅游企业的营销环境既可给旅游营销活动带来市场机会，又可能对旅游企业形成某种威胁。旅游企业必须时刻关注营销环境的变化并识别由此带来的机会和威胁，并且利用SWOT分析法和机会—风险矩阵对企业外部的机会、威胁以及内部的优势劣势进行及时的评估，制定并适时地调整营销策略，确保企业长期生存及发展。

案例分析

秦皇岛乐岛海洋公园

秦皇岛乐岛海洋公园，2004年7月22日开业，营业额每年以100%的速度增长，从2004年的1000多万增长到2006年的4000多万，共接待游客200万人次，并创下秦皇岛景区日接待量突破3.5万人次的最高记录，其合作的核心旅行社由200多家增长到800多家，乐岛以挑战者的身份，用3年时间完成了行业一流景区需要数年时间才能达到的业绩，进入了秦皇岛品牌景区的第一阵营。"乐岛旅游营销的树立模式"开创了秦皇岛旅游的新格局，并为中国主题公园的整体突围创造了一个成功样板。

乐岛海洋公园，属于国家4A级景区，一期工程占地407亩，共有八大功能区，拥有国内最大的海洋剧场，北方最大的潜水俱乐部，顶级的海洋嘉年华游乐设备，包含100多个娱乐项目的水上乐园，1800米的优质沙滩海岸线，房车营地，建有气势宏伟的动物湾、极地馆、鲨鱼馆、海洋馆、海盗船等，同时还有秦皇岛唯一的夜间异域风情文艺演出，从公园的规模、游乐设备和硬件项目来看，已经涵盖"吃、住、行、游、购、娱"6大旅游要素，乐岛海洋公园已经远远超过了一个常规的海洋主题公园应该包括的范围。

在对乐岛进行了360度品牌体检以后，一个更加真实和具体的乐岛逐渐浮出水面。虽然乐岛拥有国内一流的硬件设施，但其内部管理和营销现状却不容乐观：

(1) 只有明确了战略，才不会迷失方向，如何为乐岛找魂，乐岛要到哪里去？

(2) 如何破解景区产品的"短命"现象，走出"跟风"建设的怪圈，突破乐岛生命周期的发展瓶颈？

(3) 由于是新公司，组织流程、渠道管理、营销管理等方面不健全。

(4) 品牌定位不明晰，品牌诉求不明确，个性化不强，无法锁定目标消费群。

(5) 由于跟旅行社合作基础薄弱，加上服务支持和监控不力，导致渠道关系泛化和恶化。

(6) 市场拓展盲目混乱，如何规划各区域市场的人财物投入问题？怎样降低风险，高效率地启动重点市场？

(7) 广告传播和宣传推广信息分散、杂乱，促销方式单一常规，没有整合，传播资源浪费严重。

并且，在乐岛营销策划方案推出前，乐岛的主题是"乐岛海洋公园是一座投资3个多亿，以海底观光、潜水、水上娱乐、大型海洋哺乳动物展示和文化演出等为主，集观赏、娱乐、休闲、动态刺激、运动参与及海洋科普教育为一体的环保生态型、高档次新一代海洋主题公园"，这个将近100字左右的文字，让人听起来一头雾水。

中国景区，特别是主题公园，娱乐产品线同质化，重复建设现象十分严重，大多数景区没有品牌运作思路，都还处在产品营销阶段，乐岛以海洋文化为核心，应该为乐岛塑造一个什么个性的品牌形象？

乐岛，以海洋文化为灵魂，超越迪斯尼的卡通娱乐，超越环球影城的电影娱乐，超越环球嘉年华的机械娱乐，开创海洋娱乐新的领导者。

它的品牌定位就是：世界娱乐中心第四极——世界海洋娱乐荟萃！

乐岛目标消费者非常明确，他们是年龄在26～45岁之间的人群，家庭收入在当地中等偏上，喜欢接受新鲜事物，追求新潮的生活方式，对新的娱乐方式有天生的亲近感。他们敢于打破传统，讲究生活的品味和质量。"仁者乐山，智者乐水"，他们是天生的旅行家，去探索一切美好的事物，并用心去慢慢地享受，去领悟生活。

为了方便与消费者进行沟通，拉进乐岛和消费者之间的距离，启动角色营销，主题公园塑造了一个可爱活泼的卡通人物——淘淘。终端以淘淘为中心形象包装出来的一系列海报、立牌、背景板、POP等物料，各类媒体上的系列报道和各类软文炒作，都获得了极大的成功，让乐岛鲜明的时尚活力、亲和人性化的品牌形象，迅速传达到千家万户。

五大营销实战体系让乐岛突围。乐岛构建了以面向市场的六大中心为主导的营销管理模式，确保了乐岛的迅速反应、快速决策的优势，又促进了企业从"推销型企业结构"向"以顾客为导向"的营销型组织架构的转化。

乐岛在营销上，全面贯彻"走出去"的品牌思路，从品牌推介会的成功召开，到渠道价值链深度激励体系的实施，再到乐岛"大海洋伙伴关系"经销商服务支持体系的成功执行，以渠道和市场需求为中心，通过主动营销的实施，构建了一个立体化的渠道体系，优化了景区和旅行社的合作关系，打破了传统景区以自我为中心的单一的价格返点政策。乐岛销售的精细化管理，做到针对不同的客户和市场，做不同的销售策划，不同的销售区域，做不同的促销政策，做到心中有数，有的放矢，以充分实现用最少的资源投入获得最大产出的营销结果。

乐岛在宣传上打造整合传播系统。以"新财富，新海洋"为主题的乐岛品牌推介会在秦皇岛、北京、沈阳、郑州、济南、呼和浩特、大同、哈尔滨等地陆续成功召开，"欢乐海洋之旅全新启程"的整合传播又在北京、天津各地全面展开，"五一"海底婚礼主题活动、

"海洋娱乐节"、"十一"乐岛狂欢周等活动备受媒体关注,并向消费者传达了乐岛"创新、活力"的特色,丰满了乐岛的品牌形象。

乐岛模式成为融"旅游—观光—休闲—度假—地产"5个层次为一体的第四代主题公园的发展方向。乐岛创造了中国旅游业的一个奇迹,乐岛的成功,中国旅游实战营销体系的全程导入起到了巨大的作用,系统战营销思路已经成了中国景区品牌化营销运作的必由之路。

(案例来源:影响中国2006十大旅游营销案例:乐岛旅游策划实战全案. 光华卓策案例中心网站. http://www.superpku.com/;武义勇,方丽莹. 盘点2006年中国十大旅游营销案例. 中国营销传播网. http://www.emkt.com.cn/article/302/30259.html)

案例讨论

1. 在本案例中,乐岛公园面临的宏观环境和微观环境分别是什么?
2. 试用SWOT分析法对乐岛的环境问题加以描述分析。
3. 对于乐岛的现状,企业应该采取的对策是什么?

复习思考题

1. 旅游市场营销环境的内涵、构成和特点是什么?
2. 旅游市场营销宏观环境主要包括哪些?是怎样影响旅游企业的营销活动的?
3. 旅游市场营销微观环境主要包括哪些?是怎样影响旅游企业的营销活动的?
4. 旅游企业如何运用SWOT分析法进行市场营销环境分析?
5. 旅游企业如何运用机会—风险矩阵进行市场营销环境分析?
6. 对于营销环境中的机会和威胁,旅游企业的对策有哪些?

第三章
旅游购买行为分析

学习目标

(1) 掌握旅游购买行为概念
(2) 了解旅游购买行为分类
(3) 理解"刺激—反应"旅游购买行为模式
(4) 了解影响旅游者购买行为的主要因素
(5) 掌握旅游者购买决策过程

导入案例

那一个个昔日的庭院虽已人去屋空,但主人的生活气息仍在,那时的家居生活、社会面貌触手可及,对于后来者有着磁石般的吸引力。现在,中国大陆游客已经成为台湾旅游业的最大客源,台湾名人故居也成为旅游市场的卖点。蒋介石、张学良、胡适、张大千、梁实秋、三毛等人的居住地都已整理出来对外开放,在延续历史文化的同时也成为旅游资源。

张学良软禁处

台湾对包括不少名人故居在内的古迹和历史建筑,强调保护也注重活化再利用。如果只保护起来,而不能使其在现实生活中发挥作用,被保护者便成为冰冷的标本,失去了融入人群的温度,也就失去了保护的实质意义。无论是保护还是活化,都有《文化资产保存法》作为执行依据。据此,文化资产主管部门、地方政府和建筑持有人三方都有权利和义务,持有人可提出计划申请保护和活动的补助款,并承诺依计划执行。如违约,会被限期改善、追回补助款。个别不能尽到保护之责的,也会被强制或协商收回管理权。这个环节的每一步都有章可循。

有规范的程序不仅令保护和再利用得以健康发展,也提升了社会对历史建筑的重视和再利用水平。以新竹县五峰乡清泉山里的张学良故居为例,张学良在此地被软禁时间最长,但原来住的房子已经被50年前的一场台风彻底摧毁。随着中国大陆游客的抵台,新竹县捕捉到"少帅"这个招牌的当代价值,开始挖掘张学良的"清泉岁月",于2008年在原址的溪对岸建了一个"张学良故居",吸引不少游客特别是中国大陆游客前去。但就在2014年9月,又一座"张学良故居"揭牌剪彩,这个故居更接近历史真实,它就坐落在原址,不仅建筑及陈设都根据照片和当年宪兵、警察回忆原样呈现,连周边景物也恢复如初。这缘于2012年,张学良的故乡人辽宁省参访团特意进到山里访少帅故居,却得知并非原址原建,大感失望。原建追不回,但原址还聊可弥补,于是辽宁省出资2000万元新台币与新竹县成立了故居基金会，在原址再建故居。虽然张学良故居不属于"保存法"的古迹和历史建筑，但追求的也是还原历史、开掘现实价值。

士林官邸

士林官邸是蒋介石夫妇在台湾的家，因位于台北士林而得名，蒋介石从1950年起一直在此居住到1975年去世。这座曾经戒备森严的住宅如今对外开放，游客可以穿堂入室，走进蒋家客厅，欣赏墙上宋美龄的中国画作、一派中国风的雕花桌椅、颇有宫廷气派的屏风花瓶和蒋介石与孙儿下棋用的棋盘等家居物品。

室内要买票入内，并只开放一楼，不能拍照；但室外庭园占地接近10公顷，也大有可观之处，而且可尽情留影。这里原本是日本人的"士林园艺所"，也可说是台北的第一座植物园，蒋氏夫妇入住后，按照宋美龄的审美和生活需求开辟为内花园和外花园，内花园仅与二层洋楼的住所隔着一大片草坪，在竹林和花丛间有小桥、流水、假山、凉亭，集纳中国园林之美。隔着一条相思树掩映的小路便是外花园，喷泉、凯歌堂（小教堂）、玫瑰花圃、兰花培育室等，呈现西式风光，展现女主人中西合璧的生活方式。

现在，士林官邸也被"活化"再利用，原来蒋家人做礼拜和受洗、成婚的凯歌堂，现在成了台北集体婚礼的举办地，台北每年的菊展、梅展和兰展也在官邸大花园举办，令昔日重门深锁的禁地融入现代人的日常生活。

梁实秋故居

梁实秋从北平到台北的第一个家、也是在台湾仅存的家位于台北市云和街11号，窄巷内，那棵守候木屋的面包树是故居的招牌，人已流散，树犹葱茏。搬离此屋后，即使在远隔重洋的美国，梁先生也一直在想念着这棵树："树下一卷诗/一壶酒/一条面包——啊！荒漠也就是天堂！"这是翻译了40本莎士比亚著作的大师给一棵树写的诗句，现在与面包树一同印在故居的纪念品上。

故居是一栋木门黑瓦的日式建筑，原为日据时代的日本教授所居，后来成为台湾师范大学的宿舍，前院后庭窄小，室内也仅有不到100平方米，进门左手一间10多平方米的小客厅，迎面一间主卧室，右手边是梁实秋小女儿的卧室、厨房、餐厅、书房。房间都不宽敞，加在一起也比不过当代一些豪宅的所谓书房画室，但梁先生在此继续翻译莎士比亚，并奠定了台湾英语和英国文学教学的基础。

记者到访的时候，整栋房子只有我一个访客，电视里循环播放着梁先生的生平介绍和这座老屋在人去屋空后的破败。好在因为住过梁实秋，它幸免于推平拆毁，于2003年被台北市政府指定为历史建筑，2010年耗资2700万元新台币修旧如旧，2012年对外开放，每周末都会有小型讲座在此举办。

除了梁实秋先生，钱穆、胡适、林语堂、张大千在台湾的故居都已对外开放，走进去，你会离这些远去的前辈们近了一点……

(资料来源：台湾名人故居成旅游热点 张学良软禁处吸引大陆客[N].人民日报海外版，2014-10-10.)

营销观念是一种较晚出现的经营哲学，它与立足于企业现有产品的销售观念不同，营销观念从明确定义各细分市场开始，以满足各目标市场中的顾客需要为终极目标。对于旅游业来说，产品本身具有购前无形性，生产与消费同时性，旅游产品不可储存性，旅游质量受多因素影响等特点。这更加要求旅游企业为满足顾客需要,应具备识别顾客需要的能力,为识别顾客需要,则必须对顾客行为进行科学的分析。

第一节 旅游购买行为概述

一、旅游购买行为的含义

旅游购买行为是指消费者和组织机构搜集旅游产品及其相关信息以及以此为基础的决策、购买、体验、评估、处理旅游产品,以期满足自身某些需要的行为表现。旅游企业要在激烈的市场竞争中取胜并求得发展,就必须深入科学地分析旅游者购买行为,以便准确把握旅游者的消费心理,更有针对性地调整旅游产品的价格、销售渠道及促销策略,适应市场需要,实现旅游企业的经营目标。

二、旅游购买行为类型

旅游购买行为因受文化、社会、个人和心理特征的影响,具有复杂多变的表现形式。按照不同的标准,如购买决策单位、旅游消费目的、购买者个性特征、旅途距离,可以将旅游购买行为划分为不同的类型。在这里,我们以购买决策单位为划分标准,着重进行阐述。

旅游购买行为以旅游购买决策单位为标准,可以分为旅游者购买行为和组织旅游购买行为,如图3-1所示。

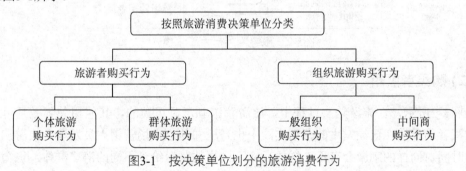

图3-1 按决策单位划分的旅游消费行为

(一) 旅游者购买行为

旅游者购买行为是指旅游者个体、家庭或群体直接购买旅游产品和服务或从事其相关活动的行为表现。由于个体旅游与群体旅游在购买方面存在差异,所以旅游者购买行为又可以分为个体旅游购买行为和群体旅游购买行为。

(二) 组织旅游购买行为

组织旅游购买行为是指以某个组织机构整体或部分为购买单位有计划、有组织、有目的的团体旅游购买行为。与旅游者购买行为相比，组织机构购买包含着更多的买者和更专业的行为。根据决策单位的不同层次，我们又把组织机构购买行为分为一般组织购买行为和中间商购买行为。

三、旅游购买行为模式

为了使旅游营销战略更具有针对性和可操作性，旅游企业在制定营销组合策略之前，必须先研究旅游购买行为。在旅游市场中，成功的旅游企业通过分析旅游者的购买行为着重回答以下几个问题：谁在购买(who)？为什么购买(why)？购买什么(what)？何时购买(when)？何处购买(where)？如何购买(how)？购买多少(how much)？中国有句古语叫做"对症下药"。现在我们来看一下究竟什么是旅游购买行为模式。

(一)"刺激—反应"模式

行为学认为，人的消费行为是外部刺激的结果。行为是刺激的反应，即旅游购买行为模式实质上是一种"刺激—反应"模式，如图3-2所示。旅游市场中各层级消费者处于一种相对稳定的需求状态中，当消费者受到相关的外界刺激时，必然会受其影响，做出某种最终的反应。旅游者受到的刺激归纳为两类：一类是旅游企业营销刺激，即企业所提供的旅游产品、价格、购买渠道、旅游产品促销方案、旅游企业形象等；一类是其他环境刺激，即旅游者所处的文化、社会、政治、经济环境发生的变化及自身个性特征、心理状况的影响。旅游者对相关刺激做出的反应大多体现在旅游购买参与者对旅游产品、购买渠道、购买时机、企业品牌等的选择，通过一系列选择，旅游决策者最终实现旅游购买。

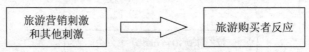

图3-2　旅游购买行为简化模式

(二) 购买者黑箱

如图3-2所示，在旅游购买过程中，旅游营销刺激是可控的，其他相关刺激是可见的，旅游购买者的反应在已经发生的营销实践中也是已知的。市场营销人员发现，旅游购买者在不同的时间对同样的刺激会有不一样的反应，同样的刺激给予不同的消费群体，也会得到不同的反馈。那么，隐藏在可见的刺激和反应之间的是什么呢？

消费者从受到刺激到做出反应，其间经历了一个看不见的中间过程，即具有不同特征的旅游消费者做出不同购买决策的过程。在消费者行为研究中，我们通常将这看不见的中间过程称为"购买者黑箱"（见图3-3）。在旅游市场中，消费者对外部刺激所做出的反应，即旅游者购买决策，受两个方面影响：一是旅游消费者的特征，这会影响消费者对刺激的理解和反应；二是旅游购买决策过程，它影响购买者的行为结果和所购旅游产品的结构状态。

旅游业营销人员研究"购买者黑箱"，即研究影响旅游消费者对外部刺激做反应的因素，探究特定刺激下某细分市场中消费者的反应，揭示旅游购买者行为规律，从而更好地制定有针对性的营销方案。

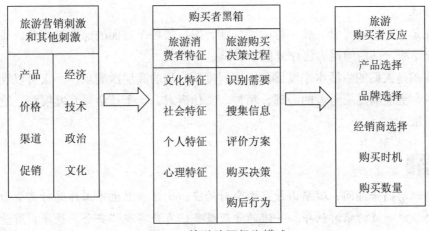

图3-3　旅游购买行为模式

综上可知,旅游购买行为模式分析实质上是对"购买者黑箱"的分析,就是回答"旅游消费者的特征如何影响其购买行为""旅游消费者的购买决策过程如何影响其购买行为"。在本章的后半部分,我们会对此进行详细阐述。

第二节　旅游者购买行为分析

一、旅游需求及特点

(一) 旅游需求的含义

组织行为学家认为,需要产生需求,需求引发动机,动机引导行为。需要是人们在个体生活和社会生活中感到某种欠缺而力求获得满足的一种心理状态。美国心理学家亚伯拉罕·马斯洛提出的需要层次理论把人的需要从低到高分为5个层次,人们对旅游的需求属于较高层次的需要。在日常生活中,人的需要总是会指向某种具体对象。在一定时期内,抽象需要的具体体现便是需求,需求是具体指向化的需要。

在不同的学科背景下,旅游需求可以有不同的定义,马西森和沃尔(A.Mathieson, G.WALL, 1982)将旅游需求定义为:离开自己工作和居住的地方外出旅游或具有旅游的愿望,并使用旅游设施的人数总和。从市场学的角度,旅游需求是指在一定的时间和区域内,特定的旅游者群能够且有意愿购买的旅游产品总量。换句话说,旅游需求是人们在具有一定支付能力和空闲时间的前提下,为满足自身旅游需要而对旅游产品和服务的预计购买量。

(二) 旅游需求的特点

随着社会生产力的发展和国民收入的提高,人们追求自我解放和享受生活的意识逐渐增强,国内旅游需求呈现出稳定且快速的增长趋势。相对于产品消费需求和一般服务需求,旅游需求具有以下几个特点。

1. 综合性

旅游业是一个涉及"食、住、行、游、购、娱"等各个方面的综合性产业。旅游需求需要依靠多个组织、部门的通力协作才能予以满足。

旅游需求是人们的生活水平发展到一定程度后产生的高层次需求，不仅可以满足身体上的感官需求，更能满足旅游者的心理、精神、文化需求。一个社会只有发展到一定程度才会产生旅游需求。

实例3-1

每年的旅游高峰期间，峨眉山景区都会对治安、交通、卫生等工作进行更全面部署：狠抓旅游安全，以一流的旅游秩序、一流的管理服务，力争实现"安全、秩序、质量、效益"四统一的目标，确保旅游高峰期间无一起交通事故、无一起刑事案件、无一起火灾险情、无一起重大旅游投诉、无一起食物中毒。

景区各单位紧紧围绕"锻造世界旅游精品"的要求，切实做到事故隐患未查清不放过、隐患整改措施未落实不放过、事故责任未查清不放过、责任单位责任人处理不到位不放过；狠抓行业管理，规范旅行社、宾馆、饭店、旅游购物和娱乐场所的经营行为，强化对导游人员带团行为的监督力度，狠刹回扣、宰客、买卖游客、强迫购物等行业不正之风，保障游客合法权益不受坑害；狠抓旅游客运市场整治，严禁超载、超速、疲劳驾驶，取缔无证无照驾驶经营行为；重点抓好景区内古建筑、旅饭店、民房、森林防火工作，及时排除各类消防和安全隐患；加强餐饮、住宿场所食品卫生、公共卫生管理，严防食物中毒和重大疫情的发生。

为使各项工作落到实处，管委会领导班子分片包干，靠前指挥，从严履职，沉到一线，各处室基层干部分兵把口，督查组、综合办深入到各部门对黄金周工作督促实施。

(资料来源：峨眉山景区锻造精品，让旅客宾至如归. 客运站网，2012-1-2)

2. 易受影响性

旅游本身是具有一定冒险性质的休闲娱乐活动。旅游产品对大多数旅游者来说都是新奇的、还未体验过的。在这种情形下，大多数旅行者会更加慎重地听取亲朋友人的经验建议，选取口碑最好最值得信任的代理商，运营商。这就提醒我们旅游企业对自身品牌和口碑维护的重要性。

另一方面，人的活动离不开自然和社会两大环境。旅游者在进行旅游决策时会把近期发生的政治事件、经济波动、新闻披露事件及自然灾害等作为目的地旅游环境适宜性、稳定性和安全性权衡的重要指标。各种事件因素会加强或抑制旅游者的出行意图。

实例3-2

马来西亚本是颇受中国游客欢迎的出入境游目的地，但马航MH370事件让包括广东在内的中国游客蒙上一层心理阴影，2014年3月份以来，广东赴马来西亚游客数量同比下降三四成。

中国国旅广东公司市场推广中心总经理李浪称，受马航事件影响，该旅行社往年大热的吉隆坡、槟城、兰卡威、沙巴、绿中海等马来西亚相关路线，3月以来持续遇冷，包括马来西亚一地游以及新马联游产品的报名人数同比降幅三成左右，不少游客转投新加坡、越南、柬埔寨、缅甸等东南亚地区，或选择日韩应季赏花游线路。

一家大型在线旅游服务商相关负责人向记者透露，马航事件发生后，他们确实接到了部分客人退订马航航线机票的要求，也按照相关退改签政策进行协调操作；此外，该旅游商3月以来赴马来西亚自由行人数环比减少约两成。记者从中国国旅广东公司等旅行社了解到，目前广东赴马来西亚的部分旅行团、自由行线路价格低至2000多元人民币，属于全年中偏低的价位水平。

(资料：马航事件致广东赴马来西亚游客下降三四成. 华夏经纬网. http://www.huaxia.com/ly/lyzx/2014/03/3813858.html，2014-3-27)

3. 多样性

旅游产业具有一个复杂而庞大的市场。随着旅游者消费心理的日趋成熟和个性化的不断增长，旅游市场对多样化、多层级产品结构的需求日益凸显。一方面，旅游者年龄、家庭、阅历、性别、偏好等因素的差异性导致了旅游需求市场的多样性和复杂性，同时这也为旅游经营者创造了多样广阔的市场空间。如目前我国旅游消费根据旅游目的大致分为探险游、休闲游、观光游、文化游、生态游、健身游等。另一方面，由于收入水平和生活环境不同，旅游者需求从客观上表现出一定的层次性。这既包括旅游过程中对原有生活习惯、行为规范的维持，又包括对其他层级旅游方式、生活形式的体验选择。

实例3-3

英国007邦德之旅、巴西足球之旅定制游、伦敦时装周主题游、希腊浪漫蜜月之旅……定制旅游成为旅行的一股新趋势，而主题旅游项目成为定制游的热门选择。据介绍，私人定制旅游现在是国外非常流行的旅游方式，根据旅游者的需求，以旅游者为主导进行旅游行动流程的设计，即高端旅行策划机构根据客户的特定需求，从路线、方式和服务着手为客户量身打造的具有浓郁个人专属风格的旅行，它提供的是一种个性化、专属化、"一对一"式的高品质服务。

相较于传统的旅游方式，私人定制旅游更舒心、更方便。传统由旅行社全部指定产品的内容、行程、标准以及出发时间的模式，将全面被打破，而改由菜单式定制，由客人任意选择出发的时间、天数，以及每一个行程内容，每一个住宿房型及餐饮形式，定制产品将由客人DIY完成。"随时出发，人数不限，灵活组装，这就是我们为定制产品设计的定制服务"，旅行社的相关负责人表示，两个人都可以成团。不过，就如定制服装一样，私人定制旅游的价格也同样不菲。据悉，定制游业务根据时间长短和旅游项目不同，比如北欧10天私人定制旅行至少需要花费十几万元，这并不是一般人能够承受的消费。针对新兴的市场，越来越多的旅行社开展了定制旅游服务。据悉，大多旅行社都迎合市场需要，增加了定制旅游服务，只不过这些旅行社并没有明确提出私人定制旅游的概念，而是将其划归为VIP服务中的一个项目。

(资料来源：私人定制游悄然兴起 根据旅游者需求提出方案. http://www.stardaily.com.cn/3.1/1306/19/424351.html，2013-6-19)

4. 高弹性

旅游需求不同于基本的生理安全需要，属于人们较高层次的需要，满足旅游者生理和心理奢侈性的享受需求。因此，旅游需求表现为很强的收入弹性，需求数量受经济因素影响波动性较大。在收入下降时，旅游者普遍将压缩旅游开支作为首要选择，并且理性旅游者的旅游需求对价格变化也是比较敏感的。例如，2008年金融危机使全球经济形势出现低潮，并慢慢进入复苏阶段。据国家统计局的数据显示，2009年7月份，北京市接待入境旅游人数37.7万人次，是1～7月中接待人数最多的一个月；累计接待入境游客221.0万人次，在1～7月的累计接待人数中首次实现正增长。

二、影响旅游者购买行为的因素

行为学家科特·莱文(Kurt.Lewin)提出人类的购买行为主要受消费者个人的特点、社会因素、环境因素的影响。在旅游市场中，影响消费者购买行为的因素很多，主要包括文化因素、社会因素、个人因素、心理因素，如图3-4所示。虽然这些因素中的绝大部分因素是很难为旅游营销人员控制的，但必须得到正确认识，予以足够重视。

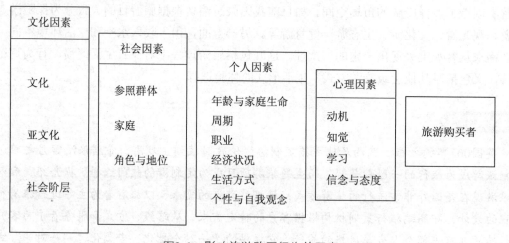

图3-4　影响旅游购买行为的因素

(一) 文化因素

文化因素是历史在个人观念意识中的积淀，是埋藏在消费者个人特征中最深层的影响因素，它潜移默化地在旅游者的购买行为中起着方向性的指导作用。这里，我们从文化、亚文化和社会阶层三个方面进行分析阐述。

1. 文化

文化是每个国家或地区在社会历史发展过程中创造的物质财富和精神财富的总和，它既包括人类生产的物质产品和提供的各种服务，也包括价值观念、伦理道德、风俗习惯、行为规范、宗教信仰等意识范畴。文化是社会所有成员普遍接受和共同拥有的基本认知系统，每一个社会都有与之相适应的文化氛围，不同民族、不同地域及不同社会，其文化的内涵都有极大差别。

文化对消费者的影响是潜移默化、根深蒂固的，它造就、影响和支配着消费者的生活方式和消费理念，从根本上影响着消费者对产品和服务的认同。文化的差异决定了旅游者消费行为的差异。

旅游消费本身是集物质性和文化性于一体的综合性消费活动。一方面，每个令人流连忘返的名胜古迹、旅游胜地都会有其鲜明的民族风情、深刻的社会背景、神秘的宗教氛围或是独特的地域风景。于光远先生曾经说过："旅游是经济性很强的文化事业，又是文化性很强的经济事业。"从另一方面，旅游者从事旅游活动是为了获得美的、新奇的、震撼的经历感受，而差异产生美。特定文化背景下的旅游者往往出于对异域文化的新奇、好奇而引发旅游需要。

实例3-4

少林寺位于河南登封城西少室山，有"禅宗祖庭，天下第一名刹"之誉。南北朝时，天竺僧人菩提达摩到中国，善好禅法，颇得北魏孝文帝礼遇。太和二十年，敕就少室山为佛陀立寺，供给衣食。寺处少室山，故名少林。近三十年来，少林古寺从来没有离开人们的视野，紧扣着时代脉搏，将悠久的历史以及博大佛学在商业的道路上发扬光大。

20世纪末，河南少林寺视野发展有限公司成立，专门进行少林寺知识产权保护。到2008年上半年，少林寺已注册了国内近30个大类约100个商标。在文化推广方面，少林寺也颇大动作，2005年，少林寺成立了专门的"少林文化传播有限公司"。其后，这家公司投资2500万美元，历时两年拍摄了电视连续剧《少林寺》。此外，少林寺还有一系列影响颇大的商业化运作，比如曾经邀请俄罗斯总统普京访问，在全球招收少林弟子，组织"功夫之星"全球电视大赛，创办《禅鲁》杂志，向红十字会募捐，组建少林基金会等。

据统计，近年来，少林寺的游客人数居高不下，旺季的时候，尤其是节假日，少林寺景区一天的游客人数可接近2万人。即使在平日，每天也有3000到5000人。河南登封市财政收入的十分之一是旅游收入，其中旅游收入的95%来自少林寺。

(资料来源：兰世秋，胡勇，黄光红. 最新经典旅游创意案例集[M]. 重庆：重庆大学出版社，2011.)

2. 亚文化

每一种文化都包含有更小的文化群体，即建立在共同经验和相同环境基础上并具有相同的价值体系的人群。在旅游市场中，亚文化群体的旅游者不仅具有与主流文化共同的价值取向，还具有与自身实际特点相适应的独特喜好和额外旅游产品或服务要求。对于旅游企业来说，很多亚文化群体都是细分市场的重要组成部分，营销人员应认真分析不同亚文化群的偏好和行为方式，根据其不同"口味"设计出相应的旅游产品和营销方案，以便做到"对症下药"。

实例3-5

目前，正值傣族一年一度最盛大的传统节日"泼水节"，人们把这一天视为最吉祥、最美好的日子。为了迎接这富有云南本土特色的傣历新年，并更好地对外宣传云南少数民族文化，打造瑞丽航空特色服务品牌，2015年4月13日至4月16日，瑞丽航空在多个航班上同时开展了机上"泼水节"特色服务活动。

登机口,乘务员们一改往日端庄幽雅的形象,以另一种方式展现出活力、时尚、好客的民族特色。身着傣族服装的"小卜哨"手捧圣水杯,向每一位登机的旅客点洒祝福的圣水,希望在傣家人眼中有着圣洁、美好与光明象征的圣水,能为旅客带来好运,旅客们对此感到既新鲜又好奇。航程中,主持人向旅客们讲述了关于泼水节的美丽而古老的传说,以及傣族的风俗人情。旅客们听得津津有味,不时还举手提出一些问题,客舱里洋溢着一派祥和的气氛。接下来的"泼水节"知识有奖竞猜环节,更是将活动推向了高潮。"泼水节是哪个民族的重大节日?除了中国有泼水节之外,还有哪些国家也过泼水节呢?"……客舱里顿时沸腾起来。答对的旅客获得了由"小卜哨"送出的精美礼品——民族布娃娃和瑞丽航空机模。

此外,在乘务长的带领下,各位美丽时尚的空乘们还为旅客带来了独具特色的少数民族音乐文化,部分乘客纷纷举起双手,和乘务员积极互动,其他一些乘客则聚精会神欣赏这段响彻云霄的歌声。

飞机徐徐降落了,旅客们带着乘务组的祝福安全落地,在这个最富有云南特色的傣族节日里,乘务组将吉祥、健康、幸福的祝福带给所有人,将圣水洒满空中之旅,伴随着一声傣语说出的"再见"结束了此次活动。

每逢重大节日,瑞丽航空都会在航班上组织丰富多彩的活动,在万米高空与旅客共度一个愉悦而温馨的旅程。此次活动,彰显出瑞丽航空始终致力于云南少数民族文化传播,努力扩大少数民族重大传统节日的影响力,让云南民族文化通过瑞丽航空班机飞向世界。

瑞丽航空是由云南景成集团独资组建的公共航空运输企业,以立足云南,发展区内,辐射全国,面向东南亚、南亚等重要国家为市场发展目标,逐步建立以昆明为枢纽中心,辐射全国的2~2.5小时高收益航线圈,以成都、重庆、贵阳、南宁为次枢纽中心,连接全国的2~2.5小时精品航线圈,并加密省内航线,适时开通昆明、芒市等重要城市至东南亚、南亚等国家的国际航线,最终形成干支结合、国内与国外航线衔接的航线网络布局,积极推动云南"旅游文化兴省""民航强省"建设。

(资料来源:秦宁宁.记瑞丽航空万米高空庆"泼水节",2015-4-14)

3. 社会阶层

社会阶层是指一个社会相对稳定和有序的分类体系,每个体系中的社会成员都会有类似的价值观、兴趣爱好和行为方式。个人所属的社会阶层主要取决于职业、收入和受教育程度3个变量,人们通常根据所处的社会阶层判断自己的社会地位。在旅游市场中,不同社会阶层的购买行为存在差别。例如:出境游客持续"三高"特征,即高学历、高收入和高消费;高校大学生和老年旅游者多属于理性消费者。年轻城市白领多从杂志、报纸、网络中获取旅游咨询,中老年人会更多地直接从旅行社、旅游中介机构获得信息,这也提醒旅游服务供应商投放旅游广告时必须根据目标市场所处的社会阶层选择媒介渠道,设计广告方案。

实例3-6

当前中国周边国家如韩国、印度等一些国家均已制定并实施邮轮产业整体发展规划。国内目前各地邮轮经济自由发展,缺乏通盘规划和区域协调。交通运输部3月发布了《关于促进我国邮轮业持续健康发展的指导意见》,意见明确了邮轮产业的发展方向、发展目标及主要任务,并制定了相关政策措施。

另一方面,由国家旅游局委托中国交通运输协会邮轮游艇分会(CCYIA)牵头编制的《中国邮轮旅游发展总体规划》于2014年3月在上海启动。该规划是中国邮轮新兴产业第一个国家级规划,邀请了国际著名邮轮公司、国内主要邮轮旅游城市和邮轮港口共同参与,最快将于2014年10月份出台。规划将就2014—2025年间的邮轮经济多方面进行规划,包括邮轮港口城市、旅游线路、船队等方面。

(资料来源:2014年中国邮轮旅游发展总体规划分析.中商情报网,2014-9-16)

(二) 社会因素

社会因素包括参考群体、家庭和社会角色与地位,它在购买行为中对旅游者具有较直接有力的影响。在很多情况下,社会因素会引发或打消旅游者的购买需求,是旅游者在决定旅游产品结构组成时需要考虑顾及的部分。旅游企业在开发新产品,制定营销策略时都必须对其予以考虑。

1. 参照群体

参照群体是指在一个人的态度和行为形成过程中起着直接或间接的比照或者参考作用的群体。参照群体一般可以分为3类:一是关系密切的群体,如家庭、朋友、同学、同事、邻居等;二是关系一般的群体,如专业协会、工会组织、宗教组织、网站会员等;三是向往群体,是指旅游者本不属于但内心仰慕渴望归属并在行动上积极效仿的群体或某几个人。

参照群体是人们效仿的对象和行动的指南。在缺乏客观标准的情况下,旅游者的选择往往以参照群体的标准为依据,进而促使不同的旅游者的购买行为趋于一致,从而影响旅游者对旅游产品、品牌和旅游代理商的实际选择。

值得注意的是,旅游营销人员应努力关注其目标市场的向往群体。这些向往群体至少会以两种方式影响目标市场中的消费者:一是向往群体会给人们带来新的行为和消费方式;二是向往群体会极大地影响人们对旅游地、旅游产品组合、旅游经营商品牌的认可度和忠诚度。西班牙广场(Piazza di Spagna)位于意大利罗马三一教堂(Trinita dei Monta)所在的山丘下,其登上教堂的西班牙阶梯共137阶,是1495年查理八世命法国人建造,名称取自附近的西班牙大使馆。在经典影视作品《罗马假日》中,奥黛丽·赫本在西班牙广场台阶上吃冰激凌的一幕使这里成为罗马人气最高的景点之一。不过,因为慕名而来的游客太多了,现在罗马政府已经禁止游客坐在阶梯上吃冰激凌。

2. 家庭

家庭是以婚姻、血缘和有继承关系的成员为基础形成的一种社会单位。家庭是社会生活的基本单位,也是重要的旅游消费群体,尤其是春节、"五一"和"十一"等旅游黄金时期。受不同家庭生活习惯的影响,不同家庭的丈夫、妻子和子女会扮演不同的角色以及发挥不同的影响。近年来,随着理念的变化和对子女教育的日益重视,孩子在家庭旅游中具有极强的话语权和不容忽视的影响力,这应引起旅游营销人员足够的重视。

家庭对旅游购买行为的影响主要表现在以下3个方面:一是作为旅游产品的购买代理

人,例如家中处于青少年期的孩子往往会是家庭旅游的发起者、产品决策者和购买执行者;二是以家庭为旅游活动的参加单位,受我国传统文化的深刻影响,人们具有极强的家庭观念,在旅游旺季扶老携幼举家游览的情景几乎随处可见;三是家庭成员以各种方式参加或影响旅游购买决策,有时部分家庭成员并不参加旅游,但他们的意见和建议会对旅游参与者产生重大的影响。

3. 角色与地位

角色是社会期望个人所承担的活动。每个人的角色都会深受周围环境的影响,每一种角色都会影响到购买行为。王先生是一家公司的总经理,同时他还是一位父亲。在公司,人力部门提出旅游方案,王先生会作为决策者;在家里,他可能会仅作为建议者或购买者。

每种角色都有相应的地位,地位反映了社会总体上对该角色的综合评价。旅游者通常选择与自身社会地位相匹配的旅游产品。钓鱼台国宾馆坐落在北京城西古钓鱼台风景区,古钓鱼台昔日为帝王游息的行宫,是北京著名的园林之一,迄今已有八百多年的历史。2009年10月,时任国家主席胡锦涛在这里会见并宴请了俄罗斯总理普京;2009年9月,时任国家副主席习近平在这里会见了柬埔寨国王西哈莫尼;2005年11月,时任国务院总理温家宝在这里接见了美国前总统布什。中国政府以最高的接待级别展现了我们对国际来宾及其所代表组织、国家的友好和尊重。

(三) 个人因素

个人因素会使旅游者在其购买行为上具有一定的趋向性,并在一定的情景下对购买决策具有一定的现实局限性和直接限制性。个人因素包括年龄与家庭生命周期阶段、职业、经济状况、生活方式和个性与自我观念。

1. 年龄与家庭生命周期

从旅游者个人角度来看,年龄的差别往往意味着生理和心理状况、经济状况以及旅游购买经验的差别。不同时期,人们对旅游目的地、旅游服务层级、旅游娱乐活动的喜好选择就会不同。根据由国家旅游局委托中国旅游研究院开展的"全国游客满意度调查"2009年第三季度报告显示国内游客年轻化趋势明显,长途游比例增加,人均消费增加。入境游客以中青年为主,学历高,自助游比例高,旅游消费理性。从家庭角度来看,旅游者的购买行为同时还受个人所处的家庭生命周期阶段的影响。单身的未婚青年通常经济负担较轻,生活观念偏于新潮,多会以自助游、小团体自助游的方式体验享受生活;新婚期的蜜月游,近年来似乎也慢慢发展成了结婚进程中不可或缺的环节;当家庭进入满巢期,子女教育和家庭建设会成为家庭首要支出,旅游消费比重会大幅度减小,旅游项目的选择也多以孩子的需要为选择标准,满足孩子的天性,开拓孩子的知识,开阔孩子视野,如近距离的儿童游乐活动,夏令营活动等;处于空巢期的家庭可自由支配的收入和时间大幅度增加,是人生旅游的高峰阶段,由于夫妻时间比较自由,通常会选择淡季出游。

2. 职业

一个人所从事的职业在一定程度上代表着他的社会地位,决定了他的收入水平和闲暇时间,直接影响着他的生活方式和消费行为。在旅游市场中,旅游者的职业背景显示着他的旅游偏好。例如,外语专业的从业者较多地偏向于海外旅行,外企商务旅行多关注于星级标准,城市中白领多倾向于选个有山有水远离城市的地方。此外,职业还会影响旅游者对旅游时间的选择。例如,教师因为有较长的假期所以可以有较充裕的时间旅游。因此,旅游营销人员要努力识别那些对本企业所开发旅游产品更有兴趣的职业群体,以便更有针对性地开展营销活动。

3. 经济状况

旅游者的经济状况在很大程度上约束着其对各层级旅游产品和服务的选择,并最终影响其购买决策的制定。此外,旅游消费是一种高弹性消费活动,近期内个人或整个社会经济状况的不乐观都会促使消费者调整其旅游预算,甚至取消旅游计划。旅游营销人员应时刻关注整个社会大范围内经济指标的变化,如个人收入、储蓄和利息率的变化。当经济环境出现不景气的趋势时,旅游企业应对其产品进行重新设计、重新定位和重新定价。

实例3-7

厦门老年旅游服务中心在市老年活动中心正式挂牌成立,厦门建发国际旅行和厦门旅游集团国际旅行社成为首批入驻单位,并共同成立老年旅游爱心基金,将旅游资源向我市贫困老人延伸。

厦门老年旅游服务中心将为我市"银发族"提供定制化、针对性的旅游服务与产品。厦旅国际的副总经理杨子燕说,50岁以上的中老年人无论是经济上还是时间上,都比较宽裕,但他们外出旅游不比年轻人。针对老年人的特点,如牙口不好、早睡早起等,旅行社特别为他们设计了"旅游+疗养"的线路,时间一般不超过10天。"时间太长,担心老人身体受不了。"

揭牌仪式后,老年旅游服务中心组织40位老年人代表进行"同安一日游"公益活动。据了解,随着秋季的到来,中心已经设计出了普陀山、台湾、俄罗斯、柬埔寨等境内外旅游线路。

(资料来源:老年人旅游也能"私人定制".厦门网,2014-9-4)

4. 生活方式

生活方式是消费者心理特征的外在表现,是消费者内在动机和性格特征与外部社会相融合后的一种表现。从经济学的角度讲,消费者的这种外在表现往往会反映在其所选择的分配收入的方式以及对休闲时间的安排上。在大多数情形下,即使人们来自相同的文化、亚文化、社会阶层、年龄阶段和职业背景,也会有不同的生活方式。伦敦麦克凯恩—艾里克森广告公司将英国人的生活方式分为四类:前卫型(寻求变化者)、主教型(传统主义者)、非常英国式的变色龙型(从众者)和梦游病患者型(安于现状者)。不同生活方式的人们,消费理念不同,购买行为也各不相同。

5. 个性与自我观念

个性是指一个人对周围环境做出的相对一贯和持久反映的独特心理特征。个性不同会导致旅游者购买偏好和购买行为的差异。营销人员在分析旅游者对产品或品牌的偏好时,个性是一个很有用的变量。自我观念,也叫自我形象,是潜在的每个人都具有的一幅很复杂的心理自我图式,我们的日常行为倾向于与这种自我形象相一致。那些自认为外向的和活跃的人们,倘若把乘船旅游视为一种适合老年人躺在摇椅上消磨时光的方式的话,就不会购买乘船度假这种旅游产品,而倾向于潜水、骑马或爬山。

实例3-8

自黄果树智慧旅游平台上线交易以来，成效良好，2014年国庆期间创下淘宝旅游行西南区店铺交易新纪录，平台的升级还在快速推进。

据了解，黄果树景区早在2012年年底就按照"旅游信息化—旅游智能化—旅游智慧化"三个阶段对智慧景区建设进行了统一规划。根据统一规划、分步实施、小步快跑的建设原则，围绕智慧营销、智慧管理、智慧服务的总体要求，对黄果树景区进行了"一个中心、两个平台、十八个应用系统"进行建设。目前，已完成景区近30公里光纤铺设、车辆自动分析系统、景区免费wifi、智能可视系统、景区容量实时控制系统、黄果树电商平台"快行慢游网"及APP软件开发等项目建设，实现西南地区首家线上线下一体(O2O)景区，并与在线平台商和OTA分销商完成在线合作等。

景区连接着旅游资源与游客两端，一端要采集与整合自身吃、住、行等旅游要素的数据信息，如酒店不同类型房间的数量、提供服务的质量、高速公路通行流量、餐饮就餐容量、夜间消费项目的容量等不同行业数据信息，并将这些数据信息加工后向潜在的游客推送。另一端通过数据准确地反映景区游客客源地、消费偏好、出行方式、到景区游览时间、对景区旅游要素消费需求等。通过这些基础信息设施和游客信息通道的建设，拓宽了游客信息及旅游资源信息的采集渠道，为黄果树景区充分采集、归类、分析、整合、互联互通游客及旅游资源要素的各种信息，也为应用大数据分析游客信息分析提供了基础。

通过大数据的分析并及时调整、制定相应的经营管理策略，调配旅游服务资源的功能和更好地为游客服务，从而实现黄果树景区的智慧化。平台将为贵州智慧旅游整体建设进行探索和经验总结，为贵州智慧旅游提供管理输出，并努力成为贵州旅游的一站式服务平台。

(资料来源：李锦卫. 打造贵州旅游一站式服务平台，http://www.anshun.gov.cn/article.jsp?id=5886331，2015-03-19)

(四) 心理因素

在研究个体行为的心理因素方面，美国的肯塔基大学教授华莱士(M.J.Wallance)提出在外界环境和个体个性、能力短期不变的情况下，知觉、学习、动机是环境刺激转化为个体外显行为的主要中介因素。旅游企业加强对旅游者内在因素特点的分析和总结，有利于制定出更有力度和吸引力的营销方案，引导和影响旅游者的行为决策，建立旅游消费者对企业品牌的忠诚度。在这里，我们从动机、知觉、学习以及信念与态度4个主要心理因素对旅游者行为进行分析。

1. 动机

动机是指被意识到的活动或行为的诱因，它驱动人们从事某种行为，规定行为的方向。因此，要研究旅游者的购买行为特征，就必须对旅游消费者的购买动机进行深入分析。组织行为学认为，人的行为是由动机支配的，动机则是由需要引起的。动机源于需要，它是一种上升到足够强度的需要。在这里，我们借助亚伯拉罕·马斯洛的需要层次理论和费雷德里克·赫兹伯格的双因素理论对旅游者心理特征进行较为深入的分析。

(1) 需要层次理论

马斯洛把人的需要分为从低到高5个层次，即生理需要、安全需要、社交需要、尊重需要、自我实现需要。生理和安全属于低级需要，尊重和自我实现属于高级需要，社交需要则属于过渡性的中间范畴。人的低级需要是先天就有的，是由人的本能决定的，人的高级需要是后天习得的，是受环境的熏陶和意识的培养产生的。低一级的需要相对满足了，就会向高一级发展，越到上层，需要越难以辨别和发觉，满足的程度也越低。

马斯洛的需要层次理论对我们有如下几点启发。

① 旅游需要属于人们较高层次的需要。通常来说，只有基本生理安全需求都已得到保障的人们才有可能对旅游表示出兴趣。旅游企业应对自身消费者市场有一个准确的定位，研究分析目标市场中旅游者的已购产品结构组合、旅游购买目的及购后反馈，挖掘其潜意识中渴望被满足的心理需求，进而有针对性地整合旅游产品，制定更有吸引力的营销方案。

② 旅游产品不属于旅游消费者的生活必需品，它对产品价格和消费者收入的波动都具有极高的敏锐度。旅游是高价格弹性和高收入弹性的经济活动。在经济繁荣时期，旅游企业应看准时机，瞄准市场，加大营销力度，进一步拉动旅游消费；在经济萧条时期，旅游企业应及时做出调整，取消或减少部分高档产品组合，大范围大幅度调整产品组合和产品价格，推出更多更优惠更经济的营销措施，不同旅游企业可依据自身状况推出些新的产品，例如长期田园生活体验，平时想去但因耗时太长而放弃的一些较长线路的旅游项目。整体来看，旅游企业采取保守防御的策略。

③ 旅游需要不是先天就有的，它是消费者随着自我意识的完善，在生活体验中逐步察觉进而产生，寻求满足的。旅游企业有责任多途径多方位做好旅游宣传传播工作，将隐藏在旅游产品中深层次的内涵意蕴展露出来，在为自身产品寻找现有顾客的同时，唤起潜在消费者的旅游意识。

(2) 双因素理论

美国心理学家弗雷德里克·赫兹伯格提出了双因素理论以区分保健因素和激励因素。在旅游交易市场中，保健因素是指只能消除消费者在旅游购买过程中的不满，但不能增加其购买积极性和热情的因素，如畅通的沟通渠道、规范化的服务系统等；激励因素是指能够激发旅游者购买兴趣，提高顾客忠诚度的因素，如新旅游地的开发、良好的服务态度、产品价格的下调等。赫兹伯格的双因素理论提醒我们，旅游企业应努力规避会引发旅游者不满的因素，识别可刺激购买的激励因素，提升旅游企业品牌形象，提高企业产品的市场竞争力。

2. 知觉

按照心理学的理论，当客观事物作用于人的感觉器官时，人们产生的对事物各种属性的各个部分及其相互关系的综合反应被称为知觉。知觉以感觉开始，以感觉为基础，知觉是人对客观事物的综合印象和解释。由于个体经验、价值观、所处环境等的差异，同样的事物会使人们产生不同的知觉，所以知觉在很大程度上会影响旅游者的购买行为。

具体来说，人们通常会经历3种知觉过程。

(1) 选择性注意

每天人们都面对着大量的刺激。据统计，人们一天会接收到1500则各式各样的广告信息，由于人们不是对所有的刺激都加以注意，所以大部分刺激都会被旅游者无意识地过滤掉。选择性注意意味着旅游营销人员必须在吸引消费者注意方面多做研究，探究人们会注意到哪些刺激。下面列出了一些研究结果。

- 人们更倾向于关注与当前需要相关的刺激。一个打算游览欧洲各国的人会关注人民币的汇率，而可能不会关注国内机票的大调价。
- 人们更倾向于关注他们所预期的刺激。人们在中青遨游网上会更多关注参团旅游项目，而在穷游网上时不会期望找到关于国内旅店的评论介绍。
- 人们更倾向于关注那些不同寻常的刺激。

实例3-9

微博是长度在140字以内基于信任链的传播方式，是一个基于用户关系的信息分享、传播以及获取的平台，微博用户可通过WEB、WAP及各种客户端组建个人社区，更新信息以实现即时分享。众多嗅觉灵敏的企业已积极开展微博营销，利用微博平台，吸引相关用户关注，在宣传企业文化、促销产品、提供服务、收集市场信息过程中与其跟随者(现实和潜在的消费者)深入互动，实现营销目标，使得微博成了继电子商务网站、社区网站、新闻门户、搜索门户之后企业营销关注和挖掘的新领域。

旅游景区或旅游企业完全可以尝试利用微博裂变式传播进行信息发布、产品推广、游客反馈信息收集等，激发潜在旅游者的旅游消费，为旅游营销注入活力。需要注意的是，虽微博的互动性和信息来源的广泛性强化了共享，但使信息容易失去客观性和准确性，给旅游营销传播带来负面影响。旅游企业或旅游局应将微博营销作为一个中长期战略，并持续不断地投入资源才能取得成功。

(资料来源：欧越男，欧海燕. 微博营销在旅游行业中的运用初探[J]. 旅游纵览月刊，2012-3.)

(2) 选择性理解

每个人总是按自己的思维模式来接受信息，并趋向于将所获信息与自己的意愿结合起来，按照自己的想法来解释信息的倾向。因此，即使是被旅游者注意到的刺激信息，也并不总按照旅游企业预想的方式被理解接受，消费者总试图将接收到的信息置放到他既有的思维定势当中。

(3) 选择性记忆

人们往往会忘记接触过的大部分信息，而只记住那些符合自己的态度和信念的信息。选择性记忆解释了为什么营销人员在向目标市场传达信息时要使用戏剧化的手法，要与目标群体熟悉喜欢的事物相联系，并且进行多次重复强化。

实例3-10

伴随着电视剧《平凡的世界》的持续热播，剧中"原西县""双水村"上演着一出出激励人心的奋斗故事，剧外也成了陕西新的旅游景点。一时间，路遥、《平凡的世界》、陕北、高家堡等都成为网络上热议的话题。来自四面八方的游客趁清明小长假纷纷来到《平凡的世界》拍摄地来感受原汁原味的陕北风土人情以及这块黄土地的粗犷魅力，甚至有不少旅行社制定了和《平凡的世界》相关的旅游线路。

(资料来源：杨虎元.《平凡的世界》带动榆林旅游业 拍摄地游客火爆，http://yl.hsw.cn/system/2015/0407/6891.shtml，2015-4-7)

3. 学习

人类除饥渴、疲倦、恐惧等本能反应所产生的行为外，绝大多数行为是受后天学习所积累的经验影响所致。学习是指由于经验引起的个人行为上的变化。人类的行为大多来源于学习，一个人的学习是驱使力、刺激、诱因、反应和强化等相互作用的结果。

实例3-11

长久以来，提到中国游客人们一定会想到这样的景象：大帮大帮的戴着红色旅游帽的游客从一辆辆喧嚣的大巴里蜂拥而出。但如果你现在还是这么想，那就过时了。最近的一份旅游调查报告显示，如今出国旅行的中国游客中有百分之七十都会选择自助游。

现在的新兴独立旅行者们可不是紧张无措的初次试水者，他们都有丰富的旅行经历，并且可以很好地使用外语，因为他们中不少都曾在国外学习或者工作过。

另外，不断增长的网络旅行资源也促进了自由行。像携程、艺龙、酷讯这样的网站使游客们可以自己搜索并预订机票和酒店，同时穷游、蚂蜂窝等网站提供免费的《孤独星球》式的实用攻略，旅行论坛也帮助了不太擅长外语的旅行者去设计自己的探险旅程。

(资料来源：中国游客开始青睐自助出国游. 中国日报网，2013-11-6)

在旅游市场中，消费者制定旅游购买决策的过程本身也是一个连续系统的学习体验过程。例如，旅游市场中新广告、新产品、新品牌不断涌现，各旅游项目、各旅游目的地各具特色，面对琳琅满目的信息资讯，消费者必须收集并了解相关信息；在旅游者对已搜集到的产品进行比较权衡时，会联系自身过往的旅游经验，会听从家人的意见，会向亲戚朋友打听确认，从而对产品或品牌形成一种主观上的评价和判定；在旅程结束后，旅游者会对此次消费体验产生满意或不满意的评价，并作为实践经验为下次从事类似的活动提供参考。

随着社会的进步，公民收入的增加，越来越多的人们萌发了外出旅游的动机，但是有很大一部分的人不懂如何去旅游，如有些人对旅游中的食、住、行、娱缺乏经验，有些人缺乏景点相关历史、地理知识，有些人对旅游目的地的价值存在质疑，还有些人对行程的人身和财务安全心存疑虑。为了提高人们的物质精神生活质量，促进旅游业的快速发展，旅游营销人员有责任对旅游中存在的普遍问题采取必要举措，提供相应帮助，如提供宾馆、饭店的客观描述评价，扩大可供消费者选择的范围，加强景区背景的介绍，完善旅游路线中的安全防护和基本医疗设施，多途径多维度提供旅游体验服务，给消费者提供了解、选择、体验、评论、反馈的机会，强化旅游者对产品和品牌的认同程度。

4. 信念和态度

人们通过实践和学习来建立自己的信念和态度，这些信念和态度反过来又会影响其购买行为。信念是指人们对事物所持的描述性思想。人们根据自己的信念行事，信念构成了产品和品牌的形象，旅游企业通过营销活动来树立消费者对自己产品和品牌的信念。态度是指人们对某种客观事物或观念比较一贯的评价、感觉和倾向。态度将人们置于一个对事物有好恶感和趋避心得思维框架当中。态度导致人们喜欢或不喜欢某种事物，进而直接影响消费者的购买决策。态度一经形成便很难改变，一个人的各种态度是与某个模式相匹配的，要改变其中一种态度，可能会牵动很多。

旅游营销人员应了解各细分市场中旅游者和潜在消费者对产品和服务的要求和期望，总结他们的购买偏好，增加消费者对旅游产品和品牌的好评度和认同度。同时，旅游营销人员也可通过推出新产品，提高服务质量，增加消费回访等途径来改变消费者对原有产品和服务的不良态度。另外，旅游企业应重视与消费者的每一次接触，就像流传在餐馆经营者中的一种说法，餐馆的好坏取决于最后一次服务的质量。

综上所述，旅游者的购买决策是文化、社会、个人及心理等个体因素综合作用相互影响的结果。这些因素中有很多是不能为营销人员所左右的，但通过了解它们可以帮助营销人员更好地理解旅游者的反应和行为决策。

三、旅游者购买决策过程

在分析了旅游者的个体背景因素后，接下来我们来探讨消费者是如何做出旅游购买决策的。旅游者对旅游产品和服务的购买消费活动，是通过一系列相互关联的消费行为过程来实现的。为了便于研究，我们将旅游者的决策过程大致分为5个环节：识别需要、收集信息、方案评价、购买决策和购后行为(如图3-5所示)。值得强调的是，购买过程在实际购买发生之前很早就开始了，并持续到购买之后很久。这就要求旅游营销人员关注消费者的整个购买过程，而不仅仅是购买决策本身。

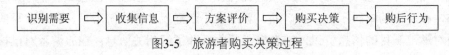

图3-5 旅游者购买决策过程

(一) 识别需要

消费者的旅游需要是整个购买行为的原始驱动力。当人们意识到自己对旅游服务产品的需要时，便产生了具有特定指向性的购买动机。引发消费者旅游需要的方式有两种。

(1) 消费者生活的环境长时间对个体的影响，使得消费者的内在需要不断积累，达到一定的强度后转化为特定旅游产品的购买动机。影响消费者产生需要的环境因素有城市噪音、空气污染，过重的工作压力，太久的一成不变的生活方式等；另一方面，旅游需要也可能来源于旅游者长久以来对某名胜古迹、文化现象、异土风情等的好奇向往。

(2) 消费者受周围环境刺激或相关群体举动的影响，进而产生强烈的旅游需求，促使购买行为的发生。例如，消费者受到旅游景点宣传广告的吸引，或是心动于旅游企业最近推出的优惠活动。同时，消费者还极易受亲戚、同学、朋友、同事或向往群体的带动影响，萌发外出旅游的想法。

旅游企业应该清楚目标市场中消费者的旅游需求特点，熟悉不同的旅游产品组合都能满足旅游者的哪些需求，进而有针对性地设置能够引发潜在消费者旅游需求的刺激源，既要及时识别旅游者需要，也要有计划地对旅游需求进行适当引导，激发旅游者对本企业旅游产品的需要。

(二) 收集信息

已经意识到自身旅游需要的消费者,在需求十分迫切并对相关旅游产品和服务非常熟悉信任的情况下会直接采取购买行为。但是,在大多数情况下人们意识到自身需求后,会先转化成动机,对相关的旅游项目产生兴趣,有意识、有目的地收集相关信息,加深对产品和品牌的认识,为实现理智的旅游购买行为做好前期调研工作。

旅游消费者要收集信息的多少取决于内驱力的强度,原有信息的多少,获得更多信息的难易程度,增加信息的价值以及个体通过收集信息可能得到的满意程度。一般来说,消费者的信息来源有4种途径。

(1) 人际来源,是指旅游者通过自己的人际关系而获得相关旅游信息的途径。例如,通过与家庭成员、朋友、同事、邻居和熟人交流而获取相关旅游经验以及对有关旅游产品、品牌的评价和认同度。由于人际来源是非商业性的信息渠道,并且传播者与旅游者之间具有较长时间稳定的关系,所以这种途径获得的信息往往会对旅游者的购买行为产生较大影响。

(2) 商业来源,是指旅游者通过由旅游企业付费选择的各种商业传播途径了解到相关旅游信息的途径。例如,旅游广告、推销员、经销商、包装物、旅游展销会及旅游企业网站等。与其他信息相比,这些信息具有即时、系统、全面等特点。但由于此途径多为卖方主动传播,功利性较强,人们往往对这些信息有一种戒备心理。

(3) 公共来源,是指人们从大众传媒及一些社团社区组织中获得的非商业目的的旅游信息的途径。例如,人们通过权威性大众媒体、政府主管部门、社团组织、旅行者网络社区等渠道获得的有关旅游产品和品牌的评论及排名。这就提醒旅游企业要关注社会舆论,力所能及地承担社会责任,塑造良好的社会公众形象,并与大众传媒和群众组织保持良性畅通的沟通渠道。

实例3-12

8月20日上午,上海连续了几天的雨依旧不停地下着,瓢泼的大雨浇湿了大家的衣衫却浇不灭为慈善助力的热情。在金棕榈陆家嘴总部,金棕榈企业机构CEO潘皓波潇洒地完成了"冰桶挑战",并带领员工向罕见病关爱中心瓷娃娃捐款一万元人民币,个人捐款100元美金。作为行业内既懂旅游又懂互联网的全能型人才,早在20多年前潘皓波就创办了金棕榈企业机构,成为旅游业最早从事旅游信息化、在线旅游企业的创始人。他信奉"淡泊名利、宁静致远"的处世之道,曾在复旦大学任教多年,热爱思考,是一个学者型的企业家。多少年来一直默默耕耘,为推动旅游行业智慧化、互联网化、移动化以及大数据化发展不懈地努力着、奉献着。2011年更是率先提出"智慧旅行"的概念,为国家旅游局建设全国旅游团队服务管理系统出谋划策。引领智慧旅行、智慧监管、旅游智慧教育,可谓是旅游信息化、在线旅游的第一人。完成善举后的潘皓波全身湿透,他向圈内好友上海锦江国际旅游CEO包磊、苏州八爪鱼董事长袁栋和山东银座旅游总经理雷凯发起挑战,号召更多的旅游业者参与这一善举。

(资料来源:旅游企业金棕榈CEO潘皓波"冰桶挑战"为慈善. 智慧旅行网, http://www.traveldaily.cn/article/83849)

(4) 个人经验来源，是指旅游者从过往的旅游消费体验中吸取教训、借鉴经验，为新的旅游相关消费提供判断依据的内部寻求旅游信息的途径。这种个人积累的消费经验不仅为个体未来的消费提供参考，还会通过口头传播途径作为他人人际来源的信息，影响其他旅游者的个人购买决策。

通过搜集信息，旅游者增进了对各种备选方案和产品服务的了解和认识。在此环节中，旅游企业若可以对营销组合进行合理设计，不仅会增加旅游者对本企业产品和品牌的认同度和选择几率，而且在向旅游者展示企业产品和服务的同时还可唤起旅游者更多的购买需求。

旅游产品的无形性决定了旅游购买者不可能在购买前对产品服务进行试用，消费者只有在消费之后才能够知道他将获得怎样的产品，所以消费者在购买旅游产品时会承担一定程度的风险。因此，来源于个人的反馈信息要比广告对旅游者的购买决策有更大的影响力。旅游企业应该特别关注口碑传播这条信息渠道，它主要显现出两方面的优点。第一，可信度高，口碑传播是唯一一种为消费者所有，为消费者所制并为消费者所享的促销方式。每个旅游经营商都希望得到消费者的夸奖和忠诚。满意的旅游者不仅会是旅游企业的忠实客户，他们还是移动的、会讲话的广告牌。第二，口碑传播还具有成本低的优点，相较于旅游企业在商业途径传播的付出，改善产品和服务赢得旅游者的忠诚，并使之成为良好口碑的传播者所花费的成本代价要少很多，并且这也有益于旅游企业谋求持续长远的发展。

旅游营销人员应该仔细地识别消费者的信息来源，并判断每一种来源的重要性。例如，可以询问旅游购买者最开始是如何听说本产品或品牌的，他们都知道些什么信息，他们对各种不同信息来源的重要性如何估价等。旅游企业还可收集有关竞争者的信息，并制定差异化的形象定位策略。

(三) 方案评价

消费者在收集到所需的旅游相关信息后，一般都会理性地对这些信息进行整理和系统化，对各类信息进行对比分析和评估。不同的消费者使用的评价方法和评价标准差别很大。假设消费者把同类旅游产品看做是一系列产品属性的集合，如餐馆的属性包括食物质量、菜品种类、服务质量、就餐环境、餐馆位置和产品价格，不同的消费者对每一种属性的重视程度不同。也就是说，消费者会根据个人的特殊需要和偏好对各个属性赋予不同的权重，进而对不同旅游产品进行比较排序。例如，对于大多数旅游者来说，价格是选择旅游产品的最重要标准，但对于部分高收入旅游者来说，价格不是其首要考虑的因素，而交通、住宿等质量才是最重要的因素。

实例3—13

清明节刚过，"五一"的脚步又近了。外出旅游乘飞机时你是否愿意选乘廉价航空？日前，某网站发起的一项小调查显示，6成网友会优先考虑廉价航空，而国内仅有6家廉航的知名度也存在较大差异，春秋航空以38.9%的比例位列第一，西部航空和成都航空认知度则较低。

近年来，随着我国中产阶层快速壮大，航空旅行市场底气十足，乘坐飞机已不再是"高大上"的出行方式，尤其廉价航空更是为消费者提供了实惠便利的出行选择。低至几元的机票价格成为廉价航空最大卖点。日前，西部航空公司宣布，每月定期推出1元、38元、88元等不同档次的"白菜价"机票,同期,中联航推出"抢8元票"活动,很多航线瞬间被"秒杀",网络一度瘫痪。

廉航机票价格低,服务体验较普通航空也有差异。没有免费餐饮,行李托运要付费,不能自主选座,客舱服务加入空中售卖环节。有业内人士表示,这些简化的服务项目和服务水平是廉价航空低成本运营的重要一环,不过,中国民航发展的历史还比较短,航空公司和旅客之间在低成本、低票价、低服务的结合点上还需要更多磨合。

对于大众争议的廉价航空是否安全这一问题,调查数据显示,58.8%的网友出游选择廉价航空时心里存有不安,41.2%的网友相信廉价航空与普通航空只是公交车和出租车的区别而已。近期德国之翼空难事件的发生更是让不少人把矛头指向该航空公司的廉价航空属性。业内人士称,航行是否安全,主要还在于是否能够严格执行航空规程、管理是否有瑕疵以及天气等原因,而不在于是否属于"廉价"航空公司。

目前,国内有6家廉价航空公司,哪些廉价航空最为人熟知?调查显示,春秋航空以38.9%的比例位列第一,其次为幸福航空、九元航空,占比分别为19.4%和13.9%,再次为中联航,占比11.1%,西部航空和成都航空占比8.3%并列居于末位。

除了国内廉价航空,世界知名廉价航空公司中,知晓度最高的是美国西南航空,占比27.3%,其次为占比21.2%的马来西亚亚洲航空。菲律宾宿务航空和澳洲航空则并列排在最后。

(资料来源:六成网友乘飞机青睐廉价航空.闽西日报,2015-04-15)

(四) 购买决策

在方案评价阶段,旅游消费者经过对可供选择的产品和品牌的分析比较,初步形成了购买意向。但是,并非所有的旅游消费者都会按照个人意向立即购买,有些消费者的旅游需求会在购买交易达成之前衰退或停留在不确定的状态,这主要是受到以下两种因素的影响(如图3-6所示):一是他人的意见,他人的态度越坚决,这个人与决策者关系越密切,他的意见对旅游消费者购买决策的影响程度就越大;二是突发因素,消费者所形成的购买意向是基于对家庭收入、假期时间、旅游安全、产品价格、产品效用等的预期。当购买过程中出现意想不到的情形,购买意向也自然随之改变。突发事件可分为与旅游消费者有关的因素和无关因素两类。前者如个人的经济条件,时间安排,健康状况以及情绪心态等发生的变化,后者如旅游目的地的自然、社会治安环境的突变,社会经济波动,政治大事件等,都会促使旅游消费者购买决策的变动。

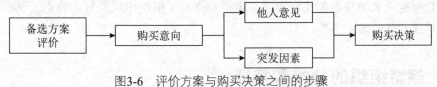

图3-6 评价方案与购买决策之间的步骤

旅游企业可以采取一定的营销策略对旅游消费者的购买行为施加影响。旅游企业一方面向消费者提供相关产品和服务的详细资料支持,如文字信息,图片预览,游者反馈,保持企业与消费者之间沟通渠道的畅通,及时解除消费者的疑惑;另一方面,积极开展广告及公关活动,重视产品和服务质量,完善售后服务系统,尽力消解旅游者旅途后可能出现的不满情绪，塑造诚信专业、值得信赖的品牌形象，增强旅游消费者的购买信心，以保证旅游行为顺利完成。

(五) 购后行为

旅游者在完成旅游体验后，往往会对整个消费过程和购买活动进行评价。消费者购买旅游产品是为了满足自身的旅游需求，他们通常对已选购的旅游产品有一定的心理预期，并通过购后和旅游过程的实际体验去检验自己购买决策的正确性。旅游消费者将心理预期建立在过去的经验以及从销售人员、朋友和其他渠道所获得的与旅游产品相关信息的基础上。旅游者对一次旅游消费满意与否取决于前期预期与实际体验感受是否吻合。如果旅游者的实际体验达到了自己购前的期望，就会对其产品和品牌感到满意；反之，则会导致不满意。这就提醒旅游经营商必须诚实地描述旅游产品的概况，切不可随意夸大。

购后行为，顾名思义是指旅游者购买消费之后的行为，它既是一次旅游购买活动的结束，同时也可能是下次购买或不购买的开端。购后行为在一定程度上是对购买决策的"反馈"。旅游产品的无形性使得消费者只有在购买之后才知道会有什么样的经历，我们普遍认为第一次购买旅游企业产品的消费者并不是真正意义上的消费者，他们只是尝试一下。事实上，旅游消费者的任何一次购买或多或少都会有满足之后的些许遗憾。与其他产品相比，在消费旅游产品时，消费者要投入更多的时间、精力，如出行过程中的疲劳、对陌生环境的不适应等，这些在客观上对旅游者的满意程度也会产生一定的负面影响。

旅游企业在营销推广中，不仅要吸引旅游者，还要保证产品和服务的质量，完善必要的购后反馈渠道，虚心接受旅游者的投诉，尽量化解旅游者的不满情绪，使他们相信自己的决策是正确理智的。

综上所述，通过对"消费者黑箱"的研究和剖析，旅游企业及其营销人员可以找出影响旅游者购买的主要因素，理解旅游者的购买决策过程，获得隐藏在可见的消费者行为背后的深层次信息进而以此为依据设计和制定出行之有效的市场营销战略和计划。

第三节　旅游组织的购买行为分析

除以个体和家庭为单位的旅游消费者外，组织机构也是旅游市场上的重要组成部分。与旅游者购买相比，组织购买是一种更正式、更复杂、更专业、买者和卖者相互间依赖更深，旅游交易数额也更大的旅游购买行为。旅游企业必须了解组织机构行为特点及其购买决策过程，以满足这部分市场的需要。

一、旅游组织的分类和特征

组织是指为了实现共同目标而组成的协作体。在日常生活中，存在着各种类型的组织，如公司、工厂、政府、学校、医院、社团等。个体消费者购买旅游产品的目的是满足自我需要，各类组织的购买是为了完成经营活动或履行社会职责。

旅游组织机构根据是否为旅游消费终端，分为一般组织机构和旅游中间商。

一般组织机构作为旅游产品和服务的终端，为了满足组织发展需要或履行社会职责进行旅游采购。不同的行业组织机构对旅游产品和服务的购买需求不同。例如，工会组织为了丰富员工生活会组织近距离的集体出游活动；企业的业务来往活动及各类会议经常需要商务差旅服务和各种旅游服务；政府和军事机构需要接待来访者或开展些出访活动；学校、医院需要为其职员安排学术交流活动，不同的组织机构为了满足不同的目的需要旅游企业提供不同层次的服务项目。

旅游中间商作为旅游产品销售渠道中的一个环节，为了盈利而购买旅游产品和服务，包括各类经营旅游业务的企业、旅游批发商、旅游代理商、旅游零售商等。旅游中间商购买旅游产品和服务，直接转售或出租给他人或组合包装后销售或供应，以获取利润。

一般来讲，组织机构的旅游购买数量大、价值高、产品需求分布较为集中，购买决策参与人员较多，时间较长，程序过程也更为正式，这要求旅游企业拥有具备此领域专业知识、导购经验和较高职业素质的营销人员，并能针对机构的特定需要提供适合的旅游解决方案。

对旅游企业来说，组织机构购买通常要面对比个体购买更为复杂的购买决策，购买过程也更加规范化和专业化，供购双方之间具有较强的依赖性，通常会建立长期的合作关系。

二、组织旅游购买过程的参与者

组织机构中进行旅游购买的决策单位(又称采购中心)，是指所有参与旅游购买决策过程、具有共同目标并共担决策风险的个人和团体。具体地说，组织旅游购买过程的所有参与者在决策过程中共扮演了以下7种角色。

(1) 发起者，是指组织机构中意识到某种旅游产品需要的个人或部门。他们可能是产品的使用者也可能不是。

(2) 使用者，是指组织机构中需要并将要使用旅游产品和服务的成员。在通常情况下，他们会提出购买建议，帮助界定所需产品的特性。

(3) 影响者，是指直接影响购买决策的组织成员。他们通常协助决定产品的规格，提供评价各种备选方案的信息。

(4) 决策者，是指主要或部分参与策划需要本次旅游购买的相关活动安排，并负责确定所需旅游产品和服务的购买类别，决定产品的各种具体需求的组织成员。他们会提出一种或几种旅游购买方案。

(5) 批准者，是指负责批阅旅游购买方案，并最终确定旅游购买方案的组织成员。

(6) 购买者，是指具体安排和落实购买事项，就购买条件与供应商进行谈判，并选定旅游供应商的组织成员。

(7) 信息把关者，是指控制着可以传达到采购中心的各种产品或服务相关信息的组织成员。他们可以阻止营销人员或各种产品信息到达采购中心。例如，秘书、接待员、采购代表等。

在组织机构中，采购中心会随着旅游产品的类型和重要程度发生变化。一位决策参与者可能会扮演一种或多种角色，组织旅游购买的重大决策大多是不同决策参与者相互影响、共同作用的结果。

三、影响组织机构购买行为的因素

组织机构购买者在制定其购买决策时要受到很多因素的影响。归纳起来，主要有以下四种类型：环境因素、组织因素、人际因素和个人因素(如图3-7所示)。

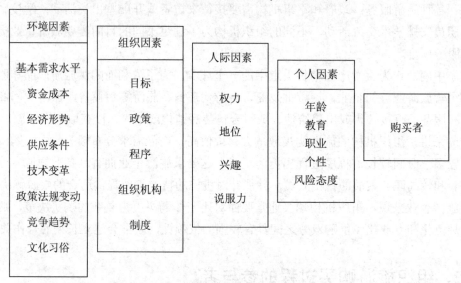

图3-7 影响组织机构购买的主要因素

(一) 环境因素

环境因素是影响组织旅游购买的重要外部因素，主要包括经济形势、政治法规变动、技术及社会文化。在通常情况下，当前和未来的经济环境波动对组织机构的旅游购买影响最为直接。例如，在经济衰退期，大部分公司都会削减员工差旅、来访接待、会议开支及员工奖励性旅游等旅游购买行为，而在繁荣时期，旅费预算往往会增加。政治法规对组织机构的购买行为具有强制性的约束限制作用。

实例3-14

日前，在浙江省"两会"上，中国旅游协会副会长、开元旅业集团董事长陈妙林透露，2013年内地有56家五星级酒店为生存主动"降星"。陈妙林所提到的，正是政坛从简风劲吹背景下，高星级酒店行业"主动降星潮"的一个缩影。

高星级意味着高成本，高成本意味着高价格，在政坛倡导"从简风"的背景下，高成本、高价格对酒店则意味着竞争劣势。

"政府或国企会议和差旅标准大降，原本一个管理层的住宿标准是600元/夜，现在可能仅200元。会务人均食宿标准450～650元。这让大量高端酒店流失商旅客源，政府和国企的宴会订单几乎为零。"某豪华酒店管理者透露。为揽客，部分高星级酒店只能自降身价。陈妙林表示，2013年该集团酒店整体营业额下降18%，餐饮平均营业额减少了20%，严峻形势下，行业内很多五星级酒店为生存只能"降星"。

(资料来源：2013年56家五星级酒店主动弃星降星背后：政坛倡导从简风.观察者网，2014-1-22)

(二) 组织因素

除外部环境因素外，组织内部的因素也会在一定程度上影响着组织机构的旅游购买决策。每个组织机构的购买者都有自己的目标、政策和选购程序，并需要根据自身的组织机构形式和制度惯例等综合考量，进行购买。例如，美国营销协会每年要召开20多次会议，凯悦和马里奥特共同占有AMA会议的大半生意，只因为这次会议，马里奥特一年卖出的客房就将近3000间/夜。一家在经营目标和宗旨上主张以人为本的企业必然会重视员工福利和员工在职培训。倡导勤奋节俭企业文化和彰显实力重视公司形象的两家企业必然会对相关的旅游产品有不同的购买方案。

另外，旅游营销人员还应及时了解主要机构客户的组织变化，及其对组织未来购买可能产生的影响。组织制度的变化调整，组织结构的重新设置等都会影响组织购买者的购买行为。例如，在设置多个事业部的企业组织里，可以由各个事业部门分别行使采购权，也可以由总部集中采购。

(三) 人际因素

组织机构的购买过程一般要比个体旅游购买更专业和正式，它是一项在一定组织范围内为实现某个目的而进行的大批量选购。它涉及的人员越多，动用的数额越大，目的越重要，整个旅游产品的选购过程就会越复杂，参与到决策过程的人员就可能越多。由于参与决策的人员在组织中的地位、职权和说服力不尽相同，旅游营销人员很难知道购买决策过程中采购人员内部的相互作用。这种人际关系因素比较微妙，需要旅游营销人员经常了解相应组织环境的一些个性和人际方面的因素，提升分析洞察群体运行机制的能力。

(四) 个人因素

个人因素对组织旅游购买的影响也不可低估。旅游购买的参与人员受各自年龄、收入、教育程度、专业、阅历、个人特性及对待风险的态度等的影响，具有不同的个人动机、认知和偏好。不同的购买者无疑会展示出不同的购买风格，旅游营销人员也应灵活应变。

综上所述，影响旅游购买者的因素是复杂多方面的。旅游营销人员应了解和掌握环境的变化及其对旅游购买者的购买行为可能产生的影响，并结合相应组织机构的结构状况、人际状况和其中的人员特点，设计出适合的营销方案。组织购买决策过程往往耗时较长、过程繁琐，营销人员应积极主动与购买方沟通商议，及时提供详细精确的数据资料，并针对组织机构的特殊需求调整营销方案，帮助旅游购买组织实现既定的活动安排，建立长期的合作关系。

四、旅游组织的购买决策过程

旅游组织的购买决策过程根据购买情况的复杂程度，分为3类：直接重购、修正重购和全新采购。在3种购买类型中，全新采购最为复杂，决策过程耗时最长，并且采购成本和风险也是最大的。组织机构和旅游企业都希望就某项业务建立长期的合作交易关系。旅游企业应积极采取主动措施，重视每一次的客户服务，将新顾客变成长期客户，使组织机构的全新采购变为直接在本企业重购。

组织机构的旅游购买过程与旅游者的旅游购买有一定的相似之处。这里，我们主要对全新采购的情形给予阐述。在组织旅游购买过程中，购买者的采购过程大致可分为5个阶段，即确认需求，建立购买标准，寻找供应商，选择供应商，购后评价与反馈(见图3-8)。

图3-8　组织旅游购买决策过程

(一) 确认需要

确认需求阶段是组织旅游购买过程的起点。当组织机构意识到可以通过获得某旅游产品或服务来解决问题满足发展需要时，购买过程就开始了。来自内部或外部的刺激都能引发组织机构对旅游需求的确认。从内部来看，新产品的开发创造了在某个城市举办展销会的需要；人力资源部门为中层管理人员在大连提供的为期一周的在职培训；公司为奖励一批为技术创新做出突出贡献的员工，给他们连带其家人订购了"港澳五日游"。从外部来看，学校工会在"五一"期间组织"秦皇岛两日游"；正在筹备企业年庆的负责人看到一则专门从事团体旅游服务的广告。

(二) 建立购买标准

在明确了旅游购买需要后，机构的购买者进一步对需要做出总体上的描述，并围绕需要提出具体的产品和服务需求。在这一阶段，旅游营销人员可以对购买者给予协助。通常情况下，购买者对旅游路线、日程安排、交通餐饮住宿规格、总体活动预算等并没有特别专业的了解，营销人员可以帮助购买者定义其需要，并对其产品和服务的需求加以引导。以此同时，这个阶段也要求营销人员对企业旅游产品和服务有精准而全面的了解，随时为购买者的特殊要求提出相应的解决办法。

(三) 寻找供应商

购买人员在确定了自身的旅游产品"规格"后，可以通过多种途径寻找供应商，如商业目录、电话查询、网上搜寻、他人推荐等。经过初步筛选，购买者会列出一份合格供应商的名单，并把购买标准拟定为招标书或招聘书的形式寄送给各个旅游商，邀请他们提出各自的建议书或投标书。

在这种情况下，旅游营销人员必须在调研、写作和报价上非常有技巧，他们要对所在旅游企业的实力和竞争力有恰当的定位，在显示优势的同时，注重差异化的方案组合，以区别于其他竞争者。

(四) 选择旅游供应商

在这个阶段，组织机构的购买决策参与者会分析研究各个旅游企业提供的旅游解决方案。通常情况下，购买者会针对旅游企业的信誉、产品质量、价格、支付条件、营销人员素质等方面进行综合评估。通常情况下，会有两家或两家以上的旅游方案符合企业的选购要求。

组织机构的购买人员在做出最后决策之前会试图与那些符合要求的旅游供应商再就价格和服务项目进行谈判。在有些情况下,组织机构会将大批量的旅游购买分成几个部分,分别与几家旅游企业进行交易,以用来分散购买风险。

(五) 购后评价与反馈

在组织旅游活动结束后,购买方会针对本次旅游购买体验对旅游企业的产品和服务进行综合评估。旅游营销人员应主动进行客户回访,向组织旅游的购买者就活动计划顺利完成表示祝贺,并请他们对企业服务和旅游体验的满意度进行评价。在有条件的前提下,营销人员还可以向组织机构中旅游产品和服务的最终使用者征求建议和意见。

旅游营销人员应该重视购后评估和反馈环节,购买方对本次旅游消费的认可度将直接决定着下次相关产品的购买决策类型。组织机构与个体旅游者在旅游消费上很不相同的一点是,组织机构对旅游产品和服务的使用具有很大的循环和重复性,旅游企业应该不断地提升产品和服务质量,做好组织性客户的关系管理工作,努力做到与每一个服务过的大客户建立长期合作关系,以降低每次交易中买卖双方的成本和风险,努力达成两方企业的双赢局面。

实例3-15

中国游艺机游乐园协会日前在北京举行"2015中国文化旅游产业发展高峰论坛",并颁发首届"摩天奖"。香港海洋公园在会上获其中颁发3个奖项,包括"中国最受欢迎主题乐园奖""中国主题乐园最佳活动创新奖"及"中国主题公园行业领军人物奖"。

中国游艺机游乐园协会于1987年由业界代表成立,以推动中国主题公园行业发展,现有逾300个企业会员。而首届"摩天奖"被誉为中国旅游业的"奥斯卡",评选委员包括30位来自业内及传媒界权威代表,旨在表扬于2014年表现突出的主题公园。

这次海洋公园在首届"摩天奖"与另外12个内地主题公园并列"中国最受欢迎主题乐园奖",同时海洋公园凭"海洋公园哈啰喂全日祭",获得"中国主题乐园最佳活动创新奖"。

身兼中国游艺机游乐园协会副会长及安全委员会主任、海洋公园副行政总裁李绳宗则获大会颁发"中国主题公园行业领军人物奖",以表扬他对推动中国主题公园行业发展和提升游乐设施安全标准的贡献。

(资料来源:香港海洋公园获中国旅游"奥斯卡"3奖项.中国新闻网,2015-3-26)

综上所述,旅游企业必须了解组织顾客的购买特征,针对组织购买者的不同情况,制定行之有效的营销策略。

本章小结

旅游购买行为是指消费者和组织机构搜集旅游产品及其相关信息以及以此为基础决策、购买、体验、评估、处理旅游产品,以期满足自身某些需要的行为表现。旅游购买行为按照旅游购买决策单位为标准可以分为旅游者购买行为和组织旅游购买行为。旅游购买模式实质上是一种"刺激—反应"模式,对旅游购买行为的分析实质上就是对"购买者黑箱"的研究。旅游购买决策的制定受两个方面影响:一是旅游消费者的特征,这会影响消费者对刺激的理解和反应；二是旅游购买决策过程，它影响购买者的行为结果和所购旅游产品的结构状态。

在旅游者购买行为分析中，旅游需求是指人们在具有一定支付能力和空闲时间的前提下，为满足自身旅游需要而对旅游产品和服务的预计购买量。旅游需求具有综合性、易受影响性、多样性和高弹性的特点。影响旅游者购买行为的主要因素有：文化因素、社会因素、个人因素及心理因素。旅游者购买决策是一个相互关联的并且前后持续时间很久的消费行为过程，大致可分为五个环节：识别需要、收集信息、方案评价、购买决策和购后行为。

与旅游者购买相比，组织购买是一种更正式、更复杂、更专业、买者和卖者相互间依赖更深，旅游交易数额也更大的旅游购买行为。组织旅游购买过程的所有参与者在决策过程中共扮演了以下七种角色：发起者、使用者、影响者、决策者、批准者、购买者和信息把关者。组织机构购买者在制定其购买决策时主要受到以下四种因素的影响——环境因素、组织因素、人际因素和个人因素。旅游组织的购买决策过程根据购买情况的复杂程度，分为三类，即直接重购、修正重购和全新采购。在组织机构从事全新旅游购买过程中，购买者的采购过程大致可分为五个阶段，即确认需求，建立购买标准，寻找供应商，选择供应商，购后评价与反馈。

案例分析

中国旅游率先布局"一带一路"谋发展

回顾人类发展史，从摩西出埃及到张骞"凿空"，从郑和下西洋到麦哲伦航海，在每个特殊的历史时期，不管是为了生存的千里跋涉，还是为了猎奇的周游世界，人类在不断的迁移旅行中，发现故地之外的美丽新世界，缔造了彼此独立又相互融合的世界文明。

春江暖，鸭先知。百业兴，旅先行。

随着1月8日"美丽中国——2015丝绸之路旅游年"正式开启，旅游再一次走在国家战略的前沿，为"一带一路"的落地营造氛围，积聚人气。旅游产业的敏感性和关联性，赋予它上承宏观战略，下接市场动态，中促百业融合的使命，在中国社会经济发展的每个转折期，都发挥着先行先通的开创性作用。

中国现代旅游的起步，源自1979年邓小平的"黄山讲话"，这次讲话让旅游成为改革开放的排头兵，旅游直接拉动中国的外汇储备；世界人民通过到中国旅游，对冷战后的中国有了一个崭新的认识；旅游带动的文化交流，实现了和平邦交；旅游引来的海外投资商，为中国经济的发展注入了强大的活力。

改革开放后，中国用短短30多年的时间，走完了其他国家150年的历史进程，创造了世界第二大经济体的奇迹。如果不是邓小平当年高瞻远瞩地提出要改革开放，要发展旅游产业，中国现代化进程步伐或许没有如此之快。

事实一再证明，旅游是"和平的使者"，是沟通全球、推动改革创新的先行产业。中国积极推动"丝绸之路经济带"及"21世纪海上丝绸之路"的建设，在促进沿线国家和地区互联互通方面，旅游将继续发挥以文旅商贸促进睦邻友好、和平邦交的新使命，为"一带一路"构想的落地开路导航。

举办"丝绸之路旅游年",在推动"一带一路"战略落地方面将发挥以下三大积极作用。

一、营造舆论氛围,达成发展共识

在每个发展时期,国家都需要明确的发展导向、国家战略和发展目标,必须形成高度概念化的文化标识,实现关乎人人的福祉,才能让发展理念深入人心,首先在意识层面达成共识,进而转化为以实际行动积极参与其中的聚合生产力。

如果国家战略只是停留在政府层面、产业层面,而跟普罗大众的生活福祉没有关系,那么,这种战略就会陷入"一厢情愿"的假大空口号,难以调动全社会的参与感,只能是虚无缥缈的空中楼阁。

"一带一路"就是个高度概念化的国家战略,如何让这个概念深入人心,又能让每个国民都感觉跟自己有关系?唯有通过旅游。因为旅游是每个人的生活方式,是人人都能参与其中的精神体验和经济消费活动,它在营造社会氛围、达成发展共识方面,有着无可替代的催化作用。

从区域发展来看,政府主导下的发展模式需要"师出有名",国家层面出台战略,为地方政府确立目标,地方政府的积极响应达成自上而下的发展共识,形成团结一致谋发展的紧迫感和凝聚力。自"一带一路"战略提出后,反应最快的是沿线各个地方围绕旅游而做出的"丝路旅游"发展布局。最明显的表现是关于"陆上丝绸之路"和"海上丝绸之路"起点之争;另一个表现是以"丝绸之路"为核心主题的各类节庆活动、营销事件明显增多,大有争先恐后之势。这是国家宏观政策驱动产生的直接结果。"一带一路"旅游将在调整西北、西南产业结构,推动以旅扶贫方面,发挥更加强劲的聚合作用。

从市场投资来看,投资导向要跟国家战略发展相一致,要跟市场动态趋势相一致,才能把握投资机遇,赢得投资空间和发展前景。随着中国工业产能过剩、房地产业的萎缩等原因,大量的实力企业将目标转向文旅产业。而"一带一路"得天独厚的文旅资源,巨大的可开发市场空白,随着社会舆论氛围的不断升温和渲染,必将迎来新一轮的文旅投资热。

从普通游客来看,你可能不关注国家怎么实现"一带一路"建设,但是你一定会关心"一带一路"的旅游。张骞"凿空"与郑和下西洋的故事无人不知。那里独特的地理风情、民俗文化,那些神奇的传说、诱人的美食,充满穿越时空的无限想象张力,是每个人都想身临其境的内心向往。西安和洛阳的"丝路起点"之争会成为热点话题,正是因为它跟大众的兴趣点密切相关。当你关注并参与了"一带一路"旅游发展的任何一个环节,你都会成为这个战略从概念转化为落地的直接推动者。

国家旅游局副局长杜江在"美丽中国——2015丝绸之路旅游年"启动仪式致辞中说,"丝绸之路"是中国旅游最古老而且最具代表性的品牌之一,是"美丽中国"国家旅游形象的重要支撑,拥有很高的国际知名度和影响力。

他强调要以举办"丝绸之路旅游"主题年为契机,集中推广"丝绸之路"沿线悠久的历史、灿烂的文化和丰富的旅游资源,有利于形成密集强大的宣传攻势,强化聚合效应,进一步激发国际旅游业界和入境游市场对"丝绸之路旅游"的向往和热情,让世界更好地了解"美丽中国"。

因此,"一带一路"战略的舆论营造使命,必须由旅游去完成,让地方政府、投资企业、当地居民及国内外游客心中达成"这事儿比较靠谱"的共识,并经由意识到旅游行为的转化，主动参与到"一带一路"的战略中来。

二、开创投资热点，推动均衡发展

中国的历史经历了从陆地向海洋逐步转移的发展历程。蒙元朝以前，中国的经济、政治、文化中心在内陆中原，先秦及汉唐盛世都是诞生于此。蒙元以后，由于北方少数民族政权的入侵，汉人逐渐向东南部转移。

同时，由于航海技术的不断积累和成熟，能够运输大宗货物的海路交通，逐渐替代以驼马为运输工具的小体量陆路交通，在经济贸易交流合作中表现出巨大的先进性，沿海经济快速发展起来。

在蒙元以前，"陆上丝绸之路"是中国与世界沟通的桥梁，而蒙元以后，这一地位被"海上丝绸之路"所替代。明朝朱元璋定都今南京，是因为当时东南部成为经济中心。朱棣又迁都到北京，一方面是北京的区位有利于抵御频繁南下想灭掉明朝的后元、鞑靼、瓦刺等少数民族政权；一方面也是因为北京临近海洋，京杭大运河贯通南北，有联通世界的海路便利。清朝后期闭关锁国，导致海洋经济落后，西方列强也是从海洋入侵，迫使中国签订一系列丧权辱国的关贸协议，最终将大清帝国推向灭亡。

改革开放后，东南沿海得益于海路交通进出口的便利性，成为投资热点，快速崛起；而内陆，尤其是西北、西南由于交通不便，发展步伐严重滞后。区域发展不均衡成为制约中国整体崛起的瓶颈。

千禧之年，中国实施西部大开发战略，目的是"把东部沿海地区的剩余经济发展能力，用以提高西部地区的经济和社会发展水平、巩固国防"，是以政府的主导推动来缩小东西部发展不均衡局面的重大战略举措。

从区域发展的角度看，"一带一路"是西部大开发战略的升级版，是中国将小区域的联合发展经验，上升至大区域的跨国联合。"一带一路"不再局限于中国，而是要通过互联互通，借全世界的力量来解决中国西北、西南部，以及沿线欠发达国家和地区共同面对的发展难题。

目前，中国亟待解决产能过剩、外汇储备过剩；油气资源、矿产资源对国外的依存度较高；过分依托海洋经济，需要纵深开拓和国家安全；在欧盟、东盟经贸体系中抢占全球贸易新规则制定权等问题。"一带一路"战略诞生于中国的历史渊源和经验，成为解决以上问题的最佳抓手。

与此同时，全球化一体背景下，拥有世界第一人口大国的中国已经成为第二大经济体、第一大国际旅游消费国，市场需求及投资空间广阔，成为全球投资的热土。而中国东南沿海地区经过三十多年的发展在土地、人口、资本等方面都已经达到相对饱和，中国必须为新一轮的全球产业转移和投资热点寻找新空间，欠发达地区西北和西南理所当然要承接起时代机遇和使命。

"一带一路"拥有丰富的自然及历史文化资源，因为区位交通制约没有得到很好的发展。但正是发展落后，反而保留了许多原生态的优质资源，以前的劣势转化为现在的优势。因此相对于其他产业而言，旅游必将成为优先吸引大项目投资的领域。并经由旅游产业发展带动，不断完善公路、铁路、油气管道、网络通信等基础设施建设，为其他产业的入驻创造优良的创业环境。

正如杜江副局长所言，举办"丝绸之路旅游年"是推动国内丝绸之路沿线地区旅游一体化发展的重要机遇。发展"丝绸之路旅游"有利于对内统筹和整合旅游资源，引导"丝绸之路"沿线省份，开展旅游协同合作，构建务求时效、互利共赢的区域旅游联合体，充分发挥旅游先行示范、先通促进的独特产业作用。

三、旅游联动世界，输出文化价值观

从字面上理解，"一带一路"是个区域的概念，但它却有着"一子落而满盘活"的带动作用，为中国经济的发展探索新突破和新空间。

近几年，中国在不遗余力地推动区域经济一体化建设，目前已出台的战略除了"一带一路"，还有中印缅孟经济走廊战略、中巴经济走廊战略、东北亚经济整合战略等，这些战略立足中国战略，放眼全区域发展，通过多方合作，实现"政策沟通、道路联通、贸易畅通、货币流通、民心相通"利益共同体。

旅游是打破意识形态壁垒、经济贸易壁垒、行政壁垒、产业壁垒等，通过人流带动物流、信息流、资金流等，促进文化交融，实现民心相通的"最温和途径"。

国务院《关于促进旅游产业改革与发展的若干意见》要求"打造跨界融合的产业集团和产业联盟，支持具有自主知识产权、民族品牌的旅游企业做大做强"；要"推动区域旅游一体化，完善国内国际区域旅游合作机制，建立互联互通的旅游交通、信息和服务网络，加强区域性客源互送，构建务实高效、互惠互利的区域旅游合作体"；要"创新文化旅游产品，大力弘扬以爱国主义为核心的民族精神和以改革创新为核心的时代精神，积极培育和践行社会主义核心价值观"。

杜江副局长在发言中强调，举办"丝绸之路"旅游年是深化"丝绸之路"沿线国家旅游合作的重要途径。以"丝绸之路"为纽带和桥梁，可以进一步推动中国与东南亚、南亚、中亚、东北亚等众多区域交流与合作，建立多层次、多渠道、全方位的旅游合作交流机制，建立互联互通的旅游交通、信息和服务网络，加强区域性客源互送，实践旅游合作与互联互通建设相互促进。

从打造民族品牌而言，"一带一路"有很多欠发达国家和地区，随着中国"一带一路"战略的实施，将有力推动更多中国本土优秀企业走出去投资置业，输出中国资本及知识产权，在帮助沿线国家经济发展的同时，构筑中国民族品牌的世界影响力。

从推动区域旅游一体化而言，在国内，"一带一路"将以西北、西南为核心，辐射全国，为中国旅游区域一体化创造新典范；从国际而言，在互联互通的基础上，中国庞大的出境游客基数和强大的消费能力，将为沿线国家的旅游经济带去丰厚的福利，从而推动文化旅游交流，构建跨国的大区域旅游线路和发展格局。

与此同时，以"游丝绸之路，品美丽中国"为主题，以"新丝路、新旅游、新体验"为口号的强势宣传，会引发沿线的旅游投资热和旅游体验热，将吸引更多的入境游客前往"一带一路"沿线旅游，缓解中国入境游下滑的态势。

旅游肩负着输出优质文化与价值观的使命。从丝绸之路的诞生来看，不管是张骞"凿空"还是郑和的下西洋，他们身上有着相同的人格气质和精神，那就是"持节不失，维护国家利益；平等互利，相互尊重；信美爱人，以诚质信，营造诚实守信的国家友好交往环境"的精神和节操，他们共同演绎了国与国之间平等、诚信交往的外交理念，开辟了中西文化交流的通道，功在彼时，利在千秋。

当今中国，尤其是中国游客，更需要在"一带一路"建设中秉承张骞、郑和等古人的"丝路精神"，传递中国优秀文化核心价值观，才能睦邻友好，共谋和平与发展的"中国梦"。

很多时候，我们需要回归传统找出路。

一带一路，是重回盛世汉唐的中国梦。

(资料来源：孙小荣.中国旅游率先布局"一带一路"谋发展[J].凤凰旅游，2015-1-11)

案例讨论

1. "一带一路"的实施将会对中国旅游业的发展带来哪些促进作用？会对旅游消费者的行为带来哪些改变？
2. 中国与"一带一路"沿线国家进行旅游开发合作时需要注意哪些问题？

复习思考题

1. 简述旅游需求及其特点。
2. 影响旅游者购买行为的主要因素有哪些？并就心理因素进行举例说明。
3. 对比分析旅游者购买行为与旅游组织购买行为的不同之处。
4. 如果你是北京中青旅行社的营销人员，根据本章学习，请以北京各大高校的应届本科生为目标群体，设计一套以"毕业旅行"为主题的营销方案。
5. 请简要分析网络时代的到来对旅游者购买决策过程的影响，并结合"购买者黑箱"分析、比较中青旅行社与携程旅游网在抢占国内旅游市场中的优势和劣势。

第四章
旅游市场调研与预测

学习目标

(1) 熟悉旅游市场调研的内容、程序和方法
(2) 掌握旅游市场调研的技术
(3) 了解旅游营销信息系统的特点、构成及建设
(4) 掌握旅游市场预测的步骤和方法

导入案例

2015年1月9日，中国旅游研究院在成都发布2014年第四季度及全年全国游客满意度调查报告。报告显示，2014年全国游客满意度指数为74.10，处于"一般"水平，与2013年水平相同但指数下降0.78，第一至四季度的指数分别为72.62、72.84、74.52、76.39，各季度呈现持续回升趋势。从三大市场看，2014年国内、入境和出境游客满意度分别为73.94、73.97和77.15，各季度国内和入境游客满意度呈持续回升趋势，出境游客满意度呈持续下降趋势。

一、当前团队游客对旅行社等旅游服务满意度达到"基本满意"水平

2014年，依法兴旅和依法治旅取得重要进展，全国人民代表大会启动《中华人民共和国旅游法》(以下简称《旅游法》)执法检查工作，同时经过完善旅游监管和治理市场秩序，团队游客对旅行社、景区和质监等旅游服务满意度创历史最高分75.28，达到我国《质量发展纲要(2011—2020)》提出的"2015年生活性服务业顾客满意度达到75分以上"的发展目标，旅行社服务和景点的满意度分别达到了78.52和77.17。

二、游客对旅游环境的抱怨仍然没有得到明显好转

调查显示，游客对目的地空气质量、公共服务、商业接待体系和主客文明等旅游环境的抱怨仍然没有得到明显好转。深入分析全年的调查结果，可以看到2014年全国游客满意度主要有如下特点：一是游客对目的地总体环境更加敏感。游客对样本城市的发展情况、城市建设、城市管理、公共服务等总体环境的关注和评论趋多。二是构成旅游服务范畴的市场主体和商业要素更加多元。2014年，无论是国际机构对我国的游客满意度评价，还是我国开展的游客满意度评价，均显示商业接待体系的完善越来越成为影响游客体验的关键因素，大众创业、商业创新正成为旅游发展的新动力。正因如此，我们看到善于发挥市场机制作用和培育企业主体的城市满意度水平较高且较稳定，如无锡、烟台、杭州、宁波等。三是广义政府在培育和优化旅游环境中的责任主体作用更加明显。调查结果表明，凡是那些党委政府高度重

视、旅游行政主管部门牵头推动、各部门协同配合和社会广泛参与的城市，均形成合力成功提升了游客满意度，反之，那些没有广义政府全面介入的城市，旅游行政主管部门则始终无法摆脱"干不了、跑不掉"以及游客满意度徘徊不前的尴尬境地。

三、城市银行、公交、绿化等满意度较高

各行业的游客满意度从高到低依次为：银行刷卡便利性(77.29)、城市公交(75.76)、园林绿化(75.68)、步行道和自行车道(75.51)、火车站(75.44)、市容市貌(75.25)、机场(75.25)、交通标识(75.25)、供电(75.24)、应急救援系统(75.18)、自驾车(75.16)、长途客运(75.02)、旧城和历史建筑保护(75.00)、自然生态(74.94)、市民形象和行为(74.71)、互联网覆盖(74.62)、安全感(74.49)、城市规划(74.45)、卫生设施(74.38)、出租车(74.14)、手机信号覆盖(74.11)、无障碍设施(74.08)、民俗特色(74.06)、便利感(73.78)、供水和水质(73.31)、施工管理(73.15)、空气质量(72.65)、乡村旅游(72.42)、工业旅游(68.90)。

（资料来源：http://www.ctaweb.org/html/2015-1/2015-1-9-14-14-46221.html）

第一节 旅游市场调研

旅游市场营销调研是随着营销观念的不断演进和旅游营销实践的发展而不断发展的。在现代旅游市场营销活动中，能否及时、准确地掌握旅游市场信息是决定旅游企业能否生存和发展的关键，而进行准确的旅游市场调研是决定能否及时、准确地掌握旅游市场信息的关键。旅游市场营销调研能够丰富和更新旅游市场营销信息系统中的数据，为旅游市场营销方案的顺利实施提供可靠的保障，也是旅游企业制定战略规划的重要依据。

营销调研贯穿于企业市场营销管理过程的每一个环节。市场营销的分析、计划、实施和控制的每一阶段，营销管理者都需要信息，需要关于消费者、竞争者、中间商及其他与市场营销有关的信息，而营销调研是取得这些信息的一个最重要的途径。

一、旅游市场营销调研的概念

旅游市场营销调研，又称旅游市场调研，是指旅游企业为了了解营销环境，发现问题和市场机会而运用科学的方法，有目的、有计划，系统地、客观地收集旅游市场的有关资料数据，并进行整理和分析研究，总结市场的变化规律并预测未来发展方向的活动。

二、旅游市场营销调研的内容

旅游企业市场调研的内容非常广泛，涵盖了与企业市场营销活动有直接和间接关系的所有信息和因素。主要内容包括旅游营销环境调研、旅游市场需求调研、旅游产品或服务调研、旅游产品价格调研、旅游分销渠道调研、旅游促销调研等。为了方便研究，这些内容可以分为旅游企业外部调研和企业内部调研。

(一) 旅游企业外部调研

1. 旅游市场环境调研

旅游企业的经营活动离不开所处的社会环境。旅游环境的变化可能给企业带来机会，也可能对企业形成一定的威胁。旅游市场营销的环境主要是指经济、政治、法律、技术、社会文化、自然地理等方面的情况或变化。虽然企业难以控制上述因素，但旅游企业的生产和营销活动必须与之相适应。旅游市场环境调研主要包括以下方面。

(1) 政治环境调研

政治环境主要包括了一个国家或地区的政治体制、政治形势以及政府对旅游业的政策等。由于旅游特别是国际线路的盈利与否和目的地国家的政治情况高度相关，因此，政治环境调研是最为重要的调研方面之一。良好的政治环境和外交关系无疑会推动两国居民之间的互访，从而推动旅游业的发展。

(2) 法律环境调研

法律环境的调研能够有效地保证旅游企业经营行为的合法性。法律环境调研主要是分析和研究目标市场的经济立法、经济司法、法律条文和规章制度以及国际通行惯例等。聘请当地能力较强的法务人员是一个比较适宜的方式。

实例4-1

从4月起到6月底，安徽省工商局将联合省旅游局对全省旅游市场进行专项整治，围绕重点旅游时段、重点旅游产品、重点旅游景区，加强对旅游业经营者违法违规行为的监管和处罚，严厉打击损害消费者权益和扰乱旅游市场秩序的行为，确保消费者合法权益。

据了解，此次专项整治行动一个重要内容就是合同监管，重点检查旅游合同示范文本是否得到推广使用，合同文本使用是否规范，有无增加、修改格式条款内容或附加补充协议；严厉打击旅游合同欺诈，重点查处旅游经营者利用合同进行的违法违规行为；重点检查旅游合同示范文本以外的格式合同或补充协议是否办理合同备案手续，以有效规范不公平的旅游合同格式条款。

旅游市场的黑店、黑导、黑社、黑车"四黑"现象，也是整治的重点。相关执法部门将重点查处非法经营旅行社业务、未取得导游证从事导游活动、欺客宰客、强迫消费等行为，不断净化消费环境。

(资料来源：安徽省开展旅游市场专项整治. http://travel.anhuinews.com/system/ 2015/04/07/006745868.shtml, 2015-4-17)

(3) 经济环境调研

经济环境主要是指一个国家或地区在一定时期内的国民经济发展状况，包括社会经济制度、经济发展水平、产业结构、劳动力素质、居民购买力、消费习惯、通货膨胀率、失业率、税收负担、资本项目自由流动程度、关税等。

对于经济环境的调研，既应当包括宏观经济方面的调研，也应当包括微观方面的调研。既应当看到当前经济的状况和所处经济周期中的位置，也应当看到一个经济体的发展前景和发展趋势。

与此同时，还应该借鉴国际经验、比对数据，得出结论。例如国际经验证明当某个国家居民的人均收入达到300美元时居民会产生旅游的动机，但是动机尚不能完全转化为购买力；当人均收入达到1000美元时，国内旅游将受到居民的青睐，但是出国旅游将很快对居民产生吸引力；当人均收入超过3000美元时，洲际旅游将成为新的经济增长点。但是，在利用数据进行对比时，切忌生搬硬套。要结合地区的特点和特性以及数据的统计口径、统计时间等使用数据。

(4) 旅游环境、设施及竞争者调研

该项调查包括了现有的旅游资源及其状况的调查。此外，还要重点关注是否存在竞争力较强、顾客忠诚度较高的竞争者。如果存在类似的竞争者，则应当考虑是否进入目标市场以及进入的方式。

(5) 社会文化环境调研

主要涉及目标市场消费者的消费习惯以及目的地国家的价值观念、文化素养、公众科学素养、民风民俗、民族禁忌等。

这项调研是旅游企业进入新的市场之前必不可少的。因为地域、经济、法律、政治等原因而造成的文化差异在一些国家和地区之间是相当大的。对于一些民族众多的国家来讲，即使要开展的是国内旅游营销，也应当事先调查社会文化环境的因素。

(6) 自然地理环境调研

自然地理环境对于开展旅游活动具有很实际的影响。如果一个国家或地区以人文景观为主，则交通、酒店、餐饮等因素的调研较为重要。相反，如果一个国家或地区以自然景观为主，则自然资源的优劣、开发现状、承载能力较为重要。

2. 旅游市场需求调研

旅游市场需求包括了现实需求和潜在需求。其中，现实需求决定了当前市场的状况，并且影响到进入市场的策略等。潜在需求则决定了目标市场的长远发展方针。对于潜在需求大的目标市场，应当加大长期投资，包括提高顾客忠诚度、刺激消费动机、激发消费行为等。

此外，旅游市场需求调研还涵盖了消费者购买动机、消费结构、旅游市场购买行为特征等方面的调研。

(二) 旅游企业内部调研

1. 产品或服务调研

旅游产品和服务是旅游企业为消费者提供的价值所在，直接影响消费者对旅游企业的认知、旅游者的消费感受等。旅游企业应当不断发现消费者的需求并给予满足，才能立于不败之地。具体来讲，旅游产品调研包括：消费者对于设计方面的满意度、消费者对于产品或服务的认同感、旅游产品的竞争力、市场占有率以及产品或服务的改进方向和销售潜力。

2. 产品价格调研

为了实现盈利并持续经营，旅游企业应该依据各个因素制定出能够使利润最大化的价格策略和价格水平。一个好的价格水平应当是消费者事前勉强接受，事后感到物有所值的价格。产品价格调研包括了旅游产品成本核算、成本变化趋势、汇率风险、替代品价格水平、需求价格弹性调研、新产品定价策略等。

3. 分销渠道调研

随着信息时代的到来，旅游企业可以利用的分销渠道越来越广。在决定取舍或者轻重时，就应当考虑分销渠道的成本和收益以及销售渠道的长度和宽度。

此外，分销渠道调研的作用还在于它可以有效地整合资源，从而通过了解现有渠道、开发新的渠道来降低成本。分销渠道调研还包括：旅游中间商调研、新销售渠道调研等。

4. 促销调研

旅游促销是刺激销售的有效方式。旅游促销调研应当涵盖：促销的主要对象、促销方式、宣传手段、投入资金、塑造企业形象、人员选派与推销等。

三、旅游市场营销调研的类型

旅游市场调研按照不同的分类方法，可以分为不同的类型。

(一) 根据调研目的分类

1. 探测性市场调研

又称初步调查，是旅游企业为了掌握市场状况、找出经营对策所做的调研。通常用于企业尚不了解市场情形、尚未掌握市场形势时所采取的调研。探测性市场调研一般得到的结果限于揭露问题、发现问题的症结。探测性调研一般规模较小、方法较为简单，若要发掘深层次原因，还需进一步的调研。

2. 描述性市场调研

描述性市场调研的目的是反映具体问题的原因并提出可能出现的相关问题。它需要获得大量的资料，一般有较为详尽的调研提纲、调研计划和周密的实施步骤，以保证调研的结果准确可信。问卷调查多属于这类调研。

3. 因果性市场调研

因果性市场调查的关键在于将同一结果与可能导致这种结果的不同因素区分开来，并进行对应，找到结果的直接原因。或者是将不同结果与可能导致这些结果的因素区分开来，并进行对应，找到真正的原因。也就是说，因果性市场调查是研究不同现象之间的规律性变动。这类调查的特点是只谈问题和原因，较少涉及解决方案和对策。但是，这类调查具有较为实际的指导意义。

4. 预测性市场调研

预测性市场调研是通过收集、筛选、分类、分析和研究现有数据和资料，运用科学的方法进行统计学分析，预测市场未来的走向和趋势。

(二) 根据调研方法的性质分类

根据调研方法的性质，可以分为两类。一类是定性研究方法，另一类是定量研究方法。这两种调研方法在功能、回答或解决的问题、数据收集方式等方面有着明显的区别。定性研究和定量研究在原理和方法上有着明显的不同，定性研究回答"为什么"的问题，而定量研究回答"有多少"的问题。

1. 定性调研

定性调研是探索性研究的另一主要方法。调研者利用定性研究来定义问题或寻找处理问题的途径。在寻找处理问题的途径时，定性研究常常用于制定假设或是确定研究中应包括的变量。有时候定性研究和二手资料分析可以构成调研项目的主要部分。因此，掌握定性研究的基本方法对调研者来说是很必要的。

2. 定量调研

定量调研是要寻求将数据定量表示的方法，并要采用一些统计分析的形式。一般考虑进行一项新的调研项目时，定量研究之前常常都要以适当的定性研究开路。有时候定性研究也用于解释由定量分析所得的结果。

(三) 根据信息来源分类

1. 一手资料

一手资料又称原始资料，是调研人员为了得到调研结果而直接进行调研活动从而获得的资料。一手资料具有较强的实用性和可信度，但是一般成本较高，有时仅凭一家或几家企业的调研力量，也难以取得整个市场的客观情况。

2. 二手资料

二手资料又称间接资料，是他人整理的信息、资料、调研结果或结论等。间接资料能够有效地节省财力和时间，但是间接资料的可信度、针对性、统计口径、统计时间等都需要进一步核对，以确认二手资料对于相关调研的价值和意义。有时，调研人员可能会难以找到完全符合需要的二手资料，或者不能确定二手资料的可信度。

四、旅游市场调研的程序

(一) 确定调研需要解决的问题以及调研的目标和内容

1. 确定本次营销调研应该弄清的问题并据此确立市场调研的目标

当企业认为需要进行市场调研时，一般都是认为出现了一定问题，或者对市场情况了解不足。因此，在调研之前，企业应当首先理清思路，通过咨询企业相关业务部门、专家、消费者等，明确当前的问题所在，并尽量将问题集中。

在集中问题后，应当进一步明确调研的目标，即调研应当如何解决存在的问题以及解决哪一层次的问题。

2. 调研人员应该掌握旅游营销市场调研的内容和类型

确认问题和目标之后，调研人员接下来应该明确调研的内容。导致当前结果的原因可能是多种多样的，需要调查的方面也经常不止一个。因此，调研人员应该根据相关性原则、重要性原则、可调研性原则和成本效益原则等来确定调研的内容。调研内容既不应过于庞大、繁杂，也不应过于单一。过于广泛的调研内容容易导致调研结果缺乏针对性或者调研成本过高。过于单一的调研内容可能会导致忽略重要的信息，进而导致调研结果缺乏完整性或客观性。

根据不同的调研内容和待解决的问题,选择不同的调研类型。例如某项调研是属于探测性市场调研还是描述性市场调研,又如某项调研是属于定性调研还是定量调研等。

(二) 制定调研计划

制定旅游市场调研计划。具体来讲,一个完整的旅游市场调研计划的内容应当包括:选择资料来源;选择资料收集的方法;选择旅游营销调研工具;决定抽样计划;建立营销调研组织并选择调研人员;编制本次调研的预算;确定时间进度。

(三) 收集信息

针对既定的调研对象使用既定的调研方法,并收集相关资料。根据各种不同的调研对象和调研方法,一般采用不同的收集信息的方法。详见本节第五部分,旅游市场营销调研的方法。

(四) 整理分析调查信息

从所有收集的信息中加以整理和筛选,保证其系统性和真实性。利用科学方法,总结、发现数据和信息中的规律性内容和具有重大影响或指导性意义的客观事实,从而得到适当的调研结果。

(五) 编写调查报告

提出结果,撰写调研报告。报告内容不应停留在大量的统计数字、表格以及统计公式中,应采取以清晰明了的语言和数据解答问题的形式。

五、旅游市场营销调研的方法

(一) 案头调查法

案头调查法是指通过收集现存统计数据并进行分类、筛选,从而提取出有用信息的调查方法。这种方法实际上收集的是二手资料,因此要特别注意这些二手资料的时效性、统计口径、统计误差等方面的情况,避免利用价值不高或者不合适的二手资料。

从二手资料的来源方面看,二手资料可以分为旅游企业内部资料和旅游企业外部资料。其中,旅游企业外部资料的收集途径主要包括:政府部门的统计数据、统计年鉴等,旅游企业之间的信息交换,旅游行业协会的统计资料等。

(二) 访问法

1. 电话访问法

由于当前电子通信业的高速发展,电话早已进入千家万户,从而为调查者提供了良好的调查媒介。电话访问法就是调查者通过电话向被访者逐项询问所需信息的调查方法。

其优点是，收集信息迅速、灵活性较强、本地调查费用较低、对受访者的疑难问题可以当场解答。缺点是，询问时间较短、难以深入探讨、跨区域调查的成本较高、缺乏面对面的沟通交流等。

2. 留置问卷访问法

留置问卷访问法是指将事先拟定好的问卷说明和问卷主体留在受访者手中，并按照约定时间进行回收的问卷访问法。留置问卷的好处在于受访者可以选择自己合适的时间填写问卷。缺点是调查周期较长导致时效性降低、受访者可能会因为失去耐心而胡乱作答。

3. 邮寄式访问法

邮寄访问法通常是调查人员将编制好的调查问卷邮寄给受访者，要求他们按照填制规则填写问卷并在指定时间之前寄回的调查形式。一个完整的邮寄问卷应当包括填写说明、保密承诺书、问卷主体、附有邮资和回邮地址的信封。

邮寄式访问法的优点是覆盖范围广、能够在受访者方便的时间接受调查、调查成本低。其缺点是沟通方式较为单一，问卷回收率一般较低。

4. 网络访问法

随着互联网的普及和发展，网络已经被越来越多的调查者使用。作为一种特定的媒介，它的操作较为简便，成本极低。但是，网络调查的局限较强。因为上网的人群有着比较鲜明的特点，比如年龄较小等。同时，由于网络调查低廉的成本，一些水平较低的调查者也在纷纷利用这一传播媒介进行调查。在一定程度上，这影响了网络调查在一部分人心中的形象。

5. 面谈访问法

面谈访问法是指调查者通过面对面的交谈和询问了解受访者对特定事物的看法。按照选取访问对象的方式，面谈式访问法又可以分为入户访谈法、街头拦截访问法、个人深度访谈法、小组座谈会访谈法等。

入户访谈法是指调查人员按照抽样方案到抽中的家庭或单位中去，遵循事先拟定好的调查大纲逐项询问受访者意见的方法。这种方法的优点是交流直接，可以快速解决受访者对于调查的疑惑、真实性较高、时间较为宽松。缺点是成本较高、沟通双方容易受情绪、沟通方式和技巧的影响。

街头拦截法是指调查人员在事先选定的地点按照一定的程序和方法拦截过往行人进行调查的方法。街头拦截的优点在于沟通较为直接，一般效率较高，能够在较短的时间内采访较多的受访者。但是，街头拦截的受访者一般局限于经过某个特定地点的人群，抽样范围较窄。

个人深度访谈法一般是由经验丰富的采访员主持，内容包括对被访者行为方式与思维方式经过深思熟虑后的探索。个人深度采访的结果，通常不表现为统计性描述，而是以大量引用被访者对问题的回答为主。一般来讲，采访人员会对受访者进行评估，通过谈话、问答和特别的谈话内容判断被访者的态度。

座谈会研究法是以小组研讨的形式，将具有相似背景与兴趣的人聚集在一起，在一个舒适的环境中讨论特定的话题。座谈会通常由训练有素、能够迅速了解人们思维的采访员主持。主持人鼓励所有的座谈会成员积极平等地参与，大家相互之间非常活跃，并力图避免某个人的独占，设法使会谈按部就班地进行。

(三) 观察法

观察法是指在市场中不动声色地观察消费者的选择和行为，进而获得市场信息的方法。观察法的优点是成本低、结果容易分析。由于是不动声色的观察，因此，获得的信息是较为真实客观的，是消费者的选择信息，误差较低。但是，观察法的缺点是有时难以覆盖全部的市场和顾客群体，造成所获信息的局限性相对较强。

(四) 实验法

实验法是收集一手资料的方法之一，自然科学的实验求证思想是这种方法的基础，主要用于调查或测量某一变量的变化对其他变量的影响。这种方法适合于因果调研，应用范围比较广。在旅游业的调研过程中，旅游产品在改变外观造型、价格、广告宣传、分销渠道时，均可进行实验。这种方法通过小规模的营销活动来测试某一产品或某一营销手段的效果。在使用这种方法时，通常将所有因素按照其自身的性质分为目标变量和实验变量。目标变量是指那些与销售结果密切相关的变量，如客流量、销售额、利润总额、利润率等。实验变量则是指那些影响目标量的因素，如营销组合等。区分这两类变量之后，固定其他所有变量的同时，改变欲调查的实验变量，观察目标变量的变化，从而得出该实验变量和目标变量之间的因果关系。

实例4-2

日本三叶咖啡店的老板发现不同颜色会使人产生不同的感觉，因此选用什么颜色的咖啡杯最好呢？于是他做了一个有趣的实验：邀请了30多人，每人各喝四杯浓度相同的咖啡，但四个咖啡杯分别是红色、咖啡色、黄色和青色。最后得出结论：几乎所有的人认为使用红色杯子的咖啡调的太浓了；使用咖啡色杯子认为太浓的人数约有2/3；使用黄色杯子的感觉是浓度正好；而使用青色杯子的都觉得太淡了。从此以后，三叶咖啡店一律改用红色杯子盛咖啡，而将咖啡浓度调低，这样既节约了成本，又使顾客对咖啡质量和口味感到满意。

(资料来源：http://www.sellcn.com/HtmlList/List_102_1.html)

六、旅游市场调查问卷设计技术

在旅游市场营销的调研过程中需要善于运用合适的调研技术。旅游市场调研中常用的技术有调查问卷技术、抽样技术等。本部分我们将详细介绍问卷设计的有关概念和基本技巧。

问卷调查是现代社会市场调查的一种十分常用而有效的方法。在问卷调查中，问卷设计是否合理、准确决定了问卷调查结果的精确程度。问卷设计的好坏，将直接决定着能否获得准确可靠的市场信息。

调查问卷，是调查者根据调查目的精心设计的调查表格，是现代社会用于收集资料和信息的一种最为普遍的工具。

(一) 调查问卷的种类

按照不同的分类标准，可将调查问卷分成不同的类型。

根据市场调查中使用问卷方法的不同，可将调查问卷分成自填式问卷和访问式问卷两大类。自填式问卷，是指由调查者直接或间接发放给被调查者，由被调查者自己填写的问卷。留置问卷调查法中使用的问卷也属于这一类。而访问式问卷则是由调查者按照事先设计好的问卷或问卷提纲向被调查者提问，然后根据被调查者的回答进行填写的问卷。一般而言，访问式问卷要求简便，最好采用两项选择题或者主观性试题；而自填式问卷由于可以借助于视觉功能，在问题的制作上相对可以更加详尽、全面。但是自填式问卷一般需要和一份详尽的填写说明共同使用。

(二) 问卷的基本内容要求

一份完善的问卷调查表应同时注重形式和内容两个方面。

从形式上看，完善的问卷应当版面整齐、美观、便于阅读和作答。从内容上看，一份好的问卷调查表至少应该满足以下几方面的要求：问题具体、表述清楚、重点突出、整体结构好；确保问卷能完成调查任务与目的；注意对公众可能造成的影响；便于统计整理。

(三) 问卷的基本结构

问卷的基本结构一般包括：标题、问卷说明、被调查者基本情况、调查问题部分、编码和结束语等。其中调查问题部分是问卷的核心部分，是每一份问卷都必不可少的内容，而其他部分则根据设计者需要可取可舍。

(四) 调查问卷的问题设计技术

确定调查问卷的问题是一项比较重要和复杂的过程。问卷设计必须对问题进行仔细地考虑，以避免整个问卷产生很大的偏差。一般来说，问题的题型归结起来分为四种：是非题、自由问答题、赋值题、选择题和比较题、排序题等。

在设计问题的时候还要注重措辞。问卷问题的陈述应尽量简洁而明确。问题还要简单易懂，避免提带有双重或多重含义的问题，最好不用反义疑问句，避免否定句。

一份好的问卷应对问题的排列做出精心的设计，因为问题的排列次序会影响被调查者的兴趣、情绪，进而影响其合作积极性。所以，问卷中的问题应遵循一定的排列次序。一般而言，问卷应先易后难，将敏感性问题放在后面。开头部分应安排比较容易的问题，以便于被调查者继续答下去。中间部分最好安排一些比较重要的问题。结尾部分可以安排一些背景资料，如职业、年龄、收入等。在不涉及敏感性问题的情况下也可将背景资料安排在开头部分。此外，还需要注意问题的逻辑顺序，有逻辑顺序的问题一定要按逻辑顺序排列。

(五) 问卷的排版、测试及定稿

问卷的设计工作基本完成之后，需要对问卷进行合理的排版和布局。问卷的排版和布局的总体要求是整齐、美观、便于阅读、作答和统计。此外，对于一些大规模的问卷调查，问卷的初稿设计完毕之后不要急于投入使用，需要先组织问卷的测试。如果发现问题，应当及时修改。测试的样本数不宜太多，也不要太少。如果第一次测试后有很大的改动，可以考虑是否有必要组织第二次测试。当问卷的测试工作完成，确定没有必要再进一步修改后，可以考虑定稿，正式投入使用。

第二节　旅游营销信息系统

一、旅游营销信息

(一) 旅游营销信息的概念

随着社会的进步和人们生活水平的提高，旅游成为越来越受欢迎的消费方式。旅游业日趋激烈的竞争使市场逐步由卖方市场转向买方市场。因此，消费者对旅游企业提供的产品也越来越挑剔。为了准确把握市场的动态变化，旅游营销信息已经成为企业获得竞争优势的关键因素之一。

在当前这个"信息化"的时代，信息一词已经充斥到我们生活的各个角落。一般来说，信息是指对客观事物的描述和再现，是人们所感知、所传播的客观事物的运动形式或变化方式。

旅游活动涉及大量的信息。旅游营销信息是指为了满足旅游企业营销的需求，采用科学的方法，系统地收集到的有关旅游市场动态的情报资料。它包括旅游营销环境和营销活动的现状、特征、关联关系等各种信息、资料、数据和情报，具有内容丰富、涉猎广泛、动态变化等特点。

(二) 旅游营销信息的分类

1. 按照营销信息所描述的内容划分

(1) 内部营销信息。内部营销信息是指企业内部产生并交换的营销信息。涵盖了企业的产品设计、生产运作、销售、调研与反馈等各个部门和方面。如企业资源状况、企业管理状况、企业营销状况等。

(2) 外部营销信息。外部营销信息是指与企业外部环境相关的信息。如与国与国之间的政治环境、政局是否稳定、法律差异、经济发展状况和水平、文化差异、民族习俗和习惯、宗教信仰、思维模式、行为习惯、购买以及消费习惯、出行习惯、销售渠道的信誉与服务质量、竞争对手的情况等。

2. 按照营销信息的载体划分

(1) 口头营销信息。口头营销信息是指在企业内部以电话、会议、聚餐等场合，以及在企业外部以谈判、磋商、咨询等形式存在并传播的营销信息，其特点是仅仅依靠口口相传，而没有文字记载。因此，这种方式的传播也比较适用于非正式场合。

(2) 书面营销信息。书面营销信息是指以文字记载于各种纸质材料上的营销信息。包括各种文献、相关期刊杂志、统计数据、营销调研结果、营销计划、产品计划书、产品说明书、原始票据等。

(3) 网络营销信息。网络营销信息是指存在于互联网上的丰富而持续变化的市场营销环境信息。

实例4-3

2015年3月17日，福建省旅游局与全国知名网络运营商百度、携程旅行网、同程旅游、途牛旅游网及景域国际旅游运营集团等5家网络运营商签订了战略合作协议，打造"清新福建"旅游版"互联网+"旅游品牌。

福建省旅游局相关负责人表示，福建省旅游局将和各战略合作网站在清新福建旅游品牌形象宣传、旅游产品策划、旅游大数据分析应用、旅游景区建设提升、旅游事件营销及旅游产品线上销售等方面展开深入合作。双方将联合推荐福建省旅游服务优质、游客满意度高、网络人气高的景区、酒店等旅游企业，提升线上旅游信息的权威性。围绕清新福建山海主题、海上丝绸之路、海峡旅游、乡村旅游等方面，策划线上旅游度假产品。

(资料来源：http://www.uuidea.com/2015/0319/29819.html)

3. 按照营销信息的性质划分

(1) 现实营销信息。现实营销信息是指当前存在的一切与企业营销活动有关的内部和外部营销信息。

(2) 潜在营销信息。潜在营销信息是指通过企业对过往经营状况、经营业绩、顾客构成、产品结构等内容的总结和反思所能得到的营销信息。它通常能够带来企业的变革或产品的改进。因此是企业经营得以持续并进步的关键。

4. 按照营销信息的作用划分

(1) 营销战略信息。营销战略信息是指对旅游企业的战略层面存在影响的信息。例如根据经济发展水平和消费者购买力以及国家开放程度等因素来确定是否要进军国际市场或某一国家的市场。

(2) 营销管理信息。营销管理信息是指对旅游企业的经营管理存在重大影响的信息。例如销售人员的销售费用管理、销售任务制定等方面所需要的信息。

(3) 营销操作信息。营销操作信息是指对旅游企业实际业务的操作层面具有影响的信息。比如某一旅游产品的线路安排、时间统筹等所需参考的因素。

5. 按照信息取得的途径划分

(1) 一手资料。一手资料是指由信息使用者亲自收集、整理、分析所获得的信息。

(2) 二手资料。二手资料是指因其他需要，经他人收集、整理、分析的已经存在的信息。

6. 按照信息的流向划分

(1) 纵向信息。纵向信息是指上下级之间流动的信息。如上级政府部门发送给下级政府部门的通告、通知、要求等。

(2) 横向信息。横向信息是指旅游企业或组织之间交流沟通的信息。如旅游展销会、旅游交易会等。

(三) 旅游营销信息的来源

(1) 各类非营利性组织机构。包括世界旅游组织、国家和各级政府部门、统计部门、行业协会、旅游管理部门等。

(2) 各类非旅游行业的经营性组织。包括管理咨询公司、市场调研机构、销售数据网站等。

(3) 各种大众传播媒介。包括报纸、杂志、电视、网络、广播等。

(4) 各个旅游企业。包括旅行社、酒店、景区等一切与"食、住、行、游、购、娱"相关的产业。

(5) 旅游者。作为整个旅游行业价值实现的终端，旅游者提供的营销信息可以说是最为关键，最为有效的。旅游企业应当根据旅游者提出的建议和意见及时改进服务、改善旅游产品，以最大限度地招徕游客，实现利润。

(四) 旅游营销信息的作用

1. 帮助旅游企业更好地了解市场、巩固市场、开拓市场

旅游企业要想在激烈的竞争中立于不败之地，就必须广泛地收集、整理和分析旅游营销信息，从而更多、更详细地了解潜在顾客的需要和购买动机，更好地为他们提供服务。这一过程中，旅游企业实际上也就是在巩固并开拓市场。

2. 帮助旅游管理部门更好地掌握市场信息，及时调整政策

旅游营销信息是旅游管理部门了解市场动态的一个重要途径。通过各种信息，旅游管理部门可以及时发现问题，及时引导和规范旅游企业的营销行为。

3. 帮助旅游者及时了解旅游产品的最新信息

旅游者作为整个旅游行业的最终消费者，是对营销信息需要最为迫切的群体。他们通过收集和比较不同来源的旅游营销信息来了解当前的旅游市场，从而选择自己中意的旅游产品。因此，旅游营销信息在影响消费者购买方面起着重要的作用。

4. 帮助各个旅游企业协同合作

旅游涉及"食、住、行、游、购、娱"的各个方面。因此，即使是很简单的旅行也需要不同的旅游企业协同合作。而营销信息则是不同旅游企业特别是不同行业的旅游企业协同合作的重要纽带。

二、旅游营销信息系统

(一) 旅游营销信息系统的概念

在当前市场竞争日趋激烈、信息技术飞速发展的背景下，如何详细而准确地掌握本企业的资源状况以及其他竞争企业的现状已经成为一个优秀企业的必修课。在掌握了内外部信息之后，对这些信息的整理、分析等也起着至关重要的作用。

菲利普·科特勒将营销信息系统定义为收集、整理、分析和评价市场信息，并将加工后的信息及时传递给管理者，以便做出正确经营和营销决策的动态系统。它由信息人员、设备和动作程序构成。

相应地，我们将旅游营销信息系统定义为由专业信息人员、机器设备和动作程序构成并相互影响的，负责对旅游营销信息进行准确和及时地收集、整理、分析、选择、存储和传输的系统，它用于协助旅游营销决策者对营销活动进行管理、改进和控制。

建立完善的旅游营销信息系统是当今旅游企业的迫切要求，也是信息技术和现代计算机技术、网络技术的综合应用。一个完善的旅游营销信息系统，可以有效地提高管理者的决策效率并增强其决策效果。

(二) 旅游营销信息系统的特点

由以上的定义不难发现，旅游营销信息系统的功能是收集、整理、分析、选择、存储和传输旅游营销信息，协助旅游营销决策者对营销活动进行管理、改进和控制。因此，旅游营销信息系统具有以下几个特点。

1. 系统的完整性

为了辅助管理人员的决策，旅游营销信息系统必须完成对信息从收集整理到选择存储和传输等完整的过程，而不是对信息进行简单拼凑或罗列，更不能不加分析、不加辨别地将所有信息都杂乱无章地传递给决策者。因此，旅游营销信息系统具有系统性和完整性。

2. 目标的明确性

旅游营销信息系统具有明确的目标，即为营销决策服务。因此，该系统在收集、分析和整理阶段就有明确的筛选准绳。同时，在选择、存储和传输阶段，也有了较为确定的方法和步骤。为企业的市场营销决策、预定或修正市场营销计划、执行和控制市场营销方案等提供依据，对企业的战略决策起引导作用。

3. 运行的顺序性

这一特点主要表现为旅游营销信息系统运行时较强的程序性。从确定目标，到收集整理，再到分析选择，最后到存储传输，都联系紧密，环环相扣。也就是说下一个环节需要应用上一个环节的结果，上一个环节是下一个环节的基础。

(三) 旅游营销信息系统的作用

从上面的定义和特点不难看出，旅游营销信息系统为旅游企业搭建了一个与外界沟通协调的平台。企业借助这一平台可以实现以下多个方面的目标。

(1) 帮助企业建立客户数据库。

(2) 加强企业与客户之间的沟通。

(3) 建立了涉及企业旅游各个部门之间的协作和决策机制，提高了企业的运行效率与准确性。

(4) 协调不同旅游企业之间的合作，便于交流沟通。

(四) 旅游营销信息系统的构成

正如上文提及的，旅游营销信息系统是一个对旅游营销信息进行准确和及时地收集、整理、分析、选择、存储和传输的系统。因此，它的功能兼具多个方面，具体来讲，它由4个子系统构成：旅游企业内部报告系统、旅游营销情报系统、旅游营销调研系统和旅游营销决策支持系统。

1. 旅游企业内部报告系统

旅游企业内部报告系统是一个统计、收集、整理企业内部信息，并将结果提供给管理者的系统。它注重客观地再现企业的经营状况和经营成果，而不是预测经营环境或决策。提供的是内部营销信息，而不关注外部营销状况。具体来讲，它需要反映一个旅游企业的订单、订单处理、业务推广、销售额、成本、应收应付账款、现金流量、顾客特点、顾客满意度等各个方面的经营情况。因此，它是一个深入到旅游企业各个部门的综合体系。以旅游商店来讲，内部报告系统需要反映出客流量、客源国、销售量、销售额、导游及客人的反映及意见、各种商品的库存和销量、顾客对各种商品喜好的关联性、商品成本、各项费用等各个方面。

管理者经过仔细阅读和分析内部报告系统提供的数据就应当可以找到经营管理中的优点和不足以及预期和现实的差异。通过进一步的分析，还可找出这些差异的原因。

2. 旅游营销情报系统

与内部报告系统相对应，旅游营销情报系统是一个关注企业外部有关信息的系统。它为经营管理人员收集、整理企业外部营销环境发展的状况和趋势。这一系统提供的信息是多方面的，包括国家政策和政局变化、法律法规的变化、文化差异、经济发展水平、行为习惯和消费习惯、顾客偏好、技术革新、竞争者状况等各个方面。作为提供外部营销信息的支柱，经营管理人员通过这一系统提供的信息，便可足不出户，遍览天下事。

但需要注意的是，由于信息庞杂，要特别注意对信息的筛选。注重对信息的真实性、相关性和重要性的考察。避免给决策提供过多的信息，反而增加决策的难度，降低决策的效率。

从来源看，旅游营销情报系统的信息来源要广泛得多。既包括各种各样公开的信息，也包括一些半公开甚至不公开的信息。既可能来源于政府部门、供应商、销售商或消费者，也可能来源于情报商等。

3. 旅游营销调研系统

为了解决特定的关键问题，或者获得重要的信息。经营管理人员往往借助旅游营销调研系统来寻求一手资料。也就是说，旅游营销调研系统是针对确定的营销问题，开展收集、整理分析和评价有关信息的系统。它的主要调研范围包括市场特点研讨、消费者偏好和消费习惯探究、市场需求分析、市场份额调查、销售分析、旅游预测、定价研究、竞争产品比较与分析、广告效果评估等。

4. 旅游营销决策支持系统

旅游营销决策支持系统是整个旅游营销信息系统的核心。它利用其他3个子系统收集到的数据，搭建分析模型，解决较为复杂的实际问题。这一子系统的出发点与其他3个的出发点有着重要区别。其他3个子系统的根本任务是收集信息，整理信息，偏重的是再现和反映。而这个子系统的根本任务是分析信息、解决问题，偏重的是利用和决策支持。

（五）旅游营销信息系统的建设

为了适应当前市场竞争和旅游营销信息系统建设的需要，企业应当做到以下几点。

(1) 充分重视旅游营销信息系统的重要性。学习其他企业的先进经验，吸取别人的长处。在人力、资金和其他资源方面给予旅游营销信息系统充分的考虑和分配。在做出决策的时候，避免"拍脑门"决策，应当充分听取旅游营销信息系统得出的结论或提出的建议。

(2) 及时更新软硬件设备。由于技术的日新月异，软硬件设备的更新周期也越来越短。因此，及时更新软硬件设备，保证旅游营销信息系统的先进性和有效性是十分重要的。

(3) 及时组织有关人员的培训。由于市场变幻莫测，只有不断培训员工，提高他们的技术水平和经营理念，才能不被激烈的市场竞争所淘汰。

(4) 选择正确的信息来源，综合利用不同的子系统，使它们的效用最大化。同样的信息可能存在着不同的来源。因此，选择好信息来源，使投入产出比最小也是企业有效提高运营效率的重要方法之一。同时，也提高了旅游营销信息系统的效率。

(5) 将旅游营销信息系统与网络营销相结合。由于技术的共性和网络的普遍性，旅游营销信息系统与网络营销的结合将是企业营销工作的重要内容之一。

第三节 旅游市场预测

一、旅游市场预测的概念

依据旅游市场过去的状况和发展特点，对未来旅游市场的发展变化趋势做出判断的一系列相关技术和过程称为旅游市场预测。它的目的在于为预测主体提供政策参考和建议的依据，从而提高旅游业发展的计划性和目的性。旅游市场预测涵盖的范围较广。例如，宏观环境预测、微观环境预测、市场竞争预测、市场需求预测、行业动向预测、市场份额预测、产品生命周期预测等。

二、旅游市场预测的内容

根据旅游市场预测目的的不同，预测内容包括以下几个方面。

(一) 旅游市场环境预测

旅游行业的特点决定了这是一个对客观环境依赖较高的行业，也是一个周期性行业。因此，在做出经营决策之前，需要对国内、地区乃至国际的政治、经济、社会稳定形势和产业结构变化趋势做出估计与判断，借此预测国际、国内和地区的旅游趋势。

(二) 旅游市场需求预测

旅游市场需求预测的内容主要包括市场需求总量、客源构成、需求层次结构等方面。

1. 旅游市场总需求预测

旅游市场需求总量主要是指在一定区域和一定时间范围内，旅游者可能的最大购买力总量及相应的购买力投向。它描述的是旅游企业在一定时期和条件下可能达到的最大销售额。

2. 旅游客源预测

旅游客源预测指预测客源地旅游者的各个方面变动情况,包括旅游者数量变化,旅游者季节变化,旅游者地区分布状况,旅游者构成变化和旅行游览时间变化等。

3. 旅游需求结构预测

旅游需求结构是指旅游者在游览过程中在各个方面的开销之间的分配情况。旅游者在餐饮、住宿、交通、游览、娱乐、购物方面的消费是旅游企业的主要收入组成部分,其变化直接影响旅游市场需求潜力和旅游产品的销售。

实例4-4

预计2015年,旅游业增加值占全国GDP的比重将提高到4.5%,占服务业增加值的比重达到12%,旅游消费相当于居民消费总量的比例达到10%,国内旅游人数将达到33.1亿人次,国内旅游收入将达到1.9万亿元,旅游业已经从观光旅游、商务旅游转化为休闲度假旅游。随着旅游度假时代的到来,房地产与旅游的需求互相叠加,产生旅游地产的强劲需求。

(资料来源:博思数据研究中心. 2015—2020年中国主题公园及旅游地产市场现状分析及投资前景研究报告,2015-4)

(三) 旅游供给预测

旅游供给的发展趋势预测,也称旅游容量或旅游承载力预测,是旅游市场预测的重要组成部分。旅游容量包括旅游资源容量、旅游生态容量、旅游地社会容量等。旅游景区或旅游企业应准确测定旅游地的既有旅游容量,预测极限容量,从而争取最大限度地发挥旅游资源的接待能力,并将旅游景区的接待量维持在一个合理的范围内,避免毁灭性地开发旅游资源,影响旅游者正常旅游。

(四) 旅游价格预测

旅游市场的价格大多是不断波动的,这种波动是旅游市场中各种因素互相作用的综合体现。一般地,旅游产品价格上升,其需求量减少;旅游产品价格下降,其需求量上升。在不同时期,对于不同人群,各种旅游产品对价格的需求弹性各异,旅游企业必须综合预测旅游市场中各种因素的变化,以及这些变化对旅游市场需求带来的变化,从而确立旅游企业可控范围内的最优价格。

(五) 旅游效益预测

旅游效益的预测包括市场占有率预测和旅游收益预测。

市场占有率预测,即预测该旅游企业的旅游产品销售量或销售额占该类产品市场总销售量或销售额的比重。对其进行预测,不仅可以预测本企业的销售量,还可以预测本企业在旅游行业中的竞争力量和所处的地位,从而根据市场竞争的动态状况,采取相应的市场竞争策略。

旅游收益预测，即对旅游企业营销成本和利润的预测。对其进行预测，可以反映旅游活动带来的经济和社会效益，从而提高企业的经营管理水平。

三、旅游市场预测的分类

(一) 按预测的时间长短划分

根据所预测的时间范围，市场预测可分为近期预测、中期预测和长期预测。一般来说，近期预测通常是指一年之内对有关季度或月份的情况变化进行预测，有时，对特定节假日的预测也属于这一类；中期预测通常是指今后1～5年中有关情况变化的预测；长期预测通常指5年以上甚至10年以上有关情况的发展趋势预测。

(二) 按预测的范围大小划分

按预测的范围大小，可以划分为宏观预测和微观预测。宏观预测是对整个经济环境或者旅游市场的预测，而微观预测是对某一局部旅游市场的预测。

(三) 按预测方法的性质划分

按预测方法的性质分，可以划分为定性预测和定量预测。定性预测是旅游预测人员或者行业专家根据自身的经验、知识和综合分析能力，通过对有关资料的收集、筛选、分析与推断，对预测对象的未来发展趋势做出性质和程度上的估计、判断和推测的预测做法。定量预测是以大量数据资料为基础，运用统计方法和数学模型，对旅游市场的未来变化趋势进行数量测算。

四、旅游市场预测的步骤

一般情况下，市场预测工作的开展需按下述步骤依次进行。

(一) 确定预测目标、预测组织和预测计划

确定预测目标即明确该项预测工作的目的、对象、范围、时间、指标及其精确度要求。在确定预测目标时，应当注意避免制定不切实际或者空泛的目标，要明确针对何种问题或者何种产品进行何种预测，解决何种问题。

确定预测组织包括选定进行预测的机构以及相应的人员配置。一般来讲，企业会根据预测工作的难度、范围、规模确定是由公司内部人员组成预测工作组还是交给独立的机构来完成预测。

确定预测计划主要是确定各个阶段需要完成的工作内容和时间期限。

(二) 收集和整理有关的数据、资料

收集和整理有关的数据、资料即根据预测目标和预测计划，系统地收集各种内部以及外

部信息、有关的历史数据、资料和当今的信息,并对其进行整理和分析。在整理和分析统计资料时,应首先注意分辨哪些资料可以利用,哪些资料由于统计口径、统计时间、针对对象等因素是不可用的。其次,应当分辨哪些是可控因素所导致的变化,哪些是不可控因素所导致的变化,并尽可能排除因偶然因素造成的不正常数据,以保证预测的质量。最后,注意根据预测目的选用恰当的描述数据的方式或统计量对预测结果加以描述。

(三) 选择预测方法

可供使用的预测方法很多,每一种方法都有其不同的特点、用途和适用范围。因此,选择实用而有效的预测方法是这一阶段中的主要任务。

在选择预测方法时,应当注意根据所需解决的预测问题和要求的预测精度以及预算费用来选择合适的预测方法。预测精度较高的预测方法不一定适合所有的旅游市场预测。

(四) 提出预测结果

利用所选择的方法进行预测,并提出预测结果。为了避免不准确的预测结果给经营决策带来负面影响,在得到预测结果之后应当对预测结果进行评估或者与同行的类似预测进行比较,采纳合理的预测值。

(五) 修正预测误差

预测得出的结果可能会有误差,因此需要对预测结果进行误差分析,判断误差产生的原因,并根据情况及时修改预测模型或改用其他的预测方法,直至预测结果达到允许的误差范围。

(六) 撰写预测报告

撰写预则报告即对预测结果进行文字说明,可采用图表与文字结合的表达方式。选用的表达方式应当准确易懂,贴切地反映预测结果。不应刻意追求表面的专业和复杂,忽略了使用者的真正需求。

五、旅游市场预测的方法

(一) 定性预测法

所谓定性预测,是指旅游预测人员凭借个人的经验、知识和综合分析能力,通过对有关资料的分析与推断,对预测对象的未来发展趋势做出估计、判断和推测。常用的定性预测方法有以下几种。

1. 旅游者意向调查法

旅游者意向调查法用于调查和了解预测期内潜在旅游消费者的旅游意向。采用这一方法时,营销调研人员首先通过抽样,在潜在旅游消费者人群中选取一组被调查者,然后按照名单分别与每个被调查者接触,采用当面询问或让被调查者自填调查问卷的方式,了解其外出旅游的动机和出游计划,并将其旅游意向加以汇总分析,推断旅游企业的产品前景。

2. 专家意见法

专家意见法泛指旅游营销调研人员通过调查专家对某一问题未来发展情况的分析和判断进行营销预测的做法。专家意见法的具体做法中较为常用的包括专家会议法和德尔菲法。

(1) 专家会议法

专家会议法是营销调研人员就某一问题的未来预测,邀请有关专家开会讨论,从而得出预测结果。这种方法的优点是通过召开会议的方式进行集思广益,专家们往往会各抒己见,提出多种见解,有利于交流意见和相互启发。这一方法的缺点是某一权威者的观点往往会影响到其他专家。

(2) 德尔菲法

德尔菲法的具体步骤是:第一,针对所要预测的问题,事先拟出调查问卷,并提供有关的背景材料,问卷中的问题要提得明确;第二,邀请一些愿意为该调查尽力并具有真知灼见的专家,将事先设计好的调查问卷分别呈送给参加调查的每一位专家,将各位专家填写后的问卷按期收回,并由该项目的主持人对这些专家第一轮的填写结果进行整理和评价;第三,根据评价的结果,项目主持人设计第二份调查问卷,并由调查人员将这一重新设计的第二份问卷,连同项目主持人对第一轮调查结果的评论意见,再一次分送给参加调查的各位专家。在这一轮调查中,各位专家可参考项目主持人对第一轮调查结果的反馈意见,重新思考自己最初填写的问题答案,并根据重新思考的结果填写第二份调查问卷。以此类推,调查工作一轮一轮地持续反复,直至各位专家在彼此不受影响的前提下,最终实现对该问题的答案认识趋同。

德尔菲调查法一般用于预测营销环境中的重大变化,以及用于预测新产品或新市场的开发方向。德尔菲调查法的主要优点是这些专家既不集合开会,彼此也不知道都有哪些人参加,因而可以避免专家会议法的缺点。这一方法的缺点是在选择理想的专家方面有难度;整个调查过程历时较长;项目主持人对每一轮调查结果所作的汇总和评论可能会出现认识偏颇。

3. 旅游营销人员意见法

旅游营销人员意见法是对旅游营销人员进行调查,利用营销人员对未来销售进行预测。预测结果以地区或行政区划汇总,最后得出企业的销售预测结果。销售人员最接近消费者和用户,对商品是否畅销、滞销以及商品花色、品种、规格、式样的需求等都比较了解。所以,许多企业都通过听取销售人员的意见来预测市场需求。

销售人员意见法的优点是比较简单明了,容易进行,所作预测值可靠性较大,风险性较小,适应范围广,能比较实际地反映当地需求。销售人员意见法的缺点是销售人员可能对宏观经济形势及企业的总体规划缺乏了解。销售人员受知识、能力或兴趣影响,其判断总会有某种偏差,有时会受情绪的影响。

(二) 定量预测法

定量预测是在已掌握的大量历史统计数据基础上,运用一定的数学方法进行科学的加工整理,借以揭示有关变量之间的规律性联系,用于预测和推测旅游企业未来发展变化情况的一类预测方法。在旅游企业的经营中,较为常用的定量预测方法包括以下四种。

(1) 加权算术平均法

加权算术平均法是利用过去若干个按时间顺序排列起来的同一变量的观测值并以时间顺序数为权数，计算出观测值的加权算术平均数，以这一数字作为未来期间该变量预测值的一种趋势预测方法。加权算术平均数的计算公式如下：

$$Y = \frac{\sum(y_i \times w_i)}{\sum w_i}$$

式中，Y 为预测值；y_i 为各观测值；w_i 为各观测值的对应权数。

(2) 移动平均法

移动平均法，即利用过去若干期的实际数值去计算其平均值，并将这一平均值作为预测期的预测值。但是，由于旅游需求存在季节性波动问题，在同一年份中，不宜采用移动平均法，利用过去几个月的实际营业量数字去预测下一个月份的营业量，否则很容易出问题，从而会导致经营决策上的失误。为了尽量排除季节性对预测结果的影响，在预测某一月份或某一时期的营业量时，我们可以借助过去几年中同一月份或同一时期营业量的历史数字，利用移动平均法去进行预测。移动平均预测法的最大优点是简便易行，计算简单。最大缺点是没有考虑其他因素发生变化时将会带来的影响。因此，这种方法一般适合用作短期预测。

(3) 指数平滑法

指数平滑法，也称指数加权移动平均法，是以一个指标的过去变化趋势来预测未来的一种方法。在旅游业中，这种方法主要用于根据已有的历史数据资料去推测未来的需求量。一般地讲，对未来预测时，考虑到近期资料的影响比早期的大，因而对不同时期的资料赋予不同的权数，越是近期资料权数越大，反之权数越小。最后计算出来的加权移动平均值作为预测数。使用指数平滑法进行预测时，其主要优点是简便易行，容易理解和掌握。缺点在于这一方法忽略考虑事物发生变化的因果关系，如不能反映旅游需求的季节性波动问题。因此，这种方法多用于短期和近期预测，不适用于中、长期预测。其计算公式如下：

$$Y_{t+1} = aX_t + (1-a)Y_t$$

式中，Y_{t+1} 为预测值；X_t 为第 t 期的实际数据；Y_t 为第 t 期预测值；a 为平滑系数。

(4) 线性回归预测法

回归分析预测法，是在分析市场现象自变量和因变量之间相关关系的基础上，建立变量之间的回归方程，并将回归方程作为预测模型，根据自变量在预测期的数量变化来预测因变量的变化，他们的关系大多表现为相关关系，因此，回归分析预测法是一种重要的市场预测方法，当我们在对市场现象未来发展状况和水平进行预测时，如果能将影响市场预测对象的主要因素找到，并且能够取得其数量资料，就可以采用回归分析预测法进行预测。依据相关关系中自变量个数的不同分类，可分为一元回归分析预测法和多元回归分析预测法。依据自变量和因变量之间相关关系的不同，可分为线性回归预测和非线性回归预测。

回归分析预测法的步骤一般是：第一，根据预测目标，确定自变量和因变量；第二，依据自变量和因变量的历史统计资料进行计算，在此基础上建立回归分析预测模型；第三，进行回归分析，即对具有因果关系的自变量和因变量所进行的数理统计分析处理；第四，检验回归预测模型，计算预测误差；第五，计算并确定预测值。

本章小结

旅游市场营销调研,是指旅游企业为了了解营销环境,发现问题和市场机会而运用科学的方法,有目的、有计划、系统地、客观地收集旅游市场的有关资料数据,并进行整理和分析研究,总结市场的变化规律并预测未来发展方向的活动。其主要内容包括旅游营销环境调研、旅游市场需求调研、旅游产品或服务调研、旅游产品价格调研、旅游分销渠道调研、旅游促销调研等。按照不同的分类方法,旅游市场调研可以分为不同的类型。旅游市场调研的步骤包括确定调研的目标和内容、制订调研计划、收集信息、整理分析调查信息、编写调查报告。旅游市场营销调研的方法很多,包括案头调查法、访问法、观察法、实验法。调查问卷的设计也是旅游市场调研中重要的技术。

旅游营销信息是指为了满足旅游企业营销的需求,采用科学的方法,系统地收集到的有关旅游市场动态的情报资料。旅游营销信息系统用于协助旅游营销决策者对营销活动进行管理、改进和控制。旅游营销信息系统具有系统的完整性、目标的明确性、运行的顺序性的特点。旅游营销信息系统包括旅游企业内部报告系统、旅游营销情报系统、旅游营销调研系统、旅游营销决策支持系统。为了适应当前市场竞争,旅游企业应加强旅游信息系统的建设。

旅游市场预测是依据旅游市场过去的状况和发展特点,对未来旅游市场的发展变化趋势做出判断的一系列相关技术和过程。其内容包括旅游市场环境预测、旅游市场需求预测、旅游供给预测、旅游价格预测、旅游效益预测。市场预测工作的开展需按下述步骤依次进行:确定预测目标、预测组织和预测计划,收集和整理有关的数据、资料,选择预测方法,提出预测结果,修正预测误差,撰写预测报告。旅游市场预测的方法包括定性预测法和定量预测法。

案例分析

房山区旅游景区调研报告

2012年"7·21"暴雨,使房山旅游业遭到了重创,经过一年的重建休整,各旅游景区陆续恢复营业。从2013年1—9月房山区20家A级及以上旅游区(点)经营状况来看,营业收入已全面超过2011年同期水平,接待人数与2011年同期基本持平。

为进一步了解景区恢复情况,本文选取了10家重点景区,就景区经营、2012年"7·21"损失、"十一"黄金周接待、政策需求等情况进行了深入细致的调研。

一、调研景区的基本情况

2013年1—9月,10家被选中的景区(以下简称选中景区)实现营业收入7599.9万元,占房山区A级及以上旅游区(点)收入的71.9%,接待游客165万人次,占房山区A级及以上旅游区(点)接待游客的80.1%。

二、调研情况汇总

(一)景区经营情况

1. 宣传方式

景区的宣传推介方式主要有电视、广播、报纸、网络、车体广告、派发宣传品、与旅行社合作。

选中景区中，主要以网络宣传和与旅行社合作为主，分别有9家单位选择了通过网络和与旅行社合作方式对本景区进行推介；其次，选择通过电视宣传的有7家；有5家选择了通过报纸进行宣传；分别有4家单位选择了通过广播和派发宣传品进行宣传推介；另外有2家单位采用车体广告的方式进行宣传。

2. 景区交通

选中景区中，有公交车经过的景区有8家，但由于到景区的路途较远，公交发车间隔长、班次少等原因，只有2家景区选择"游客以乘坐公交车方式到景区为主"，其余景区游客选择的交通方式均以自驾为主。在关于游客到本景区游览有哪些制约因素的问题上，有6家单位选择了"交通不便"。

3. 收入来源

景区的营业收入主要以门票收入为主，2013年1—9月门票收入占景区收入的63%。与2012年相比，选中景区的门票价格中有1家增长，1家下降，其余8家门票价格未变。除门票收入外，其他收入来源还有酒店住宿收入、餐饮收入、民俗收入、停车场收入、上级拨款收入等。

4. 用工方面

7家单位员工人数与同期相比持平，1家单位员工人数有所增加，2家下降；人员报酬方面，5家单位员工工资与同期持平，4家单位员工工资增长，1家下降。

(二) 景区"7.21"受损及恢复情况

1. 景区损失情况

2012年"7·21"暴雨，导致石花洞、仙栖洞、银狐洞等溶洞景区充水；十渡风景区、拒马乐园等沿河景区水上项目全部被冲毁；部分景区景观、设施、车辆遭受损失。选中景区直接经济损失达7.2亿元，间接经济损失5.1亿元。10家选中景区中6家是季节性营业单位，营业主要集中在5—10月，暴雨之后，游客大幅减少，2012年下半年与2011年同期相比，选中景区减少游客103.9万人次。

2. 景区恢复情况

"7·21"暴雨后，各方力量积极参与，支持重建。选中景区中有6家得到上级部门的补贴，补贴金额8750万元，恢复景区经营投入金额1.1亿元，其中使用补贴金额2940万元。

云居寺和周口店北京人遗址博物馆由于地理位置等原因，只有围墙、停车场的设施受损，对于经营影响不大，一直未停业；经过积极重建，除上方山景区外，其余景区均于2012年10月底前恢复经营；上方山景区内云梯被冲毁，通往景区道路、景区内停车场、办公区受损严重，经过一年建设，于2013年10月1日起正式恢复经营。

(三) "十一"黄金周接待情况

2012年"十一"黄金周，选中景区营业收入和接待人数急剧下滑，营业收入同比下降32.7%，接待人数仅为同期的36.9%。

2013年，通过与旅行社合作、加强景区美化建设、网站宣传、进入社区、学校进行科普宣传、增加游客互动活动等方式招揽游客，黄金周期间更是增加了农产品展销会、蹦极表演、举办集体婚礼、有奖参与等特色活动，为景区经营增添了活力。2013年"十一"黄金周期间，选中景区营业收入和接待人数迅速恢复到2011年水平，实现营业收入2319.4万元，比2012年同期增长1.6倍，比2011年同期增长74.2%；接待人数29.9万人次，比2012年同期增长1.7倍，与2011年同期持平。

(四) 关于希望相关部门给予哪些政策支持

关于希望相关部门有哪些政策支持方面，有4家景区提出希望对景区的环境和设施建设提供资金支持；3家景区希望相关部门能够加强对景区的宣传；2家景区提出增加公交车班次等交通方面的需求；1家景区提出希望给予民俗旅游发展相关政策支持的需求。

(资料来源：李会炜. 房山区旅游景区调研报告. http://fsh.bjstats.gov.cn/tjxx/tjfx/43630.htm)

案例讨论

1. 案例中采取的调研方法有哪些？其特点分别是什么？
2. 从调查报告中看，本次调研还存在哪些不足之处？

复习思考题

1. 如何进行旅游市场营销调研？调研的过程中需要注意哪些问题？
2. 谈谈旅行社旅游信息系统建设的重要性。
3. 如何开展旅游市场预测？

第五章
旅游目标市场营销

学习目标

(1) 熟悉旅游市场细分的概念和作用
(2) 了解旅游市场细分的原则和依据
(3) 掌握旅游目标市场的含义及选择依据
(4) 掌握旅游产品市场定位概念
(5) 了解旅游产品市场定位的步骤和方法

导入案例

2015年情人节期间,八达岭的上空迎来了特殊来客。30对幸运情侣、夫妻来到北京八达岭机场,以0元价格搭乘直升机飞越长城,体验飞行的同时"顺道"将八达岭的雄伟壮阔一览无遗。这些以往在电影桥段中才能看到的景象,如今触手可及。这般特殊的过节方式不仅令参与者毕生难忘,也引来了众多媒体的广泛报道。

如此别出心裁的飞行体验是出自海航旅游集团旗下51YOU旅游网的手笔,他们与海航旅游集团内首航直升机联手,共同推出了这次浪漫的空中之旅。由于看重了主题旅游这一细分市场的广阔前景,51YOU未来还会将这份"浪漫"持续下去。

"继情人节催热直升机新兴之旅外,我们即将开展直升机航拍之旅等主题旅游活动,还会有建立全国首家航拍学院等动作,在资源上进一步深挖。此外,海南摄影团、高尔夫挥杆之旅、美国自驾游等主题类项目也已在同步进行中。"51YOU旅游网相关负责人接受记者采访时表示。

(资料来源:http://gb.cri.cn/44571/2015/03/24/7872s4911842.htm)

第一节 旅游市场细分

企业市场营销的关键是找到目标市场,对于旅游企业来说亦是如此。而寻找目标市场的前提是对市场进行明确的细分,因此,市场细分是旅游企业目标市场营销的前提和基础,在旅游市场营销中占据着重要地位。

一、旅游市场细分的概念

市场细分,又称分割或市场划分等。旅游市场细分,是指旅游企业通过调研,从区别消费者的不同需求出发,根据旅游消费者对旅游产品购买行为和购买习惯等因素的不同,把旅游消费者分为不同的消费者群体的过程。简单地说,旅游市场细分,就是旅游企业按照旅游消费者需求的差异性和相似性,选择一定的标准将整个消费者群分割为若干个子消费者群(称为细分市场或子市场)的过程。

1956年,美国学者温德尔·史密斯(Wendell Smith)率先在其发表的《市场营销策略中的产品差异化与市场细分》中提出了关于市场细分的概念,随后受到了国际市场营销界的广泛重视与普遍运用。市场细分的原理,主要依据是旅游者之间的需求存在着广泛的差异。因此,企业可以根据旅游者特点及其需求的差异性把一个整体市场加以细分,即可以划分为具有不同需求、不同购买行为的购买者群体。然后对这些不同的细分市场,从产品计划、销售渠道、价格策略直至推销宣传,采取相应的一整套市场营销策略,使企业生产或经营的产品,更符合各个不同类别的旅游者的需要,从而在各个细分市场上提高企业自身的竞争能力,增加销售量,获取较大的市场份额。

旅游市场细分和其他类型的市场细分一样,不是能够靠主观臆断来划分的,而是遵循科学、客观的过程和标准来划分。

第一,从过程上看,旅游市场细分的过程是一个先分后合的过程,即从纷繁复杂的消费者个体中找出相同的特征,加以归类,施以相应的营销措施,使旅游企业面对整体市场能将有限的生产能力充分发挥。

第二,从标准上看,不同旅游消费者的消费特征具有差异性,由于旅游者所处的地理条件、社会环境不同,自身所特有的心理素质、价值观念、收入水平不同,因而他们对旅游产品的品种、数量、价格、规格以及购买时间和购买地点的要求都会有所不同。通过市场细分,旅游市场消费者的消费特征更为鲜明,有利于旅游企业制定合理有效的营销策略。

第三,市场细分的最终目的是使旅游企业现有的生产能力和产品特征能够最大限度地满足消费者的需求,以此实现旅游企业的经营目标,维持和提高旅游企业的市场占有率。

二、旅游市场细分的作用

实践证明,旅游企业进行市场细分,具有非常积极的作用,主要体现在以下几个方面。

(一) 有利于旅游企业发现良好的市场机会

由于旅游产品的差异性及旅游企业固有的客观局限性,旅游企业在市场上取得的优势都是暂时的、相对的,而非永恒的、绝对的。市场客观存在着未被满足或未被全部满足的消费需求,这些需求便成为旅游企业的市场机会。通过市场细分,旅游企业可以了解不同消费者群的需求状况及满足程度,迅速占领未被满足的市场,扩大市场占有率,取得市场营销的优势。

(二) 有利于旅游企业制定和调整旅游营销方案和策略

通过市场细分,旅游企业可以及时发现和掌握旅游市场的特征、变化状况以及竞争者的状况,从而改良现有旅游产品和开发旅游新产品,以满足旅游者不断变化的旅游需求。同时,旅游企业可以针对不同的细分市场制定各种各具特色的市场营销组合策略,并根据旅游者对各种营销因素的反应和市场需求特征的变化，及时调整旅游产品和服务的价格、方向及促销方式，以便更加贴切和灵活地满足目标市场上旅游者的需求。

(三) 有利于旅游企业集中使用资源，取得良好的经济效益

旅游市场的细分化有助于旅游企业营销资源的合理配置。旅游企业可以根据市场需求的程度状况，根据自身条件和市场竞争状况扬长避短，集中企业有限的人力、物力、财力资源生产特色旅游产品，争取最佳经济效益。

三、旅游市场细分的原则

(一) 可衡量性原则

指各细分市场的需求特征、购买行为等要能被明显地区分开来，各细分市场的规模和购买力大小等要能被具体测量。要做到这一点，就要保证所选择的细分市场标准清楚明确，能被定量地测定，这样才能确定划分各细分市场的界限。另外，所选择的标准要与旅游者的某种或某些旅游购买行为有必然的联系，这样才能使各细分市场的特征明显，且范围比较清晰。

(二) 可盈利性原则

细分出的市场在旅游顾客人数和购买力上足以让旅游企业有利可图。掌握此原则时要注意：第一，细分市场要保持一定的规模，失去规模的市场其规模效益将不能保证。第二，某些市场细分尽管规模较小，但其购买力却足以达到盈利规模，甚至具有很大的开发价值。例如，老年人旅游探险市场，尽管人数较少，但人均支付的费用高，具有开发价值。第三，充分考虑成本因素，即外界条件的变化或者通过主观努力使开发成本降低，就可能使一些原本无利可图的市场变得有利可图。

(三) 可进入性原则

可进入性原则是指旅游企业通过充分发挥自身拥有的各项资源和营销能力而进入细分市场，并占有一定市场份额的一种原则。旅游企业从实际出发，保证细分的市场是企业的人力、物力和财力等资源是能够达到的，否则不能贸然去开拓。

(四) 稳定性原则

稳定性原则是指旅游细分市场应具有时间上的相对稳定性。如果细分出的某类市场，只是在某种极为特殊的条件下得以存在或出现，而这种极为特殊的条件很容易过时或消失，那必定使相对应的市场也容易很快过时或不复存在，这类旅游细分市场不能作为旅游企业要进入的目标市场。

四、旅游市场细分的依据

不同消费者的不同市场需求是旅游市场细分的依据，细分市场不存在统一的标准因素，

每个旅游企业必须以选择适合自身的资源为依据来细分市场。旅游市场细分最常用的依据有四个：地理因素、人口统计因素、心理因素和行为因素。

(一) 地理因素

由于旅游活动本身是以旅游者的空间位移为典型特征的，因此，按照地理因素细分旅游市场意义非常重要。地理因素又可以分解为地理区域、气候特征、空间位置等因素。

1. 地理区域

这是细分旅游市场最基本的因素，具体又可分为洲别、国家和地区等因素。不同地理区域的地理位置、自然条件、经济文化等方面各不相同，而这又深刻影响和制约着消费者旅游需求的综合差异。一般而言，客源地与目的地在自然风光和人文风貌上差异越大，其旅游吸引力也越大；两地间生活条件、生活方式和价值差异越大，其旅游障碍就越大。以地理区域因素细分市场有利于旅游企业有针对性地对不同客源地市场设计特色旅游产品与分销、促销策略。

国际上通行按不同客源国或地区旅游者流向某一目的地所占该目的地总接待人数的比例来细分市场。在一个旅游目的地国家或地区的总接待人数中，来访者最多的两三个客源国或地区(一般占总接待人数的40%~60%)可划分为一级市场，来访者占相当大比例的一些客源国或地区，可划分为二级市场，虽然目前来本目的地旅游的人数很少而其出游人数日见增长的国家和地区，可划分为机会市场。

2. 气候因素

根据潜在客源地区与旅游目的地之间自然环境的差异，尤其是气候环境的差异来细分旅游市场，也是十分重要的。各地区气候特点的不同，导致消费者的消费和流向也不相同，企业可以根据各地区气候特点，把市场细分为不同气候特点的旅游区，如热带旅游区、温带旅游区以及沙漠旅游区等。例如冬季我国南方人旅游的热点常常是北京、哈尔滨等地，而北方人旅游的热点又常常是海南、西双版纳等地。从国际旅游市场看，凡是气候寒冷、缺少阳光地区的旅游者一般趋向于阳光充足的地区旅游，而气候炎热地区的旅游者趋向于寒冷的冰雪景观。

3. 空间位置因素

各地旅游者的旅游需求特征不仅与其所在地的地理环境和目的地的地理环境差异大小有关，而且还与所在地相对目的地的空间位置有关。两地的空间距离是旅游活动的自然障碍因素，虽然两地间的交通条件起着跨越这种障碍的作用，但无论如何，旅游者所在地与目的地之间的空间位置，从旅行时间上和费用上都会构成旅游的障碍性因素。不过，随着现代交通工具的发展，远程旅游者的数量不断增多。近程旅游市场，尤其是相邻地区旅游市场，因为距离近、费用少，而且生活方式接近，也成为旅游企业开拓的重点。近年来，我国在积极加强对周边国家旅游市场开发的同时，也有针对性地发展了远程旅游市场，如欧美旅游市场等。

(二) 人口统计因素

人口统计因素细分市场是指将旅游市场按照人口统计学变量如年龄、收入、教育程度、职业、种族、性别、宗教、家庭规模、社会阶层等为基础划分成不同的群体，这些变量往往易于识别，便于衡量。人口统计因素细分市场是划分旅游者群体最常用的方法，一般情况下，细分的标准又包括以下几种。

1. 年龄差异

不同年龄的消费者有不同的需求特点，如青年人对服饰的需求与老年人的需求差异较大。青年人往往愿意到远程的地方，而且愿意有冒险刺激的旅游经历，老年人往往到相邻地区进行休闲娱乐旅游等。

实例5-1

随着中国进入老龄化社会，退休长者数量的增加令长者游市场在近几年出现快速增长的趋势。据某旅行社统计，自2013年以来，每年长者游人数以15%以上的速度在逐年递增。携程网方面数据显示，以广东到北京为目的地的线路为例，60岁以上到北京的出行客人占28%，2014年比2013年增长近100%。另外，根据途牛网全年的旅游报名情况来看，老人出游的占比达到10%左右，近5年随着夕阳主题线路的逐渐增多，老人出游的人数也增长较快。

据了解，长者出游时间弹性大，对行程长短的要求度较低，对食宿、行程的休闲性更为注重，基本倾向于行程舒适的休闲类产品，例如"边走边游"的火车高铁专列团、无需"日日换酒店和舟车劳顿"的邮轮旅游等。值得关注的是，随着近几年长者出游经验的不断增加，除常规产品外，一些主题类产品逐渐流行，例如摄影团、养生健康旅游等。

(资料来源：http://news.ifeng.com/a/20150323/43394157_0.shtml)

2. 收入状况

高收入消费者与低收入消费者在产品选择、休闲时间的安排、社会交易与交往等方面都会有所不同。比如，同时外出旅游，在交通工具以及食宿地点的选择上，高收入者与低收入者会有很大的不同。正因为如此，有关与收入因素的食品、住宿、娱乐等方面的市场细分相当普遍。

3. 性别差异

旅游的性别差异也是很明显的。一般而言，男性游客独立性较强，倾向于参与知识性、运动性、刺激性较强的旅游活动，选择公务旅游、体育旅游的较多，喜欢康乐消费等。而女性游客更注重旅游目的地的选择，较喜欢结伴出游，注重人身与财产安全，喜好购物，对价格较敏感。

4. 职业与教育

根据消费者职业的不同，所受教育的不同以及由此引起的需求差别细分市场。比如，农民购买自行车的偏好是经济耐用，而学生则是喜欢轻型的、样式美观的自行车。职业和教育的不同直接影响其审美观的不同，诸如不同消费者对不同旅游产品的选择等，都体现了不同的偏好。

(三) 心理因素

旅游者在心理上也具有许多不同的特征，如旅游动机、生活方式、情趣爱好、价值取向、旅游习惯等。心理细分就是按照这些标准对旅游市场进行细分，不同的心理需求，不同的个性，都会产生消费者不同类型的购买动机，有的追求新颖，有的追求实用，有的追求高的质量和品牌，有的只追求物美价廉等。由于消费者心理需求具有多样性、时代性、可诱导性等特性，因此有时心理因素是很难严格加以判定的，很难量化和把握，但他对旅游市场细分却是极为有效的。

1. 旅游动机

消费者在旅游活动中都希望更多地获得心理上或精神上的满足，而人与人在心理满足上又有很大的差异性。例如，有的人旅游是为寻求刺激，有的人是为了获得知识，有的人是为了寻求安宁，因此，旅游企业应利用这种差异对市场进行细分，创造不同的市场特色。

2. 个性

个性是指一个人比较稳定的心理倾向与心理特征，他会导致一个人对其所处环境做出相对一致和持续不断的反应。俗话说，"人心不同，各如其面"。通常，个性会通过自信、自立、支配、服从、顺从、保守、激进、野心勃勃等性格特征表现出来，因此，个性可以按这些性格特征进行分类，从而为企业细分市场提供依据。

3. 生活方式

通俗地讲，生活方式是指一个人怎样生活，怎样支配其时间和金钱。人们追求的生活方式各不相同，如有的追求新潮时髦，有的追求恬淡、清净，有的追求刺激、惊险，有的追求稳定、安全等。

(四) 行为因素

按行为因素细分市场是指按消费者不同的购买动机、偏好程度，使用频率即消费行为特征细分市场，或根据旅游者购买过程中的行为特征，如购买形式、购买时间、购买数量及频率等细分出一些需求各异、具有综合性特征的旅游细分市场。

实例5-2

美国在线旅游服务巨头Priceline集团最近公布的第二季度财报显示，Priceline集团第二季度的毛利达到了13.8亿美元，同比增长了37.8%。国际业务的毛利达到了12亿美元，同比增长了39.7%。财报发布后Priceline股价大涨，总市值一度突破500亿美元。值得注意的是，Priceline的股票最近5年已经取得了520%的复合增长率，要知道，同期的标普500股指也不过只有20%的增长。

Priceline最大的成功，就在于针对细分用户和区域市场进行并购和整合，并综合运用多种产品销售模式开发和占领市场，构筑以用户为中心的进攻型战略体系，从而滚雪球般积累了庞大的用户资源，把旅游市场舞得风生水起。

一、细分用户

1. 用户出价模式(Name Your Own Price)：针对控制欲较高或主动性较强的用户

"用户出价"模式也被称为"逆向拍卖"模式，即在买方定价的交易平台上，用户开出希望购买的产品价格以及产品的大致属性，然后等待酒店等产品提供方决定是否接受这个价格并为用户服务。这种1998年创立并被申请了20年专利的模式是Priceline发家的基础，

Priceline起初正是凭此拿到了1亿美元的融资。

世易时移，虽然Name Your Own Price如今已经风光不再，但由于这种C2B模式能够让用户感觉被重视、被赋予了更多的权利，在近20年时间里，一方面为Priceline吸引了大量忠实的用户，另一方面，已经形成了其在全球范围内独树一帜的品牌效应以及"用户至上"的企业文化，为Priceline赢得了用户的普遍好感与认同。"用户出价"模式目前对Priceline来说更多地意味着广告宣传。

2. 旅游搜索模式(Kayak)：针对价格敏感型用户

"货比三家"是旅游用户行前决策的重要环节。Kayak主要为用户提供旅游信息的垂直搜索服务，包括航空公司、酒店、汽车租赁和在线旅行社的网站，同时还提供旅游管理工具和服务，比如航班状态更新、价格提醒和行程管理，这些服务对用户而言都是免费的。Kayak由于具有较高的知名度和影响力，大多数用户会直接访问该网站，而不是由搜索引擎引导至其页面，所以Kayak的合作伙伴众多，甚至至今依然包括了Priceline的竞争对手Expedia、Hotels等。

3. 模糊预订模式(Express Deals)：针对年轻时尚或价格敏感的用户

Priceline非常看好通过细分用户来提升其旅游产品购物体验。最近，Priceline全新改版，主推Express Deals模式。Express Deals是属于新时代典型的"玩着玩着就把钱挣了"的模式，让用户除了方便购物之外，还能趣味购物，获得更多的成就感和满足感。Express Deals能够提供高达5.5折的优惠，用户先输入要去的目的地和日期后会出现目的地周边的酒店及其星级、价格等要素。为了保护酒店品牌，网站不会显示酒店名称，只会显示酒店的大致位置和酒店的特色设施，用户要据此判断是否是自己心仪的酒店并下单订购。整个过程像猜谜一样有趣但简单，因为用户很有可能以几十美金就可入住四星级酒店，而酒店也乐于在不公开自身品牌的情况下向用户提供低于市场行情的闲置客房。

二、细分市场

Priceline的扩张步伐稳健有力，平均每2~3年就会有一次极具战略意义的收购和整合：欧洲的酒店预订网站Booking(2005年收购)、亚洲的酒店预订网站Agoda(2007年收购)、租车代理平台Rentalcars(2010年收购Travel Jigsaw后整合)、美国的旅游搜索引擎Kayak(2012年收购)。Priceline围绕酒店、机票、租车三大核心板块，通过一系列精准的收购，综合运用多种模式，不断巩固着自身的领先优势。

1. 北美市场：Priceline.com网站(创新模式)

北美是Priceline集团的根据地，Priceline在北美市场诞生和发展不是偶然的：完善的信用体系，浓厚的消费者权利保护意识，充分的旅游市场竞争，较高的信息化程度等，这些都是其成长的特定环境。Priceline为防止水土不服，并没有将其创立的"用户叫价"模式大规模输出到其他区域。

另外，Priceline.com也是集团旅游模式的试验田，一些独特有趣的旅游模式往往会在该网站发布、改进，然后进一步推广。比如包括"我开价网"等在内的国内网站或APP都曾经想复制Priceline的"用户开价"模式，但由于缺乏成长的土壤，后来的发展都举步维艰。原本紧密配合战略的创新模式，在中国更多地沦为了一种营销工具甚至噱头，仿者多，成者少。

2. 欧洲市场和新兴市场：Booking.com网站(佣金模式)

通过40种语言和多达34万家酒店的住宿资源，Booking.com吸引了数量庞大的全球用户。加上分销成本低以及灵活的订房取消政策，Booking.com已经逐步占据了欧洲约50%的市场份额。摩根士丹利的分析师Scott Devitt最近公布了他所制作的有关Booking.com的调查报告，指出在欧洲的OTA酒店预订市场，Booking.com占据47%的份额，Expedia的市场份额则为21%。

Booking.com最初的定位只是为了争夺欧洲市场，但由于Booking.com的发展模式具有极大的灵活性和杀伤力，其发展速度和规模完全超出了Priceline集团管理层最初的意料，如今已成为其全球业务扩张的核心利器和利润的最大贡献者。

值得注意的是，Booking.com的大手也紧紧握住了新兴地区蓬勃发展的旅游业。以中国为例，无论是传统的OTA巨头携程，还是新兴的旅游社交网站如蚂蜂窝、穷游网，搜索或推荐海外酒店时都会优先跳转到Booking.com的网站。

3. 亚洲市场：Agoda网站(预付模式)

Agoda实行"先付款后入住"的预付费模式，其诞生地就是在泰国普吉岛。按照Priceline集团的规划，Agoda比较适合信用体系尚不健全的亚洲市场，目前酒店范围主要集中在中国、日本、韩国、东南亚以及澳大利亚。

(资料来源：http://www.travel daily.cn/article/73772，2013-8-28)

五、旅游市场细分的方法

(一) 单变量细分法

单变量细分法是指选择影响旅游市场细分的最显著的变量，作为细分市场的唯一依据，划分市场中不同的消费者群体的方法。这种方法能够将市场迅速细分，而且细分市场的特征较鲜明，但不能对市场进行深刻的调研分析，如以性别来划分，整个市场可分为男、女两个细分市场。

(二) 多变量细分法

多变量细分法是指选择两个或两个以上显著影响市场需求的变量，作为细分市场的依据，划分市场中的消费者群体的方法。这种方法能准确、深入地划分旅游市场中每一个不同的消费群体，有助于旅游企业做出准确、合理的市场营销策略，但由此会增加市场细分的时间、费用等。同时，如果市场细分的变量数目不能科学合理地掌握，极易造成市场的完全细分，将市场上每一个消费者个体作为一个单独的细分市场，从而失去市场细分的意义。

(三) 顾客盈利能力细分方法

顾客盈利能力是指企业顾客在未来很长一段时间内(指其作为企业顾客的时间长度内)为企业贡献利润的一种能力。根据顾客盈利能力的不同进行市场细分，就是把顾客盈利能力作为市场细分的变量，把每一个顾客都作为一个细分市场，分析企业服务每个顾客的成本和收益,得到每个顾客对企业的财务价值,然后与企业设定的顾客盈利能力水平进行比较,如果顾客的盈利能力达到或超过企业设定的顾客盈利能力水平,他就是企业目标市场中的一员,所有满足这个条件的顾客构成企业的目标市场,否则,企业就不向他们提供服务。

六、旅游市场细分的步骤

一般情况下,旅游市场细分按下列步骤完成。

(一) 明确市场范围,了解市场范围内顾客的需求

旅游经营者在确定了总体经营方向和经营目标之后,必须确定其经营的市场范围,这是旅游企业市场细分的基础和前提。依据消费者需求(包括现实的和潜在的需求),确定旅游细分市场。在此过程中,旅游经营者要根据市场细分的标准和方法,尽可能地对现实和潜在的顾客需求进行归类,本着有助于发掘旅游者需求的差异性,并有助于决定最终采用哪一种或哪几种市场细分变量,从而为接下去的市场细分工作提供依据。

(二) 分析可能存在的细分市场

在对市场范围内的顾客需求做了一个分析调查之后,旅游经营者要分析与对比不同旅游者的需求,与此同时,也要结合市场细分的诸多方式和标准,对该旅游者所在区域的地理位置、人口特征、心理因素、购买行为等方面的情况做一个详细的调查和研究,并做出相应的分析与判断,从而构成可能的细分市场。

(三) 选择确定具体的细分市场

在旅游经营者进行市场细分时,市场细分应以独具特性的顾客需求为基础,并且在市场细分的具体过程中去掉顾客的共同需求,从而对剩下的需求进行研究、分析、归类和集中,从中确定和选择一个或几个要素作为市场细分的因素。旅游经营者在细分的过程中要通过把企业的实际情况和各个细分市场的特征进行比较,寻找最为主要的细分要素,筛选出最能发挥优势的细分市场。

(四) 用选定的细分标准对市场进行细分

通过市场细分,将市场划分为相应的市场群体,接下来,旅游经营者可以根据各个细分市场的主要特征,用形象化的语言或其他方式,为各个相应的市场群体确定名称。

(五) 分析各细分市场的规模和性质

通过对各细分市场进行深入的分析和研究,可以更为清楚地掌握旅游消费者的购买心理、购买行为等特征,如果有必要的话,也可以对其中的一个或几个小的市场群体进行分解或合并。与此同时,通过对各细分市场进行深入的分析和研究,可以估量出该市场规模的大小、竞争优势和变化趋势等,这些都为旅游企业找准主要方向,确定正确、合理的目标市场提供依据。

市场细分的步骤有助于旅游企业在市场细分中正确选择合适的目标市场，但是，各旅游企业应根据本企业的实际情况和具体经营状况，对步骤进行简化、合并和扩展、延伸。

第二节 旅游目标市场选择及策略

所谓目标市场选择，其实就是确定产品或服务针对的消费者。在潜在市场中，哪些人需要你的产品，哪些人在使用你产品的过程中受益，那么这部分人就是你的目标市场。只有认准了潜在客户，才能采取最有效的促销手段，与他们进行营销沟通，并在沟通过程中传达最适合于他们的营销信息。

一、旅游目标市场概述

旅游目标市场即旅游企业的目标消费者群体，也就是旅游企业产品或服务所针对的销售对象。旅游目标市场是旅游市场营销活动中的一个重要概念，因为旅游企业把满足旅游者的需求放在第一位，必须充分满足旅游者的需求，旅游企业才能生存和发展。旅游者的需求是千差万别的，没有任何一个旅游企业能满足所有的旅游需求，而只能满足旅游市场中一部分旅游者的需求，并且用特定的旅游产品和服务来满足这种需求。

市场细分与目标市场之间既有区别又有联系，市场细分是按不同的消费影响因素划分消费群体的过程，目标市场是在市场细分的基础上，挑选少量细分的市场目标作为消费群体的过程。市场细分是目标市场的前提和基础，目标市场是市场细分的目的和归宿。科学合理的目标市场选择只有通过深入的市场细分才能产生。

二、旅游目标市场的选择

一般来说，确定旅游目标市场需要以下几个环节或步骤。

(一) 细分市场

通过对企业的经营特点和旅游整体市场需求状况的了解和研究，选出特征突出的旅游需求因素作为依据，将整体旅游市场划分为众多旅游子市场。

(二) 评价旅游细分市场

对各旅游细分市场进行全面细致的分析，特别是要进行规模、潜力、经济效益等的分析和评价，以利于旅游企业正确地选择目标市场。

(三) 预测旅游细分市场的发展趋势

对各细分市场的市场潜量和本企业的销售进行估算，对细分市场的需求趋势、竞争状况和市场占有率进行分析预测。

(四) 选择旅游目标市场

旅游企业根据本身的资源情况、营销能力以及细分市场吸引力大小,进行旅游目标市场的最终选择。

(五) 制定旅游目标市场的营销策略

为实现向旅游目标市场的销售,企业要制定相应的旅游产品策略、旅游价格策略、销售渠道策略及促销策略,以保证企业预期目标的实现。

三、旅游目标市场选择的依据

一般来说,确定旅游目标市场的依据主要包括以下几点。

(一) 有充分的市场需求和发展潜力

这里指的市场需求不仅仅是现实中旅游消费者对旅游产品的渴求,也包括一些潜在的旅游消费者的需求,相比较而言,后者代表的是潜在的、未来的需求,换句话说,潜在的旅游消费者越多,越有利于旅游企业长期稳定的发展。

(二) 尽量选择竞争者较小或较弱的市场机会

如果同时有几个细分市场都比较理想,都有可能成为旅游企业今后发展的对象与目标,在其他条件差不多的情况下,旅游企业应该选择竞争力相对较弱的那个细分市场,这样有利于该旅游企业通过产品的开发、营销等方面的努力,在市场上站稳脚跟,这对一些刚成立的或规模较小的旅游企业尤为适用。

(三) 根据企业自身的发展目标和资源条件来选择

有些细分市场虽然具备其他好的条件,但不能推动企业实现发展目标,甚至会打乱企业的发展战略,使之无法完成其主要目标,这样的细分市场也应该放弃。另外,还要考虑企业的发展战略,如果一个细分市场吸引力较大,但本企业不具备进入该市场必需的资源条件,那么,企业对该细分市场目标也只能忍痛割爱。

实例5-3

北京市主要海外目标市场及促销策略手段如下表。

目标市场	市场特点	促销手段
日、韩	与中国文化有紧密联系,对中国传统文化有很强的认同感	联合北方旅游区(山东、河南、河北、陕西)共同促销
台湾地区	与大陆有相同的文化传统,目前尚需要消除认识上的某些偏差,突出两岸的亲情	邀请台湾主要新闻媒介的记者和专栏作家、旅行社(旅游公司)的高层主管到北京参加体验旅游

目标市场	市场特点	促销手段
港、澳地区	与北京有密切交流，需要在传统观光产品的基础上促销高科技教育修学旅游	选择电视为主要的宣传媒介，另可直接散发宣传单
东南亚	主要旅客为当地华人	通过统战部门协助促销
欧、美	对中国的传统及民俗有较强的好奇心，但对中国缺乏正确的认识	邀请各国主要新闻媒介的记者和专栏作家、旅行社(旅游公司)的高层主管到北京参加体验旅游，散发宣传单，联合京西沪桂广联合促销
俄罗斯	主要促销购物旅游	以报纸为主要的宣传媒介，主要选择莫斯科及远东地区城市工商类报纸
南美、南非	主要促销传统的"老七件"	委托使馆或领事馆协助工作

(资料来源：北京市旅游发展总体规划相关资料)

四、旅游目标市场策略

旅游企业在确定目标市场后，往往紧接着就已经选择的目标市场进行营销策略，一般而言，可供旅游企业选择的目标市场营销策略有三种。

(一) 无差异市场营销策略

无差异营销策略是指企业将产品的整个市场视为一个目标市场，用单一的营销策略开拓市场，即用一种产品和一套营销方案吸引尽可能多的购买者。

无差异营销策略只考虑消费者或用户在需求上的共同点，而不关心他们在需求上的差异性。因此，旅游企业只需推出一种旅游产品，运用一种营销组合，即可满足目标市场的需求。可以用图5-1表示。

图5-1 无差异营销策略

无差异市场策略的核心是对整个旅游市场实施单一的市场营销组合，而不必关注旅游者群之间的差异。这一策略的优点在于：无需细分市场、只生产单一产品、实行一种市场营销组合，从而使营销活动开支减少，成本降低，单一产品和一种市场营销组合有利于大批量生产，销售渠道也可相对简化。对那些垄断性强、吸引力大的旅游产品，如故宫、长城、秦始皇兵马俑和埃及金字塔等世界自然文化遗产，使用这一策略可以吸引更多的旅游者前往观光，取得事半功倍的效果。

但是，对于大多数旅游产品，无差异市场营销策略并不一定合适。首先，消费者需求客观上千差万别并不断变化，一种产品长期为所有消费者和用户所接受非常罕见。其次，当众多企业如法炮制，都采用这一策略时，会造成市场竞争异常激烈，同时在一些小的细分市场上消费者需求得不到满足，这对企业和消费者都是不利的。再次，易于受到竞争企业的攻击。当其他企业针对不同细分市场提供更有特色的产品和服务时，采用无差异营销策略的企业可能会发现自己的市场正在遭到侵蚀但又无法有效地予以反击。正由于这些原因，一些曾经实行无差异营销策略的旅游企业最后也被迫改弦更张，转而实行差异性营销策略。例如，迪士尼是世界旅游品牌，但随着消费者需求的变化，近年来不得不定期变换内容，不断"重塑"形象，以保持对"喜新厌旧"的旅游者的强烈吸引力。

(二) 差异性市场营销策略

差异性市场营销策略是将整体市场划分为若干细分市场，针对每一细分市场制定一套独立的营销方案。我国国内一些大旅行社即实施这种目标市场营销策略，在实例[5-3]中，北京市根据不同的目标市场就制定了不同的营销策略和手段。差异性市场营销策略为不同类型的旅游者提供各自所需的产品和服务，并根据各类旅游者的具体情况实施不同的市场营销策略，如定价、促销和渠道等。可以用图5-2表示。

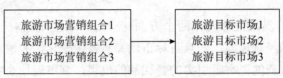

图5-2 差异性营销策略

差异性营销策略的优点是：多品种、市场覆盖面宽，产品机动灵活、针对性强，使消费者需求更好地得到满足，由此促进旅游产品销售。另外，由于企业是在多个细分市场上展开经营，一定程度上可以减少经营风险；一旦企业在几个细分市场上获得成功，有助于提高企业的形象及提高市场占有率。

差异性营销策略的不足之处主要体现在两个方面：一是增加营销成本。由于产品品种多，开发和营销成本将增加；由于公司必须针对不同的细分市场发展独立的营销计划，会增加企业在市场调研、促销和渠道管理等方面的营销成本。二是可能使企业的资源配置不能有效集中，顾此失彼，甚至在企业内部出现彼此争夺资源的现象，使拳头产品难以形成优势。

(三) 集中性市场营销策略

实行差异性营销策略和无差异营销策略，企业均是以整体市场作为营销目标，试图满足所有消费者在某一方面的需要。集中性营销策略则是集中力量进入一个或少数几个细分市场，实行专业化服务和销售。实行这一策略，旅游企业不必追求在一个大市场角逐，而是力求在一个或几个子市场占有较大份额。可以用图5-3表示。

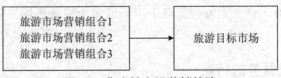

图5-3 集中性市场营销策略

集中性营销策略的指导思想是：与其四处出击收效甚微，不如突破一点取得成功。这一策略特别适合于资源力量有限的中小旅游企业。中小旅游企业由于受财力、人员等方面因素制约，在整体市场可能无力与大企业抗衡，但如果集中资源优势在大企业尚未顾及或尚未建立绝对优势的某个或某几个细分市场进行竞争，成功可能性更大。

实例5-4

漳州美伦山庄以浓郁的西班牙滨海风情为文化主题，无论是建筑外观、装修配饰，还是酒店用品、灯光设计，都体现了西班牙的异域风格。漳州美伦山庄考虑到当前政务接待、会议业务减少，就根据酒店背山面海的地理位置特点，将酒店转型定位为高品位的"身心修养目的地"，在原有住宿、餐饮、会议等基本产品的基础上，推出了与"身心修养"有关的文化产品项目，如SPA、瑜伽、太极、剑术、茶道、棋道、书法等，这些项目有的请专业人士担纲，有的则对外承包经营。美伦山庄还与相邻的高尔夫球场联手，将"打高尔夫"也作为该酒店的一项产品内容对外推介，既为客户营造了一种悠然休闲的度假氛围和修身养性的生活方式，也由此改善了自身的经营状况，逐步实现了"在小市场中求大份额"的目标。

(资料来源：张文成.精品酒店："精"为王道[N].中国旅游报，2013-9-8.)

集中性营销策略的局限性体现在两个方面：一是市场区域相对较小，企业发展受到限制。二是潜伏着较大的经营风险，一旦目标市场突然发生变化，如消费者兴趣发生转移或强大竞争对手的进入，或新的更有吸引力的替代品的出现，都可能使企业因没有回旋余地而陷入困境。

五、影响旅游目标市场营销策略选择的因素

企业最后选择哪种目标市场营销策略，要综合考虑旅游市场的多种因素。

(一) 旅游市场整体供求状况

旅游市场的宏观环境对旅游市场供求关系有着重大的影响，而市场宏观环境是不断变化的，所以旅游市场供求关系也是处于不断变化之中的。旅游市场供求关系状况不同，企业所采取的营销策略也应有所不同。一般而言，当某种旅游产品供小于求的时候，企业可采取无差别营销策略；而在供大于求的状况下，企业则宜采取差异性或集中性营销策略。

(二) 企业自身实力条件

旅游企业自身实力包括生产能力、服务实施能力、技术能力、经营管理能力以及销售能力等。如果企业实力雄厚、管理水平高、资源丰富，则可采用差异性营销策略；如果企业实力不足，资源有限，企业无力顾及整个市场或多个细分市场，则适宜采用集中性营销策略。

(三) 旅游产品或服务的特点

同质性旅游产品或服务，如旅游饭店同等档次的客房、旅游航空客运服务等，由于差异性小，替代性强，竞争主要集中在价格上，较适宜实行无差异性目标市场营销策略。而对于一些差异性较大、旅游者选择性很强的旅游产品或服务，如特色旅游线路产品、旅游餐饮服务等，则适宜采用差异性目标市场营销策略或集中性市场营销策略。

(四) 旅游市场需求状况

当旅游市场的消费者在某一时期的需求与偏好及其他特征很接近，市场类似程度很高时，适应采用无差异市场营销策略，如旅游交通市场。而对于旅游者需求异质程度很高的旅游产品市场，一般要采用无差异性市场营销策略或集中性市场营销策略。

(五) 旅游产品生命周期

旅游产品的生命周期分为导入期、成长期、成熟期和衰退期四个阶段。旅游产品处于导入期或成长期，性能还不够完善，品种比较单一，竞争者也比较少，可采用无差异性市场营销策略。当旅游产品进入成熟期后，旅游产品品种增多，竞争者也增多，此时适宜采用无差异性市场营销策略，以开拓旅游市场，扩大市场份额。当旅游产品进入衰退期，则应采用集中性目标市场营销策略，收缩企业的产品线，以保持部分市场，延长旅游产品的生命周期。

(六) 旅游市场竞争状况

如果竞争者数量较少或较弱，且产品具有垄断性，本企业可采用无差异性市场营销策略。若竞争者采用无差异性市场营销策略，本企业则可采用差异性市场营销策略或集中性市场营销策略。如果竞争太多，则应采取差异性或集中性目标市场营销策略。从竞争者采用策略来看，如果竞争对手实力较强大且已经采用了差异性市场营销策略，本企业则应在进行充分的市场调研的基础上，实行更深一层的差异性市场营销策略或集中性市场营销策略。

所以，旅游企业必须从实际出发，要在综合考虑以上各种因素的基础上选择目标市场营销策略。一般情况下，当旅游市场营销策略选择与确定后应保持相对稳定，但可随着市场环境与企业经营状况的变化做适当的调整。

第三节　旅游产品的市场定位

一、旅游产品市场定位概述

市场定位是20世纪70年代由美国两位资深的广告和营销策划专家阿尔·顿斯和杰克·特鲁塔提出的一个重要营销学概念。市场定位就是企业根据目标市场上同类产品竞争状况，针对顾客对该产品某些特征或属性的重视程度，为本企业产品塑造强有力的、与众不同的鲜明个性，并将其生动形象地传递给顾客以赢得顾客认同。

市场定位的实质就是使本企业与其他企业严格区分开来，使顾客明显感觉和认识到这种差别，从而在顾客的心目中占据特殊的位置。

在旅游企业市场定位时，要注意考虑以下4个因素。

①旅游企业将要提供的旅游产品必须与旅游消费者的需求相吻合，且最好能提供比主要竞争者更好的、新的、奇特的旅游产品。②旅游企业将要提供的旅游产品必须与主要竞争对手的品牌形象、产品及经营特色有显著的差异性，并且这些差异性是目标顾客群可以识别

出来的。③旅游企业将要提供的旅游产品可以与本旅游企业现有的资源和经营管理水平相匹配。④旅游企业将要提供的旅游产品能够赢得市场优势，有利可图。

市场定位对企业制定出针对性强且有效的旅游市场营销策略具有重要作用。第一，有利于树立旅游企业的市场形象。在日益激烈的竞争环境下，旅游企业为了使本企业的旅游产品获得旅游消费者的认识和普遍的认同，使本企业的品牌形象深入人心、经久不衰，就需要准确地为本企业的产品进行市场定位。只要这样，才会使旅游者产生深刻、独特的印象和好感，增加购买本企业产品的频率，从而树立起良好的企业形象。第二，有利于旅游消费者获得更为独特和个性化的旅游产品。旅游市场定位中要考虑的最重要的因素还是旅游消费者对旅游产品的需求状况。旅游企业根据旅游消费者的要求，通过可行性的科学论证，设计出一系列符合旅游者或基本上与其独特性和个性化的旅游需求相适应的旅游产品或服务，可以使旅游者的自尊心得到极大的满足，精神上得到极大的享受。第三，有利于避免恶性竞争。如果旅游企业都没有有效的市场定位，都采用无差异性的市场策略，则会导致众多的旅游企业都以同样的产品或服务来抢占这一细分市场中的有限顾客，这必然会加剧市场竞争甚至出现恶性市场竞争的局面，不利于各企业经济效益的提高。

实例5-5

如家快捷酒店的创始人李琦于2005年新组汉庭酒店集团后，"多品牌有限服务酒店集团"一直是其基本定位。"汉庭快捷"和"汉庭酒店"是"中档商务型连锁酒店"，刚刚面市的"汉庭客栈"无论是从其名字还是从其定价，都可以看出向中低档市场发展的战略转变。

第一家"汉庭客栈"的全部143个房间的定价都在99元以内，超过1/3的客房有通铺、高低铺或家庭式的大小床，背包客、年轻"驴友"是其目标客源群。

虽然和锦江之星将要面市的新品牌在目标客源上有重叠之处，但还是可以看出两者的不同。与星级酒店有较明显区别的同时，在经济型市场上进一步形成市场细分，是锦江之星、汉庭等酒店集团实行多品牌的主要原因。同时，将更多的注意力投向中低端市场的做法，可以说是主要品牌运营商回归"经济型"的一个具体表现。

(资料来源：冯颖.细分市场错位竞争[N].中国旅游报，2008-9-3(6).)

二、旅游市场定位的程序

一般情况下，旅游市场定位包括以下三个程序。

(1) 收集相关信息，研究目标市场的特征

旅游市场定位也是建立在对旅游市场的调研和分析的基础之上的，因此，信息的收集是旅游企业进行市场定位的重要环节。通过对这些信息进行分析和研究得出目标市场的一些特征。例如，目标市场中的旅游消费者的需求特点，主要竞争对手旅游产品的特点和在旅游消费者心目中的满足感，目标市场中还有哪些具体的需求没有得到满足等。

(2) 研究主要竞争对手的市场情况

在确定竞争对手后，旅游企业通过营销调研，要认真分析主要竞争对手的情况，包括竞争对手的产品种类、设备设施的情况、服务的质量与标准及旅游产品的价格等，并通过对这

些市场情况的了解，分析出主要竞争对手的优势和不足。

(3) 确定本旅游企业的市场定位

旅游企业在分析了目标市场和主要竞争者的基础上，可以进一步利用上述过程搜集到的信息，从而较为准确地分析出在目标市场中有哪些旅游需求还没有得到充分的满足，然后充分地发掘本企业现实的潜在的优势，对那些有待开发和更新的市场机会进行全面的评估，从而确定本旅游企业的市场定位。

三、旅游市场定位的一般方法

在旅游市场激烈的竞争中，旅游企业必须有计划地树立本企业产品与竞争者产品不同的市场形象，以便消费者了解和接受本企业所宣传的与竞争对手不同的特点，这种特点往往受到消费者的青睐，这也是企业进行市场定位的实质所在。

(一) 差异化定位方法

1. 产品差异化

主要产品差异化表现在：特色、风格、性能、设计等多方面。

特色就是产品基本功能的某些增补。大多数产品都具有某些不同的特色，在产品最初基础上，企业可以通过增加某些特色而创造出另一个产品形态。在旅游产品中，特色就是旅游企业的活力和生命力。

风格就是产品给予消费者的视觉和感觉效果。独特的风格往往使产品引人注目，有别于乏味、单调的产品。旅游企业应注意旅游产品风格的设计，如很多城市纷纷建立主题公园，但风格类同，不仅造成浪费，而且市场竞争力差。

性能是指产品主要特点在运用中的水平。大多数产品都处于以下四种性能中：低、平均、高、超级。一般来说，产品质量是性能和其他增加价值要素的代名词，优质产品能高价出售，并实现较多的重复购买、较高的消费者忠诚度和较好的顾客口碑，而其成本并不比生产低质量产品的企业高出太多。

设计是一种综合性要素，设计是从顾客要求出发，能影响一个产品外观和性能的全部特征的组合。比如，有的旅游线路设计类同，旅游产品大同小异。因此，旅游企业应发挥自身优势，有些旅行社适合做组团，有些适合做接待，有些适合做代理，各自做好细分市场，加强旅游产品设计。

2. 服务差异化

除了有形的产品差异化以外，企业也可以使其所提供的服务差异化。旅游企业竞争成功的关键常常有赖于服务的增加和服务质量的提高。服务差异化主要表现在：订货方便、送货及时、安装安全、维修服务好、客户咨询方便等方面。

旅游企业在旅游产品订购方面，要开通免费订购电话或通过建立互联网信息系统，提供旅游产品给游客，开通旅游企业之间的在线订购等服务，方便顾客购买。

旅游企业要主动帮助顾客，及时认真地处理顾客要求、询问、投诉、问题；在服务中将消费者作为个体对待，给予消费者关心和个性化服务，使消费者感到旅游企业对他们的理解和重视。

3. 人员差异化

人员差异化是通过对优秀人员的聘用和培训以获取差别对待，形成人员方面的特色。旅游企业人员的服务心态、知识素养、信息掌握量、语言交流水平等，对消费者的购买决策都有着重要影响，同时消费者对企业的认知，在很大程度上取决于对为其提供服务的人员的认知与感受。旅游企业竞争和定位的关键点在于旅游服务人才。旅游企业要有人员方面的优势，需要其员工具备六大素质：第一，能力，具有所需要的技能和知识；第二，礼貌，友好接待每一位顾客，为顾客着想；第三，可信，使顾客感到坦诚，可以信赖；第四，可靠，能始终如一、正确无误地提供服务；第五，服务响应，能对顾客的请求和问题迅速做出反映；第六，沟通，理解顾客，并把有关的准确信息传达给顾客。

4. 渠道差异化

通过设计分销渠道的覆盖面，建立分销专长和提高效率，企业可以取得渠道差异化优势。旅游企业应考虑以下因素：旅游产品是否购买方便，销售网点分布是否合理，经销商和零售网点是否经过良好训练，促销手段是否能通过分销渠道有效发挥作用，是否能渗透目标市场，是否在目标市场中留下较深印象。所有这些因素的差异同样带来旅游企业之间的差异性，抵御旅游产品的同质化。

5. 形象差异化

即使竞争产品及服务看上去都一样，顾客也能从企业或品牌形象方面得到一种与众不同的印象。形象是公众对企业及其产品的认识与看法。旅游企业或旅游品牌形象可以对目标顾客产生强大的吸引力和感染力，促其形成独特的感受。旅游企业要做好企业形象设计，它是一个有机整体，涉及旅游企业的方方面面，具有明显的综合性。有效的形象差异化需要做到以下3点：建立一种产品的特点和价值方案；通过一种与众不同的途径传递这一特点；借助可以利用的一切传播手段和品牌接触(如标志、文字、媒体、气氛、事件和员工行为等)，传达触动顾客内心感受的信息。

实例5-6

周村古商城原为山东淄博市周村区城西——老城区，由三条古街道组成，是一个以明清风貌街道为载体，以传统商埠文化为吸引力的文化旅游景区。2007年年初，周村旅游局引进了专业景区管理公司——北京巅峰国智旅游投资管理有限公司对景区实行托管经营。

北京巅峰国智公司接管景区后，始终把"商"作为景区核心竞争力来打造，通过不断调整景区内的功能布局和经营业态，成功引进了"瑞蚨祥""大染坊""周村烧饼"等中华老字号，重现了"天下货聚焉"的繁荣景象。景区内各种极具本地特色的旅游商品，如周村烧饼、旱码头家纺老粗布、周村丝绸、周村蚕蛹、淄博陶瓷等，充分激发和满足了游客对"购"的需求。同时做好景区的形象宣传，突出有别于其他古镇的特有资源，努力完善景区的建设，加强内部管理，提高服务质量。

品牌建设的过程由浅入深、由近及远、循序渐进，使景区的形象及品牌由模糊到清晰、由粗像到具体，由表及里地进行巩固。其持续的形象广告宣传加上完善的优质服务给过往游客留下了难忘的印象，在其市场范围内有了很好的口碑宣传。

通过两年系统的景区形象、品牌建设和基础设施以及管理、服务水平的不断完善和提高，取得了显著的成效，到2008年年底，相比2004年门票收入增长了40倍，游客量增长了60倍。"周村速度"引起了全国旅游界的关注，获得了市场和政府的充分认可，取得了品牌形象和经济效益双丰收。

(资料来源：王忠武.古镇旅游形象定位及品牌建设[N]. 中国旅游报，2009-9-16(11).)

(二) 确定开发定位策略

通常，消费者对市场上的产品有着自己的认识和价值判断，提到一类产品，他们会在内心按自己认为重要的产品属性将市场上他们所知的产品进行描述和排序，因而，定位要求公司能确定向目标顾客推销的差异的数目及具体差别。

1. 差异的多少

为了突出定位重点，旅游企业将面临选择多少种差异用于定位的问题。旅游企业可以根据市场状况，结合自身产品特点，推出一种或多种产品利益和特色。

一般而言，企业必须避免4种主要的定位错误。一是定位过低，有些企业发现购买者对其产品只有一个模糊的印象，购买者并没有真正地感觉到它有什么特别之处。二是定位过高，顾客可能对该产品了解得十分有限，从而将低收入者拒之门外。三是定位混乱，主题太多或定位变换太频繁。四是定位可疑，顾客很难相信该品牌广告中对产品特色、价格或制造商方面的一些有关信息。

2. 选择的差异

由于竞争者的存在，旅游企业在进行目标市场定位的过程中，必须把竞争者因素考虑在内。

一些著名的旅游企业或旅游景点利用差异性定位获得了成功，深圳"世界之窗"的定位让中国了解世界，通过世界各地的微缩景观及大量国外民族歌舞表演，较好体现了世界之窗的主题。

最后，企业目标市场定位完成后，应以各种手段表现这一定位。通过营销组合——产品、价格、渠道、促销等来体现、传递定位战略中产品或形象的差异，符合消费者心目中的需求。

(三) 确定传播公司定位

当企业选择了一个明确的定位以后，它还必须把这一定位有效地传播出去，即把本企业产品的定位特色成功地传播给目标顾客，以在顾客心目中有效地树立起本企业产品富有吸引力的特色形象。

在传播企业定位时，综合协调地使用各种形式的传播方式，以统一的目标和统一的传播形象，传递一致的产品信息，实现与消费者的双向沟通，迅速树立产品品牌在消费者心目中的地位，建立品牌与消费者长期密切的关系，有效地达到定位信息传播和产品营销的目标。

在传播企业形象和产品定位时，要把企业的一切营销和传播活动，如广告、促销、公关、新闻、包装、产品开发等进行整合重组，让消费者从不同的信息渠道获得一致信息，增强定位诉求的一致性和完整性。最后,对信息资源实行统一配置,统一使用,提高资源利用效率。

四、旅游市场定位的创新方法

(一)蓝海策略

"蓝海策略"也叫"蓝海战略",是由欧洲工商管理学院的W. 钱·金和勒妮·莫博涅教授,基于对跨度达100多年、涉及30多个产业的150个战略行动的研究而提出来的。他们认为,市场可分为"红海"和"蓝海","红海"代表已知的市场空间,"蓝海"代表未知的市场空间,企业如要赢得明天,就不能只靠与对手在现有"红海"市场竞争,而是要靠开创"蓝海"——蕴含庞大需求的新市场空间,走上增长之路。换句话说,所谓的"蓝海策略"就是企业从关注并超越竞争对手(摆脱"红海"),转向去创新并开启巨大潜在需求,从而重建市场,突破产业边界(开创"蓝海")。

"蓝海策略"的实质就是创造没有人与其竞争的市场空间,实现超越竞争。旅游业的竞争不是拼价格,就是拼服务,这就造成了一片"红海",因此,在旅游市场营销中注重消费人群细分,寻找旅游"蓝海"显得尤为重要。"蓝海策略"致力于增加需求,并力图摆脱竞争,不再汲汲营营于瓜分不断缩小的现有顾客需求市场。此外,"蓝海策略"也重视人性层面,特别强调如何建立信任和决心,以及智慧和感情认知的重要性。通过改变传统经营思维,"蓝海策略"打破了现有市场的限制,创造了无竞争的广大市场。据了解,海南、云南等地的旅行社已推出了哑语导游、残疾人旅游景点、盲文等服务;北京一些旅游景点内的无障碍设施也在2007年年底完工。

不少专家指出,实际最为高明的竞争是"红海"和"蓝海"的组合,将价格战与价值创新有机结合,先是价值创新,开创"蓝海",然后面对跟随者展开"红海"竞争,同时进行新的价值创新,开创新的"蓝海",如此循环往复,保证自身地位和丰厚的利润,从而立于不败之地。

(二)长尾理论

"长尾"实际上是统计学中幂律(Power Laws)和帕累托分布(Pareto)特征的一个口语化表达,由美国人克里斯·安德森提出。长尾理论认为,由于成本和效率的因素,过去人们只能关注重要的人或重要的事,如果用正态分布曲线来描绘这些人或事,人们只能关注曲线的"头部",而将处于曲线"尾部"、需要更多的精力和成本才能关注到的大多数人或事予以忽略(如图5-4所示)。例如,在销售产品时,厂商关注的是少数几个所谓的VIP客户,"无暇"顾及在人数上居于大多数的普通消费者。由于网络技术的发展和关注成本的大大降低,人们有可能以很低的成本关注正态分布曲线的"尾部",关注"尾部"产生的总体效益甚至会超过"头部"。

经过改革开放30年多发展,我国经济建设已经取得丰硕的成果,全国人民的旅游需求大幅度提升。统计数据显示,2007年我国国际旅游(外汇)收入419.19亿美元,国内旅游收入

7770.62亿元，中国旅游业已成为国民经济重要的组成部分。今后，随着全面建设小康社会的推进，我国人均GDP将由1000美元向3000美元跨越，消费市场、消费结构、产业结构都将发生显著的变化，旅游业将面临新的发展机遇；与此同时，旅游地区、旅游服务、旅游产品等也正从集中供应走向长尾分布。

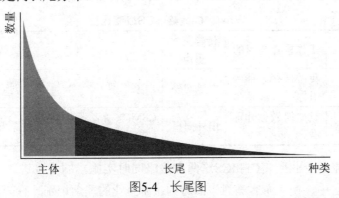

图5-4　长尾图

在旅游业中打造"长尾"具有若干明显优势，其中主要包括以下4个方面。

(1) 缓解"热门"景区的环境压力。"长尾"产品可以有效分流游客，保证热门旅游产品的可持续发展，同时多样化的产品也能更好地满足游客的需求。

(2) 扩大旅游业整体产业规模。打破少数"热门"景区环境容量的限制，以丰富的"长尾"产品培养和满足游客的个性化、多样化需求，真正做大做强旅游业。

(3) 帮助解决部分就业问题。旅游业作为服务业中的带头产业，通过开发大量有生命力的"长尾"产品，可以解决相当数量的较低专业技能人口的就业问题。

(4) 提高游客选择产品和控制成本的自由度。旅游"长尾"产品大多是个体价格、易于接受，且可供游客自由选择串联，相对于传统的"全包"型产品，有利于激励更多潜在游客的出游。

(三) CI与CS营销战略管理

CI是英文corporate identity(企业形象或企业识别)的缩写，它是一种企业形象设计的战略，是把企业所希望塑造的在社会公众中的印象，通过鲜明的标准化、统一化的视觉形象体系(包括听觉、嗅觉、触觉)展现给观众，从而有别于其他企业并具有明显的个性。CI组合，即企业识别系统，有3个子系统组成：理念识别(mind identity，MI)、行为识别(behavior identity，BI)以及视觉识别(visual identity，VI)。CI策划，就是运用CI方法对旅游区或旅游企业进行整体策划，帮助其创造富有个性和感染力的全新形象。CI策划作为完整的统一的形象塑造方法，它的导入往往使旅游区或旅游企业由显层标识到深层理念都发生积极的转变。

CS是英文customer satisfaction的缩写形式，中文意思就是顾客满意。CS营销战略是20世纪90年代初在国外一些先进企业开展的以消费者为中心、围绕顾客而进行的崭新营销战略，它包括五大满意系统：①理念满意系统(mind satisfaction，MS)；②行为满意系统(behavior satisfaction，BS)；③视听满意系统(visual satisfaction，VS)；④产品满意系统(product satisfaction，PS)；⑤服务满意系统(service satisfaction，SS)。CS战略的指导思想是把顾客需求作为企业开发产品的源头，在产品功能、价格设定、分销促销环节建立并完善售后服务系统,最大限度地使顾客感到满意。它的目的是为了提高公众对企业的满意程度,营造一种适合企业生存发展的良好内外部环境。

CI和CS都是在市场机制下旅游企业必须选择的营销战略。CI属于"外延"的拓展,CS属于"内涵"的提高,二者相辅相成、相互作用,具有整体性、连续性和互补性(见表5-1)。

表5-1 CI战略与CS战略比较

项目	关键因子	工作重点与目的	传导艺术重点	反馈	绩效手段	战略取向
CI	创造个性	我做什么才能吸引你	由里向外	形象识别	创造需求	企业为中心
CS	旅游者满意	我如何做你才能满意	由外向里	CSM(旅游者满意级度) CSI(旅游者满意指标)	需求拉动	市场为中心

目前,我国旅游企业应将CI和CS这两大战略同时实施,同步推进。一方面,旅游企业应将CS贯穿于CI之中,使"游客满意"渗透到旅游企业的理念识别、行为识别和视觉识别之中,树立起一种以"游客满意"为核心的旅游企业形象,传达给社会公众;另一方面,旅游企业实施CI战略,更应融合到CS之中。因为优质服务所衍生出来的效益不可估量,所以应将旅游企业的优质服务不断地传播给社会公众,才能对他们产生更大的影响力。也只有把旅游企业服务的功能、品种、效率和特色等融入旅游企业的形象设计之中,让社会公众充分了解并接纳,提高旅游企业的知名度和美誉度,迅速扩大旅游企业的游客群,进而增加游客的忠诚度,才能在激烈的市场竞争中立于不败之地。

五、旅游目标市场定位营销战略

旅游企业产品和服务的不同组合是旅游市场定位营销的主体内容,大体上,旅游企业的市场定位战略主要包括以下4种。

(一) 市场领先战略

旅游企业在目标市场中始终保持第一位的优势,无论在产品质量、价格和服务上都先声夺人,始终以领袖地位引导着消费需求的发展方向。采用这一战略的旅游企业应在几个方面做出努力:扩大总的旅游消费需求,寻找新的消费者,通过扩大或缩小经营范围来保持现有市场份额,继续提高市场占有率,增加服务数量等。

(二) 市场调整战略

采用这一战略的旅游企业致力于改善自己的市场地位,争夺领先者市场。在具体实施中可采用如下方法:正面进攻——集中力量向竞争对手的主要强项挑战;侧面进攻——集中优势力量攻击竞争对手的弱点;围堵进攻——当进攻者比对手具有资源优势时,可深入到竞争对手的领域,向市场提供更多的产品和服务;迂回进攻——发展无差异产品和服务。

(三) 市场追随战略

旅游企业为避免在市场竞争中损失过大而自觉维持与领先者共存的局面。追随并不意味着单纯模仿，追随者需设法给自己的目标市场提供特殊利益，培养自己的优势，降低成本，保持较高的产品和服务质量，以便在时机成熟时完全占领市场。

(四) 市场补缺战略

这一战略是指精心服务于市场某些细小部分的专业性旅游企业，根据消费需求，寻找市场供给空白或供给薄弱环节，通过专业性经营占据有利的市场位置。

需要强调的是，旅游企业为了保证市场定位战略的成功实施，所用营销组合中各项手段之间需要相互支持和配合。例如，如果你是以大公司商务人员为目标市场的高档饭店，提供的是豪华饭店服务产品，你的宣传品就不能使用劣质的纸张、浓烈的颜色和难以阅读的密集排版，并且不宜采用直接削价法开展销售，不宜将经营廉价产品的中间商纳入分销渠道，否则便会混淆消费者对产品的认知。总之，各项营销手段的应用必须协调一致，以创造本企业品牌的一致形象。

本章小结

旅游市场细分是旅游企业目标营销的前提和基础，在旅游市场营销中占据着重要地位。旅游市场细分就是旅游企业按照旅游消费者需求的差异性和相似性，选择一定的标准将整个消费者群分割为若干个子消费者群(称为细分市场或子市场)的过程。旅游企业进行市场细分，具有非常积极的作用。旅游市场细分最常用的依据有四个：地理因素、人口统计因素、心理因素和行为因素。旅游市场细分的方法有单变量细分法、多变量细分法和顾客盈利能力细分方法。

旅游目标市场是旅游市场营销活动中的一个重要概念，旅游目标市场即旅游企业的目标消费者群体，也就是旅游企业产品或服务所针对的销售对象。确定旅游目标市场需要科学严谨的环节或步骤，旅游目标市场选择要有客观的选择依据。旅游目标市场确定后，要展开有针对性的市场营销策略，包括：无差异市场营销策略、差异性市场营销策略和集中性市场营销策略。

市场定位实质就是使本企业与其他企业严格区分开来，使顾客明显感觉和认识到这种差别，从而在顾客的心目中占据特殊的位置。一般情况下，使消费者了解和接受本企业所宣传的与竞争对手不同的特点，是企业进行市场定位的实质所在。旅游市场定位包括一整套的程序和方法，旅游企业产品和服务的不同组合是旅游市场营销定位的主体内容。

案例分析

借助"方便旅游"理念发展老年旅游

"方便旅游"所对应的国际概念，原本可以译为"无障碍旅游"(在我国港台等地，原来也一直是这样称呼的)。但是基于近年我国在术语的使用上，已经把"无障碍旅游"专用于区域旅游合作中旅游者的自由通行；所以为了便于国人的理解，本文这里在讨论"accessible tourism"时，一律使用"方便旅游"的译法。

这里的"方便旅游"，其所指，首先是对旅游者而言的"方便环境"或"无障碍环境"，就是使相关的旅游服务和设施让有特殊需要的个体——即我们常常说的"老幼病残孕"，或者某种过敏体质的人，以及有某种饮食禁忌或需要的个体等，都能够同等地享受到，从而在旅游中没有障碍或困难，感到方便，可以体验到与其他人一样的假日闲暇与乐趣。

方便的旅游环境，除了简单的无障碍硬件环境(如无台阶的轮椅通道)外，自然还需要服务人员或随行人员等给予的细心帮助。所以，如果我们用"accessible tourism"在网上搜索旅游服务，就会出现大批的面向残疾或智障人士或老年人的旅游企业和公益团体。

如果追溯起来，"方便环境"或"无障碍环境"，最先的确主要是针对残疾或智障人士的，以致直至今天，仍有少数地方的 accessible tourism 互联网站，其服务的对象依然是残疾人士。但是在更多的国家和地区，"方便旅游"早已扩展至老人和需要此帮助的人群。比如欧洲的有关方便旅游的最大的网络体系 ENAT(the European network for accessible tourism，即欧洲方便旅游网)，其总裁表示，方便旅游已经不再是尼基市场(niche market，小范围市场)了，而是一个人数激增、我们全都会感到它的效益的市场，所以，我们必须从现在起就使我们的旅游变得"方便"起来。值得注意的是，在这里，她是把老龄居民作为重要的服务对象提出来的。ENAT 是由6个欧盟成员国的9个组织发起设立，并得到欧盟就业与社会事务署支持，覆盖面很广的服务于"方便旅游"的网络。ENAT 对老年旅游的重视，应该说在全球都颇具代表性。

显然，老龄居民出游时需要帮助的事项是很多的。比如一家意大利网站(Italiaper-Tutti)公布的一份有关"方便旅游"需求的调研报告显示：旅游时需要有人伴随的占61%；需要必要时的医疗援助的占 25%；需要消除建筑障碍的占 7%；需要特殊膳食的占 3%……为此，除了亲友的帮助外，来自社会的服务也就是十分必要的了。

对于服务的指导，早在许多年前，国外就有过类似的旨在为"方便旅游"经营者提供指导的手册。该类手册一般包含了这样的内容，它首先介绍服务的基本行为规则和原则；接着便提出对这种特殊需要的接待设施与服务(包括宾馆、汽车旅馆、度假地、露营地、俱乐部、青年旅舍等)的建议；紧接着是就餐的安排(包括餐厅、三明治店、咖啡店、冰淇淋店和酒店的餐饮服务)；再接着的是对洗浴场所和沙滩服务(其中包括停车场、卫生间、淋浴和更衣室等相关设施)的建议；还有信息、文化和闲暇时间的服务(其中包括旅游信息中心、旅行社、户外区域、博览会、博物馆和体育设施等)。显然，这是一种意在创建个性服务的指导，也是在没有完全统一规范前的一种很好的规范。

随着社会的发展，不仅有关方便旅游的服务越来越精细，有关方便旅游的探讨也越来越多。例如，2009年11月在葡萄牙召开的"新视角旅游研讨会：作为质量考量的方便性(旅游)"，其研讨内容就涉及了"老年银发族""旅游景点""建筑与设施的设计及维修""客户关系""广泛适应的设计指南"等有关领域。

为了实现"方便旅游"，其需求者自然希望能够获得更多的信息。为此，世界各国已经纷纷建立起"方便旅游"的咨询渠道，于是，互联网成了供需之间相互沟通的最佳选择。现在，有关"方便旅游"的网站已经在欧美亚澳各洲的许多国家建立起来了；除了以"方便旅游"命名的网站外，许多国家、地方和企业的旅游网站也纷纷开辟了有关"方便旅游"的专项频道或专页。

(资料来源：曹芙蓉.借助"方便旅游"理念发展老年旅游[N].中国旅游报，2010-1-28(11).)

案例讨论

1. "方便旅游"的市场细分标准是什么?
2. 请针对"方便旅游"的目标消费者选择适当的方法进行市场定位。

复习思考题

1. 旅游市场细分的内涵和作用是什么?
2. 现有旅游市场细分依据是如何体现稳定性原则的?
3. 举例说明旅游目标市场营销策略的运用。
4. 旅游企业怎样运用差异化工具进行市场定位?
5. 旅游市场定位的创新方法有哪些?举例说明现有旅游市场上"蓝海策略"的运用。

第六章
旅游产品策略

学习目标

(1) 掌握旅游整体产品的概念和内容
(2) 了解旅游产品组合的主要类型和原则
(3) 熟悉旅游产品生命周期理论
(4) 了解旅游新产品的开发程序
(5) 了解旅游产品品牌特征、分类以及有关的营销策略

导入案例

加拿大艾伯塔省拥有较长的雪季,从每年11月开始至次年5月,那里都是滑雪爱好者的天堂。

率团来华促销冬季旅游产品的加拿大艾伯塔省旅游局全球地区营销执行总监哈伟德在接受本报记者采访时表示,加拿大艾伯塔省素有"冬季仙境"之称,除了知名的滑雪项目,还有很多独特的旅游资源和丰富多彩的冬季旅游产品,希望中国游客能在雪季到访,感受它奇幻美妙的冬季精彩。

艾伯塔省位于加拿大西部的中心位置,西界是世界闻名的加拿大落基山脉,东临萨克奇万省的草原,南以沃特顿湖与蒙大拿州为邻,北到加拿大的西北领地,是加拿大面积第四大的省份,人口超过300万。该省的冬季旅游资源颇令人称道,除了巍峨的落基山脉,班夫、露易丝湖与贾斯珀更以其独特的地形、令人赞叹的景观、如香槟泡沫般的粉雪和丰富的野生动物资源,深受滑雪、登山和热爱自然的人士推崇。荣获"加拿大最佳滑雪胜地"的露易丝湖滑雪场、加拿大海拔最高的"阳光村滑雪场"以及以悬崖峭壁闻名的"诺奎山滑雪场"等三大冠军级滑雪场,均令滑雪爱好者神往。

(资料来源:陈静.到艾伯塔体验"冬季仙境"[N].中国旅游报,2015-1-16(5).)

第一节 旅游整体产品与旅游产品组合

旅游产品策略是旅游市场营销的基础,这是因为:一方面,旅游市场营销活动必须以旅游者的需求为中心,旅游企业能否生存和发展,关键是看其产品是否满足旅游者的需求;另一方面,在旅游市场营销策略中,旅游产品策略是其他营销策略的基础。可见,旅游企业在制定市场营销策略中,提供和销售什么样的旅游产品是其首先要考虑的因素。

一、旅游产品的含义

从旅游产品供给方来说，旅游产品是旅游企业通过市场提供的，能满足游客一次旅游活动所需求的全部产品和服务的总和。从旅游产品消费方来说，旅游产品是旅游者从离开居住地到返回居住地的一段经历，它是以旅游设施为基础，以旅游服务为主要内容的精神需求。因此，旅游产品是指旅游企业提供给旅客在一次旅游活动中其可以体验到的有形产品和无形服务的组合，它是由一系列的单项产品和服务组成的复合型产品，它带给旅客的是多种要素结合后的综合性效用。

要把握旅游产品的含义，可以从以下3方面进行理解。

(一) 旅游产品具有整体性

旅游产品是一个多层次的整体概念，即旅游产品是由多种产品和服务组成的综合体。可以把一条旅游线视为一套旅游产品，除了向旅游者提供各类旅游吸引物外，还包括整个旅游过程所提供的交通、住宿、餐饮等保证旅游活动顺利进行的各种服务，如飞机上的一个座位、旅馆中的一间客房、饭店的一顿餐饮、景点内的一次讲解活动等。

(二) 旅游产品具有体验性

从游客的角度看，旅游产品是指旅游者花费一定时间、费用和精力所获得的一段旅游过程的体验。这段体验过程是从游客离开常住地开始，到旅游结束归来的全部过程中，对所接触到的事物、事件和各种服务的综合感受。从这点看，旅游产品不仅仅是其在旅游过程中所购买的床位、交通工具的座位，或是一个旅游景点的参观游览、一次接送、导游服务等，而是旅游者对所有这些方面的总体和综合性的生理和心理的感受，它带给游客一种生理和心理上的满足。

(三) 旅游产品具有服务性

从旅游企业角度看，旅游产品即是旅游企业凭借一定的旅游资源和设施，向旅游者提供的能满足其在旅游活动中所需要的各种产品和服务，通过旅游产品的生产和销售达到盈利的目的。旅游产品主要表现为旅游服务的提供，即为旅游者提供各式各样的劳务以满足旅游者的需求。值得注意的是，旅游服务是与具有一定使用价值的有形物质结合在一起的服务，只有借助一定的资源和设施才能实现。

二、旅游产品的特点

旅游产品作为一种商品，具有一般商品的基本属性，但同时它还有其自身的特殊性，主要表现在以下几点。

(一) 综合性

旅游者的需求多种多样，从而决定旅游产品的内容具有复杂性、综合性。旅游产品的综合性主要表现在以下两个方面。一是旅游产品的表现形式多样化、综合化，包括旅游资源、旅游服务、旅游商品、交通、购物和娱乐等。二是旅游产品的供给涉及很多行业，包括旅游资源行业、旅行社、酒店行业、交通行业、商业、娱乐行业以及金融行业等。

(二) 服务性

旅游产品的绝大部分属于服务型产品和无形产品。旅游产品作为一种人的服务，人的因素非常重要。能否将景点和餐饮等旅游各大要素科学合理地串在一起，能否把旅游过程中的各种因素巧妙地匹配在一起，是旅游产品能否卖得好、走得俏的重要原因，这其中所体现的服务性是十分明显的。另外，旅游产品如果缺乏人的参与、缺乏人性化服务，必将销售艰难。服务性是旅游产品的精髓，不体现服务性的旅游产品，或者服务性不强而只是一味追求花里胡哨、求新、求异、求奇特的旅游产品，不会是真正好的旅游产品。

(三) 不可储存性

旅游产品往往存在生产和消费的同时性，即旅游产品是现场消费的，在时间上是不可存储的，生产和消费的同步性要求旅游产品从生产到消费之间的时滞很小。例如，饭店不可能将淡季多余的客房留待旺季时出租。

(四) 不可转移性

旅游产品在空间上具有不可转移性。只有当旅游者到达旅游产品提供地，才能实现消费。因此，旅游产品特别受到自然条件的限制，表现为地域上的垄断性。例如，安徽的黄山、山东的泰山、陕西的华山都属于特定地区的旅游产品。

(五) 需求弹性大

旅游产品消费属于人们较高层次的需求，消费者受到收入水平、时间因素、政治文化环境、自然环境等因素影响较大，同时，旅游产品的替代品较多，人们的选择面较大，因此旅游产品的需求弹性大且不稳定。

(六) 文化性

旅游产品能够满足消费者在旅游活动中的物质、服务以及精神文化需求，其中精神文化需求占主导地位，通过旅游活动过程，消费者更多的是体验到各种文化享受和愉悦。因此，旅游产品要具有一定的文化底蕴，才能满足消费者精神文化层面的需求，产品才具有更大的竞争力。

三、旅游整体产品的概念和内容

现代市场营销学认为，产品本身有着极其宽广的外延和深刻而丰富的内涵，它是提供给市场用于满足人们某种欲望和需要的任何事物，包括实物、服务、场所、组织、思想、主意或计策等。可见，现代营销意义上的产品概念不仅包括传统的有形实物，还包括无形的服务，是一种复杂的综合体，是一套整体产品。

从旅游产品的含义看，其具有鲜明的旅游整体产品特性，即任何旅游产品和服务是一个整体系统，这个整体系统不单用于满足某种需要，还要求旅游产品具有与之相关的辅助价值。

(一) 旅游整体产品的内容

旅游整体产品的内容包括以下5个方面，如图6-1所示。

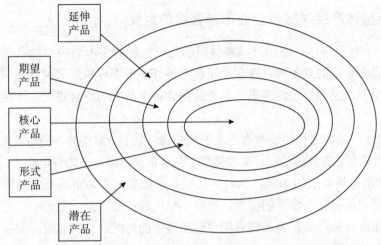

图6-1　旅游整体产品内容

1. 核心产品

核心产品是指向顾客提供的产品的基本效用和利益。核心产品是消费者真正要购买的东西，因而也是产品整体概念中最基本、最主要的部分。消费者购买某种产品不是为了获得某种产品本身，而是为了满足某种特定的需要。对旅游者来说，旅游核心产品是指旅游者所购买的整个旅游活动经历，是旅游者需求的中心内容，它具有满足旅游者旅游需求的使用价值。

2. 形式产品

形式产品也称有形产品。形式产品是核心产品的载体，是核心产品借以实现的形式或目标市场对某一需求的特定满足形式，即产品出现在市场上的面貌。形式产品一般有5个特征，即品质、式样、特征、商标及包装。产品的核心利益可以通过形式产品展现在顾客面前，企业市场营销人员应努力寻求更加完善的外在形式以满足顾客的需要。对旅游业来说，旅游形式产品包括满足旅游者不同需求和欲望的产品形式，如自然风光、人文景观、民俗风情等。

3. 期望产品

期望产品是指购买者在购买该产品时期望得到的与产品密切相关的一整套属性和条件。例如，旅游者期望酒店提供干净的床、毛巾和安静的环境等。因此，旅游者期望的旅游产品就应该成为旅游企业产品更新换代和旅游市场营销活动的方向。

4. 延伸产品

延伸产品也称附加产品，是指顾客购买形式产品和期望产品时，附带获得的各种利益的总和，如提供信贷、免费送货、质量保证、安装维修、售后服务、技术咨询和说明书等。延伸产品是企业根据市场需求的整体化、多样化和消费水平的逐步提高，附加到产品上的东西，能给消费者带来更多的利益和更大的满足。旅游企业提供旅游延伸产品，能给旅游者带来更多的利益和享受，如旅游消费信贷、付款优惠条件、旅游信息咨询等。

5. 潜在产品

潜在产品是指现在的产品在未来可能的演变趋势和前景。如果附加产品包含着产品的今天，则潜在产品指出了它可能的演变。在旅游市场上，旅游需求的多变性导致旅游产品内容也随之发生相应变化等。

(二) 旅游整体产品对旅游企业市场营销的意义

(1) 作为一个有机整体，旅游产品整体概念是以旅游者需求为中心建立起来的。产品整体概念本身就说明企业的竞争可以在多个层次上展开，但不可顾此失彼，必须从最大限度地满足顾客需求出发，全面系统地考虑产品整体概念各个部分的组合搭配，才能落实产品整体概念的精髓。

(2) 旅游整体产品概念说明旅游者追求的核心利益是十分重要的。旅游者在购买旅游产品时只有基本效用或利益得到满足，旅游者需求才会真正获得满足，旅游企业才会获得成功。

(3) 随着旅游市场竞争的加剧，旅游产品差异化越来越成为市场竞争的重要手段。因为随着经济的发展和居民收入水平的提高，顾客不尽关心产品本身，更关心产品所带来的附加利益。因此，旅游延伸产品在为旅游者提供优质服务的同时，也为旅游企业如何满足旅游者需求提供了有益的思路。

(4) 旅游企业不仅关注形式产品和延伸产品的研究，更要注重期望产品和潜在产品的开发，因为旅游市场发展快速，旅游者需求不断变化，并且还会不断按需求层次升级。旅游企业必须把握旅游者的需求变化趋势，才能在未来的竞争中始终立于不败之地。

四、旅游产品组合

(一) 旅游产品组合的含义

旅游企业往往会经营多条旅游产品线路和多个旅游产品项目，即旅游产品既是一个整体概念，也是一个组合概念。因此，旅游产品组合是指旅游企业设计多种产品的配备和有机组合，包括所有的产品线和产品项目。

产品线也称为产品系列或产品大类，它是一组具有密切关系，能满足同类需求，使用价值或功效接近的一组产品，比如某个旅行社在某一条旅游线路，既有观光性产品，又有娱乐产品和美食产品等。产品项目是指每条产品线中的更小类型的产品，亦即在企业产品目录上创出的每一类产品，如上面所列的旅游过程中的娱乐产品，可能拥有爬山比赛、拔河比赛、游戏比赛、唱歌比赛、讲故事以及猜谜语等。

(二) 旅游产品组合的主要类型

1. 地域组合

地域组合是指跨越一定地域空间且差异性较大和地域综合特色鲜明的数个旅游产品项目

组合成一条旅游产品线路。该类组合强调的是这一线路丰富的内容和不同内容间的差异。如有的地域以自然风光出名,有的地域以古文化遗迹出名,有的地域以宜人气候出名。那么,在相关条件具备的情况下,则可以对这三个地域的旅游项目进行组合。

实例6-1

江苏"丝绸之路"精品旅游线路11日在苏州发布。沿着5条旅游线路,海内外游客可充分了解江苏与"丝绸之路"的渊源。

这5条路线包括:"重走丝绸路,山水含清晖"——连云港、宿迁、徐州四日游;"遍寻历史情,醉美丝绸路"——南京、扬州三日游;"承文化韵律,赏丝路风情"——苏州、无锡、南京丝路文化体验三日游;"品运河风韵,看海上丝绸"——扬州、淮安、连云港四日游;"漫漫丝如雪,人间织太平"——苏州吴江三日游。

江苏是以丝绸为代表的丝路贸易商品的主要产地。盛唐时期的扬子津成为当时陆上丝绸之路和海上丝绸之路的连结点,是外销瓷器和唐三彩的最大港口。省旅游局特别推出5条江苏"丝绸之路"旅游线路,将省内与"丝绸之路"相关的人文、自然景观悉数打包整合,包括连云港孔望山、南京静海寺、龙江宝船厂、淮安漕运博物馆、苏州刺绣博物馆等多个景点,赋予古丝绸之路以崭新的时代内涵。

(资料来源:http://xh.xhby.net/mp2/html/2015-04/12/content_1231230.htm)

2. 内容组合

内容组合是指根据旅游活动的主题将数个旅游产品项目组合在一起。内容组合一般可分为综合性组合旅游和专业性组合旅游。

3. 时间组合

时间组合是根据季节的变化来组合不同的旅游产品,如春季赏花、夏季避暑、冬季滑冰等旅游,还可根据不同节日、不同假期来组合旅游产品。

(三) 旅游产品组合的原则

1. 针对性

旅游产品组合不能一味追求组合后产品的丰富性和差异性,更重要的还要看组合后的产品结构、价格、所需旅游时间等方面是否符合目标旅游者的需要,也就是说这类组合一定要考虑是否能被一定数量的潜在旅游者所接受。

2. 完整性

不论采取何种组合,组合出来的旅游产品应该相对完整,既要旅游活动内容丰富多彩,又能使旅游者形成一次完整的旅游经历。从旅游过程的角度看,应该是有开始,有高潮,有结尾。

3. 多样性

由于旅游者在购买和消费旅游产品方面存在诸多差异,所以旅游组合产品的种类与数量就应该尽量丰富。根据这一原则,旅游产品的组合就应该尽量做到按照旅游者的个性要求,随时随地组合成为旅游者在特定时空和其他条件下乐于接受的旅游产品。

4. 优惠性

旅游组合产品要注意在增加旅游内容的丰富性、多样性的同时，又不能过多地增加旅游者购买成本。旅游组合产品大多数属于批量购买，这自然减少了旅游者购买交换的次数，所以，这类产品的价格就相对低廉，也正是由于其价格比购买单项产品低廉才受到旅游者的欢迎。组合产品价格优惠可体现在总体组合产品优惠、旅游人数上的优惠、支付方式上的优惠、旅游者个人特殊条件优惠等。

实例6-2

1月14日，泰国举办了"2015发现泰风情"旅游年开幕式活动。泰国旅游与体育部长科布坎恩在开幕式上表示，旅游业是泰国支柱产业之一，2015年对于泰国及其他东盟国家经济发展都是至关重要的一年，泰国的民俗风情是吸引游客的重要元素。

2015年泰国旅游以"2015发现泰风情"为主题，将以原汁原味的泰式风俗吸引更多外国游客到访泰国。此外，为吸引更多国际游客，泰国还陆续推出了优惠措施。据泰国《世界日报》报道，2014年年底，泰国推出了"一卡游遍泰国"项目。持有该卡的游客可以根据自己的爱好，选择15条旅游线路、3天2晚的旅游行程，使用该卡后游客将可以享受到旅游套餐优惠价格。每张卡的售价为499铢，可在便利店和旅游代理商处购买。

（资料来源：王忠田.泰国推出优惠"一卡游"[N].中国旅游报，2015-1-23.）

第二节 旅游产品生命周期策略

一、旅游产品生命周期理论

美国哈佛大学教授雷蒙德·弗农于1966年在其著作《产品周期中的国际投资与国际贸易》中首次提出产品生命周期理论(product life cycle，PLC)。产品生命周期理论认为，与人的生命周期要经历出生、成长、成熟、死亡等阶段一样，产品也会经历一个生命周期过程，一般可分成4个阶段，即引入期、成长期、成熟期和衰退期(见图6-2)。PLC提出后被广泛用于产品开发营销领域，后亦被运用于旅游产品方面。

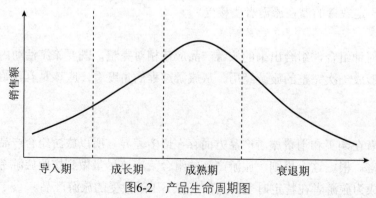

图6-2 产品生命周期图

旅游产品生命周期也像所有产品生命周期一样，从旅游产品进入市场开始算起，依次经历导入期、成长期、成熟期和衰退期。

(一) 导入期

指旅游产品刚刚投入市场，旅游产品所对应的景点、基础设施等还不够完备，各种服务质量还有待完善和改进。旅游者对产品还不了解，市场销量低，各种成本费用高，旅游企业利润低甚至亏损，市场竞争不激烈。

(二) 成长期

这一时期，旅游产品的经典、基础设施等基本上初具规模，产品的知名度得到提高，市场销量迅速提高，产品的单位成本下降，企业利润增加，但由于市场及利润增长较快，容易吸引更多的竞争者，市场竞争日趋激烈。

(三) 成熟期

此时市场成长趋势渐缓或达到饱和，旅游产品已被大多数潜在购买者所接受，利润在达到顶点后逐渐走下坡路。此时旅游市场竞争激烈，旅游企业为保持产品地位需投入大量的营销费用。

(四) 衰退期

此时旅游产品已经不再适应旅游者的需求，旅游产品销售量显著衰退，利润也大幅度滑落。市场上很多旅游企业在市场竞争中被淘汰，退出旅游市场，市场竞争者也越来越少，与此同时，市场出现新的换代产品或者替代产品。

二、影响旅游产品生命周期的主要因素

影响旅游产品生命周期的因素非常复杂，但其中最主要的有以下4种。

(一) 旅游产品的吸引力

旅游产品的核心是旅游吸引物，而旅游吸引物本身的吸引力是影响旅游产品生命周期最重要的因素。它与旅游产品中的其他单项产品是"一荣俱荣，一损俱损"的关系。一般来说，旅游吸引物越具特色就越不可被替代，吸引前往的游客就越多，重复旅游的价值越高，以其为核心而构成的旅游产品生命周期越长。如果是旅游目的地接待，那么旅游产品生命周期就更长。如一些列入世界文化遗产和自然遗产的旅游目的地就对国外游客有巨大的吸引力，甚至长盛不衰；相反，一些人造新景点，如较近地理范围内的重复建设，类似人造古迹、野生动物园等，曾经火爆一时，但是由于替代产品太多，有的仅仅不到几年便进入市场衰退期。

(二) 消费者需求的变化

旅游者的旅游需求可能会因时尚潮流的变化而转移，从而引起客源市场的变化，导致某地

旅游吸引物的衰减。旅游消费观念的变化、收入的增加、新的旅游景点的出现、目的地环境污染或者服务质量的下降，都会影响消费者需求的变化，从而使旅游产品生命周期发生变化。

(三) 旅游目的地的自然与社会环境

旅游产品总是存在于旅游目的地的特定大环境中，因此，旅游目的地的自然和社会环境也是影响旅游产品的重要因素。目的地的居民对游客的态度、自然环境是否优美，以及居住环境的治安和卫生状况，交通是否便捷等都会影响到旅游产品的生命周期，如伊拉克常年战乱，人的生命安全得不到保障，游客便不敢前往旅游。

(四) 市场竞争因素

在旅游业市场竞争日趋激烈的今天，很难形成对旅游产品经营的垄断。对于旅游产品，潜在竞争者在导入期往往持观望态度，一旦旅游产品的市场前景明朗，必然会吸引竞争者大量进入，相应的替代产品和竞争产品也将增多，该旅游产品的市场很快饱和，原旅游产品的生命周期会相对缩短。

三、旅游产品生命周期各阶段的营销策略

(一) 导入期市场营销策略

当旅游产品刚刚进入市场，旅游企业的营销策略目标重点应该是尽量缩短导入期的时间，以便尽快提高产品销量，占领市场，使产品进入成长期。

在这一阶段，可以根据其市场地位、新产品特征等选择以下4种营销策略。

1. 快速撇脂策略

快速撇脂政策即企业以高的价格、好的促销方式推广新产品。高的价格在于获得更多的毛利，同时高的价格可以树立旅游产品的市场形象；强的促销力度可以加快市场渗透率。这一策略适应以下类型产品：该产品的市场知名度很低；了解该产品的顾客愿意以较高的价格来购买；该产品具有较强的市场优势。例如，相对于传统的"新、马、泰"线路，一些旅游公司推出的"非洲""南美洲"等旅游线路具有很大的差异性和新颖性，适合实行快速撇脂策略。

2. 缓慢撇脂策略

缓慢撇脂政策旅游产品以较高的价格和较低的销售成本投入市场。这种政策可以使旅游公司在短期内获得巨大的利润。这一策略适应以下类型的产品：旅游市场规模较小；消费者对产品有一定的了解；产品具有一定的市场垄断性。例如，上海的东方明珠旅游项目。

3. 快速渗透策略

快速渗透策略即以高投入的市场促销方式和较低的产品价格进入市场。旅游企业实行这一策略，目的是为了快速渗透市场，占有较高的市场份额。这一策略适应的产品类型：潜在市场规模大；产品价格弹性较大；潜在市场竞争激烈；产品有较高的规模经济性。例如，华东五日游、黄山三日游等。

4. 缓慢渗透策略

缓慢渗透策略即旅游企业将产品价格定得较低，同时在市场推广上投入不大的营销策略。企业的目的是以较低的成本实现相对较多的利润。采用这种策略的旅游产品一般具有以下特征：促销弹性小；市场上类似产品知名度较高。例如，"农家游""海滩游"等。

(二) 成长期营销策略

当旅游产品经过市场导入期后，旅游者对该产品已经熟悉，消费习惯已经形成，消费量迅速增长。旅游企业为维持市场增长率，延长获取最大利润的时间，可以采取以下营销策略。

(1) 提高产品质量，增加产品的特色。如组合和推出多品种、多规格、高质量的旅游组合产品，并在产品特色和服务上狠下功夫，创造出高声誉的名优旅游产品。

(2) 开辟新市场。如降低价格以吸引对价格敏感的潜在旅游者，积极寻找新的细分市场，进入有利的新市场。

(3) 增加新的分销渠道，树立强有力的产品形象。如搞好销售渠道成员间的合作，对中间商给予相应的优惠，扩大销售范围，增加分销渠道等。

(4) 创立名牌，宣传特色。如广告宣传由介绍产品转向树立产品形象，宣传产品特色，增强旅游者对旅游产品和旅游企业的信任感，提高知名度。

(三) 成熟期的营销策略

旅游产品进入成熟期后，已被大多数潜在购买者熟识，消费量由加速增长变成减速增长，最终停止增长，价格水平相对稳定，利润达到最高峰，由此利润增长率开始下降，产品已具经济规模。旅游企业在这一阶段可采取的营销策略包括以下几点。

1. 市场调整

即开发新市场，寻求新用户，以使产品消费量扩大。市场调整可以通过以下3种方式实现：第一，开发产品新用途，寻求新的细分市场；第二，寻求能刺激现有顾客增加产品使用率的方法；第三，市场重新定位，寻找有潜在需求的新顾客。

2. 提高质量，完善服务

提高产品质量，增加使用效果，既可更好地满足顾客的特定需要，为顾客带来更多的利益，又可以摆脱竞争者的模仿。同时，企业要更加注重产品的附加功能，与客户建立密切的联系，提供更完善的售前、售中、售后服务，为客户提供更多的方便。

3. 对品牌进行进一步打造和开发

成熟期的产品一般都具有独特的风格，并且这种风格已经得到了原有顾客的承认。此时，产品的风格调适主要强调要强化这种风格，保持这种风格，绝不能轻易改变这种风格，以免失去老顾客。企业要想法扩大品牌的覆盖范围，使更多的产品分享名牌声誉，增加名牌产品的销量。

4. 注重营销策略的组合改进

随时注重企业市场营销策略的改进，随着市场变化进行相应的调整。这种策略组合改进或调整是通过对产品、定价、渠道、促销等市场营销组合因素加以综合改革，刺激或扩大旅游者的购买，延长产品的市场成长期和成熟期。例如，以降低价格来吸引更多的顾客；采用更有效的广告形式，开展多样化的营销推广活动；还可以改变分销渠道、扩大附加利益、加强售后服务等。

(四) 衰退期营销策略

通常，处于衰退期的产品营销策略有以下几种可供选择。

1. 放弃策略

对于衰退比较迅速的产品，应当机立断，放弃经营。

2. 继续策略

企业沿用过去的经营策略，按照原有的细分市场，直至产品完全退出市场。

3. 集中策略

即把企业能力和资源集中在最有利可图的市场和销售渠道上，从中获利。这样有利于缩短产品退出市场的时间，同时又能为企业创造更多的利润。

4. 替代策略

旅游企业集中人力、物力、财力开发新产品，加强广告宣传，迅速把新产品投入市场。对老产品可以采取降价优惠，或把老产品归并、融合到新产品之中去。

表6-1是旅游产品不同生命周期阶段营销特点对比，通过对比分析，旅游企业可以有针对性地选择营销策略，提升产品竞争力。

表6-1　旅游产品不同生命周期阶段的营销特点比较

营销策略	投入期	成长期	成熟期	衰退期
策略重点	扩大市场面	增加市场深度	维护市场面	收缩市场面
沟通与促销策略	介绍产品功能与属性	塑造优质产品形象	塑造知名企业	塑造知名企业
渠道策略	广泛性	选择性	积极疏通	选择性
质量策略	提升品质	名优品质	维持品质	维持品质
成本策略	适度降低	适度降低	适度降低	减少损失
价格策略	相机抉择	相机抉择	相机抉择	相机抉择

第三节　旅游新产品开发策略

旅游产品生命周期规律要求旅游企业要不断应对新需求、新市场的大量涌现，在旅游产品设计上做到推陈出新，在旅游品牌塑造上增加其含金量，打造优质知名品牌。

一、旅游新产品的含义

旅游新产品有很广泛的含义，既可能是与众不同的全新产品，也可能是局部改进与创新的新产品，甚至可能是一些小的变化。旅游市场营销所认为的旅游新产品，根据其在功能上或形态上与现有产品相比而具有的新颖程度，一般可分为4类。

(一) 全新旅游产品

全新旅游产品是指采用新原理、新设计、新方法生产的市场上前所未有的旅游产品。

相对而言,全新旅游线路的设计并不是太难,一些新服务项目的创新也较易做到,而实物形态的全新旅游产品的设计往往有一定难度。全新旅游产品的推出往往给旅游者耳目一新的感觉,例如危地马拉有一家神奇的"催眠旅馆",以治疗失眠、神经衰弱而闻名海内外。旅客不管患有多么严重的失眠症,入住该旅馆,上床五分钟就能酣然入睡,至少能睡八小时。原来是该旅馆的床里浸入了一种叫"留发那"的草药,有催眠作用。

(二) 换代新产品

换代新产品在原有旅游产品基础上做出重大变革,使旅游产品性能有重大改进,如对招待所进行改造和装修后变成四星级酒店,在原来观光旅游线路基础上设计观光休闲旅游线路等。

(三) 改进新产品

改进新产品指旅游企业只对原有旅游产品进行局部改进而不进行重大改革所设计的旅游产品,如自助餐厅根据客人口味变化调整部分菜肴,原有旅游线路增加一两个更有吸引力的景点等。

(四) 仿制新产品

旅游企业在认为有利可图的情况下,仿制目前旅游市场已有的旅游产品,有时也作局部的改变但总体上属仿制性质。大部分旅游产品科技含量缺乏专利保护,很容易被别的企业仿制。如"佛跳墙"是闽菜代表作之一,凡是做闽菜的酒店大都仿制原本出自"聚春园"酒店的这道名菜。随着国家对知识产权保护力度的加强,企业在仿制旅游新产品时应十分注意避免侵权问题。从长期考虑,亦步亦趋式的仿制是没有出路的,一些学习型企业在实践中逐步认识到创新是永葆活力的关键。

实例6-3

　　看《又见五台山》,赏驼梁金莲花,望天生桥瀑布,品五台山素斋……在五台山常规旅游产品基础上,该景区将新推一款集人文、自然旅游于一体的五台山周边游旅游新产品。近日,由五台山禅文化研究会携手五台山周边景区商家举办的2015旅游产品推介会火热举行,来自省内的60余家旅行社近200人应邀参加。

　　往年的五台山旅游,主要是针对以台怀镇核心景区的朝山拜佛旅游,五台山周边的游览相对较少。考虑到2014年新增的《又见五台山》演出剧场设在南线山门口,为满足游客旅游和看演出等需求,主办方拟定推出新的旅游产品"周边游"。

　　五台山周边游的特点是看《又见五台山》、赏驼梁金莲花、望天生桥瀑布、住禅文化酒店、品五台山素斋、购山西土特产。

　　周边游景点包括:五台山景区的高速出口附近主要有碧霞禅院、普济寺、大福源寺、显字崖、关帝庙、古佛寺等,南线山门周边有《又见五台山》演出剧场、金莲花遍地的五台驼梁景区、河北阜平天生桥瀑布群风景区。此外,还有五台山首家金莲花禅文化主题酒店和山西名优特商品(五台山)展销中心。

(资料来源:http://news.sina.com.cn/o/2015-04-08/022331691687.shtml)

二、旅游新产品的开发要求

旅游新产品的开发应符合以下基本要求。

(1) 要有充分需求。这是最基本的要求,如果没有需求或需求量小,则开发新产品也是枉然。旅游企业必须在了解旅游者现实需求和潜在需求的基础上,预测市场容量,发展适销对路的新产品。

(2) 产品要有特色。新产品与老产品相比相对有优点,在使用性能、内在质量、外观装饰以及花色品种等方面有所创新,这样的新产品才有吸引力。

(3) 企业要有能力。新产品不仅要符合市场需要,还应该发挥企业的优势。企业应根据自身的资源确定新产品的开发方向,并能形成一定规模的生产能力。只有量力而行,扬长避短,才能取得事半功倍的效果。

(4) 要有经济效益。在开发新产品前,必须进行可行性分析和成本效益分析,要尽量挖掘现有能力,综合利用各种条件降低成本,并考虑旅游者能够接受的价格,才能使企业获得较好的经济效益。

三、旅游新产品开发的原则和策略

(一) 开发的原则

(1) 市场导向原则。市场导向观念要求以消费者为中心,以市场需求为出发点来组织生产,消费者需要什么,企业就生产什么。同时,竭力研究行之有效的市场促销方法,为旅游者提供方便通行的购买方式。此外,还应随时关注市场竞争对手的经营变化,积极创新,出奇制胜,以有效地争取客源,提高企业经济效益。

(2) 突出特色原则。世界上有些事物是独一无二的,如埃及的金字塔,中国的秦始皇兵马俑。由于人类求新求异的心理,单一的观光功能景区和游线难以吸引游客回头。因此,在产品设计上应尽量突出自己的特色,唯此才能具有较大的旅游吸引力。国内一次抽样调查表明,来华美国游客中主要目的是欣赏名胜古迹的占26%,而对中国人的生活方式、风土人情最感兴趣的却达56.7%,而民俗旅游正是一项颇具特色的旅游线路。

(3) 生态效益原则。生态旅游的产生是人类认识自然、重新审视自我行为的必然结果,体现了可持续发展的思想。生态旅游是经济发展、社会进步、环境价值的综合体现,是以良好生态环境为基础,保护环境、陶冶情操的高雅社会经济活动。生态旅游是现代世界上非常流行的旅游方式,在国外尤其是美国、加拿大、澳大利亚以及很多欧洲国家已经发展非常成熟。时下,很多旅行社纷纷设计出生态旅游线路。如北京的一家名为"绿色地带生态旅游咨询"公司煞费苦心地设计出几条生态旅游路线,并严格采用国外的生态旅游办法规章,例如限制人数、讲解生态知识、旅游途中的允许操作行为、特殊路线安排等。

(4) 游客参与原则。瑞丽某旅行社向旅游者推出一项新的旅游项目,在该项目中,旅游者可使用统一的采淘工具在旅游淘宝场淘宝,游客可将淘到的宝石原矿交给特聘的缅甸玉石加工师鉴定,并可现场加工成各种首饰,或拼成其他美术制品。这一旅游项目一经推出,就受到了众多游客的喜爱,成为云南旅游的又一热点。参与性,或者说由游客亲自动手做的旅游项目,至少有三大好处。一是突出了活生生的旅游生活,再也不是看书、看电视或看电影;二是增强了记忆,不是仅仅通过摄影留念或翻阅旧相片来回忆;三是延长了游客的逗留时间,能为区域旅游业提供商机。记得一位美国游客在中国旅游时用土法造了一张纸,视为永远的纪念,并跳起来欢呼:"我学会中国的造纸术了!"

(5) 避免重复原则。旅游者的游览活动并不限于旅游景点上,在各景点之间,旅途中沿线的景观也是旅游观赏的对象。在游览过程中,如果出现走回头路,就意味着游人要在同一段游路上重复往返,对旅游者来说,是一种时间和金钱的浪费。如果在到景点之前,旅途上花费的时间太多,就意味着他们在景点上游览的时间要减少。因此,除非是旅途沿线的景观确实不错,值得让游人在途中慢慢品味,否则,都应当尽量缩短旅途上的时间。

总之,旅游新产品的开发应以遵循经济效益为中心,社会效益为宗旨,生态效益为条件,综合考虑各种效益的开发总体原则。

(二) 开发策略

旅游企业开发新产品应遵循基本的原则,同时,应根据情况,审时度势,选择适合自身特点的开发策略。以下5种策略可供选择。

1. 长短结合策略

这种策略也称储备策略,既考虑到企业的短期利益,更考虑到企业的长期利益,着眼于企业的长期、稳定、持续发展。采取这一策略,旅游企业应该有四档产品:一是企业生产和销售的旅游产品;二是正在研制或已研制成功,等待适当时机投放市场的产品;三是正在研究设计的产品;四是处于产品构思、创意阶段,开始市场开发、调研的旅游产品。

2. 主导产品策略

任何企业都应有自身的主导旅游产品,主导旅游产品是资源条件和客源市场双向驱动的产物,在一定时期内相对稳定。

3. 高低结合策略

高低结合策略指高档产品与低档产品相结合,以满足不同消费层次的需求,提高企业经营的覆盖面。

4. 不同革新程度的策略

不同革新程度的策略包括全部创新策略、拿来主义策略、仿制改进策略等。

5. 掌握开发时机策略

掌握开发时机策略包括抢先开发策略、紧跟开发策略、后发制人策略等。

四、旅游新产品的开发程序

旅游新产品开发是一件难度高、支出多、风险大的工作,是企业的一项重大战略决策。为了减少风险,使旅游新产品更符合旅游市场的需求,旅游企业在开发旅游新产品时,不仅要有严密的组织,更要在调查研究的基础上,制定切实可行的规划,建立一套科学的程序。

从市场营销的角度,旅游新产品的开发一般要经过创新构思、创意筛选、产品概念的形成与测试、市场分析、新产品开发、产品市场试销、正式上市等7个阶段。

(一) 创新构思

创新构思亦称为产品的设想阶段或创意产生阶段。产品的创新构思是产品诞生的开始，构思是对满足特定新需求的设想。构思必须符合市场、企业目标和资源状况等因素的要求。创新构思的来源主要有旅游者、旅游企业营销人员、专家和调研人员、竞争对手、企业领导及其他人员。

(二) 创意筛选

旅游新产品构思方案收集后，必须进行分析研究，决定取舍，从中选择最佳新产品方案，这一过程称为"创意筛选"。在这个阶段，首先要尽量避免两种失误：误舍和误用。虽然筛选失误不是产品失败的唯一原因，但也是重要原因之一。其次在评估筛选中，要从企业条件和市场潜力出发来评审各种设想方案。再次在评估筛选中，还应注意评估方法，提高评估的科学性。

(三) 产品概念的形成与测试

产品构思确定以后，需要发展成产品概念，并对这些概念进行测试。

产品概念的发展就是把已经选定的构思具体化。测试就是把已具体化的项目交给部分消费者，征求他们的意见，使这个新产品概念更加完善。例如，将深圳微缩景观"锦绣中华"这个构思具体化为万里长城、秦始皇兵马俑、黄鹤楼等项目，通过测试，院内除主体建筑外，还应建庭院、小径、指路牌、路灯柱、销售厅、休息椅、电话亭、垃圾箱等许多小设施，使这个新产品更加完善。

(四) 市场分析

市场分析是新产品设想的一个更加详细和重要的评价阶段。市场分析的基本任务是合理地估计新产品的收益性，包括分析销售量、成本、利润额和收益率；预测开发和投入产品的资金风险和机会成本；预测环境及竞争形势的变化对产品未来收入、成本、利润的影响；确定目标市场；预测市场规模；分析消费者购买行为。例如，"锦绣中华"投入资金约1亿元，预计最多1年能收回，高峰期每天可接待游客8000人，至少持续两三年，经济效益十分可观。

(五) 新产品开发

新产品开发指旅游企业在新产品具体概念的基础上进行新产品的设计。旅游新产品开发与一般产品不同，一般产品是由研究部门根据产品设计方案塑造产品实体，然后制做出样品，而旅游新产品的开发是由旅游企业根据新产品设计方案中规定的旅游目的、线路和旅游活动的内容，邀请旅游专家、旅游经销商，以及旅游者进行实验性旅游，并请他们提出意见，以便修改新产品的过程。

(六) 市场试销

旅游产品研究以后一般不宜大批量生产，而应拿到市场试销。通过试销，旅游企业可进一步了解旅游者偏好，了解旅游者对旅游产品在质量、样式及价格等方面的意见，发现旅游产品设计时忽略的缺陷。旅游企业根据市场试销搜集来的信息，对旅游新产品加以改进和完善。生产成本不高或对市场很有把握的旅游新产品，也可直接拿到市场销售，以抢先占领市场。如旅游新线路的推出，由于设计研发成本低，一些企业在旅游新线路设计后即投放市场，越过试销这一环节。对于投入大、一时拿不准的旅游新产品，一般还是需要经过市场试销这一环节。

(七) 投放市场

经过试销改进后，旅游产品即可全面上市，也就进入了商业化过程。在旅游新产品刚投放市场时，一般销售量较小，各种费用较高，往往会发生一定的亏损，这是正常现象，如新酒店一般在开业3~6个月内出现亏损。旅游营销管理人员此时的任务就是把亏损控制在一定的范围内。旅游新产品正式推向市场，选择什么时机也十分重要，特别是时令产品，对时机的把握尤为关键。旅游产品正式进入市场后，应不断关注旅游者的态度，根据旅游者的需求对旅游产品进行改进，使之趋于完善。

第四节 旅游产品品牌策略

一、旅游产品品牌的含义

旅游产品品牌是指用以识别某旅游产品的名称、术语、标记、符号、图案或它们的组合。旅游商标是指旅游企业将自己的品牌名称和内容在商标当局注册后，就享有使用其品牌名称和内容的专用权以及相应的法律保护，其他企业不得仿效使用。在此，应注意品牌和商标的区别，商标是注册后的一个品牌，是品牌的一个法律名称，或是受法律保护的一个品牌或一个品牌的一部分。

有效的旅游产品品牌一般具有以下特征。
(1) 该品牌名称短小简明，容易拼读，容易识别和记忆。
(2) 该品牌向顾客传递品牌产品的利益。
(3) 品牌名称应符合企业理念和服务的宗旨。
(4) 品牌名称要考虑世界各地的通用性。
(5) 品牌名称要赋予吉祥色彩。

二、旅游产品的品牌分类

旅游产品品牌根据不同的划分方法可分为以下4类。

(一) 根据品牌知名度和辐射区域划分

根据旅游品牌的知名度和辐射区域划分，可以将旅游品牌分为地区品牌、国内品牌和国际品牌。地区品牌是指在一个较小的区域内生产销售的品牌，这些旅游产品一般在一定范围内销售，产品辐射范围不大，主要是受产品特性、地理条件及某些文化特性的影响；国内品牌是指国内知名度较高，产品在全国范围内销售的品牌；国际品牌是指在国际市场上知名度较高，产品辐射全球的品牌。

(二) 根据旅游品牌的来源划分

根据旅游品牌的来源可以将品牌分为自有品牌、外来品牌和嫁接品牌。自有品牌是旅游企业依据自身需要创立的，如希尔顿等；外来品牌是指旅游企业通过特许经营、兼并、收购或其他形式取得的品牌，如国内各大城市出现的星巴克咖啡屋等；嫁接品牌主要指通过合资、合作方式形成的具有双方品牌的新产品。

(三) 根据旅游品牌生命周期的长短划分

根据旅游品牌的生命周期长短来划分，可以分为短期品牌、长期品牌，短期品牌是指旅游品牌生命周期较短的品牌，由于某种原因在市场竞争中昙花一现或仅仅持续一时；长期品牌是指品牌生命周期随着产品生命周期的更替，仍能经久不衰，永葆青春的品牌，如香格里拉等；也有些国际上经长久地发展而来的世界知名品牌，如迪士尼乐园等。

(四) 根据品牌的本体特征划分

广义上讲，根据品牌的本体特征划分又可将品牌划分为个人品牌、企业品牌、城市品牌、国家品牌和国际品牌等，如哈尔滨的冰雪节、宁波的国际服装节等都属于城市品牌；金字塔、万里长城、埃菲尔铁塔、自由女神像等属于国家品牌；奥运会等属于国际品牌。

三、旅游产品品牌策略

(一) 品牌有无策略

旅游企业可以在无品牌和有品牌之间做出选择。目前，旅游企业大都采取了品牌化策略。因为：第一，品牌是强化旅游产品差异化的有力手段，是旅游企业凸显竞争优势的关键环节；第二，品牌是旅游消费者风险的减速器，有助于发展旅游企业与顾客的牢固关系；第三，品牌是提高旅游产品附加值的利器，能给企业带来可观的经济效益；第四，品牌是旅游企业开展国际化经营的旗帜，是提高我国旅游竞争力的法宝。

(二) 统分策略

旅游企业也可以在统一品牌和个性品牌之间做出选择。

(1) 统一品牌策略，就是旅游企业所有产品均使用一种品牌。旅游企业使用统一品牌有以下优点：①充分利用品牌形象不断积累的好处，在同一品牌下不断推出新产品，大大节省每次推出新产品的促销费用；②统一品牌策略还可节省品牌的设计费用；③充分显示出企业经营的产品种类齐全的实力。其缺点是：①如果一次推出的新产品不成功或某项产品出现质量问题，有可能影响整个企业声誉；②如果企业经营多种在性能、品质、价格档次上相差甚远的产品，用同一品牌反而会模糊产品形象。

(2) 个别品牌策略，就是指旅游企业为每种不同的产品规定不同的品牌。旅游企业采用个别品牌的优点是：能更贴切地表现产品特征；尽管每次推出新产品的费用较多，风险较大，但如果新产品在市场上销路不畅，不至于影响原产品的品牌声誉；有助于帮助消费者识别产品。其缺点是：如同类产品使用不同品牌，会造成同一企业产品的竞争，有可能导致总销售量不升反降，新品牌挤兑老品牌，老品牌挤兑新品牌；品牌设计费用与促销费用会提高，如果各品牌产品达不到一定市场规模，则总体效益不佳。

实例6-4

在国家旅游局指导下，由福建省旅游局牵头，广东、广西、浙江、江苏、上海、山东、天津、辽宁、吉林等沿线9省市旅游局(委)联合组建"海上丝绸之路旅游推广联盟"，举办联盟成立大会，发布宣言，签订合作协议，统一"海丝"旅游品牌形象、产品推广、网络营销、渠道开发、营销基金等，研究探讨福州、厦门、泉州、上海、天津、宁波—舟山、广州、深圳、湛江、汕头、青岛、烟台、大连等"海丝"重要节点旅游城市建设和打造21世纪海上丝绸之路精品旅游线，力争成为21世纪海上丝绸之路旅游合作发展的排头兵和主力军，提升"海丝"旅游品牌影响力和市场占有率。

(资料来源：http://finance.china.com.cn/roll/20150409/3048545.shtml)

(三) 品牌更新策略

企业确立一个品牌，特别是著名品牌，需要花费不少费用，因此一个品牌一旦确定，不宜轻易更改，但有时候，企业也不得不对其品牌进行修改，导致这种情况的原因有：原品牌有严重问题，旅游者不认同某种品牌或品牌认知被扭曲；某品牌刚投放市场时，还较受到欢迎，但由于竞争者涌入和产品生命周期的变化，原有品牌已不能适应市场新形势。

品牌更新通常有以下两种选择。

第一，全部更新，即企业重新设计全新的品牌，抛弃原品牌。这种方法能充分显示企业的新特色，但花费及风险较大。

第二，部分更新，即在原有品牌基础上进行部分的改进。这样既可以保留原品牌的影响力，又能纠正原品牌设计的不足。特别是CIS导入企业管理后，很多企业在保留品牌名称的基础上对品牌标记、商标设计等进行改进，既保证了品牌名称的一致性，又使新的标记更引人入胜，取得了良好的营销效果。

(四) 名牌策略

著名品牌，通常称为名牌，是指那些具有很高的知名度、良好的质量和服务、深受广大消费者喜爱、能给企业带来巨大经济利益的品牌。名牌的创立并非易事，不是一朝一夕所能达成的，它首先需要有坚实的基础，即可靠的质量、先进的技术、有效的管理、高素质的人员等，有了这些基础再加上恰到好处的运作，经过长时间的努力，才有可能创造一个名牌。以为仅靠大量的广告宣传、通过"密集轰炸"，期望在短期内成为名牌，这种想法是不足取的。因此，企业应认识创立品牌的长远性、艰巨性，克服短视行为。

本章小结

旅游企业在制定市场营销策略中，提供和销售什么样的旅游产品是其首先要考虑的因素。旅游产品是指旅游企业提供给旅客在一次旅游活动中其可以体验到的有形产品和无形服务的组合，它是由一系列的单项产品和服务组成的复合型产品，它带给旅客的是多种要素结合后的综合性效用。旅游产品作为一种商品，具有一般商品的基本属性，但同时，它还有其自身的特殊性，主要表现在综合性、服务性、不可储存性、不可转移性、需求弹性大和文化性。从旅游产品的含义看，其具有鲜明的旅游整体产品特性，这个整体系统不单用于满足某种需要，还要求其具有与之相关的辅助价值的能力。旅游整体产品的内容包括核心产品、形式产品、期望产品、延伸产品和潜在产品。旅游企业往往会经营多条旅游产品线路和多个旅游产品项目，即旅游产品既是一个整体概念，也是一个组合概念。因此，旅游产品组合是指旅游企业设计多种产品的配备和有机组合，包括所有的产品线和产品项目。

旅游产品生命周期也像所有产品生命周期一样，从旅游产品进入市场开始算起，依次经历导入期、成长期、成熟期和衰退期；影响旅游产品生命周期的因素非常复杂，但其中最主要的有旅游产品的吸引力、消费者需求的变化、旅游目的地的自然与社会环境和市场竞争因素；处于不同生命周期的旅游产品，需要采取相应的营销策略。

旅游产品生命周期规律要求旅游企业要不断应对新需求、新市场的大量涌现，不断推出旅游新产品。旅游新产品的开发应符合有充分需求、产品有特色、企业有能力和有经济效益的总体要求。旅游新产品开发要在一定的原则和策略引导之下，通过严密的组织，在充分市场调查研究的基础上，制定切实可行的规划，建立一套科学的程序，一般要经过创新构思、创意筛选、产品概念的形成与测试、市场分析、新产品开发、产品市场试销、正式上市等7个阶段。旅游产品品牌是指用以识别某旅游产品的名称、术语、标记、符号或图案或它们的组合。好的品牌不仅能稳定和扩大旅游产品市场，而且能增加旅游企业的竞争力，为企业创造良好的效益。旅游产品品牌策略包括品牌有无策略、统分策略、品牌更新策略和名牌策略。

案例分析

麻城杜鹃花旅游产品开发策略

2007年，湖北麻城市龟峰山杜鹃花风景区的门票收入只有20万元，如今每年的门票收入近3000万元。这些年，该景区经历了如加拿大学者巴特勒在《旅游地生命周期概述》一文所说的介绍期、成长期和成熟期几个阶段。

进入成熟期，旅游产品在达到最大销量后，就开始呈减少态势。如果不能在这一阶段开发出新产品，就会进入"衰退期"。而旅游开发主要依托龟峰山杜鹃花风景区的麻城也面临着花期短、品种单一、新市场开发困难等制约因素。

要延长麻城杜鹃花旅游的生命周期，尽量使其保持在"成熟期"，可以从以下几个方面来努力。

一、拓展旅游新品牌

如前所述，麻城旅游品种比较单一，具有知名度的只有杜鹃花节这一个品牌。要促使麻城旅游业可持续发展，必须开发新的旅游产品。值得肯定的是麻城也在不断挖掘旅游资源，并以恰当的方式推介出去。

杏花古刹始建于唐代,坐落于湖北麻城市杏花村,因唐代杜牧《清明》一诗而著名。北宋著名词人苏轼贬谪黄州路经此处,意外地见到了隐居于此的友人陈季常。从此,他三次来杏花村饮酒赋诗,尤其是其撰写的《方山子传》,将此处记入其中,脍炙人口。

按照麻城的旅游规划,提出要做大做强"五朵金花",让龟峰山的杜鹃花、杏花村的杏花、福田河的菊花、五脑山的茶花、南湖阅集的玫瑰花争芳斗艳,逐步实现"一花独放"向"五朵金花"竞相开放的转变。这将延长麻城旅游的生命周期。

二、开发旅游新产品

杜鹃花的花期并不长,每年到麻城旅游的游客集中在四五月份,旅游消费时段比较短,这是制约麻城旅游业发展的一个问题。要让龟峰山以及麻城的旅游设施充分发挥作用,就要开发新的旅游产品,以延长旅游消费时段。

龟峰山杜鹃花风景区也认识到了赏花游时段较短的不足,努力拓展暑期游。该景区平均海拔900米左右,夏季平均气温23℃,湿度50%,适合休闲避暑。为使游客从单一的赏花游向休闲养生游转变,该景区相继推出文艺表演、喝啤酒比赛、登山比赛、篝火晚会、激情漂流等活动,着力打造养生文化旅游胜地。从2012年起,来龟峰山避暑的游客川流不息,上百家大大小小的旅店、酒店、农家乐生意火红。

三、拓展省外旅游市场

到麻城旅游的以湖北省内游客为主,每年游客数量已经突破100万人次。事实上,省内游客对麻城杜鹃花节的消费需求已经越来越小。为了麻城旅游的长远发展,有必要拓展省外市场。麻城的交通优势非常明显,106国道贯穿麻城全境,"三高"(大广高速、沪蓉高速、麻竹高速)"三铁"(京九铁路、沪汉蓉铁路、汉麻铁路)在此连接,拥有京九铁路和沪汉蓉快速铁路两个二级火车站,是中部地区重要的交通节点城市。随着高铁建设的加速推进,时空距离进一步缩短。从麻城坐高铁,不仅可以到达江苏、浙江、上海,还可以到达湖南、广东、山东、天津和辽宁。

优越的交通条件为麻城拓展省外旅游市场提供了可能。

(资料来源:江宏飞.麻城杜鹃花旅游产品开发策略[N].中国旅游报,2014-10-20(7).)

案例讨论

1. 麻城杜鹃花的新产品开发策略是什么?
2. 案例中旅游产品在成熟期有哪些特点?

复习思考题

1. 旅游产品的含义和特点有哪些?
2. 试分析"黄山三日游"这项旅游产品包括的内容。
3. 举例说明旅游产品组合的含义及主要类型。
4. 从产品生命周期看,"农家乐"应采取哪种营销策略?
5. 你认为应如何开发一项旅游新产品?

第七章
旅游产品定价策略

学习目标

(1) 掌握旅游产品价格的构成和特点
(2) 熟悉影响旅游产品定价的因素
(3) 掌握旅游产品定价的机制和方法
(4) 熟练运用旅游产品的各种定价策略
(5) 了解旅游新产品定价策略的着重点

导入案例

从2002年开始,西湖景区相继取消了60多个景点的门票,免费开放不仅增加了本地旅游的数量,而且还开启了环杭州地区游客周末游。免费开放促进了杭州旅游业的快速发展,从2003—2009年,杭州市国内旅游收入与国内旅游人数平均增长率分别为15.8%和9.8%。随着杭州西湖资源整体价值的不断提升,2011年6月,中国西湖在第35届世界遗产大会上被正式列入《世界遗产名录》。与此同时,杭州市政府发布的《杭州西湖文化景观保护管理条例(草案)》中提出为保护西湖环境,将考虑控制景区旅游人数。这意味着西湖景区继2002年免费开放以来,又进入了基于生态承载力的游客数量管控阶段。

根据景区门票定价目标的演变过程,西湖景区发展历程可分为3个阶段:2002年以前,景区以门票利润最大化为目标,收取相对较高的门票价格,旅游资源没有得到有效利用;2003年至2011年,景区以产业利润最大化和社会福利最优为目标,景区实现免费开放,资源得到高效利用,经济效益凸显;2012年以后,景区以生态承载力和社会福利最优为目标,开始限制游客数量,但景区仍免费开放。

(资料来源:雷宏振,邵鹏,雷蕾.我国旅游景区门票多目标定价机制研究[J].旅游学刊.2012-7.)

第一节 旅游产品价格概述

价格是调节市场的重要手段之一。旅游产品的价格制定是否合理,直接关系到旅游产品的竞争力,影响旅游市场开拓的效果。因此,有必要掌握旅游产品定价策略,以提升旅游产品的竞争力。

一、旅游产品价格的构成

旅游产品价格是旅游者为了满足旅游活动需要所购买的旅游产品价格，是旅游产品价值的货币表现形式，它是旅游产品价值、旅游市场的供求和一个国家或地区的币值三者变化的综合反映。在市场经济中，一方面旅游活动的商品化是必然结果，旅游者食、住、行、游、购、娱等需求必须通过交换活动，通过支付一定的货币量才能获得满足。另一方面，旅游经营者在向旅游者提供旅游产品时，必然要求得到相应的价格补偿，于是在旅游者与旅游企业之间围绕着旅游产品的交换而产生了一定的货币量收支，这就是旅游产品价格。从旅游企业的角度看，旅游产品价格又表现为向旅游者提供各种产品和服务的收费标准。

一般情况下，旅游产品的价格涉及旅游者在旅游活动中的住宿、餐饮、交通、娱乐、购物等多个环节，在这些环节中，其价格都是由成本和盈利两部分组成的。

(一) 成本

成本是生产单位产品所需费用的总和。旅游产品的生产成本包括三部分内容：第一部分是提供旅游服务所凭借的旅游接待设施设备、交通运输工具、建筑物以及各种原材料、燃料和能源等成本；第二部分是旅游企业从业人员的工资，它们是旅游从业人员提供劳务的价值补偿，是活劳动的耗费部分；第三部分是旅游企业的经营管理费用，是企业在生产同类型旅游产品时的社会平均成本。在生产同种类型旅游产品的众多企业中，由于各种各样的原因，他们所生产产品的个别劳动耗费是不一样的，导致旅游产品的价值有高有低，但在市场上，价格中的生产成本只是该产品一定时期内的社会平均成本。

(二) 盈利

盈利是旅游产品价格扣除成本后的剩余部分，是旅游从业人员为社会劳动所新创造的价值部分。它包括向政府缴纳的税金、贷款利息、保险费用和旅游产品经营者的利润。税金是纳税人依法向国家纳税的金额，利润则是企业获得的收入中扣除成本、税金、贷款利息以及保险费后的余额。一般情况下，利润与价格是成正相关的，价格水平越高，企业所获得的利润就越多。

二、旅游产品价格的特点

旅游产品价格是旅游产品价值的货币表现，旅游产品的特殊性决定了旅游产品价格具有与其他产品不同的特点，主要表现在以下几个方面。

(一) 综合性

旅游产品价格的综合性是由旅游产品的综合性决定的。旅游产品是整体综合性产品，体现在：第一，旅游产品是由各种旅游资源、旅游设施和旅游服务构成的产品；第二，旅游产品是由众多行业和部门共同生产的。

(二) 季节性

旅游产品不存在独立的生产过程，也不生产具体的物品，因而无法运输，也无法储存。旅游产品的这种特殊性，决定了旅游产品价格不可避免地带有季节性的特点。旅游活动是有季节性的，在旅游淡季，游客的数量减少，为使不能储存的旅游产品销售出去，必须实行季节差价，即淡季降低价格销售，甚至有时可以低于成本的价格，旺季时适当提价以控制无法满足的需求量，由此可见，旅游价格具有非常明显的季节性。

实例7-1

刚进入8月中旬，京城的各大旅行社已经开始厉兵秣马，"决战"十一市场。2009年的国庆节黄金周期间，欧洲游价格比往年"十一"便宜不少，但随着国内景点纷纷涨价，国内游价格将上涨一成。从本月起，乐山大佛景区门票由70元/人次调整为90元/人次；天津八仙山景区门票价格从35元上涨到45元……在"惨淡经营"了大半年之后，国内旅游景区纷纷把"十一"黄金周当作"最后一根救命稻草"，并掀起涨价风潮。即从本月起，不少景区调整了"旺季价格"；著名世界文化遗产大足石刻日前进行了涨价听证会，拟在今后实行淡旺季价差，在3—11月长达9个月的旺季中，大足石刻的宝顶和北山两大景区的联票价格将从现在的120元上涨到230元。而一些尚不具备上调门票价格条件的景区，也通过其他方法来增加收入，如调高索道价格等：例如峨眉山景区日前宣布，将上调峨眉山金顶索道和峨眉山万年寺索道价格。

(资料来源：http://news.qq.com/a/20090817/001896.htm)

(三) 垄断性

旅游产品中的文物、古迹、名胜、风景、风情等价值是难以用投入的劳动量大小来衡量的，它们不同于一般的商品，不仅不会因为磨损而丧失其价值，相反，随着时间的流逝其价值反而越来越高。这是因为创造这种价值的古代劳动，既不可能再生产，又不可能用现代劳动创造出无法弥补的历史价值，因而在价格上表现为一种垄断。另外，特定旅游产品中特殊的自然条件作为该旅游产品中不可缺少的自然基础，仍具有价格，这也是因为其具有垄断性。所以，旅游产品由于其特殊的历史、社会和自然因素而使其价格具有垄断性的特点。

(四) 高弹性

旅游产品价格具有明显的市场特征，即随着旅游市场的供求变化而变化。同时，由于旅游需求受到诸多不可测因素的影响，旅游者的旅游需求和旅游动机也是千变万化的，而旅游供给又具有一定的稳定性，于是这种供求之间的矛盾就造成旅游产品在不同的时间里价格差异较大，从而反映出旅游价格具有较高的价格弹性的特点。

(五) 多重组合性

旅游产品价格是旅游产品一次性价值与多次性价值相统一的价格。在旅游产品中，某些旅游产品要素的价值是一次性实现的，如餐饮食品、旅游纪念品等商品一旦售出，其使用权与所有权都同时售出,即其价值一次性的实现;而某些旅游产品要素的价值则是多次性的实现,如旅游景点、旅游交通和饭店客房等均只售出使用权而不出售所有权,其价值可以多次重复地实现,从而形成了旅游价格多重组合性的特点,并造成旅游产品在不同时间必然有不同的旅游价格。

三、影响旅游产品定价的因素

旅游产品价格既影响旅游者的需求及购买行为,又对旅游产品的销售和利润产生直接影响,所以,在旅游产品定价时,一定要综合考虑各种因素。

(一) 旅游企业可控因素

旅游企业可控因素一般是指旅游企业内部影响产品价格的各种因素。对旅游企业来说,这些因素基本处于企业可控范围之内。

1. 成本因素

旅游产品成本是旅游产品价格的最低限度。旅游产品价格必须能够补偿旅游产品生产、销售的所有支出,并补偿旅游企业为旅游产品承担风险所付出的代价。因此,成本是影响旅游产品定价决策的一个重要因素。如果旅游产品的定价低于成本,那么企业不仅无盈利可言,甚至亏损,企业其他的一切营销和发展目标也均无法实现。旅游产品成本有两大类,即固定成本和变动成本。固定成本指折旧费、房租费、办公费用、上层管理人员报酬等相对固定的开支,一般不随产量和销量的变动而变动。变动成本是指原材料、工资等随产量的变动而变动的成本,二者之和即产品的总成本,旅游产品的价格要能弥补其总成本。另外,旅游企业的成本结构也是影响旅游产品定价及价格调整的因素。成本结构是指固定成本和变动成本之间的比例关系,不同成本结构的旅游企业应根据自身的特点制定不同的定价策略。

2. 企业战略

旅游企业在市场经营中采取的经营发展战略主要有3种形式,即密集型发展战略、一体化发展战略和多元化发展战略。不同的经营发展战略,对定价策略的要求也不一样。其中对旅游产品定价影响最大的是密集型发展战略。密集型发展战略一般通过市场渗透、市场开发和产品开发来实现。市场渗透应采用渗透价格;产品开发则通过新产品开发相应地提高产品价格,以增加销售额。所以,旅游企业必须随时调整或确立新的价格以适应企业战略发展的需要。另外,产品定位策略也是旅游企业经营发展战略的一个重要组成部分。产品定位的目的在于向目标市场宣传灌输一种产品形象,而价格则是产品形象的一个重要代表。因此,产品定位战略深刻影响着旅游产品的定价决策。

3. 定价目标

旅游企业定价目标能为定价者指明方向,定价目标一般与营销计划目标直接相关,而营销计划又与旅游企业总目标相关。在某些情况下,定价目标可能是由旅游企业总目标转化而来。例如,旅游企业总目标是最大地获取短期利润,这个总目标会直接导致旅游企业定价目标围绕着如何在短期内获得最大利润而制定;如果旅游企业把维持生存作为主要目标,则通过大规模的价格折扣,只要其价格能弥补可变成本和一部分固定成本,企业的生存便可得以维持；如果企业想取得市场控制地位，即使市场占有率最大化，企业也有可能制定尽可能低的价格来追求市场占有率领先地位。

4. 产品特点

旅游产品的特点直接对定价产生影响。

(1) 产品特色。旅游产品的质量、功能、服务等是否新颖，对旅游者是否具有吸引力，产品可替代性的强弱，产品必需程度的高低，直接影响着旅游产品的需求弹性，而需求弹性的高低又将对价格制定产生巨大影响。

(2) 产品声誉。旅游产品的声誉越高，营销人员在定价时就越有支配权，可以制定适当高一点的价格。反之，价格就不能定得太高。

(3) 产品的独立性。旅游产品与其他产品相关程度越低，即产品的独立性越强，其生产、销售受制约的可能性就越小，制定价格的自由度也就越大。

(4) 产品的市场定位。明确本产品的市场定位，制定与之相适应的产品价格，以满足目标市场的需求，强化本旅游企业产品的形象。

(二) 旅游企业不可控因素

1. 市场需求

市场需求对旅游产品定价的影响比较复杂。首先，旅游产品的最高价格取决于旅游者的需求程度和支付能力，因而旅游企业对产品的定价不能超过旅游者的支付能力，并应随需求程度的变化而调整。比如，旅游需求有很强的季节性，这就要求绝大多数旅游产品的价格必须有明显的季节差异，尤其是住宿、餐饮、交通等旅游活动的辅助产品。其次，不同的旅游产品需求价格弹性不同，如在某一旅游地，旅游者对主要旅游观光点的门票价格不敏感，其需求对价格高低反应不大，需求价格弹性小；但对餐饮、住宿、物品的价格就比较敏感，其需求对价格高低反应较大，需求价格弹性大。因此，旅游企业定价还要充分考虑不同产品的需求价格弹性。对价格弹性大的产品用低价来刺激需求可取得良好的销售业绩，而对价格弹性小的产品则可维持相对高价水平或保持价格稳定。再次，旅游者的消费观念和对旅游产品价值的理解也对旅游产品定价有较大的影响。旅游者对产品价值的理解较高，则可制定高价，反之，则应制定低价。

2. 市场竞争

竞争和供求之间存在着密切的关系，因此，竞争对产品的价格有重要影响。当竞争在旅游供给者之间进行时，说明旅游产品供过于求，价格必然下跌；当竞争在旅游需求者之间展开时，说明旅游产品供不应求，则价格必然上涨。为此，旅游企业在定价时，必须考虑竞争者的产品价格。如果本企业产品比竞争者的产品质量高，且独具特色，企业有很高的声誉，或能为旅游者提供高水平的服务等，产品价格可以定得高些。在情况相反时，最好不要超过竞争者的价格，如果旅游企业准备把产品加入其他旅游企业已经占领的市场，扩大市场占有率，则应以较低的价格出售其旅游产品。

3. 通货膨胀

通货膨胀是指流通领域内的货币供应量超过了货币需求量而引发的货币贬值、物价上涨等现象。旅游目的地的通货膨胀会造成单位货币购买力下降，使旅游企业的产品生产、经营成本费用增加，从而迫使企业相应地提高旅游产品价格，并且往往价格提高的幅度大于通货膨胀上升的幅度，这样才能保证旅游企业不至于亏损。但旅游产品价格的大幅度上升，客观上会破坏旅游目的地的形象、损害旅游消费者的利益，导致旅游者人数减少、旅游收入下降。拉美国家为当今高通货膨胀地区之一，虽然其具有独特、诱人的旅游产品，但旅游业却饱受通货膨胀之害而难以快速发展。

4. 汇率变动

汇率是指两国货币之间的比价，就是用一国货币单位来表示对另一国货币单位的价格。汇率变动对入境旅游和出境旅游影响较大。一般来说，汇率变动的影响主要是通过旅游产品或服务的价格形式反映出来的。外国货币升值、汇率上升对海外旅游者有利，有益于促进入境旅游者人数的增加，但影响本国旅游者出境；反之，若旅游目的地国家货币升值、汇率上升，就有可能造成入境旅游者人数的减少，尤其当旅游目的地的产品或服务的需求弹性较大时。入境旅游者就有可能转向其他旅游目的地购买、消费同类的替代产品，同时，因本国货币升值、汇率上升导致海外旅游产品价格降低时，本国出国旅游者增加。

5. 旅游产品生命周期

旅游产品生命周期的不同阶段，要求旅游企业制定不同的价格。例如，旅游产品投入一个正处于初期缓慢增长阶段的市场中时，营销人员首先要对竞争产品的质量进行比较分析，并相应地制定较低的价格，这样才有可能在市场中确立某种竞争优势。

6. 政府及法规

政府对旅游市场中的旅游产品价格管理，主要是通过行政、法律和规章制度以及货币供给、物价政策等手段来调控和体现的。政府对旅游产品价格干预和管理的原因一方面是为了保护旅游者的利益，通过行政手段、法律手段限制不正当竞争中牟取暴利的现象，这时政府有可能制定最高限价；另一方面是为了保护旅游企业的利益，当全行业出现削价竞争乃至损害本企业的正常利润和行业利益时，政府就会制定最低保护价，约束不良的市场行为。在市场机制较成熟的国家，最高限价和最低保护价，多由行业协会制定，随着我国行政管理体制改革的日益深化及旅游行业管理制度的建立和逐步完善，对旅游市场中旅游产品的最高限价和最低限价，也将逐步由政府直接规定转向行业协会制定。

实例7-2

2013年2月，国务院颁布《国民旅游休闲纲要》，其中明确提出了要大力发展旅游业。为落实促进旅游业发展的相关政策，国家发改委于2013年4月部署地方价格主管部门在"五一"假期期间对1200余家景区门票价格实行优惠，平均优惠幅度高达20%。一些地方政府也积极响应中央号召，结合当地实际，制定了降低或者不上调景区门票价格的政策。如江西省在2013年10月出台《关于推进旅游强省建设的意见》，提出全省景区、景点门票价格5年内不涨价，并逐步实行低票价。然而，也有一些景区上调门票价格，一些上调门票价格的景区仍存在公共服务水平低、管理不规范等现象，妨碍了地方旅游业发展。针对景区门票上涨、公共服务水平偏低等制约旅游产业发展的现象，我国于2013年4月公布了《中华人民共和国旅游法》，自2013年10月1日起施行，该部法律对景区门票价格调整做出了明文规定。

(资料来源：康军.旅游景区门票定价策略研究[J].价格理论与实践，2013(12).)

以上这些旅游产品定价的影响因素，旅游企业营销人员为了使制定出的价格既适合环境，又具有竞争力，并保证企业能获利，必须在定价前分析这些影响因素，只有这样，才能为旅游产品制定出一个理想的价格。

四、旅游产品定价步骤

旅游产品定价不能盲目进行，而应在"知己知彼"的情况下按部就班地制定，因此了解旅游产品定价的步骤是制定价格的一个关键，而适当的价格可以让目标市场接受，同时有利于实现旅游企业的定价目标。一般情况下，旅游企业可以按以下步骤进行定价(见图7-1)。

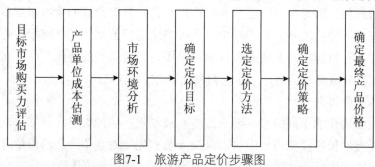

图7-1　旅游产品定价步骤图

(一) 目标市场购买力评估

这个步骤的目的是为了预测旅游产品价格的上限。由于目标市场的购买力是有限的，因此如果旅游企业将产品价格定得过高，顾客无力购买，购买行为也就不可能产生，营销目标也就不能实现了。

(二) 产品单位成本估测

在了解旅游产品的大众购买力之外，企业本身也要考虑盈利以及投入再生产的需要。因此，企业也需要寻找一个旅游价格的下限。而这个下限的寻找就是通过产品单位成本的估测来完成的。只有处在旅游价格上限和下限之内的旅游价格，才能使旅游企业与顾客同时获得满足，从而实现交易。

(三) 市场环境分析

企业明确了目标市场的价格要求和本企业可以接受的价格下限之后，还不能立即确定价格，还应了解竞争者的价格水平和政府的限价措施。如果竞争者的价格水平远远高于本企业的估测成本，说明本企业可以制定比之较低的价格打入市场。如果竞争者的产品价格低于本企业的预期成本，就说明竞争者在成本方面有较大的优势，企业不应贸然推出产品。如果企业成本高于最高限价，那么此时不应强行挤入市场。市场环境分析还包括企业面临的各种外界机会和威胁，这些机会和威胁营销、财务和人力资源等方面对企业定价产生影响。

(四) 确定定价目标

在预测到定价的范围后，旅游企业就应着手确定定价目标，只有了解了目标市场的价格要求、本企业的产品成本、竞争者的价格、政府限价以及市场环境中其他相关因素,才能确定定价目标。只有企业在满足目标市场的要求,符合政府限价并低于竞争者的价格时,确定定价目标才会有较大的选择余地。由于受企业成本、顾客要求和市场环境等因素所限,企业可能被迫选择一种定价目标,而不得不放弃其他的定价目标。

(五)选定定价方法

明确了企业的定价目标,并对需求、成本、竞争者的价格等作了基本分析后,下面的工作就是选择合适的定价方法了(本章第二节详述)。

(六)确定定价策略

定价策略对于企业扩大销售量、巩固和发展市场地位、维护产品形象很有帮助,同时,由于市场环境和顾客需求的变化,也需要企业运用一定的策略去调整市场供求关系,引导消费。可供企业选用的定价策略很多,将在后面详细介绍。

(七)确定最终产品价格

旅游企业在综合考虑旅游产品市场竞争力、旅游者的心理感受以及供应商、营销人员的态度、竞争对手可能做出的反应、政府有关价格法律法规的限制以及行业自律组织的约束后,就可运用适当的价格策略以确定旅游产品的最终价格。

第二节 旅游产品定价方法

一、旅游产品定价的机制

(一)价值理论是制定旅游产品价格的基础

商品的价格是以价值为基础的,旅游产品亦不例外。因此,旅游产品价格的高低取决于该产品价值量的大小,也就是生产该产品的社会必要劳动时间。所谓社会必要劳动时间,是指在现有的社会正常生产条件下,在社会平均的熟练程度和劳动强度下,制造某种使用价值所需的劳动时间。劳动生产率高的国家或地区,生产同一旅游产品所必需的劳动耗费少,旅游产品蕴含的价值量比较少,生产过程中的劳动耗费只要以较低的价格将产品销售出去,就可以得到补偿,而劳动生产率低的国家或地区,情况正好相反,旅游产品蕴含的价值量较大,生产过程中的劳动耗费必须通过较高的产品价格才能得到补偿。但是,在国际旅游市场上,旅游产品的价值和价格是以国际社会必要劳动时间来计量的。生产率高的国家或地区,企业生产某一旅游产品的个别劳动时间往往低于国际社会必要劳动时间,而出售旅游产品的价格却等同于国际社会必要劳动时间所决定的价格,产品的价格高于价值,企业可以获得较高的利润。劳动生产率低的国家或地区,企业生产该种旅游产品的个别劳动时间往往高于国际社会必要劳动时间,但其产品仍须按照国际社会必要劳动时间所决定的价格出售,该产品的价格就会低于价值,劳动耗费得不到补偿,企业就无利润可言。因此,对于不同的旅游经营企业来说,只有努力改善经营管理水平,努力提高劳动效率,才能在竞争中占据主动地位。

(二) 市场供求关系决定着旅游产品的现实价格

旅游产品无论其价值量大小,都必须拿到市场上进行交换,其价值和使用价值才可能实现。而产品在交换的过程中,其价格就不可避免地受到供求关系的影响。可以说,在价值量一定的情况下,旅游产品的现实价格很大程度上取决于旅游市场上供求双方的变化关系。市场上,供大于求时,旅游价格趋于下降;供不应求时,旅游价格趋于上升。上升和下降的幅度取决于市场的具体竞争状况。

(三) 市场竞争状况决定着旅游产品的成交价格

旅游市场上的竞争,既有供给者之间的竞争,也有需求者之间的竞争,还有供给者与需求者之间的竞争。旅游供给者之间的竞争是卖主争夺买主的竞争,会使旅游产品的市场成交价格实现在较低的价位上。旅游需求者之间的竞争是买主争夺产品的竞争,会使旅游产品的市场成交价实现在较高的价位上。而出现供需双方的竞争时,供给者坚持要以更高的价格将旅游产品卖出,需求者坚持应该以更低的价格买到合适的产品,双方力量的对比最终将决定成交价格是向上倾斜,还是向下倾斜,但是向下倾斜的量不能超过旅游企业所能接受的最低价格,向上倾斜的量也不能超过旅游者所愿付出的最高价格,否则买和卖都不能继续进行。总之,旅游市场的竞争状况决定着旅游产品的市场成交价格。只是不同的市场时期,竞争中的主要矛盾并不相同,导致了旅游产品的成交价格,在不同的时期也会发生相应的变化。

(四) 政府的经济政策调节着旅游产品的成交价格

在市场经济中,价格虽然可以敏感地反映供求关系的变化,反映资源的稀缺度,但是市场机制和价格机制并不能完全解决市场运行中存在的问题。旅游目的地国家为了对市场进行宏观调控,实施其经济发展战略,必然要制定一系列的宏观经济政策,其中也包括价格政策。这些政策和措施作用于旅游市场,最终还要通过市场价格体现出来,对维护市场秩序、保护消费者利益和保障企业经营活动的顺利进行,发挥着积极的指导作用。例如近年来,随着旅游业的快速发展,我国许多地区的旅游饭店数量剧增,很快出现了供过于求的情况。为了争夺顾客,很多饭店盲目削价,造成了市场的恶性竞争。为此,国家有关部门只能制定相应的政策,对饭店业进行干涉,如规定涉外饭店客房租金的最低价,规定客房价格的浮动幅度等,客观上保护了饭店业的整体利益。

二、旅游产品的定价方法

(一) 成本导向定价法

成本导向定价法是指以成本为主要依据的定价方法,常用的成本导向定价法有以下4种具体方法。

1. 成本加成定价法

这种方法较适用于旅游饭店餐饮产品定价。成本加成定价法通常是在算出产品成本后，再确定一个能收回成本并包含一定利润的加成百分比，然后制定出产品的价格。成本加成法有内扣毛利率、外加毛利率及成本系数等定价法，其中成本系数定价法较为常用，下面对此进行简要说明。

成本系数定价法可分为以下4个步骤进行。

第一，算出产品成本。

第二，估计产品成本加成百分比。这种成本加成百分比是由经营人员根据以往的经营经验，结合直觉判断而确定的。确定的成本加成百分比应能弥补产品成本，并能带来一定的利润。

第三，用100%除以成本加成百分比算出成本系数。

第四，用产品成本乘上成本系数，算出价格。

例如，某饭店一道菜肴的原材料成本为4元，餐饮经理确定的成本加成百分比为40%，那么，改道菜肴的成本系数100%÷40%=2.5，因此，该道菜肴的价格为4×2.5=10元。

成本加成法的优点是计算简便，特别是在市场环境基本稳定的情况下，可以保证旅游企业获得正常利润，缺点是只考虑了旅游产品本身的成本和预期利润，忽视了市场需求和竞争等因素。因此，无论在短期或长期都不能使旅游企业获得最佳利润。

2. 盈亏平衡定价法

盈亏平衡定价法根据盈亏平衡点原理进行定价。盈亏平衡点又称保本点，是指一定价格水平下，企业的销售收入刚好与同期发生的费用额相等，收支相抵、不盈不亏时的销售量，或在一定的销售量前提下，使收支相抵的价格。这种定价方法用公式表示为：

$$保本点价格 = \frac{应摊固定成本 + 预期销售量变动总成本}{预期销售量}$$

3. 边际成本定价法

边际成本定价法，是一种计算产品变动成本，而暂时不计算固定成本的定价方法。

按边际成本定价，就旅游产品而言一般可在下列情况下采用：一是当某产品的单位总成本高于市场价格，而企业又无法在短期内寻找到有效出路时，如果边际成本低于市价，则可采用边际成本定价法；二是在开拓新的市场时，为了取得一定的市场占有率，即使单位产品成本比市场价格高，也可以人为地主动采取边际成本定价法，以实现短期内占领市场的目标。当然，边际成本是定价的最低下限(就短期而言)，如果边际成本高于市场价格，生意就不能做了，做得越多亏得越多。具体来说，边际成本定价法依据其出发点的不同有两种计价方法，即以边际贡献为出发点和以边际成本为出发点。

(1) 边际贡献定价法

边际贡献定价法是一种用产品变动成本加上预期边际贡献制定价格的方法。边际贡献是只计算变动成本而不计算固定成本时所得的收益，即销售收入减去变动成本所得的差额。这种定价法是出于这样的考虑：按总成本定价产品无法卖出去，只好减产甚至停产；即使如此，其固定成本照常支出，因而亏损更大。这时定价可以主要考虑边际贡献。

(2) 边际成本定价法

边际成本定价法是在一定经营水平上再增加产量时,将用原售价计算的销售收入加上边际成本作为依据来制定价格的一种方法。这一方法是出于这样的考虑:只有多生产(销售)的一单位产品销售收入超过此一单位的边际成本(即价格大于边际成本),就不会造成亏损,就值得经营。

4. 目标效益定价法

目标效益定价法是根据旅游企业的总成本和估计的总销售量,确定一个目标收益率,作为定价的标准。这种定价方法用公式表示为:

$$单位成本价格 = \frac{固定成本总额+变动成本总额+目标利润}{产品数量}$$

目标效益定价法在旅游企业中尤其饭店中广为应用,制定客房产品价格时使用的千分之一法和赫伯特公式法,实质上都是目标效益定价法的特殊形式和具体应用。

(1) 千分之一法

千分之一法也称千分之一法则或千分之一经验公式,主要用于饭店客房产品的定价。由于饭店总投资中占绝大部分比例的是饭店建筑投资,约占70%。因此,许多饭店经营者认为,饭店的造价与房价有直接联系,并认为饭店要盈利,其房价应占造价的千分之一,即从造价的每千元中提取一元作为制定房价的基础。这种方法可以用于作为制定房价的出发点。但很少有人在正式定价决策中使用千分之一法,因为千分之一法没有考虑当前的各项费用及影响定价的环境因素。

千分之一法的具体计算公式如下:

$$平均每间客房的售价 = \frac{建造成本总额 \div 客房间数}{1000}$$

例如,一座饭店有400间客房,总造价4000万元,按照千分之一法可得:

$$平均客房的售价 = \frac{40\,000\,000 \div 400}{1000} = 100(元)$$

(2) 赫伯特公式法

赫伯特公式法是美国饭店协会创造的一种用于确定饭店客房价格的定价方法,它是以目标效益率作为定价的出发点,预测饭店经营的各项收入和费用,测算出客房的平均价格。赫伯特公式法的具体步骤如下:

① 估计投资总额;

② 在正常情况下确定目标收益率,并计算出目标收益(目标收益=投资总额×目标收益率);

③ 计算在此目标收益下饭店经营应有的总收入(饭店应有总收入=目标收益+折旧、税金、保险费+管理费用、营销费用+水电费+维修保养费用等);

④ 估算除客房外饭店其他部门的利润;

⑤ 计算客房应得利润(客房应得利润=③-④);

⑥ 估计客房经营费用;

⑦ 计算客房所得收入,即⑤+⑥,亦即客房所得收入=目标收益+折旧+税金+保险费+各种费用-其他部门利润+客房经营费用;

⑧ 估计客房年出租天数；

⑨ 计算客房平均价格(客房平均价格=⑦÷⑧)，即客房平均价格=客房所得收入÷(可供出租房间数×365×年平均出租率)

(二) 需求导向定价法

需求导向定价法是以旅游消费者对旅游产品的需求和可支付的价格水平为主要依据的定价方法，由于较多因素与旅游市场需求有关，并且旅游企业针对不同的因素表现的重视程度不一，出现了多种定价方法。

1. 需求差别定价法

需求差别定价法又称价格区别定价法。此种方法主要是根据旅游产品价格弹性和需求强度的差别来制定旅游产品的价格。一般来讲，主要有以下几种类型。

(1) 根据旅游消费者收入差别定价。旅游消费者对旅游产品价格的敏感程度是由其经济收入水平决定的。一般来讲，高收入的旅游消费者在购买旅游产品时，对价格的敏感程度较低，而低收入的旅游消费者对旅游产品价格改变较为敏感，各个旅游景点就是运用这种定价方法来制定门票价格，例如针对儿童、学生、老人等实行的优惠价格。

(2) 根据不同形式的旅游产品进行差别定价。这种定价方法并不是按照旅游产品成本差异化比例规定旅游产品销售价格的，而是对于具有特色、新颖的旅游产品，其销售价格要高于一般的旅游产品价格，例如景区景点旅游商品、旅游纪念品等的定价。

(3) 根据地区性、区域性差别进行定价。对同一种旅游产品或旅游服务而言，其边际成本可能没有较大差别，但由于地区性、区域性等因素的影响，可能造成需求强度差异，根据这种差异制定不同的旅游产品价格。

(4) 根据时间差别进行定价。不同的时期，不同的日期，旅游消费者对旅游产品或服务的需求强度有明显的区别。旅游企业可以根据旅游淡季、旺季、节假日制定不同的旅游产品价格。

2. 理解价值定价法

理解价值定价法是根据旅游消费者对旅游产品价值的理解和认可程度来制定旅游产品的价格。旅游企业在制定旅游产品价格时首先要明确旅游产品的市场定位，突出旅游产品的特色、特征，综合运用多种旅游市场营销手段，树立旅游产品品牌形象，使旅游消费者对旅游产品认可，并愿意购买和消费。理解价值定价法可采取以下措施。

(1) 旅游企业应从旅游消费者自身特点出发，设计和开发与之相适应的旅游产品，这样旅游企业制定的产品价格才易被旅游消费者所接受。

(2) 运用多种营销手段，加大对旅游产品的宣传力度，使旅游消费者充分认识到"物有所值"。

(3) 要树立旅游产品品牌形象。通过促销手段，来吸引旅游消费者购买旅游产品或旅游服务。例如，某景区的客房是临海而建的一栋栋小型别墅，游客入住以后既可欣赏到海边的美景，还可以享受优质的服务，因而此景区客房的价格高于一般客房的价格。

3. 比较定价法

比较定价法是根据对旅游产品需求弹性的研究和市场调查结果来决定价格的方法。一般认为，产品价格高，则获利多；价格低，则获利少。其实未必，根据市场需求情况，实行薄利多销，在销量增加的情况下，仍然可以获得较多利润。

究竟是采用高价还是实行薄利多销，可以通过对旅游产品价格需求弹性的研究与市场调查来决定。对需求弹性强的旅游产品，可采用降价的方法；对需求弹性弱的产品，则应采用提价的方法。通过市场调查，将旅游产品分别按不同的价格出售，然后计算其销售量和利润，比较其利润的大小，从而判断哪种价格更为合适。

4. 逆向定价法

逆向定价法是指企业根据产品的市场需求状况，通过价格预测和试销、评估，先确定消费者可以接受和理解的零售价格，然后推出批发价格和出厂价格的定价方法。逆向定价法的特点是：价格能反映市场需求状况，有利于加强与中间商的良好关系，保证中间商的正常利润，使产品迅速向市场渗透，并可根据市场供求状况及时调整，定价比较灵活。

(三) 竞争导向定价法

竞争导向定价法是指依据竞争者的价格来定价，或与主要竞争者价格相同，或高于、低于竞争者价格，这要视产品和需求情况而定。其特点是：只要竞争者价格不动，即使成本或需求发生变动，价格也不动。这类定价法有3种方法。

1. 通行价格定价法

通行价格定价是指本企业只与同行业竞争产品的平均价格即现行市场价格水平保持一致，这是一种最简单、常用的方法。这样做易为旅游者接受；能与竞争产品"和平共处"，也能带来合理、适度的利润。这种方法主要用于与竞争产品差异性小的产品。如果产品具有差异优势，定价水平可高于市场价格。

由于竞争限定了旅游价格浮动的范围，当地同类旅游产品的价格可能会成为某一旅游企业定价时的限制因素，因此，旅游业广泛地使用通行价格定价法。但不同的旅游企业会有不同的做法。

第一种做法是率先定价。有些管理人员认为应有率先定价的魄力，为当地其他旅游企业树立榜样，而不应跟在别人的后面。如果企业所制定的价格能符合市场的实际需要，率先定价的旅游企业在竞争激烈的市场环境中，也可获得较大的收益。

第二种做法是追随领头人。这种方法假定市场中有个领头人，或者有个起主导地位的旅游企业，其他旅游企业只需制定与领头人大致相仿的价格，并随领头人的价格变化而调整本企业的旅游产品的价格。

通行价格忽视了旅游者的价值观念。如果旅游者认为某一旅游产品的质量和服务较好，这个旅游产品的价格理应较高，而且制定较高的价格也不会使销售量受到多少影响。此外，各旅游产品的成本也不会完全相同，盲目地以竞争对手的价格作为本企业产品的定价依据，而不重视营销调研，就不可能制定出合理的价格。

2. 竞争价格定价法

竞争价格定价是一种主动竞争的定价方法。一般为实力雄厚或产品独具特色的旅游企业所采用。这种定价法的关键在于知彼知己，勤于分析，随时调整。

3. 密封投标定价法

密封投标定价法，是指产品经营者事先不对产品规定价格，而是采取拍卖方式宣传产品的价值和特点,然后规定时间让顾客到指定场所出价竞购,经营者以最有利的价格拍板成交的一种定价方法。因此,用这种方法确定的产品价格到底是高是低,取决于顾客竞购的激烈程度。一般来说,旅游营销中,对旅游工程的承包,以及经营的文物、艺术品等,可采用此方法定价。此外,旅游企业在选择团队顾客时也可采用竞争投标的方法定价。实际工作中与该方法相关联的一种做法就是旅游企业让旅游者自行定价,也可以说是对该方法的灵活运用。

(四) 管理导向定价法

管理导向定价法是以行业管理为基础的定价方法。它可以有效地避免行业内部生产同类产品的各企业之间出现削价竞争的形势,从而保证全行业取得最佳经济效益并维持市场稳定。

1. 旅游卡特尔

旅游卡特尔是指以生产同类产品的旅游企业为垄断市场,获取高额垄断利润,通过旅游产品定价、销售等方面订立协议而组成的垄断组织。各卡特尔组织成员都必须严格按照协议中规定的旅游产品价格出售产品。这种定价方法能避免实力相当的大旅游企业之间为争夺某一旅游市场而采取恶性竞争的做法,有利于维护各旅游企业及全行业的利益。

2. 联营定价法

联营定价法是以联营方式结成的旅游企业为规范其联营体成员的竞争行为,而以协议的形式规定旅游产品价格的定价方法。这种定价方法能保证联营体以满足需求为最高原则,并使其成员获得各自应得的利益。

第三节 旅游产品定价策略

价格竞争是旅游企业十分重要的营销手段,通过选择合适的定价方法,根据不同的产品、市场需求和竞争状况等,采取各种灵活多变的定价策略,促进和扩大产品销售,提高企业的效益和竞争力。

一、心理定价策略

心理定价策略是指旅游企业根据消费者的心理特点,迎合消费者的某些心理需要而采取的一种定价策略,常用的心理定价策略主要有如下几种。

(一) 尾数定价策略

尾数定价策略是指旅游企业利用整数与尾数的位数差异,或尾数的心理象征意义来制定旅游产品价格的策略。

使用这种策略的好处是:第一是会让消费者感到便宜,如某种旅游纪念品的价格为19.80元,这与标价20.00元,其实只差0.20元,但前者会给消费者便宜低廉的感觉,使消费者易于接受。第二是会让消费者有信任感,因为带尾数的定价可以让消费者认为这种价格是经过精确计算的,购买不会吃亏,从而产生信任感。第三是会让消费者感到中意,由于民族习惯、社会风俗、文化传统等影响，某些数字常常会被赋予一些独特含义。如数字8由于与汉字"发"同音，与"发财"等好的象征意义结合在一起。

使用这种策略也有不利的一面：首先这种价格策略可能会给消费者"便宜没有好货"的错觉，怀疑产品的品质。其次是会给消费者"玩数字游戏"的感觉，反而怀疑价格的真实性。最后利用吉利数字作为价格尾数也可能让消费者感觉不合实际，如某酒店几乎所有产品定价都以"8"作为尾数，宾客感到不适应。另外，交易中找零也不太方便。

(二) 整数定价策略

整数定价与尾数定价正好相反，企业有意将产品价格定为整数，满足旅游者心理需要的定价策略。在整数定价法下，价格的高并不是绝对的高，而只是凭借整数价格来给消费者造成高价的印象。如某宾馆豪华客房的价格不是标价998元而是标价1000元。

使用这种策略的好处是：可以满足消费者的虚荣心，可以激发消费者"高质高价"的认知，使旅游者产生"一分价钱一分货"的感觉，从而有利于销售。另外，在交易中找零也方便。

使用这种策略的缺点是：对于部分精细的旅游者而言，可能形成计算不准确、价格存在水分的印象。因此，这种策略适合于需求的价格弹性适中、价格高低不会对需求产生较大影响的中高档旅游产品。

(三) 声望定价策略

声望定价策略针对消费者"价高质必优"的心理，对消费者心目中享有一定声望，具有较高信誉的产品制定高价。声望定价与整数定价策略是不同的：整数定价是去掉尾数，取接近的整数来定价；而声望定价是利用品牌效应把旅游产品价格定在离市场可接受的最高价格的某个点上。

使用这种策略的好处是：可以满足游客对声望产品的需求，满足其求名心理，有利于树立良好的产品形象，取得超额利润。同时，其缺点是：高价格会影响产品的销售量，这可能给旅游者以"暴利企业"的印象。因此，这种策略适合于名牌旅游产品或需求弹性较小的旅游产品。

(四) 习惯定价策略

某些产品在长期的市场交换过程中已经形成了为消费者所适应的价格，成为习惯价格。企业对这类产品定价时要充分考虑消费者的习惯倾向，采用"习惯成自然"的定价策略。对消费者已经习惯了的价格，不宜轻易变动。降低价格会使消费者怀疑产品质量是否有问题；提高价格会使消费者产生不满情绪，导致购买的转移，因此，即使市场供求关系发生变化或成本变动也不改变商品的价格，而是对产品的组成形式进行相应的调整。

使用这种策略的好处是：按习惯定价，符合消费者的习惯与心理承受能力，有利于产品在市场上的销售。其缺点是：在市场供求关系发生变化或成本变动时，企业往往通过降低质量或减少数量的方式赚取利润，令旅游者反感。如当海鲜价格上涨时，海鲜自助餐的价格维持不变，却将较贵的海鲜换掉，容易引起客人的不满。

(五) 招徕定价策略

这是适应消费者"求廉"的心理，将产品价格定得低于一般市价，个别的甚至低于成本，以吸引顾客、扩大销售的一种定价策略。如酒店经常推出特价菜来吸引顾客就餐。

采用这种策略的好处是：以廉招徕，带动整体产品销售；改变冷清氛围，形成热卖场面。其缺点是：有时打折产品的质量或数量得不到保证，或者故意抬高其他旅游产品的价格，都会引起消费者的不满，反而不能带动其他产品的销售。

这种策略适用于图小便宜的游客和具有较强连带性的旅游产品。

二、新产品定价策略

旅游新产品定价是旅游企业市场营销策略中的一个非常重要的问题，旅游新产品定价的策略将决定旅游产品在旅游市场上的地位，也将影响其可能招来的竞争对手。旅游新产品定价策略主要有以下三种。

(一) 撇脂定价策略

撇脂定价策略是指旅游企业在新产品投入市场的初期将价格定得很高，以求得最大收入，尽快收回投资。该策略的出发点是认为新产品刚刚投入市场，产品需求的价格弹性较小，竞争者或替代品很少，乘此机会应尽可能地赚取最大利润，所以又称为高价厚利策略。实行此策略可以树立新产品高档优质的形象，容易激发追求优质新潮旅游者的购买心理，并为以后降低产品价格留有余地，使旅游企业掌握调价主动权。这种策略的缺点是：价格过高容易使旅游者望而生畏，不利于旅游企业开拓旅游市场；旅游产品价高利大，也容易诱使大批竞争者进入。

(二) 渗透定价策略

渗透定价策略是指旅游企业以微利、无利甚至亏损的低价全力推出旅游新产品，以期在短时间内打开销路，尽快占领市场。在获得对旅游市场的一定控制之后，再根据情况变化，采取逐步提高价格或稳定价格的策略。采取这种策略的目的是使旅游新产品迅速向旅游市场渗透，通过牺牲短期利益来取得市场占有率，要求在取得利润和之前先取得巨额销售量。这种策略的优点是运用价格优势争取旅游者，可以迅速占领市场，并能有效地排斥竞争者加入，适合于购买力不强的旅游者。其缺点是投资回收期较长，降低价格的回旋余地较小。

实例7-3

随着大众旅游时代的快速到来，以及在线支付的加快普及，在线旅游市场已经进入了一个蓬勃发展的时代。目前，以机票和酒店为核心业务的携程网和去哪儿网居于行业之首，但这些领域的价值链越来越扁平化，价格越来越透明，日渐进入了市场成熟期。相比之下，休闲旅游领域则是蓝海一片。于是同程旅游在2014年年初启动了新十年战略，聚焦休闲旅游市场。但用什么来撬动休闲旅游这一市场？同程选择了门票。"1元门票"是同程找到的突破口,在战术上,吸引了数以亿计的大众;在战略上,瞄准了4000亿规模的休闲旅游市场。"1元门票"看起来匪夷所思,事实上同程因此获取了大量的用户,为其在移动端地位的稳固和提升奠定了基础。不仅如此,所有的"1元门票"都需要下载同程旅游的客户端,有力地提升了客户端下载量和好评率。

(资料来源:柏敏. 用门票撬动旅游市场[J]. 声屏世界. 2015(1).)

(三) 满意定价策略

满意定价策略是指旅游企业为旅游产品制定不高不低的价格,既对旅游者产生一定的吸引力,又能使旅游企业弥补成本后还有盈利,以使旅游企业和旅游者双方都满意的策略。

采用这种定价策略的优点是:适中的价格被认为是合情合理的,能较快地被市场接受,旅游者比较满意;可以避免不必要的竞争;价格在弥补成本后还有盈利,使旅游生产经营者能收回投资,为旅游企业对旅游产品作进一步改进并稳定调价奠定了基础。其缺点是旅游企业将旅游产品消极地推向市场,属安逸型策略,往往使旅游企业不能灵活地适应瞬息万变的市场状况。

对于以上三种策略进行选择时,旅游企业营销人员必须认真考虑以下几个方面的因素。

第一,新产品的供给能力。如果旅游企业的人力、物力、财力资源充足,能迅速供应大量产品,则应采取渗透定价策略。如果供给能力一时难以提高,而旅游产品和服务质量又为旅游者所欢迎,就宜采用撇脂定价策略。

第二,竞争对手的情况。如果竞争企业林立而且新的竞争者还可随时参加,宜采用渗透定价策略;如果竞争对手较少而且新的竞争者不易进入,可考虑采用撇脂定价策略。

第三,新产品价格的需求弹性。如新产品价格的需求弹性强,宜采用渗透或满意策略,实行薄利多销;如新产品价格缺乏需求弹性,宜采用撇脂定价策略。

三、折扣定价策略

这种策略是指旅游企业在既定的产品价格基础上给购买者打折优惠,购买者包括旅游者、中间旅游商以及相关配套的旅游企业,目的是吸引、鼓励购买者积极购买。这是一种以实惠争夺顾客、适应需求、灵活经营的策略,对提高企业的竞争能力、扩大销售、增加利润都有很大作用,为企业普遍采用。常用的折扣定价策略包括以下五种。

(一) 数量折扣

这是旅游企业根据旅游者购买产品的多少给予不同的折扣优惠,目的是鼓励顾客多买。数量折扣有两种形式:一是批量折扣,即顾客一次购买数量达到企业所规定的数量,就可得到一定的折扣优惠,或者超过的数量越多,折扣就越大。这既能刺激顾客多买,增加利润,又能减少交易次数、时间,节约开支;二是累计批量折扣,即顾客在一定时间内购买的累计总数量达到企业所规定的数量,就可得到一定的折扣优惠,或者超过的数量越多,折扣就越大。这种形式还有利于巩固、加强企业与顾客之间的业务关系。

(二) 现金折扣

这是旅游企业对现金交易或提前付款的购买者给予折扣优惠，目的是鼓励购买者迅速付款，以便尽快收回货款，加速现金周转，避免债务风险。由于旅游饭店常有旅客赊账，为鼓励旅客现金结账，普遍采用这种策略。

(三) 季节折扣

这是旅游企业在旅游淡季对旅游者的折扣优惠，目的是调节淡季和旺季需求矛盾，使旅游销售保持相对平衡，保证旅游企业的正常收入。旅游企业在旅游淡季时普遍出现客源不足，资源、设备、设施、人员利用率不高，收益下降的情形，为刺激旅游者在淡季旅游，保证旅游企业正常收入，可对此时旅游的顾客打折优惠，这对旅游者、旅游企业都是很有利的。当然，这个折扣优惠价不得低于产品成本或变动成本，否则就不能保证企业正常收入或导致企业亏损过多。

实例7-4

随着北京、天津、河北、内蒙古等地纷纷迎来了第一场大雪，我国北方地区一夜入冬。与此同时，广东也全线拉开了冬季旅游的大幕。旅行社人士表示，冬季旅游是一年中最后一役，各大旅游企业纷纷降价揽客，不少线路价格低于千元，较平日最高降幅达四成，特别是西部旅游促销力度加大，成为2011年冬游的最大亮点。据了解，广东各大旅行社的冬游线路纷纷面市，降幅较平日最高达四成。如昆明、大理、丽江双飞六天1199元，相对平日降了三成多，平日2099元的九寨沟、牟尼沟双飞五天亦下降了700元，而贵州黄果树瀑布和重庆武隆两条双飞四天的线路，均跌破千元。

(资料来源：http://www.21pw.com/news-2011-1-20/1150197.html)

(四) 同业折扣

这是旅游企业对旅游中间商、相关配套的旅游企业的折扣优惠，目的是利用同行的有利条件扩大自身的业务经营，由于旅游是一种综合性行业，饭店、交通、旅游景点、娱乐场所、旅游商店、旅行社的经营都有不同程度的相关性、相连性、配套性，它们之间往往本着互利互惠的原则签订一些协议，发展各自的业务，同业折扣就是其中的一个重要项目。例如，饭店为了扩大客房、餐饮销售，对旅行社、旅游批发商除了给予优先订房权利以外，还给予一定的折扣和优惠，这种策略在国外旅游业很盛行。当然，这种策略会使平均价格下降，因此折扣率不宜过大，折扣价格必须保证增销带来的利益大于折扣引起的损失，平均价格不低于生产成本。

(五) 佣金

这是旅游企业按既定的价格提出一定比例的金额给业务介绍人、中间人，作为酬谢或劳务费，其目的是鼓励他们为企业招揽顾客，扩大销售。如出租车司机为饭店带来顾客，饭店则给予一定的佣金作为酬谢，鼓励他们继续为饭店招揽客人。

四、其他定价策略

(一) 旅游产品生命周期策略

旅游产品生命周期包括6个演化阶段。一是探查阶段。旅游地只有零散的游客，没有特别的设施。二是参与阶段。本地居民开始为旅游者提供一些简便的设施。三是发展阶段。成熟的旅游市场形成，旅游地自然面貌改变比较显著。四是巩固阶段。游客总量增加并超过旅游地常住居民数量，但游客增长率下降。五是停滞阶段。环境容量日趋饱和，游客数量达到最大。六是衰落或复苏阶段。旅游产品吸引范围和游客量下降；旅游产品的复苏需要外在的动力。如增加人造景观吸引力，开发新的旅游产品。

旅游产品在不同的生命周期，市场需求有差异，产品定价也因阶段而异。以主题公园为例，1989年9月21日，深圳"锦绣中华"开业，当年9月至12月接待游客91.26万人。除了1992年邓小平同志南巡讲话后客源增长外，其余年份逐年下降，且呈加速下降趋势。

可以看出，主题公园生命周期缺少探查、参与和发展阶段，甚至没有巩固阶段。开业之初，锦绣中华的票价可以定得很高，如80至120元，随后，进入衰落阶段。一方面受"中华民俗村"、"世界之窗"的竞争；另一方面，游客对主题公园的偏好显著下降。为了维持经营，锦绣中华不得不降低价格，将门票价格定在30元(国内平时价格)。这样，和推出的新项目相结合，可以延续旅游产品生命周期，使旅游产品进入复苏阶段。

(二) 捆绑定价

捆绑定价是指将两种对同一游客偏好不同的旅游产品捆绑在一起定价。在游客细分市场上，这两种旅游产品应有明显的差异，即存在近似相反的偏好。假设有游客A、B，A是中国人，B是美国人，二人同去苏州旅游。对于旅游产品甲——苏州园林，以及乙——苏州世界乐园，A、B二人有不同的评价。如下表7-1所示。A认为甲值100元，如果门票低于或等于100元时，A会消费甲产品；同理，乙的门票高于120元时，A将不消费乙产品。对于甲乙两种旅游产品，A、B有不同的偏好，可以用中西文化差异来解释。苏州世界乐园对于美国人来讲，远不及迪士尼乐园，而苏州园林对一般国内游客来说，恐怕没有苏州世界乐园有吸引力。现在假定将甲的价格定为100元，乙的价格定为120元，A消费甲和乙两种产品，B只消费甲产品，产品收益为100+120+100=320(元)。同理得到表7-2中的四种结果。

表7-1 游客评价矩阵图

游客	产品 甲	乙
A	100	120
B	120	100

表7-2 产品收益矩阵

产品 游客	甲，乙 (100，100)	甲，乙 (100，120)	甲，乙 (120，100)	甲，乙 (120，120)
A	+，+	+，+	-，+	-，+
B	+，+	+，-	+，+	+，-
收益	400	320	320	240

不难看出，如果单独定价，最大收益就是400，甲、乙价格均为100元。但这还可以改进，就是将甲、乙两种产品实行捆绑定价，将价格定在220，则A、B均选择消费，所以收益变为220+220=440(元)，大于单独定价的收益。

(三) 转移定价

转移定价也叫做隐藏定价，通常是将一种旅游产品价格定得较低，通过产品之间的连带效应，使游客在其他产品消费中，补偿前一种产品的损失。特别是在门槛值较高的旅游产品中，常采用此类定价方法。如在餐厅经营中，可以推出某些特价菜吸引消费者，而在酒水、菜肴中适当提价以赚取利润。对于像旅游线路这样的综合性旅游产品，可以以较低的交通费用作为引诱产品。北京的圆明园，门票只有5元，在同类旅游产品中，可谓绝对低价。但圆明园的游客重游率(主要是北京市民)很高，原因就是进入障碍小。

这里面涉及一个利益分配机制问题，旅游产品之间连带性很强，产品消费往往具有先后顺序。在实行转移定价策略时，各旅游产品经营者应该从整体的角度考虑，认真研究客源和定价所带来的收益，制定公平、高效的利益分配机制，最大化整体收益。转移定价其实是"一盘棋"的思路，只有利益分配问题解决了，这种定价策略才行得通。

本章小结

旅游产品价格制定得是否合理直接关系到旅游产品的竞争力，影响旅游市场开拓的效果。一般情况下，旅游产品的价格涉及旅游者在旅游活动中的住宿、餐饮、交通、娱乐、购物等多个环节，在这些环节中，其价格都是由成本和盈利两部分组成的。旅游产品价格是旅游产品价值的货币表现，旅游产品的特殊性决定了旅游产品价格具有与其他产品不同的特点，主要表现在以下几个方面：综合性、季节性、垄断性、高弹性和多重组合性。影响旅游产品定价的因素包括旅游企业可控因素和旅游企业不可控因素。旅游产品定价不能盲目进行，应采取科学合理的步骤，这样定出的适当价格可以让目标市场接受，同时有利于实现旅游企业的定价目标。

旅游产品定价的机制符合基本的市场规律，包括市场价值理论、市场供求关系、市场竞争状况和政府的经济政策。旅游产品的定价方法包括成本导向定价法、需求导向定价法、竞争导向定价法和管理导向定价法，每一种方法都有适应的定价依据，而且其中任意一种方法下又可分为若干种不同的方法。

在旅游产品市场上，选择合适的定价方法固然重要，但是根据不同的产品、市场需求和竞争状况等，采取各种灵活多变的定价策略，才能最终促进和扩大产品销售，以提高企业的效益和竞争力。通常，旅游产品定价策略包括心理定价策略、新产品定价策略、折扣定价策略以及其他定价策略，每种定价策略都有其特定的内涵和丰富的内容。

案例分析

海南品质旅游产品定价

自2009年"建设国际旅游岛"的政策出台，海南旅游业上升到了一个新的发展高度，但是在高速发展的同时也出现了一些旅游负面事件。2013年的"回扣门"事件、"宰客门"事件，给了海南旅游企业甚至整个行业敲响了警钟。为了挽救游客的消费信心，树立良好的企业形象，对旅游产品的定价一定要公开公正。海南品质旅游产品的特点是通过提供高质量的服务来提升产品的品质，换取游客的好口碑。那么产品定价一定不能沦入恶性竞争的行列，这也能在一定程度上遏制"零负团费"的出现，提高整个行业品质旅游产品的利润率，引导海南旅游更加健康地发展。

2013年颁布的新《旅游法》明文规定，旅行社不得以不合理的低价组织旅游活动，诱骗旅游者，并通过安排购物或者另行付费旅游项目获取回扣等不正当利益。现行《旅游法》的出台从法律的高度扼制了旅游行业内的低价恶性竞争，并且也给海南品质旅游产品的发展提供了政策支持。所以，在目前海南省推出的旅游产品中，价格都是中等偏高的。原因在于，第一，全面分析了品质旅游的设计成本较高；第二，为了符合法律规定，摆脱"零负团费"的嫌疑。

海南品质旅游处于初期发展阶段，由于负面旅游事件的影响，海南旅游企业现有的经营目标之一是树立良好的企业形象，所以旅游企业新推出的品质旅游的产品在获利的同时也要获取消费者的信心，因此品质旅游产品的定价应以中间价为主，是消费者满意的价格。以海南海之缘国际旅行社的品之旅系列产品为例，其中有一款"品之旅——三亚热带天堂森林公园+亚龙湾海滩1日游"，该产品的所有成本包括门票、导游、车费、午餐以及企业日常管理摊销。在淡季，该产品成本总和约为170元，假设企业最高目标例如率为20%，企业定价的范围可以是从170~204元，按照满意定价策略，可以将价格定位180元，处于中间水平，企业有利可获，对于游客而言也属于较合理的价格。

发展品质旅游是海南旅游发展的趋势和新契机，能够为海南国际旅游岛的建设注入新的活力。旅游产品的定价只是从市场营销的角度给品质旅游的发展提供了更多的市场可能性，然而，海南品质旅游提升的根本仍然在于创新产品类型，提高旅游服务质量，提升游客满意度，作真正的高品质旅游。

(案例来源：金侠鸾.海南品质旅游定价的影响因素及策略研究[J].旅游纵览.2014-10.)

案例讨论

1. 结合案例，谈一谈海南省品质旅游采取的是什么产品定价策略？
2. 你认为海南省品质旅游在定价方面还需要考虑哪些因素？

复习思考题

1. 旅游产品价格构成及特点分别是什么？
2. 你认为如何对旅游产品进行理性定价？

3. 请画图分析需求理论如何影响旅游产品价格的形成。
4. 成本导向定价法的实质及包含的内容是什么？
5. 一般旅游企业如何进行旅游产品理解价值定价法？
6. 一家旅游企业在一个著名的风景名胜区新建了一家宾馆，如果你受聘为宾馆的总经理，将如何给宾馆的房间定价？

第八章
旅游产品分销渠道策略

学习目标

通过本章学习,掌握以下主要内容:
(1) 理解旅游产品分销渠道的基本概念与功能
(2) 了解旅游产品分销渠道的特征
(3) 熟悉旅游产品分销渠道的类型及发展趋势
(4) 掌握旅游企业如何选择分销渠道
(5) 熟悉旅游中间商的类型并学会如何对中间商进行管理

导入案例

桂林旅游正在进一步加大网络营销力度,转型升级营销手段。2013年5月28日上午,市旅游局与湖北省中国青年旅行社在桂林签订了合作协议,将共同在武汉设立桂林旅游华中(武汉)推广营销中心。

"桂林传统的营销手段需要转型升级,更需要创新。"桂林市旅游局有关负责人介绍,营销中心将以武汉为中心,向华中区域游客全面推介、展示桂林旅游产品,并接受桂林市各景区、酒店等相关旅游产品单位委托在武汉及华中地区开展相关营销工作,负责接受华中各旅行服务商和市民对桂林景区、酒店相关旅游产品的咨询、预订及组织旅游活动。桂林旅游也将以此为契机,建立高品质产品推广和销售渠道。

与此同时,桂林与武汉的合作还将进一步拓宽桂林旅游的网络营销。签约仪式上,市旅游局还与武汉拓普伟域网络有限公司签订了桂林旅游体验网合作协议,旅游体验网络平台"一路乐"旅游网分站将落户桂林,采用多媒体、全景体验游等技术全方位展示桂林吃、住、行、游、购、娱乐等旅游要素。另外,资源丹霞旅游公司也与武汉拓普伟域网络有限公司签订了景区数字化推广营销建设与经营协议。

(资料来源:周文琼.桂林旅游推广拓宽网络渠道[N].桂林晚报,2013-5-29.)

第一节 旅游产品分销渠道的概念与功能

一、旅游产品分销渠道的概念

旅游产品分销渠道又称为旅游产品的销售渠道，是指旅游产品从生产企业向旅游消费者转移的过程中所经过的路线和环节，这个路线和环节是由一系列取得使用权或协助使用权转移的市场中介机构或个人所组成。所以，又可以说，一切与旅游商品转移相关的中介机构或个人共同组成了旅游产品的分销渠道。理解旅游产品的分销渠道应把握以下要点。

(1) 分销渠道的起点是生产者，终点是消费者和用户。

(2) 分销渠道的环节是指那些参与旅游产品流通的各种中间商，包括各种批发商、代理商、零售商、经纪人和实体分销机构等。

(3) 不包括供应商和辅助商。

(4) 旅游产品分销渠道在销售转移的过程中，与其他实体产品转移不同，消费者只有有限的使用权而不发生所有权的转移。无论是旅游景点、旅游线路和旅游饭店，旅游者都必须在规定的时间到指定的地方去消费，旅游者与旅游企业的关系是一种契约关系。

在商品经济高度发达的现代社会，绝大多数产品都要经过或多或少的中间环节(即中间商)到达消费者手中。所以，作为商品交换的媒介——中间商便随着社会分工和商品经济的发展而产生。旅游企业作为一个特殊的行业，它在产品的生产和消费之间也存在着时间、地点、品种、信息、价格等方面的矛盾，虽然旅游产品的销售在很大程度上还以传统的直销为主，即产品从生产领域直接到达消费者手中，不需要经过过多的中间环节。但为了解决上述矛盾，实现企业销售目标，中间商在其中发挥着巨大的作用。比如很多旅游景点，散客游只占很少一部分，而绝大多数游客是以旅行社或企事业单位与景区签订协议输送的客人。可见，旅游产品的分销渠道也具有多样性。

二、旅游产品分销渠道的功能

旅游产品分销渠道是由旅游产品的生产者、各种中间机构(或个人)和旅游产品的消费者等构成的一个较为完整的体系，对旅游产品的销售发挥着巨大的促进和制约作用。其主要功能如下。

(一) 旅游产品分销渠道是保证旅游企业生产过程顺利进行的前提条件

旅游企业所生产的旅游产品，必须及时地转移到消费者手中，才能实现产品的价值，企业才能够扩大再生产。如果旅游分销渠道不畅通，产品搁置，就会严重影响企业的再生产过程，无法实现企业战略目标，同时也不能满足消费者的需求。

(二) 旅游产品分销渠道是提高旅游企业经济效益的重要手段

旅游产品分销渠道的设计，其宽、窄、长、短如何，直接影响着旅游企业的经济效益。

因此，旅游企业要根据自身和产品特点，选择适当的渠道，并对中间环节很好地加以管理，降低流通成本，提高效益。反之，如果渠道选择不当，中间环节过多，管理失控，都会极大地影响企业的经济效益。

(三) 旅游产品分销渠道是其他营销策略的助推器

旅游产品分销渠道涉及企业营销的方方面面，与其他营销策略密不可分，牵一发而动全身。为此，旅游产品分销渠道一经建立，一般没有特殊情况不能轻易改动，包括相对固定的价格和促销方式等。因为一经变更，企业的总体营销策略都得做相应调整。因此，旅游产品分销渠道是其他营销策略的基础，其他营销策略要靠产品分销渠道来推动实施。

(四) 旅游产品分销渠道是扩大产品销售、促进信息交流的平台

旅游产品分销渠道可以向旅游消费者提供多种服务，满足旅游市场需求，促进产品销售；同时，在销售旅游产品的过程中，供需双方充分沟通，促进信息交流。

实例8-1

2011年3月22日西班牙马德里讯：Amadeus，一家全球领先的旅游科技及全球旅游交易集成处理服务商，与新加坡航空公司签署了全球系统信息内容及第三方销售渠道同价协议。通过该协议，Amadeus的用户可以在未来5年内，在其操作系统中看到新加坡航空公司的航班时刻表、价格以及其他相关的完整信息。根据这个协议，Amadeus的用户可取得新加坡航空公司通过旅行社及第三方渠道分销的所有完整信息。Amadeus的航空公司及旅行社分销总裁David Doctor表示：新加坡航空公司，不仅仅在亚洲，即使在全球也是领先的航空公司，备受推崇。Amadeus很荣幸能够与新加坡航空公司建立合作伙伴关系，满足新加坡航空公司对分销和资讯科技的需求。这份合约，确保了Amadeus的全球用户可以取得旅行社及第三方渠道所享有的价格和服务。

(资料来源：http://www.traveldaily.cn/article/49683)

第二节 旅游产品分销渠道的类型与选择

一、旅游产品分销渠道的类型

在现代旅游营销实践中，旅游产品分销渠道的种类很多，不同的旅游企业和产品，选择的分销渠道是不一样的，即使相同的旅游产品其分销渠道也是有差异的。按照渠道中是否有中间环节或中间环节多少的不同，分销渠道的结构大致可以划分为以下四种，如图8-1所示。

从图8-1中可以看出，旅游产品分销渠道一般可以分为两类：一类是直接分销渠道(结构1)；一类是由多个中间环节构成的间接分销渠道(结构2、3、4)。其中，结构3和结构4的区别就在于旅游产品的生产者委托旅游代理商来销售其产品，再由代理商出售给批发商、零售

商,最后由零售商销售给消费者。

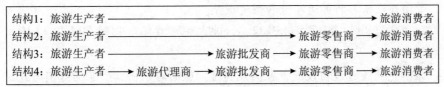

图8-1 四种结构的分销渠道

(一) 直接分销渠道和间接分销渠道

1. 直接分销渠道

图8-1中的第一条渠道称为直接分销渠道,又叫零级渠道。是指旅游生产者在其营销活动中,不经过任何中介机构而直接把旅游产品销售给旅游者的分销渠道。比如,许多乘客在临上飞机前直接在购票大厅购买机票,航空公司直接向旅客供应其产品——搭乘飞机。这是一种最简便、最快捷的分销渠道。我国许多旅游企业都采用这种分销渠道。从旅游企业的营销实践中可以看到,直接分销渠道主要包括三种形式。

第一,在生产者现场直接向消费者销售其旅游产品。这种方式是旅游企业坐在生产者现场,向前来登门拜访的消费者直接出售其产品的传统方式,这种方式中,旅游企业充当零售商的角色。比如饭店、旅游景点、餐馆、娱乐场所等旅游企业等客上门,依靠自身特色招揽游客的销售方式都属于直接分销方式。

第二,消费者通过网络、电话、直接邮寄等方式预定和购买旅游企业产品的直销方式。随着现代信息技术的迅猛发展,旅游企业分销方式也在不断更新。许多旅游企业开始借助计算机、国际互联网,开设旅游景点、饭店预订等业务,大大方便了游客的出行,提高了旅游企业的效益。同时,预定渠道的标准化程度已经很高,计算机储存能力和网络联系起来,可以快速地显现旅游企业的产品数量,并可以在一定范围内进行资源的优化配置。可以预计,通过网络预订旅游产品的旅游消费者将越来越多,因为网络营销符合顾客导向原则、成本低廉、使用便利、沟通充分的需求;同时,互联网络的互动性使企业能更好地满足顾客的个性化需求。

实例8-2

2013年1月15日,中国互联网络信息中心(CNNIC)发布了《第31次中国互联网络发展状况统计报告》。报告显示,截至2012年12月底,在网上预订过机票、酒店、火车票和旅行行程的网民规模达到1.12亿,占网民比例为19.8%。数据显示,9.0%的中国网民在网上预订机票,7.2%在网上预订酒店,5.4%在网上预订旅行行程,14.0%在网上预订火车票。报告称,随着火车票网上预订的快速普及,网上预订火车票的用户群体有了大规模的增长,达到7897万人。与其他商务应用相比,我国的机票、酒店、旅行行程网上预订用户相对狭窄,应用渗透水平还较低,未来增长空间广阔。随着居民休闲旅游需求的快速增长,高铁网络进一步扩大,旅游内容的深度挖掘,将持续激发用户的使用行为,推动旅行预订市场的增长。

此外,在移动互联网的影响下,旅游预订行业已经被深刻改造,企业不断强化自身在无线旅游领域的服务,提升无线旅游的用户体验。由于旅行预订服务与移动互联网具有天然融合特性，无线旅游与LBS、团购消费、移动支付等应用紧密结合，将在未来开拓了更广泛的应用场景，带动在线旅游的加速渗透和快速成熟。

(资料来源：潘达.中国网上旅行预订用户1.12亿，网购火车票快速普及.中国新闻网.2013.1.15)

第三，旅游企业还通过自设的营业网点直接向旅游者销售其产品的分销方式。一些规模比较大的、有条件的企业在许多大中城市设立自己的门市部或分销网点，向旅游者直接销售产品。由于这些网点是企业的自控系统，所以在原则上这种分销方式还是属于直接销售的范畴。比如，铁路公司在很多目标市场区域设立自己的售票处或订票处，方便游客直接购买；许多旅游饭店在火车站和机场设立出租柜台，直接向游客销售产品。

2. 间接分销渠道

间接分销渠道至少含有一个中介机构，是旅游产品的生产者或供应者借助于中间商的力量将产品转移到消费者手中的途径。图8-1中的第2、3、4条渠道都是间接分销渠道。它是旅游市场上占主导地位的渠道类型，有以下3种结构。

(1) 一级渠道(结构2)：指旅游产品生产者与消费者之间只有一层旅游零售商中间环节的渠道，旅游生产者把旅游产品交给零售商代售，需向旅游零售商支付佣金或手续费。

(2) 二级渠道(结构3)：指在旅游生产者和消费者之间有两个中介机构的渠道。这种渠道模式是产品生产者将产品交由批发商销售，再由旅游批发商委托旅游零售商或通过其自设的销售网点，将旅游产品销售给旅游者。所以这种销售渠道中，旅游生产者只与旅游批发商发生关系。比如，现在国外很多旅游批发商通过大批量购买航空公司、饭店、旅游景点等项业务，然后将它们巧妙组合，设计出许多迎合旅游市场消费者需求的包价旅游产品，但他们并不自行销售这些产品，而是通过旅游零售商或自设旅游网点进行销售，效益非常看好。

(3) 三级渠道(结构4)：指在旅游产品生产者与消费者之间有三个中介机构的渠道。通常适用一些地域偏远、规模不大，又需要广泛推销的旅游产品。旅游产品生产者把旅游产品销售给旅游代理商，旅游代理商再将产品销售给旅游批发商，旅游批发商再转售给旅游零售商，最后再通过旅游零售商将产品出售给消费者。在此渠道中的代理商通常是一些区域代理商或经纪人，他们经营规模较大，一般不直接向零售商销售，需要通过批发商转手。

此外，还有级数更多的旅游渠道，但较少见。旅游渠道的级数表示了旅游渠道的长度，级数越高，中介机构越多，旅游渠道越长，企业就越难控制。

(二) 长渠道和短渠道

根据旅游产品在销售过程中所经过的中间环节的多少，我们将旅游分销渠道划分为长渠道和短渠道。显然，没有中间环节的直接旅游渠道最短；中间环节越多，渠道越长。我们一般把三级和三级以上的旅游渠道称为长渠道，三级以下的渠道称为短渠道。当然，这也不是绝对的。实际上，在旅游企业的营销实践中，同一种类的旅游产品，由于市场的地理位置不同，采用的渠道也是不相同的；同样，同一种类的旅游产品，即使市场地理位置都相似，但还由于中间商规模大小不同等原因影响渠道的长短。

(三) 宽渠道和窄渠道

旅游分销渠道的宽与窄取决于旅游产品销售过程中每一环节选用的中间商数目的多少。

旅游产品分销渠道的宽度一方面是指分销渠道中经销或代理本企业产品的中间商的数目很多；另一方面是指本企业和中间商面向市场所设立的销售网点的数目以及分布的格局比较广泛。因此，对于旅游企业来说，要想方便消费者购买，扩大本企业旅游产品在目标市场上的供应范围，就要不断地增加销售网点，加宽旅游产品的分销渠道。

旅游产品分销的窄渠道是指旅游企业使用的同类中间商数目很少，分布格局比较狭窄，甚至有时在一个城市仅选择一家中间商为其分销商品，这种独家分销的情况属于窄渠道。

对旅游产品的生产者来说，渠道级数越多，横向环节越多，市场的覆盖面就越广，与消费者的接触面就越广，但也会增加一些费用。因此，要尽量减少不必要的环节，选择合理的分销渠道。

(四) 单渠道和多渠道

根据旅游企业选择渠道种类的多少，旅游分销渠道又可分为单渠道和多渠道。一般情况下，旅游企业生产规模较小或经营能力较强，可采用单渠道销售产品；反之，则可采用多渠道，以便扩大产品覆盖面，大量地销售企业的旅游产品。

二、旅游产品分销渠道的选择

旅游企业如何为自己选择产品的分销渠道，要依据企业自身而定。从理论上讲，每个旅游企业可以选择所有种类的分销渠道，然而，基于企业自身产品的特点、企业利润目标、市场的不同等因素，大多数旅游企业只能选择其中的一种或几种渠道，使得旅游企业的分销渠道效果达到最佳。

(一) 最佳分销渠道的特征

(1) 理想的经济效益。最佳的分销渠道就应以最快的速度、最短的时间、最低的成本开支、最少的管理费用传输产品。

(2) 辐射面广。良好的分销渠道具有最大市场辐射面的特征。

实例8-3

目前已有32家旅行社与中国国旅签订了"环球行"旅游产品代理协议；同时，中国国旅正在诚征代理商，拟在2012年年底建成北京、上海、广州(或深圳)为中心的辐射全国的批发代理网络销售体系。按照协议，双方(国旅总社和签约旅行社)同意以国旅作为提供组合旅游产品的组团社；签约旅行社作为销售国旅产品的代理社。据国旅中国公民总部市场开发部总经理王延光介绍，目前国旅选定代理商的唯一硬性标准，即必须是经国家旅游局批准的具有经营出境游业务资格的旅行社。此外对代理商没有特殊要求，不一定是国旅系统的，和资产纽带也没有直接联系。

目前，国旅已经开发出了一套完整的中国国旅"环球行"电脑分销操作系统，将免费提供该系统的接口供代理商使用并负责培训。通过该系统，代理商可以实现网上预订。

(资料来源：辛建荣，陈扬乐，毕华. 旅游市场营销[M]. 哈尔滨：哈尔滨工程大学出版社. 2012.)

(3) 服务优良。最佳分销渠道就是能以最好的服务质量、最完备的配套传输将产品送达到消费者手中。

(4) 连续性强。将旅游产品源源不断地分销出去。

(二) 分销渠道的选择原则

根据最佳分销渠道的特征，要使本企业的旅游分销渠道达到最佳，旅游企业在选择分销渠道时，应综合考虑各方面因素，本着以下原则。

1. 经济原则

鉴于分销渠道对旅游企业有着重要作用，是旅游企业提高经济效益的主要手段，旅游企业所选择的分销渠道一定要能够保证有较高的销售收入和较低的销售成本。要做到这一点，企业就必须要缩减渠道环节，同时，渠道一经确定要保持相对的稳定性，尽量减少不必要的开支。

2. 时间原则

时间是金钱，效率是生命。旅游企业选择渠道必须要以时间短、效率高为中心，在最短的时间内、以最短的距离将产品送到消费者手中。

3. 游客导向原则

与其他行业营销基本原则一样，旅游企业也要坚持以旅游消费者的需求为企业生产经营活动的出发点，在选择旅游渠道上，要本着方便消费者购买的原则，让消费者在适当的时间、适当的地点都能购买到企业的产品，这样，才能扩大本企业产品的销售量，给消费者更大的选择空间。

4. 不断变化原则

当今的旅游行业竞争十分激烈，旅游产品层出不穷。如何能够使旅游企业在竞争中取得竞争优势，在渠道选择时，要顺应市场的变化，渠道中的每一个环节都应具备较强的适应市场的能力。同时，分销渠道要根据企业目标市场的变化、竞争对手的战略、企业经营规模的大小、销售实力的增强以及中间商的合作情况等变化适时地加以调整。

(三) 旅游产品分销渠道选择的影响因素

旅游产品分销渠道的选择要受到多方面因素的制约，旅游企业只有对这些因素充分分析和研究，才能做出正确的选择。影响旅游企业分销渠道选择的因素主要有以下几个方面。

1. 旅游产品因素

旅游产品因素包括旅游产品的性质、种类、档次、服务、易毁及易腐程度、价格、等级、季节性以及旅游产品所处的生命周期的阶段等，都直接影响分销渠道的选择。对于易腐的旅游产品如餐馆的菜肴、易损的旅游工艺品、高档旅游产品和新产品等，适宜选择较短的分销渠道或直销，以免造成损失。对技术比较复杂、服务要求高的旅游产品如滑雪旅游、极地探险游、考古旅游等，一般都需配备特殊的设施和特别的服务，也适宜采用直销或短渠道促销。反之，则选用较长的分销渠道。对某些旅游危险品最好选择专用渠道。

2. 市场因素

市场因素包括目标市场范围大小、消费者特点、消费水平高低、消费习惯、地理分布、需求的季节性及市场竞争状况等，这些因素都不同程度地影响着旅游企业分销渠道的选择。一般来说，目标市场范围很大、需求旺盛、人口相对集中的情况下，适宜选择直接销售渠道。相反，若目标市场很大，但季节性消费明显，且购买力又小的市场，常需要中间商提供服务，适宜选择较长的分销渠道。同时，当现实旅游者较少时，为了节省流通费用，可以采用较短的渠道或直销。

3. 企业因素

指旅游企业在选择产品分销渠道时，应充分考虑企业自身的因素，包括企业的规模、发展目标、财力、市场声誉、服务能力及管理水平等。一般来说，企业规模大、财力雄厚、有较好的经营管理能力和丰富经验的市场营销人员，信誉好、产品质量高，在选择销售渠道方面就有较大的自由度，往往选择较固定的中间商，甚至建立自己的销售机构，采用短渠道销售。而那些管理水平较低的企业就要考虑通过中间商来打开产品的销路。当直接销售的预期利润大大超过间接销售的预期利润时，则应采用短渠道。

4. 环境因素

这是影响旅游企业选择分销渠道的外部因素。环境因素包括宏观经济形势，各国政府对旅游的相关政策、法律法规、旅游市场竞争情况等，都对企业分销渠道的选择有很大的制约作用。比如，在经济不景气的情况下，旅游产品生产者要求以最快、最经济的途径把产品推向市场，就要运用短渠道策略，减少中间环节，提高竞争力。各国法律、法规的相关政策，也会影响分销渠道的选择。另外，旅游企业在进行销售渠道选择时还要充分考虑竞争者的渠道策略，并采取相应对策。比如，是在竞争对手分销渠道的附近设立销售点，贴近竞争，以优制胜，还是避开竞争对手的分销渠道，在市场的空白点另辟蹊径，旅游企业应根据具体情况酌情确定。

实例8-4

近年来，我国的在线旅游市场发展渐成规模，在线交易网站、旅游网络媒体网站迅速发展，至2010年12月，我国在线旅行预订用户规模为3613万人，在网民中的渗透率为7.9%。互联网信息技术的出现与推广打破了信息传播的时间、空间、方向和主体的限制，推动了电子商务的迅速崛起，重新定义了旅游者如何发现和购买旅游产品，并逐渐再造了分销渠道内所有企业的商业流程。在这股互联网浪潮下，旅游目的地分销渠道正发生着深刻的变化。在黄山，不仅出现了旅游电子商务平台、网络旅行社等新的分销渠道，还出现了一批为自助游客提供各种服务的新兴自助游特色酒店，如云海楼、游豆腐客栈，成为了一种特殊的分销渠道。

例如，云海楼的主人程剑曾从事旅行社工作，在云海楼发展早期，因其热心回答旅游者的咨询，帮助旅游者设计黄山山上及周边游览路线，甚至通过其早年掌握的旅行社资源帮助旅游者在山上订房、安排包车去周边景区等全面周到的服务，程剑及云海楼逐渐在旅游论坛上积累了良好的口碑，"携程"等网友通过游记争相推荐云海楼及程剑，不少自助游游客也因此而慕名而来。

（资料来源：张朝枝，游旺. 互联网对旅游目的地分销渠道影响. 2012(3)）

以上四个因素是影响旅游产品分销渠道选择的基本要素，除此以外，旅游企业在选择分销渠道时，还要考虑中间商的实力以及环境的不可抗力等因素。

(四) 旅游产品分销渠道的选择策略

旅游产品分销渠道的选择是旅游企业产品销售工作中最重要的决策之一。因为旅游企业生产的产品，只有通过适当的分销渠道，才能及时、有效地把商品送到消费者手中，实现企业经营目标。所以，分销渠道的选择是否合理，中间环节到底多少最恰当，会直接影响到产品的成本、价格乃至竞争力。因此，旅游企业都十分重视和研究选择合理的分销渠道的策略。对旅游产品分销渠道的选择可根据行业情况、市场需求、企业实力等进行综合考虑。

1. 直接分销渠道或间接分销渠道的策略

在采用分销渠道策略时，旅游企业应率先选择的是采用直接分销渠道还是间接分销渠道；如果选用间接分销渠道，选用几个中间环节的间接渠道。两种策略各有利弊。

直接分销渠道策略首先既短又快捷，成本低，有利于生产者以相对低廉的价格出售产品，满足消费者求廉的心理；其次，直接分销渠道策略有利于企业对市场的控制，可直接了解市场动态，及时调整营销策略；最后，直接分销渠道中间环节较少，便于企业与消费者的信息沟通，提高企业和产品的声誉。但是直接分销渠道在对消费者进行面对面宣传时，会增加销售人员和销售费用，因此，直接分销渠道要求企业有一定的人力、财力、物力资源。

间接分销渠道策略有利于企业节省流通领域的人力、财力、物力资源，可以扩大企业产品的辐射面，可以加速旅游企业产品和资金的流转过程。但间接分销渠道策略中间环节较多，要花费企业一部分利润，在一定程度上会影响企业的经济效益；同时，企业在选择中间商时一定要慎重，选择不好，会给企业带来极大的麻烦和市场风险。

2. 长渠道或短渠道策略

旅游产品分销渠道的长短，主要是以旅游产品从生产者转移到消费者过程中所经历的中间环节的多少为依据的。通常来讲，直接分销渠道和经过一个中间商的间接分销渠道被称为短渠道；经过两个以上中间商的间接分销渠道称为长渠道。如果旅游产品生产企业已经决定通过中间商来销售本企业的产品，还需对采用几个中间商进行选择。当然选择时，要从旅游产品生产者的实际出发，充分研究市场、产品特点、管理能力、自身实力以及中间商能力、市场信誉等因素，量力而行，慎重选择。

3. 宽渠道或窄渠道策略

旅游产品分销渠道的宽窄策略是指在同一个中间环节上有多少旅游中间商在同时为本企业销售产品的策略。一般有以下3种选择。

(1) 广泛分销(密集分销)渠道策略

广泛分销渠道策略是指旅游生产企业设立尽可能多的分销点，选择尽可能多的中间商，加宽分销渠道，以便扩大产品的销售量，方便旅游消费者购买。这一策略的特点是企业在选用中间商时，不对中间商进行过多考评，只要中间商愿意并且具备一定的销售能力，双方在利益一致的基础上就可以合作。这种策略是假设旅游者需求无多大差异而提出来的，适合于价格较低、大众化的旅游产品。当然，企业对不同的中间商在销售策略上还是有所差异的，比如对不同的中间商支付的佣金是有区别的，同一产品企业给不同中间商的报价是不一样的。这样做的目的就是激励中间商多销售产品，多为企业创收。广泛分销渠道策略的优点是：方便旅游消费者购买，产品销售范围广，数量大。缺点是：旅游产品生产者或供给者对渠道的控制力不足，进而与中间商的关系比较松散。

实例8-5

某一天，湖南武陵源黄龙洞的游客群中传来一阵笑声，只见三位日本游客紧紧地拥抱在一起。经一位懂日语的人与他们交谈才得知，三位先生曾经是日本东京大学篮球队的主力队员，自大学毕业后已有多年没有谋面了，然而，对中国世界自然遗产的热爱和向往，使他们不约而同地来此旅游，意外惊喜地欢聚于黄龙洞。那么，他们是怎样购得旅游景区景点产品，梦想成真呢？佐藤正男先生是因为工作业绩突出而受到公司奖励，与同仁们一起来中国观光的；田中光太郎及其妻子参加由日本观光旅游社组织的全包价团队来旅游的；而田中信一先生则是背包旅游爱好者，通过互联网预订到机票和旅馆，孤身一人来华旅游的。

这说明张家界各旅游景点在日本市场的销售渠道是非常广泛的，已为广大日本消费者所知晓，说明它的渠道策略十分成功。

(资料来源：http://jpk.hbtvc.com)

(2) 独家分销渠道策略

独家分销渠道策略是指旅游产品的生产者或供给者在一定区域内只选择一家中间商经销或代销，实行独家经营。这是一种最窄的分销渠道策略。

该策略的优点是：旅游企业经过千挑万选，选用一家市场信誉好、销售能力强的中间商；便于企业和中间商沟通、协作；旅游企业易于控制中间商和产品的价格；中间商与企业风险共担、利益共享，很能调动中间商的积极性及其对顾客的服务质量，有利于树立良好的产品形象；可防止竞争者加入。但这种策略风险太大，一旦选择不当或中间商发生某种变故，企业将会陷入困境；另外这种策略灵活性太低，不利于消费者的选择购买。

(3) 选择性分销渠道策略

选择性分销渠道策略是指旅游产品的生产者根据自身的实力，在一定市场区域内，选择几家信誉好、销售水平高的中间商经销或代销自己的旅游产品。

这一策略与独家分销渠道策略相比销售面宽，有利于旅游产品扩大销路，开拓市场，展开竞争；与广泛分销渠道策略比，这种策略不仅能密切产销之间的关系，而且旅游企业可节省分销费用，易于企业对分销渠道进行控制，从而保证产品的形象和企业的信誉。因而它具有广泛的适用性。

第三节 旅游中间商

旅游中间商，是指介于旅游产品生产者和消费者之间的、从事旅游产品流通的、独立的机构和个人。我国的旅游中间商大致有两大类：一类是旅行社；一类是特殊中间人。特殊中间人是指介于供给者与需求者之间，对旅游产品销售的时间、地点、方式等具有影响作用的机构或个人。它包括工会、对外交流机构、会议组织者、饭店销售代表、航空、铁路公司或旅游饭店及各种协会和俱乐部。旅游中间商作为连接旅游产品生产者和消费者之间的桥梁和纽带，在现代旅游市场当中发挥着不可替代的作用，是旅游产品分销渠道中不可或缺的部分。旅游企业选择分销渠道，必须要认真地研究旅游中间商的功能和特性。

一、旅游中间商的类型

旅游中间商可以从两个方面进行分类：一类是按照旅游中间商所从事的业务不同，将旅游中间商分为旅游批发商和旅游零售商；另一类是依据旅游中间商在销售渠道中有无"所有权"的转移，可将旅游中间商分为旅游经销商和旅游代理商两种。

(一) 旅游批发商

旅游批发商是指借助某一交通工具从事组织和批发包价旅游业务的中间商。旅游批发商与饭店、交通运输部门、旅游景点等签订协议，预先购买这些服务项目，然后根据旅游者的不同需求和消费水平，设计出各具特色的包价旅游产品，通过旅游零售商在旅游市场上销售。少数情况下可直接对消费者出售旅游产品。

(二) 旅游零售商

旅游零售商又称为零售代理商，是旅游批发商和旅游消费者之间的联系纽带，是直接面向广大公众从事旅游零售业务的中间商。他们的主要业务是帮助批发商招徕旅游者、提供旅游咨询服务，交通安排，食宿安排、观光服务，及时处理旅游活动期间的问题，组织旅游者，为旅游者提供接待服务，并能够根据市场变化及时调整策略，满足市场需要。由旅游批发商根据他们的销售额付给佣金。

旅游零售商在销售渠道中具有3个方面的作用：一是旅游零售商影响着旅游消费者对旅游产品的选择；二是旅游零售商是销售信息的主要传播者；三是旅游零售商给消费者带来了极大的便利。

(三) 旅游经销商

旅游经销商是指那些在转售旅游生产者产品的过程中，拥有产品"所有权"的旅游中间商，它实质上是将旅游产品买进以后再卖出的中间商，它的利润来源于旅游产品购进价和销出价之间的差额。它和旅游企业共同承担市场风险。

旅游经销商既包括前面介绍的不直接面向消费者的旅游批发商，也包括直接面向广大消费者的旅游零售商。

(四) 旅游代理商

旅游代理商是指那些受旅游产品生产者或供应者的委托，在一定区域内代理销售其产品的旅游中间商。旅游代理商的经营范围一般包括代办预订、代办旅行票据证件、向旅游企业反映消费者意见和要求。旅游代理商具有三大特点：一是不需承担市场风险；二是经营费用较低；三是依靠佣金获得收入。

二、旅游中间商的功能

(一) 市场调研

旅游中间商直接面向旅游消费者，可以真实、客观、全面地调查和掌握消费者的消费动向和需求，并通过供求双方的信息沟通，及时地向旅游生产者或供应者提供信息，帮助旅游生产者或供应者对市场的变化做出及时的反应，使旅游产品的生产和服务不断地适应旅游消费者的需求。

(二) 市场开拓

旅游中间商，尤其是旅游批发商将众多旅游生产者和供应商的旅游产品集中起来，再根据消费者的需求特征和产品特点进行组合加工，推出内容、线路、时间、价格、交通及旅游方式等各不相同的包价旅游产品，既开拓了市场，满足了消费需求，又获得了较好的经济效益。同时，中间商通过自身对市场需求信息的掌握和消费趋向的判断，能够很好地与生产企业进行优势互补，使得双方都能在激烈的竞争中发展和壮大。

(三) 促进销售

旅游中间商一般拥有自己独立的销售网络和目标消费者群，在长期的购销实践中，不管是与旅游消费者还是社会的各个方面都形成了良好的公共关系，可以借助于广告等媒体及公众宣传进行产品的促销活动，激发消费者的购买欲望，将消费者的潜在需求转变为现实购买行为。

(四) 合作双赢

由于现代信息技术和网络的飞速发展，旅游产品生产者和消费者在因特网上直接沟通和交易成为可能，旅游中间商必须转变其职能，要适应信息技术和电子商务的发展，转变角色，调整相应的策略。比如，由过去粗放型的销售职能向客户关系管理的销售职能转变；由单纯的、孤立的中间商销售向与专业旅游网站实行战略联盟的转变等，以提高竞争力。如携程旅行网与中国旅行社总社就度假产品达成业务合作，中旅作为"特约产品信息提供者"，每月提前将下月新推出的网上旅游产品在携程旅游网上公布，同时作为互换，携程将自己开发的下月机票加酒店套餐提供给中旅，供中旅各营业部销售。并且，携程旅行网还可以代理组织网友进行国内外自助旅行活动，并将优先选择中旅的地接社作为合作伙伴。

三、旅游中间商的选择

从旅游产品生产者的角度出发，评价旅游中间商的标准一般有两点：一是看中间商是否能为旅游企业带来实际利益，即销售量或销售额；二是看旅游企业自身维护产品分销渠道所必须支付的费用的高低。为此，在选择旅游中间商时，应本着经济、实效、可控及适应性的原则，考虑如下几个要素。

(1) 旅游中间商的销售能力和市场信誉。指中间商的经营规模、营销能力和在消费者及同行业中的信誉。

(2) 旅游中间商的历史背景和发展状况。

(3) 旅游中间商的合作意愿和目标市场。在选择旅游中间商时，必须看其是否具备与本旅游企业合作的诚意，工作是否有积极性；中间商的目标市场及活动范围最好与旅游企业销售产品所针对的目标市场一致。

(4) 旅游中间商的市场经验和发展潜力。要选择经验丰富的中间商，如果旅游中间商的发展潜力巨大，对旅游企业及中间商的发展都有好处。

旅游企业要对上述几个要素进行综合分析，全面考察，最终确定中间商。旅游企业可以从以下几个方面对中间商进行评价。

中间商历年的销售指标完成情况和利润大小；中间商为企业提供的利润额和费用结算情况；为企业推销产品的积极性；中间商为企业的竞争对手工作的情况；中间商对本企业产品的宣传推广情况；中间商对客户的服务水平、满足需要程度；与其他中间商的关系及配合程度；中间商占企业产品销售量的比重大小。

四、旅游中间商的管理

对分销渠道的管理实质上就是对旅游中间商的管理，对旅游中间商的管理主要涉及两个方面：一是如何提高旅游中间商的合作积极性；二是如何加强渠道成员的冲突管理。

(一) 提高旅游中间商的合作积极性

旅游企业可以从以下5个方面来提高中间商的积极性。

(1) 帮助中间商增加收入。采用适当手段激励中间商，比如对中间商采用较大的折扣、佣金、奖金或各种津贴等；邀请旅游中间商免费考察旅游线路等。

(2) 加强对中间商的培训，提高其在市场上的信誉度。

(3) 开展销售竞赛，对销售业绩突出的中间商予以重奖，以更好地鼓励中间商。

(4) 维护中间商的尊严，强调以人为本，了解中间商的需求，关心他们，并尽力满足他们的需求。

(5) 不断提高旅游产品的质量和品种，也是提高中间商购销积极性的主要手段。

(二) 旅游中间商之间的冲突管理

旅游中间商之间的冲突主要表现在两个方面：一是横向冲突，即存在于渠道中同一层次的中间商之间的冲突。比如同是某一旅游产品的零售商，也许是在同一渠道，也许不是同一渠道，他们之间因为产品销售等产生冲突。二是纵向冲突，即同一渠道中不同层次的成员之间的利害冲突。比如同一渠道中的批发商和零售商之间的冲突。

对旅游中间商之间的冲突管理，一般可采取下列对策：①冲突双方的深度沟通，是解决冲突的最好方式；②冲突双方的相互信任和对彼此的尊重、承诺，是化解冲突矛盾的有效途径；③冲突双方经过谈判，达成协议，互利双赢，是促使双方利益满足的主要手段。

第四节 旅游产品分销渠道的发展趋势

一、旅游产品分销渠道的联合趋势

20世纪80年代以来,随着商品经济的不断发展,旅游产品分销渠道的类型也发生了很大的变化,分销渠道突破了由生产者、批发商、零售商和消费者组成的传统模式和类型,有了新的发展。许多国家出现了分销渠道的联合,包括纵向联合、横向联合以及集团联合等形式,我们国家近年来在大城市、大企业也出现不少。旅游企业产品分销渠道策略也将随着渠道类型的变化适时地加以调整和改善。

1. 分销渠道的横向联合

分销渠道的横向联合又称为水平分销渠道系统,是指由两个以上的旅游产品的生产者联合起来,共同开发分销渠道的策略。这种横向的联合方式又可以分为暂时的松散式联合和永久的固定式联合。旅游产品渠道的横向联合,可以很好地集中各联合企业的力量,发挥群体作用,实行优势互补,共担风险,更好地开展产品的销售活动,获取最佳效益。

2. 分销渠道的纵向联合

分销渠道的纵向联合又称为垂直分销渠道联合,是指由生产企业、批发商、零售商组成的统一系统。纵向联合的特点是联合各方采用一定的方法和手段实行专业化管理,集中计划,统一行动,协调发展,以提高这个联合体的共同利益为目标。分销渠道的纵向联合又分为以下两种。

一是契约型的产销联合。该纵向联合是指旅游产品的生产者与其分销渠道上各环节的中间商以契约的方式进行的联合,它的好处是联合双方责权利清晰,目标一致,互利双赢,协调行动。比如现在国内许多旅游景点开发公司与各地旅行社以一种契约的方式联合起来,共同开展旅游产品的销售工作。

二是紧密型的产销一体化。该纵向联合是指旅游产品的生产者将旅游业务向前或向后延伸,以兼并、入股、新建等方式建立起来的统一的产、供、销联合体,使旅游产品生产者同时具备生产、批发、零售的全部功能,以实现对营销活动的全面控制和管理。

分销渠道的纵向联合与横向联合相比,在一定程度上避免了联合各方因各自的利益而形成的矛盾冲突,减少了内耗;同时,由于产、供、销一体化,可以使企业统一管理,共同提高。

3. 集团联合渠道

集团联合渠道是指旅游产品的生产者以组建企业集团的形式,联合多个企业分销产品的渠道策略。由于是多个企业组成的企业集团,因此具有计划、生产、销售、服务、信息和科研等多种分销功能,核心层与非核心层的内外协调能力很强,分工明确,协调运作,大大提高了产品分销的整体实力和企业效益。但这种渠道联合策略规模太大,容易产生信息流动慢、沟通不畅的现象,导致"大企业病"。

二、旅游产品分销渠道的发展趋势

(一) 分销渠道逐步"扁平化"

旅游产品的分销渠道随着中国旅游营销发展的整体趋势，逐步减少旅游产品到最终消费者的中间环节，也就是所谓的扁平化发展。旅游产品的渠道扁平化通过对流通环节的压缩，使得代理层次减少，直销的销售方式增多。渠道的扁平化对于旅游产品的生产者或供应者来说，可以减少中间环节，提高效率，节约成本。但渠道的扁平化也会给企业带来管理难度。这就需要企业不断加大其营销的影响力，与代理商寻求最佳的平衡点，以控制渠道和零售终端。

实例8-6

近年来，随着旅游市场竞争的加剧，一些大型旅游集团纷纷涉足旅游目的地。2015年3月9日，途牛收购两家旅行社布局不断壮大的台湾游市场。业内人士认为，旅游企业关注上游渠道，注重旅游目的地资源掌控趋势日益明显。大型旅游企业开始集团化发展，并尝试去除旅游产业链的中间环节，因此，也更加重视旅游目的地资源的争夺。大型旅游企业的竞争已由分销渠道深化为服务能力、资源能力的竞争。例如港中旅集团旗下就拥有中国旅行社总社、"维景"和"维景国际"等品牌酒店，人造主题公园景区"世界之窗""锦绣中华"，温泉系列休闲度假景区"珠海海泉湾""青岛海泉湾"等，山地休闲度假景区"嵩山""鸡冠山"等，业务包括旅行社业务、酒店业务、景区业务等，同时涉足旅游客运、文化演艺等相关业务。

(资料来源：关子辰，曾威. 目的地资源成旅游业下一蓝海[N]. 北京商报. 2015-3-19.)

(二) 分销渠道逐步"宽化"

扁平化的渠道减少了中间的冗余环节，使得渠道宽度增加，最终消费者可以方便地通过若干途径获得旅游产品的信息和对产品的消费，而不必依赖于单一的信息来源和渠道成员；旅游消费者在进行消费前，多渠道获得需要信息的同时还可对不同渠道进行比较。

(三) 由总经销向终端市场建设为中心转变

渠道的扁平化使零售终端的位置日益突出。旅游产品的生产商通过大力建设终端市场，可以更直接地接触市场，获得市场信息，降低产品价格，方便消费者购买，加强与消费者的沟通并达到吸引最终用户的目的。

(四) 网络营销日渐风靡

进入21世纪，蓬勃发展的互联网对传统的旅游产品分销渠道产生了巨大的冲击，网络营销日益风行，如网上旅游信息咨询，上预订景区门票、预订酒店等。

网络营销可以使旅游企业准确掌握市场信息；使得旅游产品的生产商与消费者之间沟通

更加方便；旅游企业降低了交易成本和流通成本，提高产品竞争力；可以最大限度地降低产品的积压和浪费；有助于企业提供个性化的产品。

本章小结

旅游产品分销渠道在旅游市场开拓中占有举足轻重的作用。本章从旅游产品分销渠道的概念和功能入手，探讨了旅游产品分销渠道的类型，旅游产品分销渠道的选择，旅游中间商的分类、选择与管理，分析了21世纪旅游产品分销渠道的发展趋势。

旅游产品分销渠道是由旅游产品的生产者、各种中间机构(或个人)和旅游产品的消费者等构成的一个较为完整的体系，对旅游产品的销售发挥着巨大的促进和制约作用。

旅游产品分销渠道的种类很多，按照渠道中是否有中间环节或中间环节的多少的不同，大致可以划分为4种类型。

旅游企业要依据企业自身产品的特点、企业利润目标、市场的不同等因素，进行分销渠道的选择。

旅游中间商，是指介于旅游产品生产者和消费者之间的、从事旅游产品流通的、独立的机构和个人。包括旅游批发商、旅游零售商、旅游代理商。企业应本着经济、实效、可控及适应性的原则选择旅游中间商。同时要加强对旅游中间商的管理。

旅游产品分销渠道正在向联合化、扁平化、宽化和网络化方向发展。

案例分析

象山拓展旅游网络营销新渠道提高旅游信息化服务水平

随着旅游市场"散客化时代"特征的日益明显，以旅行社为主要渠道、专注于团队市场的传统营销模式面临挑战。近年来，象山将旅游网络营销看做一个重要的推广渠道，为传统营销模式推波助澜，提高旅游信息化服务水平。主要举措如下：

一是建立健全信息化平台。与上海旅游网合作，新增象山旅游网商务版。升级后的象山旅游官方网站包括政务网和商务网。新增网上订票、网上支付、自驾游绿色通道、网上游客奖励、行摄旅游、电子杂志、在线视频、旅游壁纸下载、旅游博客等互动项目和功能。同时，在全县各旅游景点、酒店、旅行社、旅游咨询中心、购物商场等场所设置了20台电子触摸屏，供游客浏览、查询旅游信息。

二是设计多样化产品满足各层次需求。联合各旅游企业，与携程旅游网、同程旅游网、驴妈妈、上海拉勾勾网站合作，组合设计包装出门类齐全、品种多样、内容丰富、特色鲜明的产品和线路，以适应不同层次的旅游消费需求。同时，根据营销情况及网民反馈意见，及时调整产品组合方式及营销重点，集中优势的资源和优势的价格，最终提升市场竞争力。如黄金海岸大酒店、锦江之星酒店在世博期间，联合石浦渔港古城、松兰山度假区推出世博活态渔文化体验之旅"酒+景"产品，深受自驾游客欢迎；"十一"黄金周之后全县逐渐进入旅游淡季，石浦开元大酒店联合石浦渔港古城、影视城推出特价218元的二日游产品，打开淡季市场；各大高星级酒店均与携程、同程、驴妈妈等国内知名旅游预订网站有常年合作关系，以扩大商务、散客市场。

三是组织策划活动事件实现互动营销。根据象山旅游市场的特点策划不同的网络营销活动,象山旅游常年"线上有活动、线下有服务"的格局逐渐形成。如象山露营文化节期间,利用QQ群、自驾论坛等发布活动消息,展开话题营销,深受车友俱乐部、自驾游联盟体热捧,几天时间内,组织了150辆自驾车来象山体验露营;开渔之旅启动仪式期间,与上海旅游网、宁波旅游网合作,网友可上网下载旅游优惠券,并有机会获得2160元的开渔大礼包网络营销活动;影视城二期春秋战国城开业前期,在淘宝网开展影视城门票1元秒杀活动。通过不间断网络营销旅游活动,加深象山旅游在网民心中的印象,吸引更多的网民预定象山旅游,实地体验象山旅游。

四是加强宣传扩大营销平台市场影响。持续加大对象山旅游网本身的宣传营销力度,与重点客源市场如上海、杭州、宁波、苏州、温州、台州等主要门户网站、旅游网等建立链接,同步发布活动新闻,进一步扩大合作范围,通过资源共享,优势互补,锁定更多客源地的网民群体。2010年1—9月份,全县共接待游客557万人次,实现旅游经济收入58.3亿元,同比分别增长12%和18%。特别是"十一"黄金周7天假期,全县累计接待游客38.42万人次,实现旅游经济收入3.65亿元,同比分别增长17.2%和16%。全县11家旅游饭店平均客房出租率达92.6%,花岙岛、金沙湾等海岛旅游区也累计接待上岛游客3.5万人次,岛上的100多个房间在黄金周几天来天天爆满。

(案例来源:宁波市象山县风景旅游管理局.2010.10)

案例讨论

1. 结合案例,谈谈拓展网络营销渠道应该从哪些方面入手?
2. 你认为旅游网络营销还有哪些方式和手段?

复习思考题

1. 试举出几种旅游产品分销渠道的类型并说出它们各自的优缺点和适用范围。
2. 如果你是一名旅游产品的销售经理,试说明你将如何选择旅游产品的分销渠道?
3. 旅游产品分销渠道有哪些发展趋势?这些发展趋势会给旅游企业带来什么样的机遇?

第九章
旅游产品促销策略

学习目标

(1) 了解旅游产品促销的概念及作用
(2) 熟悉各种旅游产品促销方式的概念、特点及作用
(3) 掌握各种旅游产品促销方式的具体运用
(4) 掌握影响促销组合的因素分析

导入案例

2012年5月16日下午,"龙行凤舞赣鄱情、百机百列江西游"大型旅游营销活动在南昌正式启动。据介绍,此次大型旅游营销活动是一项涉及面广、时间跨度大、内容丰富的超大型、综合性旅游营销活动,是江西省旅游行业主动作为、奋力开拓、锐意进取的又一创新举措,对于进一步提升"江西风景独好"的品牌形象,完成2012年的目标任务,推进旅游产业大省建设具有十分重要的意义。

二季度入赣旅游专列将达49列次

江西省旅游局与南昌铁路局合作的,集吃、住、行、游、购、娱多种功能为一体的"赣鄱之星"旅游专列将于5月21日首发。近期,将开行赣鄱西线之旅(串联庐山、南昌、明月山温泉、武功山)、赣东北之旅(串联庐山、南昌、龙虎山、三清山、婺源、景德镇)和经典红色之旅(串联庐山、南昌、井冈山、瑞金、福建龙岩)三条旅游线路,推出从南昌出发的定期环赣鄱旅游列车。今后还将开通从上海、广州等客源地定期来赣的"赣鄱之星"旅游列车。据悉,截至5月10日,全省各景区在二季度已经确定会有49列次入赣旅游专列。

新增国内旅游航班850个

经多方努力,江西省旅游局与韩国最大旅行商——哈拿多乐旅行社合作引进的韩亚航空首尔往返南昌旅游包机已确定于5月23日正式启航。航班开通后每周飞行2个班次,第一航段(5月23日—8月23日)将有56个航班飞行。此外,江西省旅游局还与省机场集团及相关航空公司协商确定在二季度新增南昌—重庆—乌鲁木齐、南昌—赣州—昆明、赣州—北京、西安—井冈山—深圳等多条航班、航线,数量达850班。

形象广告将亮相港台公交地铁

作为江西主要的入境旅游客源市场,香港与台湾是2012年江西旅游促销的重点。5月22日—29日,江西省旅游局将借"2012年台北两岸观光博览会"召开之机,组织全省各相关设区市旅游局、旅游景区和旅行社在台湾举行江西(台湾)旅游推广周活动。在台期间,将举办

大规模的江西(台北)旅游推介会,江西旅游同仁将与台湾旅游业者,包括300家台湾旅行社负责人共商赣台旅游合作大计。6月初,2012年江西(香港)招商周将在香港举行,江西省旅游局也将借此举行江西(香港)旅游推广与招商周活动,并邀请香港60家旅行社和20家媒体参与。届时,江西省旅游局将与香港旅游发展局签订赣港旅游合作协议,江西和香港旅行商及投资商也将签订游客互送和旅游项目合作协议。此外,为了扩大江西旅游在台湾、香港的知名度,江西将首次在境外大规模投放江西旅游形象广告,包括在台北投放为期三个月的200辆公交巴士车身广告;在香港地铁站(100幅)、公交候车亭和公交车身以及电视、报刊大量投放"江西风景独好"形象广告,投放量达400幅左右,投放时间为半年。

多项优惠政策惠泽游客和组团履行社

为配合从2012年5月1日至12月31日的"龙行凤舞赣鄱情、百机百列江西游"大型促销活动,将主抓政策激励、多彩活动等六个重点活动。江西11个设区市和各重点旅游景区于近期配套出台一系列优惠政策,多个景区将给予参与活动入赣游客免门票或门票折扣的优惠。

(资料来源: http://news.jxgdw.com/jszg/1761738.html)

第一节 旅游产品促销概述

根据现代营销的观点,旅游企业不仅需要向目标市场提供具有竞争优势的旅游产品,还需与消费者和潜在消费者保持沟通。而这种沟通大多是通过企业的促销活动来实现的,以便把人们的旅游需求激发出来,并培育成旅游消费的意识和潮流。

一、旅游产品促销的概念

促销是市场营销组合的四大策略之一,是指企业利用各种有效的手段和方法,使目标消费者认识和了解企业的产品,从而激发消费者的购买欲望,并最终促使其实现购买。由此可见,促销的实质是传播与沟通信息。那么,旅游产品促销则是指旅游企业通过一定的方式,将企业的旅游产品信息及购买途径传递给目标顾客,激发用户的购买兴趣,强化购买欲望,甚至创造需求,从而促进产品销售的一系列活动。

现代旅游企业大多有着复杂的营销沟通系统,其进行产品促销的策略和方法也是多种多样,主要包括人员推销和非人员促销两大类。人员推销是指企业的销售人员直接接触潜在消费者,面对面地介绍产品、并促进其实现产品销售。非人员促销主要包括广告、销售促进、公共关系等。

二、旅游产品促销的作用

关于旅游产品促销的重要性及其作用,我们可以从两个方面来认识:第一,不论某一产品如何完美,如果不被消费者所知晓,那么该产品无异于不存在;第二,在同类可替代产品大量存在的今天,特别是在市场竞争激烈的情况下,某一产品及其所提供的利益被消费者所了解无疑是该产品能获关注的必要前提。企业希望通过消费者自然的口碑传播来实现广阔的销路是远远不够的，必须主动地对市场进行刺激。具体来说，旅游产品促销的作用主要表现在以下几个方面。

1. 传递信息，沟通供需关系

旅游产品促销的直接作用是进行信息传递，实现旅游企业与消费者之间的沟通。通过各种促销手段，将旅游产品相关信息传递给消费者，同时也将消费者的意见反馈给企业。这不仅能使消费者了解产品销售的情况，为企业建立良好的声誉，从而为企业产品的成功销售创造条件；而且旅游企业也可以根据市场需求状况调整供求关系，不断改进产品，找到更合适的市场定位。

2. 刺激旅游需求，扩大销售

旅游产品属于弹性需求的商品。企业应针对消费者的心理动机，灵活运用各种有效的促销方法，激发或诱导消费者潜在的旅游消费需求，从而扩大旅游企业的销售。此外，通过企业的促销活动还可以创造需求，发现新的销售市场，使市场需求向有利于企业营销的方向发展。

3. 突出特色，增强市场竞争力

随着社会经济的发展，旅游市场竞争越来越激烈，产品同质化也较严重，消费者往往不易察觉这些产品的细微差别。此时，要增加旅游产品对旅游消费者的吸引力，旅游企业就应通过促销活动，突出本企业产品的特色、优势以及能给消费者带来的独特利益，提高企业的市场竞争能力。

4. 缩小淡旺季差异，稳定销售

旅游产品受到多种因素的影响，如自然条件、政治经济因素、人文环境因素等，因此也就决定了旅游产品的淡季和旺季的需求差别较大。如旅游企业能在不同的时节对相应的旅游产品进行大规模促销和宣传，从而缩小淡季和旺季的差异，稳定销售。

实例9-1

随着气温的降低，桂林旅游市场进入"冬季旅游"时间，也就是业内人士所称的"旅游淡季"。为了给冬季旅游添把"火"，从11月中旬开始，桂林针对航空游客推出冬季旅游交通、住宿、景区一条龙优惠活动。活动启动半个多月后，优惠票价的效果逐渐显现，各大景区景点掀起了一轮门票优惠热潮。该项政策也是桂林做旺淡季旅游市场的一次新尝试和探索。该项活动启动后，引起了各大景区的高度关注，共有30多家景区参与到此次优惠促销中，包括桂林大部分精华景区，如漓江景区、象山景区、芦笛景区、七星景区、滨江景区、訾洲公园等。这些景区可以说是桂林旅游景区的代表作，相关优惠票价的推出，引发了市场积极反响。

对于桂林旅游业来说，要在市场竞争中立于不败之地，靠单个景区的促销意义已然不大，必须采取部门联动，全市景区共同合作，酒店、餐饮、商业、交通、物流等行业密切参与，实现"吃住行游购娱"一条龙，才更有吸引力。这次旅游大促销正是这种联动的一次尝试，是桂林对外界的一次城市新营销。另外，对于各大景区而言，参与促销活动也不能只是简单实行优惠，各旅游景区应以促销为契机，丰富景区活动内容，使之与优惠票价之间产生互动，把桂林旅游淡季也变成旺季。

（资料来源：徐莹波.旅游企业大促销：做"火"淡季旅游市场的新探索[N].桂林日报.2014-12.）

5.树立良好的企业形象，巩固市场地位

恰当的促销活动可以树立良好的企业形象，使消费者对企业及其产品产生好感，从而培养和提高用户的忠诚度，形成稳定的用户群，不断扩大市场份额，巩固企业的市场地位。

旅游企业要想充分发挥促销的作用，就必须重点关注各种促销策略的专长，灵活运用多种方法进行组合，找到一种能适合企业自身的组合策略，从而产生优势互补、事半功倍的效果。

第二节 旅游广告策略

一、旅游广告的定义及作用

广告在现代市场营销中占有重要的地位，已经成为企业促销活动的先导。广告一词源于拉丁文，原意是"我大喊大叫"。根据美国市场营销学会(AMA)的解释，广告是指由某一主办者就其知识产品、实物产品和服务通过任何付款方式以非人际传播方式向目标受众开展的推介和宣传活动。在旅游产品营销中，广告是指旅游企业为达到影响大众、促进本企业旅游产品销售的目的，通过媒体以付费方式向旅游者提供相关信息的宣传形式。

由于旅游广告具有传播面广、间接传播、强烈的表现力和吸引力等特点，其在整个营销过程中的作用也十分显著。

(1) 从旅游市场来看，旅游广告是传播旅游产品信息的主要工具。广告首先是企业和消费者之间的一种联络手段，消费者借助广告可以认识和了解旅游企业的产品质量、用途、利益以及购买方式、价格等信息；旅游企业通过广告也可以树立企业的市场形象及声誉。

(2) 从旅游企业来看，广告是旅游企业竞争的有力武器。通过广告宣传，着重强调本企业产品的独特之处及其能给消费者带来的特殊利益，以便使消费者在众多产品前面易于选择，从而使本企业产品更具有竞争力。

(3) 从旅游者来看，广告可以引导和刺激旅游者消费，甚至创造旅游需求。由于广告传播面非常广，可以传递给更多的消费者且具有强烈的表现力和吸引力，能最大限度地激发出潜在消费欲望，甚至在一定程度上创造需求。

二、旅游广告策略的实施步骤

在实践过程中人们对广告策略的实施及其所涉及的工作阶段有多种不同的划分，但在所涉及的工作内容方面没有实质分歧。简单地说，广告策划及实施主要包括5个方面，如图9-1所示。

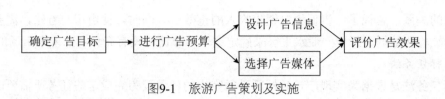

图9-1 旅游广告策划及实施

(一) 确定旅游广告的目标

实施广告策略，首先要确定广告目标。广告目标是指企业通过广告要达到的目的，比如，产品销售提高10%，产品知名度提高20%，市场份额达到50%等等。广告目标的实质就是要在特定的时间内对特定的受众完成特定内容的沟通。旅游企业的广告目标取决于企业所在的发展阶段和整体营销目标。一般来说，广告目标分为3种基本类型。

1. 宣传型

宣传型广告是指旅游企业通过广告活动向目标对象提供各种旅游产品信息，例如旅游产品的类型、各类产品的特色、价格等，主要应用于旅游产品市场开拓的起步阶段，主要介绍新旅游服务项目，有利于激发潜在消费者的初步需求和树立良好的市场形象。另外，通过宣传型广告，企业还可以向市场介绍一项老产品的新用途，介绍产品的变化和可以提供的服务，说明产品的性能和功效。

2. 说服型

说服型广告主要用于旅游产品的成长期。此时，消费者对某一产品有需求，但还没形成品牌偏好，可在不同品牌中进行选择。因此说服型广告主要突出本企业产品的特色、与竞争者的产品之间的差异等，目的在于建立本企业的品牌偏好，改变消费者对本企业产品的态度，鼓励消费者放弃竞争者的产品进而购买本企业的产品。

3. 提示型

提示型广告主要是为了随时提醒消费者旅游产品的存在性及优势，保持旅游产品的知名度和吸引力。实践证明，提示型广告不但可以提醒旅游消费者及时购买旅游产品，还能够大大缩短旅游者重复购买旅游产品的间隔时间。

(二) 进行广告预算

为了实现成本与效果的最佳结合，以较低的广告成本达到预定的广告目标，旅游企业必须进行合理的广告预算，即投放广告活动的费用计划，它规定了各种经费额度和使用范围等。由于受很多不确定因素的影响，广告预算的确定通常比较复杂，需考虑多种情况，仔细分析。常用的广告预算方法有以下几种。

1. 量力而行法

量力而行法是根据旅游企业财务的承受能力来决定企业广告预算的方法。这种方法简便易行，但是容易造成广告费用和真正需要的费用脱节，导致广告计划难以执行，无法实现预期的广告目标。相对来说，这种方法较适宜于小型企业及临时的广告开支。

2. 销售百分比法

销售百分比法是指把某一销售额(当期、预期或平均值)的一定百分比作为广告预算，或是将其设定为销售价格的百分比。这种方法使广告费用与销售收入挂钩，简便易行，但是颠倒了二者的关系，忽视了广告促销对销售收入的正效应。同时，使用这一方法，需要根据本企业历史经验和数据、行业一般水平等来确定这个百分比，没有充分考虑未来市场的变化。

3. 目标任务法

目标任务法是根据为实现广告目标所必须完成的任务及为完成这些任务所需要的费用来决定广告预算。目标任务法具有较强的科学性，注重广告效果，使预算能满足实际需求。但是该方法各费用的确定带有一定的主观性，且预算不易控制。

4. 竞争平衡法

竞争平衡法是指参照竞争对手的广告费来确定能与其抗衡的广告费用。把竞争对手的广告费用考虑进来，有利于与竞争对手在同一平台上对话，保持在广告促销中处于平等或优势地位，但是过于关注费用支出竞争，忽视了竞争者广告费用的不合理性以及与竞争者之间的差异。因此使用竞争平衡法时应考虑企业自身的实力及与竞争者之间的差别，不能盲目攀比。

(三) 设计广告信息

广告信息设计是广告策略实施的第三步，也是广告决策的核心。广告能否达到预期效果和目标取决于广告信息设计得是否有创意，是否对消费者有吸引力和感染力。因此广告信息的设计应达到以下要求。

(1) 有创意。作为广告，只有其信息内容和表现形式具有创意，才容易吸引大众的眼球。然而，企业也应注意到，广告创意的价值最终在于能刺激销售，不能为了创意本身而追求创意。

(2) 主题突出、鲜明。广告主题是广告的灵魂所在，是广告要表达的基本内容。这个主题必须反映出该产品的独特优势，有利于旅游产品在市场上的定位。只有这样，消费者才能在接触广告之后很容易理解这则广告在向他们传递什么信息以及他们可以做什么或得到什么服务。

(3) 措辞易于记忆和传播。一般来说，语句简洁、言简意赅的广告词才容易给目标消费者留下印象，便于消费者记忆。

实例9-2

海南国际旅游岛新版宣传片《请到海南深呼吸》自2014年11月1日起在央视一套《新闻联播》和《新闻30分》栏目时段播出后，引起了不小的反响，片中人与海豚亲吻的镜头更是成为广大网民热议的话题。殊不知，这短短30秒的广告片，经由20多人的拍摄团队历时半年，投入近40万元的资金，走遍了海南19个市县方才完成。如此大手笔地制作旅游形象片，海南不是特例，由著名导演顾长卫担纲的"美好江苏"旅游形象广告片，自2010年8月1日起在中央电视台一套和四套、凤凰卫视、江苏卫视、台湾东森电视台同时播出。广告片共分4个篇章，每个篇章各15秒钟，分别以"水秀篇""山灵篇""古韵篇"和"今辉篇"诠释江苏作为旅游地的内涵与精髓。

(资料来源：蒋锐.旅游形象广告：现状与思考[J].传媒.2015-3.)

(4) 内容具可信性。目前市场上的广告多得使消费者目不暇接，也有不少消费者怀疑部分广告的真实性。只有广告内容是真实的，才能获得消费者的信任，达到扩大企业产品销售的目的。如果广告内容失真，欺骗消费者，这不仅损害了消费者的利益，同时也会影响企业的名誉，甚至使企业受到法律的制裁。

要达到上述要求，可以从旅游广告信息制作、选择和评价、如何表达三个环节来严格控制。旅游企业向市场提供的产品可能具备多方面的特征，应对这些特性加以分辨，选出最具代表性和传播价值的特性制作成可选择的广告信息方案；对多种信息方案进行选择时，可以从信息的吸引力、可信度来判断；广告信息的表达是对各种广告形式的综合运用，既要达到标新立异吸引观众的效果，又要尽量避免广告主题被新奇形式掩盖而喧宾夺主。

(四) 选择广告媒体

选择广告媒体实质上就是寻找最佳媒介来传递广告信息，实现广告目标。旅游广告媒体可以分为两大类：一类是付费租用的大众传播媒体，主要包括电视、报纸、杂志、广播、户外广告、直邮广告等；一类是广告主自己购买制作的媒体，包括各种自办宣传品、宣传物。各种媒体都有其优缺点，主要广告媒体的特点如表9-1所示。

表9-1 主要广告媒体及其优缺点

广告媒体	优点	缺点
电视	覆盖面大，有声有色，富有感染力	制作难度大，成本较高，播出时间短
报纸	容量大，时效性强，可重复阅读	缺乏视觉和听觉冲击，覆盖面比电视小
杂志	与报纸相同，专业程度高，针对性较强	发行量比报纸小，影响面较窄
广播	信息传播迅速，时效性强，成本低	只有声音，不如电视引人入胜，记忆起较为困难
户外广告	灵活，醒目，展示时间长	信息接收对象选择性较差，覆盖面有一定的局限性
直邮广告	目标受众针对性强，说服力强，灵活	相对成本较高
交通	可充分利用各类交通工具和场所	造价较高，覆盖面有局限性

(图表来源：张俐俐，杨莹. 旅游市场营销[M]. 北京：清华大学出版社，2005.)

选择广告媒体时主要是从目标受众的视听习惯、媒体本身的特点、旅游产品的特点、广告信息的特点、广告费用水平、覆盖区域等方面进行考虑的。

(五) 评价广告效果

广告效果评价是广告促销整体管理中不可缺少的重要组成部分。它不仅能够衡量广告投入是否达到了预期的效益，还为下一步的广告策划提供了改进的依据。广告效果评估分为两个方面：广告传播效果评价和广告销售效果评价。

1. *广告传播效果评价*

广告传播效果是指广告信息传播的广度、深度、对消费者的认知和偏好所产生的影响程度，主要表现为受众对广告信息的接触范围、理解和记忆程度等。

(1) 接触度评价。受众对广告的接触情况表现为对音像广告的视听情况和书面广告的阅读情况，如电视广播广告的视听率、报纸杂志的阅读率、网络广告的点击率等。

(2) 理解度评价。这主要是测定接触过广告的受众对广告信息的认知、理解情况，如受众对广告信息的个人观点、联想和看过广告后对产品的评价等。

(3) 记忆度评价。记忆度主要是指受众对接触过的广告信息的印象深刻程度，记住了多少主要信息，可以采用让受众回顾广告用语、回想广告表现手法、复述广告内容等方法来进行评价。

2. 广告销售效果评价

广告销售效果不等于广告传播效果。通过广告提高了产品的知名度，不一定能提高产品的销售量，因此越来越多的企业开始注重评价广告销售效果评价，即广告发布后在相关市场上企业产品的销售变化情况。由于除广告之外产品销售量还受到价格、竞争状况等多种因素的影响，准确测定广告销售效果较为困难。下面两个公式可以作为衡量广告销售效果的参考：

$$广告销售效果 = \frac{销售量增加额}{广告费用增加额}$$

$$广告销售效果比率 = \frac{销售量增加率}{广告费用增长率} \times 100\%$$

第三节 旅游产品人员推销

人员推销是指通过销售人员与目标客户的直接交往，劝说客户购买本企业产品或服务的促销方法。在人员推销过程中，通过与顾客交谈，可以了解顾客对产品的要求，便于企业更好地满足顾客的需求；通过与顾客的接触，还可以与顾客建立良好的关系，使顾客在感情动机的驱使下购买本企业的产品。因此，人员推销作为企业最主要的一种促销方式，在实践中被广泛运用。

一、人员推销的特点及作用

旅游人员推销是最古老的一种传统促销方式，同时也是现代旅游企业中最常用、最直接、最有效的一种促销方式。与非人员推销方式相比，人员推销有着显著的独特之处。

(1) 便于双向沟通和建立良好的关系。销售人员和潜在消费者直接面对面地对话，为双方进行双向沟通提供更便利、更及时的条件，从而便于感情交流和形成双方友好、合作的关系。

(2) 针对性强。销售人员可以根据各类潜在用户的需求、动机和购买习惯，有针对性地进行推销。针对性强不仅可以获得更好的销售效果，同时也能节省人力、物力和财力。

(3) 推销过程灵活。销售人员可以根据顾客的不同需求和购买动机，及时地调整自己的推销策略和方法。而且，销售人员能及时解答顾客提出的各种疑问，取得他们的信任。

(4) 促使成交及时。人员推销在进行充分的产品展示后，一旦潜在消费者产生购买倾向或愿望，销售人员就可以及时促进，马上和顾客签约或直接完成交易。广告等方式虽然能立即引起人们的注目，但是人们往往还需要一个认识、思考、比较的过程，直到最终购买会耽误较多时间。

如上述，人员推销有如此多与非人员推销方式不同的特点。那么人员推销在促销过程主要能起到什么作用？或者说销售人员在促销过程中的任务是什么？下面将从五个方面来阐述人员推销的职能。

(1) 传递信息。旅游人员推销是销售人员与分销者或潜在消费者的直接交流。通过面对面的沟通，可以详细地介绍自己的产品和服务，及时反馈信息并回答询问。

(2) 获取市场信息。销售人员与市场最贴近，最了解旅游者的需求，也最了解竞争对手。因此，人员推销还具有及时获取旅游市场信息的功能。

(3) 销售产品。人员推销的最终目的是将产品卖给消费者，销售人员可以在广泛促销的基础上将企业的销售目标落到实处。

(4) 提供服务。旅游促销人员在促销过程中可以为现实的或潜在的消费者提供各种服务，如回答咨询、给予帮助、提供产品的售后服务等。

(5) 开拓市场。销售人员在巩固原有客户的基础上还可以不断开发、寻找新客户，扩大本企业产品的市场范围。

二、人员推销的开展方式

说起人员推销的开展方式，大家很容易联想到一些行业的销售人员面向最终消费者开展的上门推销或电话推销活动。但是在旅游业，这种类型的人员推销活动几乎不存在。因为旅游销售人员对散客进行上门或电话推销不会带来理想的收益，他们所针对的对象大多是团体购买者或是批量购买，主要方式有营业推销、会议推销和派员推销3种。

1. 营业推销

营业推销是指旅游企业各个环节的从业人员在接待旅游消费者或潜在消费者的过程中销售产品的推销方式。可以说，旅游企业的所有人员都可以是推销员，他们依靠良好的服务接待技巧，不失时机地向消费者或潜在消费者推销本企业的产品和服务，设法使其购买。

2. 会议推销

会议推销是指旅游企业利用各种会议介绍宣传本企业旅游产品的一种推销方式。如销售人员可以参加各类旅游订货会、旅游交易会、旅游博览会、旅游年会，地区或全国性的销售会议等。很显然，这些会议活动的参加人员都有可能成为本企业的潜在顾客。通过这种形式进行推销接触到的目标客户较多，能进行较集中地宣传和促销，省时省力，不仅有机会吸引到更多的顾客，而且有利于扩大企业的影响。

实例9-3

2013年8月30日，为期三天的"2013中国·山东国际旅游交易会"将在济南舜耕国际会展中心开幕。来自美国、俄罗斯、英国、法国、希腊、意大利、日本、韩国、新加坡以及香港、澳门、台湾等28个国家和地区，国内15个省、市、自治区的参展商到会参展。齐鲁网作为唯一一个拥有独立展位的网络媒体，采访了新加坡国家旅游局、韩国国家旅游局、青州市旅游局、大兴隆寺等参展商，用视频访谈全面展示了参展商及展会的风采。

"中国·山东国际旅游交易会"是首届泉水节的重要活动之一，本届展会共设500个国际标准展位，展览面积达14 000平方米，划分为五大展区。新加坡旅游局、韩国旅游发展局、韩国水原文化财团、澳门旅游局、香港《亚洲旅游》杂志社、南京市旅游委员会等境内外旅游机构设立了特装展位。特装展位占总展位数的比例达到65%左右，对提升济南国际影响力和弘扬泉水文化具有积极推动作用。据主办方相关负责人介绍，本届旅交会的最大亮点是将突破传统旅游展会模式，突出"交易"特点，"展卖结合、以卖为主"，专门设置旅游产品特卖会。济南旅游企业推出了一大批特色、特价产品，旅行社、酒店、餐馆、景区的优惠券和特价门票，优惠幅度从100元至2000元不等。

展会期间，组委会还组织境内外参展商对济南市刚刚被评为5A级旅游景区的"天下第一泉"风景区实地踩线，以充分利用展会契机推介泉城特色旅游资源和产品。

(资料来源：苏文亮. 2013年中国山东国际旅游交易会在济南开幕. 齐鲁网. 2013-8-30)

3. 派员推销

派员推销通常都在选定目标客户的基础上，通过面对面地向客户推介本企业的产品或服务，直接与客户开展交易谈判，争取客户选择使用本企业的产品或服务。在实际工作中，销售人员对客户进行拜访的直接目的因具体情况而异，主要包括：进一步证实客户的资质，了解该客户的服务需求，再达成交易等。

三、人员推销的实施过程

采用的人员推销方式不同，其实施过程也相应地不同。本部分将以派员推销为例，简单介绍旅游销售人员在开展人员推销过程中普遍会涉及的工作阶段。通常来说，我们可以把人员推销分为下几个阶段(如图9-2所示)：首先是寻找和发现顾客；其次是做好推销准备工作；然后要设法接近顾客，引起顾客的注意；再开始推销面谈，介绍产品或服务；如果顾客就产品或服务相关的问题提出异议，应尽可能地处理好；当顾客有成交意向时，应主动提出请求，促使其购买；到此销售工作算是告一段落，但是还需做成交后的工作，如售后服务等。

图9-2 人员推销的过程

1. 寻找顾客

人员推销的第一步就是要先寻找和发现顾客。这些顾客是指有购买能力、有意愿的顾客，可以通过多种方法和渠道去发现，如地毯式访问法、个人观察法、市场咨询法、资料查阅法、广告开拓法、连锁介绍法、中心开花法等。销售人员在发现极可能成为购买者的顾客之后，就应重点关注他们的需求和愿望。

2. 推销准备

推销准备是指在正式访谈之前进一步了解顾客的情况，确定具体的工作目标，选择接近的方式，拟定推销时间和线路安排，预测推销中可能产生的一切问题，准备好推销材料等。当对不同的顾客进行了充分的前期准备后，就可约见顾客。约见既是准备接触的延续，又是接近顾客的开始，因此是推销能否进行下去的重要环节，绝对不能突然造访、干扰和不尊重顾客。

3. 接近顾客

接近顾客是指见面寒暄阶段，这一过程往往是短暂的。在这短暂的时间里，推销人员首先要给对方良好的第一印象，因为第一印象往往会先入为主影响顾客的态度和对推销的看法；然后根据掌握的顾客材料和接近时的实际情况，快速把握顾客当前的心理状态，判断转变交谈话题的时机。

4. 推销面谈

接近和面谈是与顾客接触过程中的不同阶段，两者之间没有绝对的界限，其本质区别在于谈话的主题不同。接近阶段多侧重于双方感情交流和创造良好的氛围，而面谈则重点在于介绍和推销旅游产品。面谈是一项技巧性、艺术性极强的工作，要随对象、环境和个人经验不断变化，每一次面谈都是不尽相同的。销售人员应本着互惠互利的原则，以达到双方利益为目标，并不对立矛盾才能赢得顾客的信任。

5. 处理异议

顾客对产品和服务提出异议，就表示他希望进一步了解相关情况，对产品感兴趣或者是有需求。如果没有任何异议，只有两种可能：第一，他根本就没有听进去，没有问题可提；第二，他已完全了解相关情况，产品和服务完全符合他的心意。通常第二种情况是非常少见的，而第一种情况则代表他对产品不感兴趣，不想购买。因此销售人员应积极主动地去面对异议，充分利用这个机会去消除顾客的疑惑，并进一步突出产品的特点或附加服务等。处理异议最大的忌讳就是与顾客争论，即使在顾客完全错误的情况下也要保持冷静，因为争论中占了口舌之快，影响的是销售结果。

6. 促进成交

处理异议之后，能否成交取决于两个方面：产品的质量、价格和信誉等；销售人员的能力、促进成交的技巧。此时，销售人员要密切关注各种成交信号，抓住成交时机，及时将顾客注意力转向各种选择性决策，或提出建设性意见，或提供折扣优惠，促使顾客下定购买决心，有效地达成交易。

7. 售后服务

交易之后还要与客户常联络，安排履约的各项工作，加深感情。这样，如以后还有新产品或服务，还可以继续推荐，即使客户不买，也会介绍给亲朋好友，形成口碑效应。

第四节 旅游销售促进策略

销售促进又称营业推广，是指与广告、人员推销和公共关系不同的各种被用于直接诱导顾客购买的活动和方法的总称。销售促进主要用于补充和加强广告、人员推销和公共关系等方法的促销影响力。

一、销售促进的含义及作用

旅游销售促进是指旅游企业在某一特定时期与空间范围内，通过刺激和鼓励交易双方，并促使旅游者尽快或大量购买旅游产品及服务而采取的一系列促销措施和手段。由于其能迅速地提高营业额，因而也称之为营业推广。它是以援助或协调人员推销和广告促销为基本功能，通常是短期或临时的，也是无固定模式的。因此企业无须为某个销售促进活动设立常规机构。同时，销售促进存在一定的局限性和副作用。有些方式表现出急于出售的心态，容易让旅游者怀疑此产品的可靠性，是否具有相当的质量和性价比，甚至使人产生"促销的是次品、卖不出的商品"的误解。

旅游销售促进的作用表现在以下4个方面。

(1) 能有效地调动旅游消费者的消费欲望和热情。销售促进促销比其他促销方式更容易让消费者信服，因为该方式能实实在在地增加他们的利益，从而增加对该种产品的购买。尤其是当某些消费者已计划在将来要消费正在促销的产品时，如他们遇到销售促进活动，就会提前实施这一计划。对于旅游企业来说，通过这类促销方式能迅速有效地增加销售总量，提高效益。

(2) 可以有效地将新产品推向市场。新产品入市，旅游消费者对这种产品还没有足够的认识和了解，购买的欲望也不会很强烈。如旅游企业实行特价优惠旅游、激励性免费旅游、新旧产品组合折价销售等销售促进方式，就可使消费者尝试新产品，从而迅速提高该产品的市场知名度。

(3) 可以奖励品牌忠实者。销售促进有多种手段，如销售奖励、赠券、价格优惠等，其直接受惠者大多是经常使用本品牌产品的顾客，从而使他们更乐于购买和使用本企业产品，以巩固企业的市场占有率。

(4) 可以抵御竞争者的销售促进促销活动。当竞争对手大规模地发起销售促进活动时，企业也必须迅速采取相应对策予以还击，否则会陷入被动境地。

二、销售促进的方式

销售促进的方式多种多样，主要有针对旅游者的、针对旅游中间商的、针对销售人员的销售促进三大类。每个企业可以根据促销目标、目标市场的类型、市场环境以及各种方式的特点等因素来选择适合本企业的方式。

(一) 针对旅游者的销售促进

针对旅游者的销售促进主要包括鼓励老顾客继续消费，促进新顾客消费，培养竞争对手顾客对本企业的偏爱等。其具体方式如下：

(1) 样品试用。样品试用是指为顾客提供一定数量的样品供他们免费试用，以便在他们在购买之前实际感受产品的性质、特点、用途，从而坚定他们的购买信心。

(2) 优惠券。在购买某种商品时，持券可以减免一定的金额。

实例9-4

旅游遭遇"寒流"　将发优惠券刺激消费

为了让香港早日恢复"旅游之都"和"购物天堂"的形象，走出之前非法"占中"和

"反水货客"违法行为带来的阴霾,重新让游客回来旅游和消费,香港旅游业、零售业、酒店业界纷纷出招。香港旅游发展局(旅发局)最近获得特区政府8000万港元的额外拨款,其中5500万港元将用于与零售业界分两期举办购物节、优惠及电子折扣券等推广活动。旅发局发言人透露,香港零售及其他旅游相关业界,将于2015年4月底至8月期间,推出大型推广活动,其中由本地多个零售、餐饮商户及主要景点等向游客及市民提供不同形式的优惠以刺激消费。发言人说,推广活动分两期进行,首阶段活动由优质旅游服务协会主办,旅发局会全力支持及配合,并协助主办单位进行宣传。第二阶段则在暑期进行。铜锣湾商圈附近的酒店价格也在下调,以前到"五一"假期就上涨到1500港元以上一间的双人房,目前网上显示的"五一"住宿预订价格普遍在700港元到1000港元之间。

(资料来源:旅游遭遇"寒流"将发优惠券刺激消费[N].北京晚报.2015-4-11.)

(3) 赠送。旅游企业通过赠送旅游纪念品的方法进行促进销售,如旅行社赠送顾客旅行包、太阳帽等。

(4) 购物抽奖。购物抽奖一般是对购买特定商品或购买总额达到一定限度的消费者所给予的奖励,可以是一次性的,也可以是连续的。一次性抽奖是为了在一定时间内销售完某种产品,产品售完即停止奖励。连续抽奖是为了刺激顾客在较长时间内购买这种产品,如连续抽奖,各期奖品可以成为一整套。

(5) 组合展销。旅游企业将一些能显示企业优势和特征的产品集中展示,边展示边销售。

(二) 针对旅游中间商的销售促进

为鼓励中间商大批量购买,动员所有旅游中间商积极购存或推销某些旅游产品。其具体方式如下:

(1) 促销合作。在中间商开展促销活动时,企业提供一定的帮助和协作,共同参与促销活动。促销合作可以通过提供现金,也可以通过提供实物或劳务的方式实现。

(2) 批发回扣。为鼓励中间商多采购或经销自己的产品,旅游企业可以根据其经销的产品的比例给予一定的回扣,经销越多,回扣越多。

(3) 销售竞赛。根据中间商经销本企业产品的业绩,为业绩突出者提供一定的奖励或优惠条件。

(三) 针对销售人员的销售促进

针对销售人员的销售促进主要有分提销售额、推销竞赛、以销定奖等,目的是提高他们销售产品的热情,促使他们积极开拓新市场。

三、销售促进的实施步骤

旅游企业能采用广告、公共关系等方式在目标市场中树立良好的形象,获得长期的品牌忠诚度,当然是最理想的方式。但是在旅游市场上,并非所有的品牌都是优势品牌,因此在市场上展开竞争就必须适当地采用销售促进这种更直接的促销方式。通常来说,一个企业所实施的销售促进都会包括5个方面：确定目标，选择方式，制定方案，实施和控制方案，评价效果。

1. 确定销售促进的目标

首先销售促进目标应在营销整体目标的基础上确定，不能过度追求短期的促进目标而忽视整体目标，更不能与之背道而驰。其次，针对不同的对象销售促进的目标也是不同的。消费者、中间商、销售人员三者作为销售促进的对象，都有其独特的侧重点，而且其具体实施的方式也是不同的，应根据实际情况具体分析，制定合适的目标。

2. 选择销售促进的方式

目标确定之后，需要通过一定的方式和手段来付诸实际行动。上述的各种方式都有其各自的特点和适用范围，在实际操作中，应灵活采用。

3. 制定销售促进的方案

在实施之前，还应制定一个科学而符合实际的方案。销售促进方案是实施活动的具体安排，应该包括五个要素。

(1) 方案预算：用于销售促进的预算在一定时期旅游企业的促销总预算中占一定的比例，是指销售人员决定准备拿出多少费用进行刺激消费，活动经费是多少。

(2) 销售促进对象：可以针对目标对象群的所有人，也可以是其中的一部分人。

(3) 销售促进时间：销售促进时间长短、促销频率均需适宜，要把握市场变化情况，选择恰当的时机。

(4) 分配途径：即通过一定途径去进行促销活动。在选择分配途径时既要考虑各种途径的传播范围，又要考虑成本。

4. 实施和控制方案

在实施方案时，可以先在某一地区或针对少部分对象试验，看实际方案是否还存在不妥之处，经调整后再扩大范围正式实施方案，并不时对方案进行抽查和控制，防止出现较大纰漏和错误。一旦发现，就应及时纠正，确保能达到预期效果；否则将造成不良影响甚至严重损失。

5. 评价方案效果

方案实施之后还须评估其实施效果。通过收集与比较销售促进前后旅游企业的相关数据和材料，采用定量和定性方法相结合的方式，分析销售促进活动所实现的成果、产生的问题，并与最初制定的目标比较，是否存在差距、差距的原因是什么、今后在进行类似活动时可以在哪方面进行改进等。

第五节　旅游公共关系策略

公共关系目前在国内外的大学中已经是一门独立的学科。把公共关系应用到营销中，形成一种新型促销工具，同时也是种非常有效的间接沟通渠道。为了建立、维护、改善或改变企业和产品的形象，为了给企业的发展创造天时地利人和的环境，企业通过一定的信息传播，建立企业与公众的良好关系，这就是公共关系。

一、公共关系的作用及目标

公共关系涉及组内各个部门的影响力和形象,除了进行公众态度调查、创建良好的公司形象等传统活动外,还可为旨在促销产品和服务的各类广告公关活动提供支持。公共关系的应用范围也非常广泛,如促销产品、人员、品牌、创意、活动、地点甚至国家。强生公司就曾巧妙运用公共关系,成功挽救濒临危机的"泰诺";法国白兰地酒利用公共关系顺利打开美国市场随之进入世界市场;国家还可以利用公共关系吸引更多的国际援助、外商投资及旅游观光客。

实例9-5

2015年4月9日,国家旅游局党组成员魏洪涛率领由辽宁、河南、广东、广西、贵州、甘肃等22个省(区)旅游委(局)和180多家旅游企业组成的内地旅游代表团,在澳门举行"美丽中国—2015丝绸之路旅游年"宣传推广系列活动。

当天举行的面向公众宣传推广活动气氛热烈。此次活动直接面向澳门公众宣传推广内地最新的旅游产品和信息,展台形象统一、内容各具特色,形成一道亮丽的风景线。澳门居民寻着悠扬的湖北和广西民歌,不断涌向公园,极具民族和地域特色的精彩演出让澳门居民久久驻足,各地送出的精美旅游纪念品和旅游套票受到当地居民的青睐。

内地旅游企业现场洽谈预售反映良好。本次活动共有包括旅行社、酒店、景区、综合度假村等在内的180家内地企业参加,其中,来自广东的旅游企业超过60家。通过洽谈和产品预售,内地旅游企业进一步了解了当地居民的出行需求,为有针对性地研发产品提供了参考。《澳门日报》《华侨报》《市民日报》及澳广视、澳亚卫视、莲花卫视,葡萄牙新闻社等部分葡文媒体对此次活动进行了采访和报道。当晚,内地旅游代表团还在澳门旅游塔举办了"美丽中国—2015丝绸之路旅游年"推介会。内地旅游代表团团长魏洪涛、澳门特区政府社会文化司司长谭俊荣、中央人民政府驻澳门特别行政区联络办公室副秘书长王新东,以及来自两地旅游业界共计240余人出席推介会。推介会上,国家旅游局组织甘肃、青海、新疆和广西、贵州等五省区向澳门旅游业界推介了最新设计的兰新高铁和贵广高铁内地精品旅游线路和产品,展示了内地中西部丰富独特的旅游资源禀赋和快速发展的交通运力,为内地旅游企业,特别是中西部旅游企业,搭建了与澳门旅行商高效的洽谈平台,为双方加强合作奠定了基础,将进一步夯实澳门同胞赴内地旅游市场。

(资料来源:"美丽中国—2015丝绸之路"旅游年宣传推广系列活动在澳门举办. http://www.gov.cn/xinwen/2015-04/10/content_2844609.htm,2015-4-10)

作为一种营销传播方式,旅游公关活动的目的主要在于影响某些具有社会影响力的公众对本企业旅游产品的看法和态度,从而推动本企业战略目标的实施。因此,旅游公共关系在塑造旅游企业良好的公众形象、提高其知名度和美誉度、增强市场竞争力方面具有重要作用,主要表现为以下三个方面。

1. 建立和维护与社会公众的良好关系

企业要在社会中生存和发展,就必须与整个社会的环境、人文习俗、公众的思想观念相协调。如只埋头专注自己的利益，担任社会活动的旁观者，该企业必将没有多大发展空间，甚至生存都受到威胁。通过公共关系活动，企业参与各种有益的社会事件、赞助各种公益活动、保持与社会公众的良好沟通，可以使企业逐步建立起良好的公众形象，获得公众的爱戴和拥护，有利于企业的健康发展。

2. 提高企业信誉，促进销售业绩

通过公共关系活动，还可以提高企业的知名度和美誉度，增强市场竞争能力。与此同时，向顾客传递企业产品的准确信息，密切与顾客的联系，针对顾客的需求传递满足顾客需求的意向，使顾客不仅感受到以诚待人的经营作风，而且感受到高质量的企业产品；待时机成熟顾客就会购买企业的产品。

3. 协调内外关系，预防危机损失

与相关媒体、社会团体、政府机构以及有其他业务关系的机构保持良好的关系，可以减少产品销售过程中的阻力。此外，在企业内部开展公关活动，可以缓解各种内部纠纷，减少不必要的内耗损失，增加企业的凝聚力。

如上述，与媒体保持良好的关系是旅游企业公共关系的重要组成部分之一。因为通过媒体不仅可向公众传播正面的新闻报道，还可以抑制潜在的负面新闻。一个与媒体有良好联系的企业有更多的机会在新闻发布之前阻止和缓解将要发布的可能不利于企业形象的消息。但是如果认为公关活动可以去掩盖企业或产品本身存在的缺陷就大错特错了。没有任何活动可以帮助一个不去改进其本身潜在问题的企业。因此公共关系一般是和其营销和促销活动共同实施，而不能成为其替代品。

二、公共关系的基本工具

公共关系作为一种可信度较高的信息沟通方式，为多数企业所采用，通常有以下几种。

1. 新闻报道

将有新闻价值的企业活动信息或产品信息通过新闻媒体向公众传递。新闻报道通常是客观描述事实，需以新闻工作者的风格来阐述，同时力争使其新闻价值最大化，收到有利于企业的公众效应。企业公关部门还可将企业的发展史、营销状况、重大发展动向、企业文化建设等内容写成新闻稿件，通过新闻媒体报道出去。此外，企业还以邀请新闻记者来企业参观、召开新闻发布会和记者招待会等形式，向外界报道企业的情况，让社会公众多了解企业。

2. 演讲策划

由企业领导人通过一定渠道或活动发表演讲，介绍企业的相关情况以及企业回报社会和消费者的实际行动，以提高社会公众对企业的关注。

3. 公益赞助和捐赠

企业可以赞助教育、环保、健康等公益事业，还有给发生灾害(如2008年5·12地震)的地区和人们进行捐赠。这些赞助和捐赠活动一方面表现了企业高度的社会责任感；另一方面，公众透过这些活动，对企业增加了认知，产生对企业的好感，从而树立企业良好的公众形象，促进企业产品销售等。

4. 事件赞助

企业还可以通过赞助国内外有价值的事件实现新闻覆盖率，同时这些事件也有助于提高企业品牌的知名度，如赞助一些体育、音乐、艺术活动以及学术竞赛、智力竞赛等等。2008年北京奥运会时联想集团通过为奥运会提供电脑设备，大大提高其在国内外的知名度，更加巩固了其市场地位。

三、危机公关管理

在向社会公众宣传企业的正面形象和经营业绩的同时，旅游企业不可避免地会在经营过程中遇到一些负面新闻，包括操作事故、质量投诉、违规行为、员工抗议等问题。企业如果能事先做好预防措施防止此类事件的发生是最好不过了；如果防不胜防，则应采取积极的行动来处理这些问题，降低负面影响，尽量控制损失。这就是所谓的危机公关。

危机公关包含了"危"和"机"两方面的含义，在任何时候都具有两面性。面对危机如何转危为安不仅体现了一个企业的公关能力，也关系到企业生死存亡的关键。一般来说企业的外部危机不是由于企业自身经营不善造成的，而是由于难以预料的外部市场的突变而造成的。危机公关管理就是指企业面对外部危机时所采取的特殊管理措施，以期最大限度地减少危机给企业造成的不良影响和损失。任何企业的成长、发展都不可能一帆风顺，偶尔失误或出现危机也是不可避免的。危机公关管理应从一开始就做好危机的预防，也就是在危机来临之前进行管理，而不是等事故发生了再被动应对。首先企业必须树立有关危机管理和危机公关的意识，并将其作为现代管理的重要组成部分。其次企业还应制定严密的危机管理政策和措施，同时要考虑到公众的利益。这不仅是企业尽责的表现，而且能减少危机来源于企业疏忽的可能性。除了有危机管理政策之外，还应制订相应的应变计划。计划预测企业的潜在危机及危机发生时的应对策略。由于危机往往是多变的、不可控的，因此应变计策也应灵活多动，而不是固定死板的。

第六节 旅游促销组合策略

前面几节阐述了四种最基本的旅游促销方式，还有很多其他的促销方式，它们各自发挥着不同的作用，有不同的适用范围。对一种旅游产品而主，在促销时只使用其中一种方式往往是不够的，需要把几种不同的方式有机组合起来，综合运用，形成整体的促销攻势。这种把多种促销方式有机结合并综合运用的方式就是促销组合。旅游促销组合策略就是指旅游企业为了实现市场营销的战略目标，把各种促销手段和策略组合成一个有机整体，并加以综合运用，从而保障企业营销效果，实现企业的长期发展。对于旅游业这样一个季节性强，敏感度高且需求弹性大的行业而言，促销组合策略一直是旅游市场营销的重点和亮点。

一、影响促销组合的因素

由于各种促销手段都有其独特的利弊之处，因此在整个促销过程中，旅游企业必须根据所处的内外环境和企业本身的营销目标,灵活地选择,从众多的组合方案中选出最佳组合策略。在选择旅游促销组合策略时,要受到以下因素的制约和影响。

1. 促销目标

这是影响促销组合决策的首要因素。每一种促销方式都有各自独有的特点和成本差异,相同的促销方式用于不同的促销目标,其成本效益也会有所不同。不同的目标也会针对不同的对象,消费者或中间商。针对消费者的促销组合应该有较大的影响范围,而针对中间商的促销组合应主要着重激励中间商,体现给中间商的优惠和让利程度。

2. 产品性质

在旅游产品性质方面,不同性质的旅游产品,旅游者购买的需求不同,购买的动机和习惯也不同,因此需要不同的促销组合。对于顾客众多、分布面广、购买频率高,而每次购买量又较少的旅游产品,广告往往是主要的促销方式,其他方式为辅助方式;对于价格昂贵、风险较大的旅游产品,旅游者需要更多的信息去衡量其性价比、可靠性等,一般广告所提供的信息不能满足其需求,因而可以把人员推销或公共关系等作为重点途径;而其他单位价值较低、大众性的产品应以广告宣传为主,目标市场面较窄的产品则可以采用人员推销为主的促销策略等等。

3. 市场状况

不同的旅游市场,由于其类型、规模、消费者分布范围和数量的不同,而应采用不同的促销组合。当市场潜在消费者较多时,应采用广告促销,以利于广泛开发市场;潜在消费者较少时,则可用公共关系或人员推销,以深入接触消费者、巩固现有消费者。同时,规模小、消费分布集中、地域狭窄的市场可以采用人员推销为主;规模大、消费者分布分散的市场可采用广告宣传为主。此外,市场还受每一地区的社会文化、风俗习惯、经济政治环境等的影响,选择促销组合的策略时,应与它们相适应,以达到最佳促销效果。

4. 产品生命周期

产品所处的生命周期阶段是设计促销组合时应考虑的重要因素。处于不同的生命周期阶段的旅游产品,需要采取不同的促销组合。在产品的导入期,促销主要以宣传为主,让目标客户知道该产品的存在。一般而言,广告和公共关系都可以让目标群体认识某种产品类别或品牌,提高其对该产品或品牌的关注度,同时还可以用销售促进方式作为辅助,鼓励人们购买之前试用过的产品。在产品的发展期时,仍可大量使用广告进行宣传,但可以减少销售促进,因为消费者不再需要多少刺激就会购买。此时,促销策略的重点应该放在产品与竞争对手的产品之间的差异化优势上,突出产品或品牌的优势,建立和维护消费对品牌的忠诚度。当产品进入成熟期时,竞争对手日益增多,市场竞争十分激烈。在这一阶段,大部分消费者对产品已有所了解,销售促进也逐渐起着重要作用,再度刺激消费者的购买欲望。当产品进入衰退期时,企业应相应降低促销规模,广告也仅起到提示作用,保持顾客的记忆,公共关系、人员推销等方面可减至最小规模,但销售促进可继续开展,保证产品的顺利销售。

5. 企业状况

企业状况对促销组合的影响主要是指企业的资金状况对促销组合的影响。因为资金状况直接关系着促销预算,而促销预算的多少又影响着促销方式的选择。各种促销方法所需费用是不相同的,企业应使用尽可能少的花费取得尽可能大的促销效果,提高促销效率。除了资金状况外，企业规模、声誉、知名度等因素都会影响促销组合策略的制定。

二、制定促销组合策略

在对上述因素综合分析的基础上，可以初步制定促销组合策略。如前所述，不同的方式组合就可以形成不同的策略。总体来说，这些策略可以分为两大类：拉式策略和推式策略。

1. 拉式策略

拉式策略是基于直接激发最终消费者对本企业旅游产品的兴趣和热情，形成急切的市场需求，促使其主动去寻找购买途径，然后拉引中间商纷纷经销这种产品。在市场营销过程中，由于中间商与生产企业对某些新产品的市场前景有不同的看法。当新产品上市时，中间商因担心市场风险过高而不愿经销。在这种情况下，生产企业就可以先从消费者方面推销，形成巨大的市场需求，促使经销商经销。拉式策略常用的方式有广告、销售促进、展览促销等。

2. 推式策略

推式策略是着眼于积极地把本企业旅游产品推向目标市场，也就是推着旅游产品经分销渠道最终达到消费者手中。推式策略的意图是旅游产品生产者或提供者劝说或诱使旅游中间商及旅游消费者来购买自己的产品，使旅游产品逐次地通过各个销售渠道，并最终抵达旅游消费者；表现为在销售渠道中，每个环节都对下一个环节主动出击，强化顾客的购买动机，说服顾客迅速购买。这种策略主要以人员推销为主，销售促进、公共关系等与之相配合。

本章小结

旅游产品促销是指旅游企业通过一定的方式，将企业的旅游产品信息及购买途径传递给目标顾客，激发用户的购买兴趣，强化购买欲望，甚至创造需求，从而促进产品销售的一系列活动。

旅游广告是指旅游企业以付费方式通过媒体向旅游者提供相关信息的宣传形式；具有传播面广、间接传播、强烈的表现力和吸引力等特点；是传播旅游产品信息的主要工具和旅游企业竞争的有力武器，可以引导和刺激旅游消费，甚至创造旅游需求。旅游广告策略实施的主要步骤包括：确定旅游广告的目标，进行广告预算，设计广告信息，选择广告媒体，评价广告效果。

旅游人员推销是指通过销售人员与目标客户的直接交往，劝说客户购买本企业产品或服务的促销方法，是最古老的一种传统促销方式。人员推销的主要特点有便于双向沟通和建立良好的关系、针对性强、推销过程灵活、促使成交及时。人员推销有3种开展方式：营业推销、派员推销、会议推销。

旅游销售促进，又称营业推广，是指旅游企业在某一特定时期与空间范围内，通过刺激和鼓励交易双方，并促使旅游者尽快购买或大量购买旅游产品及服务而采取的一系列促销措施和手段。销售促进的作用表现在4个方面：能有效地调动消费欲望和热情，有效地将新产品推向市场，奖励品牌忠实者，抵御竞争者的销售促进促销活动。针对不同的促进对象，有不同的促进方式。销售促进策划主要包括5个方面：确定目标，选择方式，制定方案，实施和控制方案，评价效果。

旅游公关活动在塑造旅游企业良好的公众形象、提高其知名度和美誉度、增强市场竞争力方面具有重要作用。企业常用的公关工具有新闻报道、演讲策划、公益赞助和捐赠、事件赞助。危机公关管理就是指企业面对外部危机时所采取的特殊管理措施，以期最大限度地减少危机给企业造成的不良影响和损失。

旅游促销组合策略就是指旅游企业为了实现市场营销的战略目标，把各种促销手段和策略组合成一个有机整体，并加以综合运用，从而保障企业营销效果，实现企业的长期发展。影响促销组合的因素有促销目标、产品性质、市场状况、产品生命周期、企业状况等。促销组合策略有拉式策略和推式策略两大类。

案例分析

旅游电商"双十一"让利促销

淘宝旅行2013年首次参加"双十一"活动，截至11月12日0时，淘宝旅游产品成交量突破17万笔，其中手机客户端交易突破2万笔，酒店预售超9万间夜。

记者浏览淘宝旅行网页时发现，打折让利的信息铺天盖地："只有今天，机票直减！四大航空公司携手让利，直减30%至15%！""全国联运美国夏威夷五星自由行，仅需9999/人。""全国多城市往返3天2晚自由行——五星级酒店+每日早餐，仅售2999元！"……据淘宝旅行统计，在"双十一"网购狂欢节期间，促销产品整体让利幅度在5000万元以上，几乎都在市场价的五折及以下。

相关资料显示，淘宝旅行"双十一"大促销开始的1分钟内，所有零点"秒杀商品"全部被秒光：5秒钟，34张"南京汤山1号温泉门票"被抢购一空；10秒钟，10个"杭州千岛湖开元度假村住宿"被秒杀；24秒钟，10个"马尔代夫6天往返机票"被秒杀；"北上杭三亚5天4晚自由行"售出2082件，如果按照平均每个行程飞行1000公里的话，相当于要绕地球50圈……

从商家来看，中青旅旗舰店、五星汇旅行和乐游旅游网3个商家，预售旅游度假产品的交易额累计突破千万元大关。各地旅游局和旅游企业也纷纷推出优惠举措。如"淘宝·多彩贵州旅游馆"当天所有商品价格均为8.5折，并赠送10元店铺全额抵用券5000份，赠送100元店铺全额抵用券1000份，总共让利游客15万元。青岛温泉旅游度假区海泉湾推出了798元的超值温泉度假套票，产品包括了酒店住房、双人温泉和演出门票。

"我们希望所有的网民快乐地参与，在购得自己满意的旅游产品同时获得消费的喜悦。"阿里巴巴航旅事业部总经理李少华说，"双十一"淘宝旅行并不追求交易额，主要目的是让消费者更好地体验今年推出的旅游产品预售、酒店套票、手机客户端周边游等全新业务，并让商家通过这次活动推动供应链整合、提升服务水平，最终获得消费者的认可。

在这一天，传统OTA大佬携程旅行网也对旗下酒店、机票、旅游等多产品线展开"双十一"促销。携程网相关负责人士告诉记者，2013年"双十一"携程酒店最低折扣1.1折，涉及国际国内的众多品牌酒店和经济型酒店。旅游产品则有"买一送一""早订减""多人减"等多种优惠形式，最高立减数千元。驴妈妈旅行网则推出了涵盖景区门票、机票、度假酒店、娱乐演出等多种类旅游产品，包括免费抢、预订立减、一人免单、"双十一"特价等多种形式的"双十一""脱光"大促活动。在驴妈妈旅行网上，记者看到上海至成都6日往返机票，市场价3880元，而活动期间预订价位仅为1088元起。此外，艺龙、途牛、芒果、遨游、悠哉等旅行电商也推出了"双十一"促销活动，优惠幅度较高。

对于多数旅游电商加入"双十一"促销活动，中国旅游研究院副研究员杨彦锋说，经过几年的发展，"双十一"已经从淘宝一家的促销活动，泛化为全民促销的购物节，已经形成了一种新的消费现象。小到干洗店，大到跨国电器品牌，都加入了"双十一"的促销队伍。作为国民经济战略性支柱产业和人民群众更加满意的现代服务业，旅游业没有道理不加入这一促销活动。每年11月也恰逢旅游行业淡季，这时旅行社企业多数在推"错峰游"，本身价格就有较大的优惠空间。而"双十一"恰好出现在这一时期，传统旅行社完全可以利用这一营销契机。

(资料来源：徐万佳，沈仲亮，何春，朱文.旅游业加入"双十一"促销战[N].中国旅游报.2013-11-13.)

案例讨论

1. 此次旅游电商在"双十一"促销战中都采取了哪些旅游促销策略？
2. 传统旅行社对此有哪些可以借鉴的地方？

复习思考题

1. 请结合案例说明旅游产品促销的具体作用。
2. 根据所学知识，拟定一个广告策略实施计划。
3. 如何理解旅游人员推销与销售促进的区别与联系？
4. 请谈谈你对危机公关管理的认识。
5. 请结合实际案例分析旅游促销组合的各个影响因素。

第十章 旅游人员管理策略

学习目标

(1) 了解旅游企业、旅游服务人员、旅游者三者之间的关系
(2) 掌握旅游人力资源分析的内容和方法
(3) 了解旅游服务人员的条件
(4) 掌握内部营销的概念和内容
(5) 掌握服务利润链理论

导入案例

旅游网站新职业——旅游体验师

2011年4月,酷讯旅游网在业内提出旅游体验师这一新职业,并携手天津卫视职场真人秀栏目《非你莫属》进行联合招募,因其免费旅游、高报酬的职业特色,被称为"天下第一美差"。随着旅游体验师这一概念逐渐深入人心,全国多家旅游网站先后效仿推出类似活动。各家虽在称谓上略有不同,内容各有侧重,但其职位都是以免费旅游、分享旅游体验为主,由此掀起了旅游体验师的效仿风潮。

腾讯网推出的是旅行体验师项目,口号是实现免费环游世界梦想,网友除了通过发攻略参与,还可前往职场招聘节目《职来职往》现场应聘,其模式与酷讯旅游体验师的招聘模式相似;近日,途牛旅游网为庆祝5周年推出系列免费旅游活动,其中也有招募途牛体验师活动,有近30条国内、出境短线、出境长线等免费旅游体验机会,还有免费酒店、机票赠送;山西旅游网站则通过网络活动选拔首席旅游体验师,为大众旅行者计划、分享旅游精品线路。

据记者了解,酷讯旅游目前还推出"一起玩"社区,倡导"人人都是旅游体验师",为旅游爱好者搭建互动平台。只要游客在"一起玩"中发布旅游攻略,就能成为酷讯旅游体验师,而且还能有更多免费旅游的机会和旅游基金。酷讯旅游网体验师团队包括明星旅游体验师、职业旅游体验师、草根旅游体验师三种主要类型。其中明星体验师包括《非你莫属》招聘到的首席旅游体验师郝娜、《新水浒传》中的"母夜叉"孙二娘和"小李广"花荣扮演者、《重案六组》中季洁的扮演者、红色经典电视剧《毛岸英》中毛岸英等角色的扮演者等。

(资料来源:武晓黎.旅游网站新职业——旅游体验师[N].中国消费者报,2011-12-12.)

第一节 旅游人员要素

一、旅游服务营销中的人员要素

在旅游服务营销的7P要素中,人员要素十分关键。这里所指的人员,即旅游企业的员工,也就是为满足旅游者的旅游需求而提供支持的服务人员。旅游服务人员在成功的服务营销中扮演着非常重要的角色。

(一) 旅游企业、员工、顾客之间的关系

图10-1为服务营销的三角构成图,从该图可以形象地分析出企业、员工、顾客之间存在着交叉营销关系。

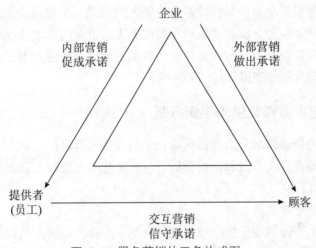

图10-1 服务营销的三角构成图

(图表来源:Bitner. M. J. . Building service relationships:It's all about promises[J]. Journal of the Academy of Marketing Science,1995:23(4).)

如图10-1所示,服务营销三角的左侧边表示内部营销的重要性,旅游服务组织在内部市场上向内部顾客——员工提供内部服务,确保员工有能力、有意愿传递服务承诺,实现优质服务。右侧面表示外部营销,旅游企业做出外部承诺,使顾客了解旅游服务组织所提供的服务资源和服务模式等。三角形的底边体现交互营销,在交互营销中,人员是关键要素,服务人员信守了服务组织做出的外部承诺,才能保障服务传递的顺畅。

(二) 旅游服务人员在旅游营销中的作用

旅游企业的服务人员在旅游市场营销中起着非常重要的作用,具体体现在如下两个方面。

1. 影响旅游者的购买决策

旅游者决定选择哪个旅游服务提供商,影响因素可能是多方面的,其中最为直观的一个信息渠道就是与旅游企业员工的接触和了解。旅游者通过与旅游企业人员的沟通,了解和感

知该企业的旅游路线设计及服务理念、服务质量，从而决定是否进行旅游服务购买。

2. 影响旅游服务质量

旅游者对旅游服务质量的感受往往是在与旅游服务人员接触中产生的，旅游企业员工的工作态度、工作效率以及服务水准在很大程度上影响着顾客——旅游者对获得旅游服务的评价。

二、旅游人力资源分析

旅游企业要想对旅游服务人员进行良好的管理，就必须进行旅游人力资源分析。

(一) 旅游企业人力资源分析的两个方面

旅游人力资源可以从数量与质量两个方面进行考察。旅游人力资源的数量是指旅游企业拥有的从事旅游服务的劳动力数量；旅游人力资源的质量，是指旅游企业从事旅游服务工作的劳动力的综合素质及能力。旅游企业对旅游服务人力资源的供求状况进行分析，可以从人员数量与质量角度分析企业自身对人力资源的需求情况以及旅游人力资源市场的供给状况，从而为其人力资源开发和管理提供科学的依据。

(二) 旅游企业人力资源供求平衡分析

旅游企业的人力资源供求分析是指旅游企业为实现经营目标，对人力资源的需求进行估测，为了满足需求而进行人力资源供给分析，并在此基础上进行人员的安排，以达到旅游人力资源供求平衡的过程。

1. 旅游企业人力资源需求分析

旅游企业的人力资源需求分析一般可以采取如下方式：总需求结构预测法、定额比例分析法、成本分析预测法。

(1) 总需求结构预测法

该方法的重点是对目前已经使用的劳动力进行统计，并根据旅游企业的发展情况及服务流程的整合情况，分析对人力资源的需求的增加和减少。

(2) 定额比例分析法

该方法的前提是在旅游企业内部各个部门间员工数量配置存在着大致的一个比例关系。因此，在对人员进行配置时可以在参照经验比例的基础上，考虑各部门需求进行增减。

(3) 成本分析预测法

成本分析预测法是一种从财务角度进行的人力资源需求分析方法。劳动力是基本生产三要素之一，对劳动力的使用必然导致生产要素成本的支付，旅游企业要达到使用人力资源的效益最大化，就必须同时进行人力资源成本控制和人力资源的有效运用。在制定人力资源需求计划的同时，也必须计算增加人力资源的成本，包括员工的薪酬、福利及配套费用等。

2. 旅游企业人力资源供给分析

(1) 外部供给分析

首先是对旅游人才市场进行分析。旅游从业人员人才市场是旅游人力资源外部供给的主要来源，它是旅游企业了解和分析旅游人力资源供给情况的主要考虑因素。旅游企业通过对该市场的了解，可以对人力资源供给的数量、质量及劳动者的就业要求进行了解，从而制定出相应的人员录用计划和薪酬计划。

其次要对产业政策进行分析。旅游业的发展对政策的变化十分敏感，政府颁布的促进就业的政策将会对劳动力的提供产生影响。

(2) 内部供给分析

旅游企业人力资源供给的内部分析是建立在现有人力资源的基础上，分析计划期内人员流动和员工对未来工作的适应能力等方面的情况，最终对未来一段时期内旅游企业的劳动力供给情况进行分析和预测。

进行内部供给分析需要先在旅游企业内部建立起一个人员信息数据库，包括现有员工的各类情况，如员工的数量情况、年龄层次、学历结构、专业特长、工作经历等。

3. 旅游人力资源供求平衡分析策略

首先是旅游人力资源供给与需求的平衡。旅游企业人力资源供求不平衡，可能有3种状况：人力资源供给小于需求，意味着劳动力短缺，会制约旅游企业的业务发展；人力资源供给大于需求，意味着人才浪费；最后是结构性失衡，某些岗位人才短缺和另一些岗位人员过剩同时并存。当人力资源供求失衡出现时，旅游企业需要积极采取措施进行应对。当人力资源需求大于供给时，可以采取提升工作效率、加强员工培训、招聘新员工等方式；当供给大于需求时，可以采取精简人员、开发新市场以充分利用过剩人员等方式。

其次是企业的需要和员工个人需要的平衡。企业的需要和员工个人的需求目标函数常常会有所不同，企业进行人力资源管理是为了达到经营目标，而员工个人提供劳动力是为了使自身物质、精神需要得到满足，只有将二者进行平衡，才能协调企业需要和员工个人需求之间的矛盾。

具体如表10-1所示。

表10-1 协调企业和个人目标的人力资源供求平衡分析

企业增强组织功能提高组织效率目标	人力资源供求平衡方法	个人满足精神与物质方面需求的目标
发展专业化 →	职务和工作设计	← 工作丰富化
精简人员(精简不称职人员) →	不断进行适应新任务的培训	← 工作保障
稳定骨干(不希望能干的员工流失) →	职业生涯计划	← 寻求发展(若本组织无机会则要求调高)
降低成本 →	生产率计划	← 提高待遇
保证指挥权威 →	劳资关系计划	← 受尊重
保持干部队伍 →	考核计划	← 公平晋升机会

(图表来源：赵西萍. 旅游企业人力资源管理[M]. 天津：南开大学出版社，2001.)

(三) 旅游企业人力资源开发分析

旅游企业人力资源开发是指旅游企业根据旅游市场营销及旅游服务的需要，进行工作岗位设计，有计划地从人力资源市场获得所需劳动力，并对人力资源进行有效整合，使员工与企业融为一体，除此之外对员工进行有效激励，使其产生并保持对企业的忠诚度和向心力，进而提升服务业绩，最终实现企业的经营目标。

旅游企业的人力资源开发问题的核心是人力资源的有效配置和使用，具体工作包括如下环节。

1. 工作岗位设计

工作岗位的设计科学合理，是旅游企业人力资源开发的前提。只有在合理的岗位设计基础上，旅游企业才能正确地对人员需求进行分析与计划。工作岗位设置不合理，会导致以下问题：人员不足、人员过剩、人员错配、服务效率低下。

2. 员工招聘

员工招聘也被称为有效增员，是一个旅游企业能够持续经营，保持活力的关键。旅游企业是服务企业，而旅游企业人员是与旅游者直接接触的服务代表，也是提供旅游服务的载体，成功的员工招聘可以使旅游企业提高软实力，推进服务质量的改善。很多旅游企业在人员招聘过程中不仅达到了有效增员的目标，还借机进行了旅游企业的对外宣传。2009年澳大利亚昆士兰旅游局进行的大堡礁看护员的招聘(见案例分析)就是一个非常好的例子，这次招聘不仅是一次成功的招聘，更是一次成功的营销方案设计。

3. 员工培训与职业教育

一般来说，旅游企业的新进员工所具备的知识与能力总是与企业的用人目标存在差距。因而对新近员工进行培训是多数旅游企业在招聘员工之后要进行的第一步工作，一方面要使员工能够尽快适应岗位需求，另一方面也要使新员工能够迅速融入集体，接受和认可企业文化。除了新进员工的培训之外，对已有员工的再培训也是非常重要的。

4. 人力资源的有效运用

旅游企业要使人力资源得到有效运用，首先要做到合理的人员配置。在企业内部每个岗位上配置能力与之相适应的人员，使岗位的职能得以充分实现，也使每一位员工能够发挥自己的专长。同时，旅游企业还要进行人员激励机制的设计和实施。有效激励可以使员工在自己的岗位上积极地发挥主观能动性，创造更大的价值。

第二节 旅游服务人员的条件

旅游服务人员素质的提高是旅游市场营销开展的需要，如果旅游服务人员的总体素质不高，必然会在一定程度上影响和制约着旅游市场营销的成效。因此，有必要对旅游服务人员的条件进行讨论。

一、良好的职业道德

职业道德是指一个行业所应遵循的道德规范与行为准则。提倡旅游业职业道德建设不仅是为了维护社会公众的利益，同时也是为了保障旅游业的健康发展，维护行业的长远利益。旅游业是一个面对大众的服务行业，以提供优质服务满足人们的休闲、观光需要，旅游服务的根本宗旨应当是使旅游者在旅游过程中得到精神满足。因而，旅游从业人员的职业道德素质就成为旅游服务营销成败的关键。根据旅游服务自身的特点，应对旅游人员不断进行并加强职业道德教育。

旅游服务人员应当遵守的职业道德规范主要有以下几点。

(一) 遵纪守法

旅游服务人员应了解与旅游工作有关的各类政策法规，尤其是消费者权益保护方面的法律知识，并且严格遵守，从而使旅游服务行为符合国家政策法规的要求，杜绝违规违纪现象，承担起应有的社会责任。

(二) 诚实守信

诚实守信是旅游服务人员应当遵守的一项根本的行为准则，也是赢得旅游者信任必备的道德条件之一。旅游企业需要通过持续的职业道德教育，培养旅游服务人员的诚信意识。使员工遵守商业道德，在旅游服务中信守服务承诺，不欺骗、不隐瞒，不擅自改变旅游服务的数量与质量。

二、广博的知识

旅游从业人员的知识面要广，这是由旅游业的行业特点和旅游者的需求决定的。旅游业工作中涉及的知识非常广泛，包括天文地理、风土人情、历史文化等众多领域的知识。旅游服务人员如果知识贫乏，就很难为旅游者提供高质量的服务。

(一) 观光及休闲知识

一般来讲，旅游服务人员大多分布在旅游景区、旅行社及涉外旅店。前两者的顾客主要是外出旅游者，因此服务人员应了解历史文化、风土人情等方面的具体情况。而旅店服务面对的主要对象是休闲享受、差旅会议等消费者，因此，旅游服务人员应熟知住宿餐饮、休闲观光、医疗健身等方面的知识。

(二) 宗教文化知识

旅游服务人员了解宗教文化知识是出于两个方面的考虑：一是很多人文景观与宗教文化有关，了解相关宗教文化知识，才能为旅游者提供更加详尽、细致的服务，满足旅游者的精神文化需求；二是旅游者来自不同的地域，不同的民族，往往有着不同的宗教信仰，理解和尊重不同的宗教文化，才能理解和尊重拥有不同信仰的游客。

实例10-1

焦雪梅是一名白领丽人，她机敏漂亮，待人热情，工作出色。有一回，焦小姐所在的公司派她和几名同事一道，前往东南亚某国洽谈业务。可是，平时向来处事稳重、举止大方的焦小姐，在访问那个国家期间，竟然由于行为不慎，而招惹了一场不大不小的麻烦。

事情的经过是这样的：焦小姐和她的同事一抵达目的地，就受到了东道主的热烈欢迎，在随之为他们特意举行的欢迎宴会上，主人亲自为每一位来自中国的嘉宾递上一杯当地特产的饮料，以示敬意。轮到主人向焦小姐递送饮料之时，一直是"左撇子"的焦小姐不假思索，自然而然地抬起自己的左手去接饮料，见此情景，主人却神色骤变，重重地将饮料放回桌上，扬长而去。

原来，在那个国家里，人们的左右手有着明显的分工。正规情况下，右手被视为"尊贵之手"，可用于进餐、递送物品以及向别人行礼。而左手则被视为"不洁之手"，用左手递接物品，或是与人接触、施礼，在该国被人们公认为是一种蓄意侮辱。焦小姐在这次交往中违规犯忌，说到底是由于她不了解交往国的习俗所致。

(资料来源：曾峰，旅游从业人员素质要求与道德规范.北京旅游攻略博客，2011-10-27)

三、良好的仪容风范

(一) 良好的仪表仪容

良好的仪表仪容是旅游服务人员开展工作的必备条件之一，社会心理学研究证明：在人际交往当中，对一个人的最初印象在很长一段时间内，都影响着与其接触者的心理及行为。由此可知，旅游服务人员的良好仪表是给顾客留下美好第一印象的必要条件。在与旅游者接触的过程中，旅游服务人员应以关心的眼神及略带轻松的微笑面对顾客。在提供旅游服务时，应当表情自然，适度放松，尽量营造轻松、愉悦的服务氛围。

(二) 语言与风度

旅游服务人员的风度包括言谈举止、神态气质等，它是个人内在修养的外在表现，也反映了个人的文明程度。从旅游服务的特点来看，旅游服务人员应当保持气质高雅、举止大方、平等待人、谦虚谨慎的风度。同时，旅游服务中需要为顾客提供大量的与旅游有关的知识和信息，这就要求旅游服务人员有较高的语言素养，发音清晰并注意语音语调的处理。

四、社交沟通能力

由于旅游企业面对的顾客是社会大众，涉及各类人群，因而旅游服务人员应具备较好的社交沟通能力。

(一) 社交能力

旅游企业员工应学习并掌握社交礼仪、公共关系、情绪管理等方面的内容。由于旅游者的年龄层次、性格习惯、文化修养、心理素质、身体状况等诸多方面不同，在旅游过程中的表现和偏好就会不同。旅游服务人员需要学会接待不同类型的旅游者，并满足其旅游消费需求。而导游人员还需要具备一定的领导力和影响力，把旅游团带成一个有凝聚力的团队。

(二) 有效沟通

旅游服务人员要与不同类型的旅游者接触，就需要掌握有效沟通的能力。要想在与旅游者接触的每一个"真实瞬间"表现出的良好的沟通技巧，这就要求旅游服务人员要了解旅游者的想法和需求，通过察言观色捕捉旅游者的情绪状态，使用恰当的语言与顾客进行沟通。旅游服务人员应善于"换位思考"，从旅游者的角度出发，了解旅游者的需求和感受，减少双方的认知偏差，最终达到有效沟通的目的。

五、良好的心理素质和健康的体魄

旅游服务人员应具备健康的身心素质，这也是旅游服务工作的特点决定的。关于健康的理解，世界卫生组织(WHO)是这样解释的："健康，不仅在于没有疾病，而且在于肉体、精神、社会各方面的正常情况。"对于旅游企业员工，尤其是直接与顾客接触的一线服务人员，保持身体健康和心理健康十分重要。

旅游企业的很多岗位工作时间段与一般行业是不同的，有些需要分段上班，还有一些则长期从事室外工作，这都要求从业人员要有健康的体魄。同时，旅游服务人员还要拥有良好的心理素质。旅游消费的一个重要目的就是在旅游过程中获得快乐的感受，这就要求旅游服务人员自身拥有积极、乐观的心态，拥有给游客带来快乐的能力。旅游者来自各地，文化层次、兴趣爱好、职业阅历、性格特点等方面存在很大差距，旅游服务人员要做到在各种环境中以及不同的服务对象面前，都能保持一种良好的、积极的心理状态，为旅游者提供满意的服务。

六、应变与应急能力

在旅游过程中，有时会出现一些意想不到的情况，甚至有可能突然发生重大事故。这就要求旅游服务人员学习、掌握处理意外事故的基本知识和技巧，以便遇到意外事故时，可以保持冷静，及时采取有效措施解决问题。

由于旅游者往往是身处外地，对周围的环境很不熟悉，而且旅游服务的过程一般较长，在旅游过程中发生意外情况的可能性是无法完全避免的。因此，旅游服务人员还应懂得在发生意外情况时的应对知识与技能。如气候常识、交通知识、保险知识、卫生和救护常识等等。

实例10-2

2013年11月12日，石狮市旅游发展服务中心联合石狮市质安技术职业培训学校，在石狮市职工活动中心三楼培训室开展了"石狮市旅游行业从业人员现场应急救护培训"，绿岛国际酒店、建明酒店、五洲佳豪酒店等15家星级酒店和石狮市中旅、环球等9家旅行社的相关人员参加培训，有效提高了大家的防灾减灾意识和能力。

此次培训邀请了省特检院泉州分院的林立伟工程师和石狮急救中心的陈铁权医生，分别对电梯安全知识、电梯故障现场救助、心肺复苏技能、创伤救护基本技能(止血、包扎、固定、搬运)、常见急症现场处理、现场避险逃生知识、突发事件和意外伤害现场应对进行讲解，让学员切身体验救助的过程。

通过学习，让人们掌握现场急救知识和基本操作技能，减少突发公共安全意外事件造成的工作人员伤亡率，切实保护游客的健康和生命安全，促进和谐社会建设。

(资料来源：林斌斌.石狮市旅游行业开展应急救护培训[N].石狮日报，2013-11-13.)

七、跨文化交流能力

(一) 跨文化交际能力

在涉外旅游服务中，旅游企业员工还需要具备跨文化交际能力。在出国旅游服务中，旅游服务人员要熟悉旅游目的地国家和地区的地理、气候、时差、风俗、交通等情况，并具备与当地人交际沟通的能力，以保证旅游服务的顺畅。在接待外宾过程中，服务人员需要对国外游客的信仰、习惯等多方面的信息有所了解并表现出尊重。

(二) 一定的外语技能

语言是人类交际的工具，也是旅游服务的重要工具之一，而在涉外旅游工作中，旅游服务人员还需要具备相应的外语技能。提高旅游服务人员的外语水平是发展涉外旅游业务的需要，也是提高旅游企业员工综合素质的需要。尤其是旅游企业的一线服务人员，学会一门甚至几门外语，拥有较好的外语表达能力和语言转换能力，是吸引更多国际游客的必要条件。

实例10-3

2015年3月14日8点多，张家界黄龙洞景区验票口传来一阵爽朗的笑声，只见一位50多岁的大叔用韩语和韩国大妈大叔们谈笑风生，现场气氛不像是在验票，更像是老友聊天一样轻松自然。

据了解，大叔叫何明球，今年52岁，是黄龙洞景区一名普通的验票员，由于特殊的工作关系，十年间他自学韩语、印尼语、泰语、日语和英语等多种语言的日常用语，成为该景区最受游客欢迎的验票员。

验票岗对该景区来说本来是一个严肃的岗位，游客素质参差不齐，假证、假票时有出现，一种语气，一个笑容，一个玩笑就会带来不同的效果。遇到持假证的游客何明球总是首先给足当事人面子，换位思考，晓之以理，动之以情，他总是能将大事化小，小事化了，让游客高兴地拿出钱来补票。十年间，他几乎年年被评为该公司先进个人，2009年和2010年还先后被评为"满意张家界"先进标兵和武陵源劳动模范。

(资料来源：毛建初.张家界"最牛验票大叔"自学五种外语服务游客.张家界在线，2015-3-14)

八、服务角色化要求

一些特殊的旅游企业还会对员工提出更高的要求——服务角色化。服务角色化是指在服务过程中,服务企业的一线人员与顾客接触中忘我地进入角色,将服务变成表演,将自身当作表演角色,也称为角色营销。而进入角色一般要求:

(1) 旅游服务人员的语言、行为、外表等达到了服务场所虚拟的角色规范要求。

(2) 旅游服务人员在服务表演中进入忘我状态,在服务中能排除自我干扰,按照所扮演的角色进行思维并表现在言行上。

(3) 旅游服务人员在适当的条件下,引导顾客进入表演,成为角色。

第三节 旅游企业的内部营销

一、内部营销理论的兴起与发展

随着市场营销的应用范围扩大,人们开始将过去用于企业外部市场的营销思想和方法运用到了企业的内部,从而催生了内部营销理论的产生与发展。

20世纪80年代初,欧洲学者格朗鲁斯(Christian Gronroos)和美国学者贝瑞(Leonard Berry)最先提出了内部营销(internal marketing)的概念。他们的观点认为,大多数服务都涉及企业员工和顾客的直接接触,所以服务人员的态度和行为直接影响到企业的经营绩效。营销的目的是使顾客满意,而服务人员对于达到这一目标举足轻重,对于服务企业来说,要想有满意的顾客,就需要先有满意的员工。因此,他们主张把企业外部市场的营销手段运用到企业内部,以促进员工主动服务的意识。

早期西方内部营销理论的核心认识为将员工视为企业的内部顾客。如Gronroos给出的内部营销定义就是将公司出售给内部顾客——员工,高满意度的员工将促使公司具有市场导向和以顾客为中心,提供有效的服务使顾客满意。

诺丁服务营销学派的一个基本观点是:内部营销与外部营销(external marketing)和交叉营销(interactive marketing)一样,是企业整体营销的组成部分之一,目的是使员工受到激励。从功能上看,外部营销是向顾客做出承诺;交叉营销是履行承诺;内部营销则是使员工能够积极履行承诺。

也有学者认为,企业要改进外部市场表现就需要对企业内部活动进行改善。而这种企业内部为了调动员工积极性进行的转变活动都属于内部营销。

还有人认为,内部营销实际上是用营销学理论进行人力资源管理,它是建立在以市场为导向的管理理念上,可以视为一种经营方式。

总的来看,内部营销的起源和发展都是建立在以下的假设基础上:满意的员工产生满意的顾客,要想赢得顾客满意,就要先让员工满意。

二、内部营销的内涵

(一) 内部营销的概念

内部营销的基本思路是：企业内部存在一个市场，而员工就是内部市场的主体，即内部顾客。内部营销是一种管理策略，其核心内容是配合具有顾客意识的员工，最终目标是建立高效的服务市场营销体系。

内部营销包括四层含义。
(1) 员工是企业的内部顾客。
(2) 企业可以通过类似外部营销的策略、活动对员工进行激励，使员工具有顾客意识。
(3) 实施内部营销的主要策略包括态度管理与沟通管理。
(4) 内部营销的目标是通过员工满意来实现顾客满意。

(二) 内部营销的内容

内部营销包括两个基本内容，态度管理和沟通管理，这两项内容相互作用、相互影响。

1. 态度管理

旅游企业要取得明显的内部营销效果就需要对员工的态度进行战略性管理，管理的方式就是通过培训等多种渠道，使之树立顾客至上的观念并具备市场竞争意识，从而改造员工的工作动机和工作态度。

2. 沟通管理

在旅游企业中，不同岗位的人员，不论是管理人员还是普通员工，不论是一线员工还是后台人员，都需要获得充分的信息，以使旅游企业能为内部和外部顾客提供优质服务。这些信息涵盖多方面的内容，如产品和服务的情况、企业的对外服务承诺、广告和销售人员的对外宣传等。

三、内部营销与服务利润链

旅游企业内部营销目标的实现过程，可以通过服务利润链模型进行诠释。

(一) 服务利润链

"服务价值链"(Service-Profit Chain)模型是由詹姆斯·赫斯克特教授等多位学者于20世纪90年代提出的。图10-2是服务利润链模型的图解，它形象地表明了企业、员工、顾客、利润四者之间的关系。

服务利润链图表明：企业内部服务质量影响员工满意度，而员工满意度影响着外部服务质量，进而影响顾客满意度，而顾客满意度及忠诚度决定企业利润。简而言之，员工的满意度决定顾客的满意度，再进一步讲，员工的满意度决定企业盈利能力。值得注意的是，服务利润链还是一个循环的链，企业盈利增加与企业成长会使员工受益更多，员工满意度会进一步强化，服务利润链就进入良性循环。

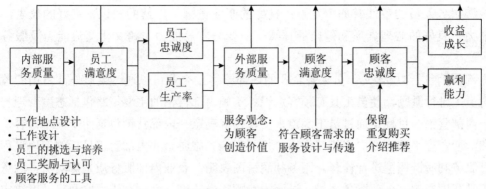

图10-2 服务利润链

(图表来源：Harvard Business Review)

有大量的例子证明，员工满意度与顾客忠诚度之间确实存在相关关系。一项研究发现：员工满意度提高3%～5%将使顾客忠诚度提高1%，净收入增加1%。

(二) 服务利润链理论对旅游企业的启示

1. 揭示了旅游服务质量改善的内在动力

从以上分析中可知，服务利润链表明了"内部服务质量"对"外部服务质量"的影响，同时强调了内部顾客(员工)的重要性，使服务企业认识到：没有满意的员工，就没有满意的顾客；企业为"内部顾客"(员工)提供服务的好坏最终会影响到企业的利润。对于旅游企业来说，要想获得旅游者(外部顾客)的满意，就必须先赢得内部顾客(员工)的满意，因此，旅游企业就必须以人为本，重视员工的价值，提高其工作的积极性和主动性。

2. 为旅游企业转变经营思路提供了理论依据

对于旅游企业转变经营思路方面，服务利润链模型也有着重要的启示作用。服务利润链指出了顾客忠诚度与企业利润间的相关性，认识到这一点有助于旅游企业提高对优质服务的重视，同时会推动企业开展维系旅游者的关系营销，并促使旅游企业增强与旅游者的互动。

本章小结

在旅游服务营销的7P要素中，人员要素十分关键。这里所指的人员，即旅游企业的员工，也就是为满足旅游者的旅游需求而提供支持的服务人员。旅游企业、员工、顾客之间存在着交叉营销关系。旅游服务人员在旅游营销中有以下作用：影响旅游者的购买决策、影响旅游服务质量。旅游企业要想对旅游服务人员进行良好的管理，就必须进行旅游人力资源分析。旅游企业人力资源可以从数量与质量两个方面进行分析。旅游企业人力资源供求平衡分析包括三个环节：旅游企业人力资源需求分析，旅游企业人力资源供给分析及旅游人力资源供求平衡分析。旅游企业人力资源需求分析方法有：总需求结构预测法、定额比例分析法、成本分析预测法。旅游企业人力资源供给分析包括：外部供给分析和内部供给分析。旅游人力资源供求平衡分析包括两个方面：旅游人力资源供给与需求的平衡以及企业的需要和员工个人需要的平衡。旅游企业人力资源开发分析包括如下环节：工作岗位设计、员工招聘、员工培训与职业教育、人力资源的有效运用。

旅游服务人员的条件有如下几点：良好的职业道德、广博的知识、良好的仪表、社交沟通能力、良好的心理素质和健康的体魄、应变与应急能力、跨文化交流能力及服务角色化要求。

内部营销包括4层含义：员工是企业的内部顾客；企业可以通过类似外部营销的策略、活动对员工进行激励，使员工具有顾客意识；实施内部营销的主要策略包括态度管理与沟通管理；内部营销的目标是通过员工满意来实现顾客满意。内部营销包括两个基本内容，态度管理和沟通管理，这两项内容相互作用、相互影响。旅游企业内部营销目标的实现过程，可以通过服务利润链模型进行诠释。服务利润链图表明：企业内部服务质量影响员工满意度，而员工满意度影响着外部服务质量，进而影响顾客满意度，而顾客满意度及忠诚度决定企业利润。服务利润链理论对旅游企业有如下启示：揭示了旅游服务质量改善的内在动力；为旅游企业转变经营思路提供了理论依据。

案例分析

海南好导游传播旅游正能量 游客为其点赞

这个春天，好导游成为海南旅游的热点话题之一。继2015年1月底游客应有兴致信海南省旅游委点赞导游张鑫后，3月中旬游客刘先生也向媒体致信，向导游刘倩竖起大拇指。2015年第一季度，各类游客积极表彰海南导游的表扬信、锦旗层出不穷。

《旅游法》实施后，人们对于品质旅游的需求日渐增加，导游作为旅游业的灵魂，在其中所扮演角色的重要性不言而喻。海南旅游正处于转型升级的重要阶段，专业、敬业的导游队伍有助于塑造琼岛旅游新形象。

传播海南旅游正能量

3月中旬，媒体收到湖南籍游客刘先生的一封感谢信，为其在海南旅游途中遭遇意外，带团导游刘倩给予的无微不至的关心点赞。

由于刘倩在带团过程中的专业表现，刘先生对海南旅游的变化称赞不已。"一上车，旅游合同就发到每个游客手上，明确写明行程安排、旅游景点、住宿酒店、餐饮标准以及旅游费用等明细表，让游客们明明白白消费，平平安安旅游。一路上，导游用心讲解，没有任何强制消费或加点情况，甚至还在游客消费时提供理性消费的提醒。"刘先生说，海南旅游市场日趋规范，全程游玩服务周到，让游客倍感温馨。

目前，海南省共有12 629名导游。其中，初级导游9043人，中级导游3500人，高级导游86人。在这样一支庞大的队伍里，刘倩、张鑫的好导游形象绝非孤例，还包括十年如一日坚持传播正能量的导游符茂正、忙于带团而很少照顾孩子的导游李松等优秀导游群体。

"旅游者解读一个国家，认识一个城市，了解一个地方，很大程度上要通过导游的服务。"海南省旅游协会秘书长王健生认为，随着旅游市场的深刻变局，海南旅游转型升级的步伐不断加快，海南导游要从保姆转型为参谋、管家，擦亮海南旅游的金字招牌。

重塑导游职业声望

2014年7月，海南省开始策划组织"寻找最美导游"的发动、挖掘工作，全行业、全社会积极响应，刘文晖、温学明、高华英、李永泉、沈文广、胡州、甘大凡、谢南雄、杜思思、金开江最终荣膺"海南最美导游"。

"此次活动旨在深入推进全海南省旅游行业精神文明建设,加强旅游行业正面形象宣传,发挥典型示范引领作用。"海南省旅游委有关负责人透露,导游队伍在发挥巨大作用的同时,也存在服务技能参差不齐、部分人员服务质量有待改善、职业道德素养亟待提高等问题。因此,海南需要多种形式活动为抓手,在导游行业倡导守法经营、诚信服务的职业风尚。

一直以来,由于"零负团费"等顽疾的存在,导游行业往往与一些负面词汇相挂钩。"现在,大家对导游行业的误解太深。有时,我们都不敢跟亲朋说自己所从事的行业是导游,很多优秀的导游甚至因此离开了这个行业。"刘倩说。

在"寻找最美导游"活动的推进中,许多导游不为人知的优秀事迹纷纷被挖掘出来。这其中既有两次荣获国家无偿献血奉献奖金奖的陈忠、汶川大地震时冲到一线担当志愿者的刘文晖,也有利用业余时间自学旅游管理相关知识的高华英。

王健生表示,许多导游平凡而动人的事迹,可以让全社会进一步理解、尊重和信任导游,增强导游的职业自信心和自豪感,促使导游这一群体成为美化海南旅游形象的重要推手。同时,消除信息不对称的障碍,真正实现树立海南导游新形象的目的。

(案例来源:黄媛艳.海南好导游传播旅游正能量 游客为其点赞.www.cntour2.com,2015-3-25)

案例讨论

1. 海南省在重塑导游形象中做了哪些工作?
2. 海南好导游对提高旅游服务人员素质有何启示?

复习思考题

1. 旅游企业应如何理解企业、员工、旅游者之间的关系?
2. 自然景观所在地和人文景观所在地的旅游服务人员所需掌握的知识侧重点有何不同?
3. 我国旅游企业对内部营销理论的应用处于什么阶段?
4. 试用内部营销理论诠释东京迪士尼乐园的成功之处。

第十一章
旅游服务过程管理策略

学习目标

(1) 熟悉旅游服务过程的内涵
(2) 掌握旅游服务过程改进的方法
(3) 了解旅游服务过程失误的补救
(4) 掌握服务流程设计的方法

导入案例

2014年是国家旅游局确定的"智慧旅游年"。四川绵阳市旅游局市根据国家旅游局的统一部署和四川省旅游局的工作要求,结合自身发展特点,以绵阳被列为全省首批三个智慧旅游试点城市之一为契机,以第三届全球旅游网络营运商合作交流会为载体,整合相关资源,推动智慧旅游建设。

智慧旅游建设是全行业共同的事业,既要有政府的基础设施建设和发展引导,更需要全行业的积极参与。绵阳将以第三届全球网络运营商合作交流大会为契机,通过大会的筹备,发动全市旅游企业积极响应智慧旅游发展趋势,踊跃参与项目建设。

目前,绵阳市已经完成了绵阳旅游数据中心系统软件支持平台开发,绵阳旅游资讯网建设,绵阳旅游官方微信、微博、APP应用和查询展示机等工作。届时,绵阳市政府也将通过不断分析游客需求,以游客需求为中心、以服务游客为根本,完善政府公共服务体系,为游客提供行前、行中和行后的服务,通过智慧旅游提升旅游公共服务能力,推动服务型政府、服务型社会建设,提高游客及社会的满意度,促进社会和谐发展。

(资料来源:栢路源.四川绵阳市推动智慧旅游建设 为游客提供全过程服务.中国旅游新闻网,2014-10-26)

第一节 旅游服务过程及管理

一、服务过程与真实瞬间

(一) 服务过程的内涵

1. 服务过程的含义

服务过程是指服务提供和运作系统,即服务提供的实际程序、机制和活动流程。旅游服务过程与其他服务过程的不同之处在于,旅游者一般是通过在一系列服务接触中位移的方式完成旅游服务消费过程的。

Lyn Shostack认为,过程是结构元素,可以用该元素策划帮助所期望的战略定位。她认为过程取向方向可以包括三个方面:①为了促进对过程的控制和分析而把过程分解为逻辑化的步骤和顺序;②考虑由于判断、选择和机遇不同而导致不同后果的更多可变过程;③允许偏差的存在。过程是真正的时间现象,不可能十分准确地完成,在达到目标的基础上应允许一定偏差的存在。

2. 旅游服务过程的三个阶段

旅游服务的生产和消费过程中的绝大部分尤其是关键部分是不可分离的,可以认为旅游企业提供服务的过程同时也是旅游者的服务消费过程。按照列提尼的观点,旅游服务的消费过程可以分为3个阶段:参与阶段、集中消费阶段、告别阶段,如图11-1所示。

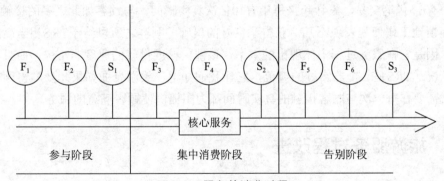

图11-1 服务的消费过程

(图表来源:冯丽云,程化光.服务营销[M].北京:经济管理出版社,2002.)

3. 旅游服务过程中的基本因素

按照莫利斯和约翰逊的观点,可以把旅游服务提供过程的因素分为3类:人员、物资和信息。

(1) 人员

这里所指的人员既包括旅游服务的提供者,也包括旅游服务的需求者,即同时包括旅游企业的员工和旅游者。旅游服务过程是旅游企业对服务对象本人(旅游者)提供所需服务的过程,旅游者在经过了一段时间后,从出发地到了目的地,在行程中获得了快乐和精神满足。在这个过程中,要得到旅游服务,旅游者就要进入生产服务系统,旅游服务的生产过程的一个特点就是需要顾客的配合。

(2) 物资

与其他服务行业一样，旅游服务的提供同样离不开物质基础。旅游企业登记及储存顾客信息需要借助计算机系统，组织旅游者出行需要车辆，接待旅游者休息需要提供一定的场所和消费品，还需要为其设计和提供旅游商品，这都离不开物资的储备和供应。

(3) 信息

旅游服务的提供过程中，还涉及大量的信息处理过程。如旅店服务中，对顾客资料的登记及顾客信息的处理是服务过程中非常重要的一个环节。在旅行社服务中，向游客提供旅行路线信息、旅游景点信息也是必不可少的。

(二) 真实瞬间

在旅游服务传递过程当中，真实瞬间(the moment of truth)的管理是十分关键的内容。真实瞬间最早是诺曼(Norman)于1984年引入服务管理理论中的，它形象地描述了服务组织与服务对象相互作用的重要性。

斯堪的纳维亚航空公司(SAS)前总裁卡尔松这样阐述服务中相互作用的重要性："我们公司在一年中承载了1000万名旅客，几乎每位旅客平均与公司的5位雇员有过交往，这种交往平均每次要持续15秒。这就意味着SAS这个概念一年中在我们顾客的头脑中出现了5000万次，每次15秒。这5000万次'真实瞬间'最终决定了SAS公司的成败。我们就是利用这些瞬间向顾客证明SAS是他们最佳的选择。"

美国运通公司旅游服务部门(travel related service，TRS)的14 000名员工，每年都要跟全球各地约2900万名顾客接触。他们要应付100万次电话，500万封信函，超过3亿件信用卡申请书，还有6.5亿笔交易，累计起来每年有10亿次真实瞬间。与顾客如此之多的接触中，TRS妥善而谨慎地工作使其表现不凡，获得了良好的口碑。顾客之所以给予TRS相当高的评价，主要的原因是它在服务过程中体现出的效率，该部门核准付款的速度非常快，而且很少出现拒付的情况。TRS是一个非常好的典范，它让我们知道，旅游企业如果想要赢得顾客的充分信赖，就需要在每一次与顾客接触的真实瞬间都力图提供使顾客满意的服务。

二、旅游服务过程改进

旅游服务过程可以从两个方面去考虑，即旅游服务过程的复杂性(complexity)和歧异性(divergence)。旅游服务过程的复杂性是指构成旅游服务过程的步骤的多少，旅游服务过程的歧异性是指旅游服务执行范围或步骤和次序的可变性。

旅游组织可以通过对服务过程的歧异性和复杂性的调整，来改进旅游服务流程，从而达到提高旅游服务质量或完善旅游过程管理等目标。从这个角度看，旅游服务过程的改进渠道有如下4种：增加歧异性、减少歧异性、增加复杂性和减少复杂性。

(一) 旅游服务过程改进的方法

1. 增加歧异性

在旅游服务营销过程设计中，通过增加服务的歧异性，使旅游服务更加个性化，同时拥有了收取更高服务价格的灵活性。

(1) 增加歧异性的有利方面

旅游企业可以通过为旅游者提供更加多样化、个性化的服务，满足旅游需求较高的顾客以及有特殊需求的顾客。

(2) 增加歧异性的不利方面

旅游企业增加服务的歧义性意味着旅游者将面临更多的选择，对于某些旅游者来讲，这会使他们面临太多选择，需要用更多的时间去思考旅游消费方案，增加了旅游者的时间成本。

2. 减少歧异性

减少歧异性是旅游企业通过提供更为一致的旅游服务，从而提高旅游服务的可行性和服务效率。

(1) 减少歧异性的有利方面

减少旅游过程中的歧义性可以降低旅游企业的经营管理成本，提高工作效率，使旅游服务过程更简单。对于想要节省时间的旅游者来讲，减少旅游过程的歧异性可以提高其对旅游服务的满意程度。

(2) 减少歧异性的不利方面

减少歧义性使旅游消费者的选择受到局限，对于那些希望服务更加个性化、多样化的旅游者来讲，减少歧异性的服务可能导致旅游者对这种高度标准化服务的不满。

3. 增加复杂性

旅游企业可以通过增加旅游服务步骤来达到业务发展或提供高层次旅游服务的目标。

(1) 增加复杂性的有利方面

服务步骤的增加和服务的延伸可以满足顾客更多的需求，提高服务层次，从而为顾客提供更高的服务价值。

(2) 增加复杂性的不利方面

增加旅游服务过程的复杂性势必给旅游企业的服务效率提升带来压力，而且服务复杂性的增加对旅游服务人员的素质和能力将提出更高的要求，这就意味着旅游企业要招聘更加优秀的员工并加强职业培训，企业人力资源管理成本将会增加。

4. 减少复杂性

旅游企业可以通过减少旅游服务的复杂性，即省略旅游服务过程中的某些步骤和活动，从而使旅游服务的传递和控制更为容易。

(1) 减少旅游过程复杂性的有利方面

减少旅游过程的复杂性的方法是省略服务过程中的某些环节、步骤，达到节省时间，提高效率的目的。服务环节与步骤的减少也意味着管理环节的减少，有利于增强企业的控制能力和管理能力。

(2) 减少旅游过程复杂性的不利方面

在旅游服务中，旅游企业通过减少某些服务步骤可以简化服务流程，吸引那些想要缩短行程、节约旅行费用或者希望提高服务效率的顾客。但对于要求服务个性化、提高服务品位和增加服务范围的顾客而言，简化的服务显然不能满足其服务需求。

(二) 旅游服务过程改进的范例

1. 增加歧异性的旅游服务过程改进

实例11-1

如今人们对旅行服务的要求越来越高,旅行社推出的固定线路已经难以满足消费者多样化的需求。有鉴于此,旅行社推出"定制旅游"业务,游客可以提出自己想去的景点、想住的酒店,再由旅行社帮助设计线路。

比如你想和朋友到海南去打高尔夫,旅行社则可以为你定制一条旅游线路:第一天搭飞机到海口,入住观澜高尔夫球会,下午打高尔夫球;第二天早上前往三亚,入住亚龙湾酒店,下午打高尔夫球,第三天继续打球,第四天返程。像这样要求旅行社定制个性化路线的人数有上升趋势。

岭南集团旗下广之旅率先成立定制旅游俱乐部。广之旅发布了一系列定制旅游概念型产品,包括涵盖稀缺旅游体验的享受型行程、突破常规出游套路的猎奇探秘、追求心灵放松的遁世禅修以及细味当地民俗生活的慢生活之旅等线路。

(资料来源:http://roll.sohu.com/20140225/n395585567.shtml)

2. 减少歧异性的旅游服务过程改进

实例11-2

某旅行社要求导游在带团过程中充分征求游客的意见,使游客有机会参与到旅行路线设计中。某一条旅行路线,途经4个景点(A、B、C、D),其中有3个景点(A、B、D)是必经的路线,而C景点名气不是很大,可以由游客自行选择去或是不去。虽然游客参与路线设计给了游客更大的参与权,但却给旅行社管理带来了很大的不便,对C景点没兴趣的游客对中途过长的等待不满,而去C景点的游客需回到B景点与其他游客汇合,造成了行程路线上的重复。于是旅行社对服务过程进行调整,取消了不太必要的C景点,简化了旅行路线,节约了成本,减少了管理环节,调整后的旅行路线为A、B、D,详情见图11-3。

调整前的旅行路线:

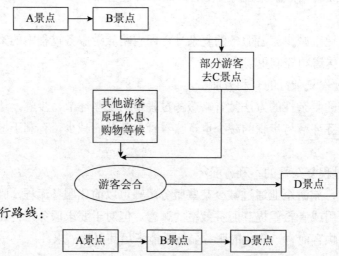

调整后的旅行路线:

图11-3 旅游路线选择的简化

从以上两个服务流程，我们可以看出，旅游服务的过程在很大程度上得到了简化，由于服务的歧异性降低，旅游服务的效率就大大提高了。

3. 增加复杂性的旅游服务过程改进

实例11-3

湖南省张家界既是红色旅游基地，也是绿色的家园。这片土地孕育了冠绝天下的张家界地貌，也孕育了贺龙等无数革命英雄儿女。2011年开年以来，世界自然遗产地——武陵源在向海内外浓墨重彩地宣传推介绝美山水风光的同时，把红色与绿色有机融合，通过包装红色旅游产品，使游客在享受自然风光的同时，接受革命传统教育。开春以来，前来瞻仰贺龙铜像和元帅之墓的各地游客仍络绎不绝，进入三月份后，贺龙公园红色旅游更加火热。

2011年是红色旅游年，张家界作为贺龙元帅的故乡和红二方面军的长征出发地，目前正在着手策划"旅行张家界，会师新时代"主题活动，并即将推出一个"长征也从这里出发"的红色旅游产品。届时，将和韶山联合做一个红色旅游产品的推介活动，邀请《日出韶山》节目中扮演毛泽东、周恩来、邓小平以及贺龙的这些演员来到张家界，在张家界地貌域内、在红二方面军长征出发地，演一台红军、中央红军、红二军新会师的红色大戏，把"张家界——长征出发地"这个旅游基地介绍给大家，让张家界这个红色旅游与绿色旅游有机结合的地方成为人们出门首选的旅游目的地。

(资料来源：http://lvyou.wanjingchina.com/a/201103/07/74-153614.htm)

4. 减少复杂性的旅游服务过程改进

旅游服务内容减少，会使旅游服务过程简化，这样一方面可以使服务成本降低，增加旅游服务的市场价格竞争力；另一方面也可以满足短线旅游者的需求。但要注意的是，减少服务内容要让顾客明确知晓，否则可能使顾客产生没有达到预期旅游目标的感觉。因此，即使是短线游，游客在签订合同前，旅游服务组织也必须让顾客清楚提供的旅游服务当中包含了哪些服务及服务标准，使顾客能根据自身的旅游需求和消费能力选择适合的线路。

三、旅游服务过程失误的补救

在旅游服务营销中，有两种类型的服务失误，即服务结果失误和服务过程失误。在旅游服务过程中需要注意两点，一是如何避免服务过程的失误，二是服务过程失误出现后该如何补救。过程失误是指旅游服务传递给顾客的方式出现了问题，如导游人员的失职或不友好。

(一) 服务过程失误与顾客反应

当旅游服务过程出现失误时，顾客的反应可能有如下几种。

(1) 无明显的反应。有的顾客不会为服务过程失误做出积极、迅速的反应，但这并不意味着顾客真的完全无动于衷。有些顾客并不愿意为了追究这些失误而破坏出游的心情和兴致，但服务过程失误所带来的不愉快的体验，可能使顾客对该旅游组织的服务信赖和服务评价变差，从而影响其在以后旅游消费中的选择。

(2) 向旅游组织和旅游服务人员说明问题。有的顾客会主动向旅游组织和旅游服务人员表达对服务过程失误的不满，这是一种比较积极的方式。这样的方式比其他一些方式更有利于旅游服务人员与顾客之间的交流与沟通，可以促进旅游服务组织和旅游服务人员改进服务流程和服务态度。如果沟通有效，就可以及时地对服务失误进行补救，改善顾客的旅游服务体验。

(3) 向身边的人说出问题(如家人、朋友、同事等)。还有的顾客在意识到旅游服务失误的当时并不及时地反映问题，而是等到旅行结束，向身边的家人、朋友、同事等讲述旅行中不愉快的服务体验，这可能会使旅游服务组织失去潜在顾客群。

(4) 向第三方投诉。一些比较激进的顾客，认为服务过程中的失误严重侵害了自身的权益，而当其诉求得不到满足的时候，则会向第三方(如旅游管理部门、新闻媒体等)投诉旅游服务的提供者，这会在更广泛的人群中制造对旅游服务组织不利的影响，使其服务形象受损，还有可能会使服务提供者面临行政处罚。因此，顾客向第三方投诉是旅游服务组织应尽力避免的反应。

(二) 旅游服务失误的补救

1. 鼓励顾客投诉

对于那些并不直接说出问题，而只是在事后更换旅行社的顾客，旅游服务组织无法及时地获得服务失误信息，也无法对其进行及时的服务补救，因此，鼓励顾客投诉是旅游服务组织首先应当具有的一种姿态。

2. 受理投诉及补救

在旅游服务过程失误中，顾客经历的是一种社交损失，这种损失可以通过社交沟通来弥补，如以道歉、提高对顾客尊重程度等方式对服务失误进行补救。

实例11-4

2014年，沂南县旅游局执法人员以旅游投诉无小事，维护游客合法权益为宗旨，本着对游客利益高度负责的态度，致力构建"规范有序、和谐稳定"的旅游市场，全年接听、解答旅游咨询电话400余人次，共受理游客投诉45件，其中12301转办和游客直接投诉26件，12345转办件19件，均依据国家、省有关旅游法律法规，依法、及时协调处理，有效化解了游客与旅游经营者的纠纷，维护双方合法权益，按时办结率、群众满意率均达100%，受到社会各界和游客的一致好评。

据沂南旅游局旅游执法负责人介绍，为确保旅游消费者合法权益得到有效维护，该局工作人员着重做了"三学习两加强"工作，一是积极参加省、市旅游局组织的执法骨干培训班，系统学习旅游法律法规及行业规范，熟悉和掌握行政处罚的基本原则、方法步骤及相关规定，奠定了业务基础；二是采取个人自学和集中讨论的方式学习行政处罚程序、现场检查笔录、询问笔录等文书制作，大家结合案例，集体讨论，仔细推敲，力求制作的文书达到规范要求，提升了执法水平；三是结合工作性质和特点，购买《基础心理学》《发展心理学》《社会心理学》《职业道德》等相关教材，比较系统地学习了解心理发生、发展的过程，进一步提升观察能力、人际沟通能力和自我控制能力，提供了知识保证；四是加强旅游执法检查净化旅游市场环境，重点在打击黑导、野导、黑社、黑部、黑车等，为旅游企业创造一个良好的、公平的竞争环境，为游客提供一个安全、愉快的旅游环境；五是加强旅游投诉受理处理工作，向社会公开旅游咨询投诉电话，保证工作日时间和法定节假日24小时畅通，做到"有诉必接，有接必查，有查必果"。

(资料来源：赵欢，吴凤朝.凤凰旅游投诉一站式服务让游客满意[N].团结报，2009-6-18.)

第二节　旅游服务流程设计

一、旅游服务流程

旅游服务流程是指顾客享受到的，由旅游企业在每个服务步骤和环节上为顾客提供的一系列服务的总和。好的服务流程往往会给旅游企业带来更高的工作效率和更强的竞争力。

进行旅游服务流程的设计，需要抓住以下3个方面：旅游服务流程的图解；旅游服务过程的详细计划；区分旅游服务的前台与后台岗位。

(一) 旅游服务流程的图解

为了便于理解旅游服务的详细过程，有效的手段是绘制旅游服务流程图，用图解的方式可以使员工更加直观地理解服务环节与步骤。

(二) 旅游服务过程的详细计划

对旅游服务生产流程的各个阶段的研究是为了找出最容易发生问题的临界点，而这些环节正是需要管理者严格控制的操作过程。

(三) 区分旅游服务的前台与后台

进行旅游服务流程设计之前，旅游企业首先要对服务岗位进行区分，最主要的就是对前台工作和后台工作的区分。图11-4给出了一家旅店的前、后台工作的区分图。

二、服务流程设计方法

服务流程设计可以采用多种方法，旅游企业可以从自身的经营理念及服务特点出发选择最适合的旅游服务流程设计法，比较常见的方法有蓝图法、生产线法和顾客合作法。

(一) 蓝图法

蓝图法(service blueprinting)是运用非常广泛的一种服务流程设计方法。旅游企业可以运用服务蓝图来表示旅游服务流程，旅游"服务蓝图"是详细描绘旅游服务传递系统的"地图"，由感知与满足顾客需求的一组有序活动组成。

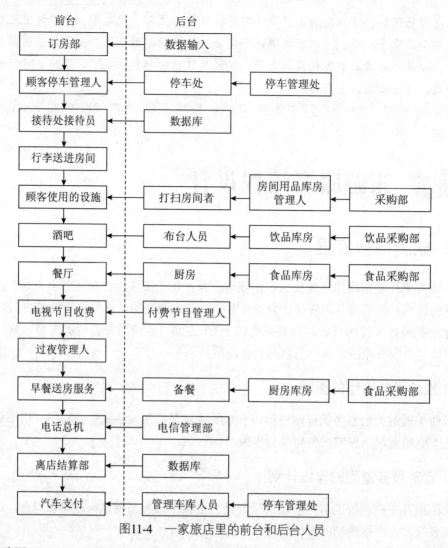

图11-4 一家旅店里的前台和后台人员

(图表来源：Lovelock c.，Services Marketing，1996)

经过服务蓝图的描述，旅游服务可以被合理地分解成服务提供的步骤、任务和方法，使服务过程中所涉及的各类人员都能客观地理解和处理自己的工作任务。

1. 服务蓝图的构成要素

服务蓝图具体的构成要素包括3条界线和4个区域。3条界线分别是：交际线、能见度线和内部交际线。4个区域分别是：顾客活动区域、前台服务人员活动区域、后台服务人员活动区域和支持性活动区域。

除了3条界线和4个区域外，还有多条服务联系线，即蓝图中的纵向连线。

2. 服务蓝图构成的图解

服务蓝图构成的图解如图11-5所示。

3. 旅游服务蓝图中四个区域的活动内容

(1) 顾客活动

顾客活动是指旅游者在整个旅游过程中与旅游企业及其人员接触的行为。例如顾客向旅游公司接待人员进行咨询、顾客在导游人员带领下参观景点等。

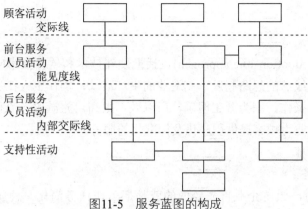

图11-5 服务蓝图的构成

(图表来源：陈觉. 服务产品设计[M]. 沈阳：辽宁科学技术出版社，2003.)

(2) 前台服务人员活动

在旅游服务中顾客能直接接触到的一线服务活动称为前台服务人员活动。以旅店服务为例，顾客能直接接触到的服务有停车服务、前台接待、餐厅服务、吧台服务等；以旅行社为例，顾客能直接接触到的服务有旅游咨询、导游服务等。

(3) 后台服务人员活动

后台服务人员活动虽然不与顾客直接接触，但会对前台服务进行支持，同样构成旅游服务中的重要组成部分。例如，在旅游景区的旅游纪念品商店里常常会提供特色旅游商品，旅游商品的设计人员和营销策划人员并不直接与顾客接触，但他们的工作对前台旅游商品推销人员提供了有力的支持。

(4) 支持性活动

支持性活动即旅游企业中支持前台和后台人员工作的内部服务活动。例如，在旅店服务中，信息管理部门就是非常重要的一个支持性部门，顾客信息的存储，以及服务的有效传递都建立在这样的信息平台上。

4. 制定旅游服务蓝图的步骤

制定旅游服务蓝图的步骤主要有以下几个环节：识别需要制定蓝图的服务过程；识别顾客对服务的经历；从顾客角度描绘服务过程；描绘前台与后台服务员工的行为；把顾客行为、服务人员行为与支持功能相连；在每个顾客行为步骤中加上有形展示，如图11-6所示。

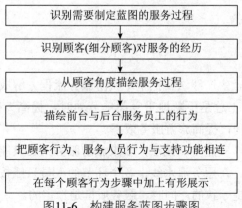

图11-6 构建服务蓝图步骤图

(图表来源：刘君强. 服务营销[M]. 成都：西南财经大学出版社，2007)

(二) 生产线法

1. 生产线法的含义

生产线法(the production-line approach)包括把硬件技术和软件技术应用于旅游服务操作的前台与后台。生产线法的思路起源于制造业的生产活动,操作工人在生产流水线的各个环节上完成规定程序的操作,因为分工明确,所以效率很高。旅游服务流程设计的生产线法的核心就是要求旅游企业为顾客提供程序化及标准化的服务。

2. 生产线法的步骤

(1) 简化工作任务

采用生产线法前,旅游企业首先要做的就是把工作任务简化。使旅游服务环节精简,服务内容相对单一,然后确定必须要提供给顾客的旅游服务有哪些,每一种服务提供到什么程度。

(2) 明确人员分工

简化工作任务后,就需要明确工作岗位,也就是要明确人员分工。要让员工明白自己在旅游服务流程中对哪一个环节负责,与自己的工作内容衔接的有哪些岗位的人员,从而明白如何尽到职责并做好服务流程的衔接。

(3) 尽量用设备代替人员服务

生产线法的一个重要特点就是更多的依赖设备、技术,因为设备、系统所能提供的服务是事先设定好的,进行的服务步骤是固定不变的,相对于旅游人员的服务来讲,设备或计算机系统所提供服务的误差要小很多,即更多的服务一致性。

(4) 减少人员自主决策权

即便尽量多的采用设备、技术,旅游企业也总有一些工作是不能离开人员的(例如带团导游)。在必须使用旅游服务人员的工作任务中,可以通过减少人员自主决策权的方式来提高服务的一致性。

(5) 工作内容标准化

旅游企业通过简化工作任务使服务流程更加清晰、简明,通过更多的使用设备、技术来稳定服务质量,通过明确人员分工和减少人员决策权,尽可能地避免所提供服务的差异。这一切最终将会导致一个结果——工作内容标准化,服务体现出高度一致性,服务偏差将很少出现。

3. 生产线法的利弊

(1) 生产线法的优势

生产线法的优势如下:

第一,提高服务效率。生产线法要把整个旅游服务流程分解成一个又一个简单的步骤,同时强调人员分工,当员工总是不断地重复简单劳动时,提高专门化服务技能就容易了很多,这样可以缩短服务时间,提高旅游服务效率。

第二,稳定服务质量。实施生产线法,要求旅游服务人员只能拥有很有限的自主权,这样可以提高服务的一致性。在服务流水线上各个环节的人员只能按照规定进行规范的操作,这样可以保证提供的服务是一致的,同时,服务质量是稳定的。

第三,减少生产成本。为了减少费用支出,生产线法鼓励尽量多用设备技术来代替人力，例如某些航运公司的自动售票系统，可以大大减少服务人员配备，这必然会减少企业的人力资源占用，从而节省成本。

第四，提高管理水平。生产线法强调服务的标准化，由于服务的种类和数量受到限制，服务内容相对简化了，其可执行性就会提高。由于服务人员自主权受到很大约束，所以服务的过程很少发生变化，管理压力也相对较小。

(2) 生产线法的局限性

虽然生产线法具有很多优势，但其局限性也是明显的：首先，设备、系统故障可能带来问题；其次，难以满足顾客的个性化需求；再次，员工缺乏参与管理的积极性。

4. 生产线法在旅游业中的运用

生产线法在旅游业中也得到了越来越多的运用，例如旅店管理中的电子钥匙、呼叫—应答系统及标准客房服务；再如航运业中的联合订票系统、自动收费装置、自动售票系统。

美国的一家航空公司为了提高服务效率，对服务过程中各个服务环节所需要的时间进行了较为精确的管理，如顾客拿到机票平均需要多长时间；从飞机上卸下行李需要多长时间；从电话打进来到有人接起电话之间可容许的时间应为多少秒。

(三) 顾客合作法

不同于生产线法强调的标准化服务，顾客合作法认为：顾客出现时服务才开始，因此顾客不应被当作是服务的被动接受者，有些服务环节可以鼓励顾客一起参与到服务过程中来。例如美国西南航空公司允许乘客按进入机场的先后顺序登机并寻找座位，同时公司不反对乘客自带食品……其人性化的服务方式使其被喻为"美国最赚钱的航空公司"。

1. 顾客合作法的内容

顾客合作法的实质就是让顾客来做一些本应由旅游企业员工所做的工作，其显著的特点就是顾客的参与性。这意味着旅游企业在进行服务流程设计时，要考虑在顾客的能力和意愿范围内使顾客成为服务生产的合作者。

在旅游企业运用顾客合作法进行服务流程设计时，需要考虑以下两个方面。

(1) 顾客参与的流程不能太复杂

毕竟顾客不能与专业人士相比，他们对旅游企业的工作职责、岗位性质并不十分清楚，让顾客参与过度复杂的服务过程，很可能会出现服务的失误，反而降低服务的效率，影响顾客对服务的满意度。如旅店可以用电子钥匙代替服务人员的工作，但客房服务却不适合交给顾客自己打理。

(2) 对顾客参与服务的范围与内容进行界定

旅游企业如果要推出由顾客主导的自助服务，就意味着给予了顾客更大的自主权，但前提是必须要让顾客知道自助服务的范围和内容，否则顾客可能会感到无所适从，甚至可能误会自己没有得到周到的服务。

2. 顾客服务法的优势

(1) 满足顾客个性化服务的要求

一般来讲，旅游企业要了解顾客的个性化服务要求，首先要进行旅游市场调研，但不同顾客的要求本来就具有很大的差异性，旅游企业很难满足每位顾客的要求，所以让顾客自己参与到服务过程中，是最为直接的满足顾客个性化要求的方式。

(2) 及时协调服务过程中的矛盾

在旅游服务中，很多矛盾的产生都是因为服务过程中的信息不对称。一方面，旅游企业不可能了解所有顾客的想法和要求；另一方面，顾客有时也会不了解旅游企业的服务范围、内容及服务流程。这种信息不对称常常会导致误会和矛盾的产生，但如果顾客能够参与到旅游服务中，就意味着顾客能够对旅游过程有更多的了解，这会减少信息不对称导致的矛盾。

本章小结

　　服务过程是指服务提供和运作系统，即服务提供的实际程序、机制和活动流程。旅游服务过程与其他服务过程的不同之处在于，旅游者一般是通过在一系列服务接触中以位移的方式完成旅游服务消费过程的。旅游服务的消费过程可以分为3个阶段：参与阶段、集中消费阶段和告别阶段。按照莫利斯和约翰逊的观点，可以把旅游服务提供过程的因素分为3类：人员、物资和信息。在旅游服务传递过程当中，真实瞬间(the moment of truth)的管理是十分关键的内容。真实瞬间最早是诺曼(Norman)于1984年引入服务管理理论中的，它形象地描述了服务组织与服务对象相互作用的重要性。旅游服务过程可以从两个方面去考虑：即旅游服务过程的复杂性(complexity)和歧异性(divergence)。旅游服务过程的复杂性是指构成旅游服务过程的步骤的多少，旅游服务过程的歧异性是指旅游服务执行范围或步骤和次序的可变性。旅游服务过程的改进渠道有如下4种：增加歧异性、减少歧异性、增加复杂性和减少复杂性。在旅游服务营销中，有两种类型的服务失误，即服务结果失误和服务过程失误。在旅游服务过程中需要注意两点，一是如何避免服务过程的失误，二是服务过程失误出现后该如何补救。

　　旅游服务流程是指顾客享受到的，由旅游企业在每个服务步骤和环节上为顾客提供的一系列服务的总和。进行旅游服务流程的设计，需要抓住以下三个方面：旅游服务流程的图解；旅游服务过程的详细计划；区分旅游服务的前台与后台岗位。服务流程设计可以采用多种方法，旅游企业可以从自身的经营理念及服务特点出发选择最适合的旅游服务流程设计法，比较常见的方法有蓝图法和生产线法。蓝图法(service blueprinting)是运用非常广泛的一种服务流程设计方法，旅游"服务蓝图"是详细描绘旅游服务传递系统的"地图"，由感知与满足顾客需求的一组有序活动组成。生产线法包括把硬件技术和软件技术应用于旅游服务操作的前台与后台，旅游服务流程设计的生产线法的核心就是要求旅游企业为顾客提供程序化及标准化的服务。

案例分析

西南航空公司：将人员、过程和有型设施结合起来

　　在美国的空中旅行者印象里，西南航空是一家可靠便捷、充满愉悦、低价位和没有附加服务的航空公司，这个牢固的定位如果换个角度看，则意味着很高的价值——一个由西南航

空公司服务营销组合的有形因素强化了的定位。25年来,它稳健地保持着这个形象,并且每年都盈利,美国的其他任何一家航空公司都没有接近这个记录。成功来自于各种原因,一是航空公司的低成本结构。例如,它们只运营一种飞机(波音737),从而由于飞机本身的燃油效益和维护、运作程序的标准化而降低成本。另外,航空公司通过不提供食物、不预先指定座位,以及保持较低的员工流动率,也降低了成本。西南航空的总裁赫伯·凯乐(Herb Kelleher)相信:员工第一,而不是顾客第一。他因这一信念而闻名。这家位于达拉斯的航空公司在享有很高的顾客满意度和顾客忠诚度的同时,已经成为一个低成本服务提供商和一家备受欢迎的雇主。西南航空公司在航空业中有最佳的顾客服务记录,并连续几年在行李处理、准点操作和最佳的顾客投诉统计方面的卓越成就而获得三项桂冠,这是其他任何一家航空公司都望尘莫及的荣誉。

研究西南航空公司的成功经历,可以明显地看出它的营销组合中的所有因素都与它非常成功的市场定位紧密结合,这三个新的营销组合因素都有力地加强了公司的价值形象。

一、人员

西南航空非常有效地利用员工与顾客的沟通稳固其市场定位。员工很团结,因为公司尽力为使他们愉悦而进行了培训,让他们确定"愉悦"的含义,并授权他们做可以使航班轻松和舒适的事情。许多乘客通过和机组人员或相互之间开玩笑,通过向航空公司发送表达他们满意的大量信件来创造愉悦的环境氛围。喜欢逗笑的航空公司总裁赫伯·凯乐用他那拙劣的滑稽表演来鼓励员工和乘客逗笑。

二、过程

西南航空公司的服务提供过程同样也强化了它的定位。飞机上不指定座位,需要乘客排队顺序进入飞机找到座位,它也不向其他航空公司的转乘航班交移行李,航班上不提供食品。总之,过程是标准化和低成本的,可以迅速地周转,而且费用低廉。顾客是服务过程的很大一部分,并积极地发挥他们的作用。

三、有型展示

与西南航空公司相关的一切有型展示都进一步强化了它的市场定位。西南航空的飞机为橘黄色或深棕色,突出了它们的独特性和低成本导向。员工着装随意,在炎热的夏季穿短裤,以增强乐趣并突出了公司对其员工履行舒适的承诺。可重复使用的塑料登机卡是说明低成本的另一个有形证据。航班上不提供餐饮服务,通过没有食物这个有型展示的缺位就强化了低价格的形象。由于很多人都拿航班食品开玩笑,所以大多数人并未把缺乏食品当作一个价值减损因素。

应用服务营销组合的一致的市场定位强化了公司在顾客心目中的独特形象,给予西南航空公司一个高价值的定位,从而吸引了一大批忠诚满意的顾客。

(案例来源:赵毅,叶红. 新编旅游市场营销学[M]. 北京:清华大学出版社,2006.)

案例讨论

1. 西南航空公司是如何将人员、过程和有型展示结合在一起的?请从服务过程角度进行分析。

2. 西南航空公司的成功做法对我国航空公司有何启示?

复习思考题

1. 你认为国内哪个旅游企业的旅游服务过程管理最为规范?
2. 举出一个旅游服务的例子,并指出在该服务中有多少次真实瞬间?
3. 举出一个旅游服务失败的例子,并提出改进方法。
4. 在旅游服务流程设计中,服务蓝图法和生产线法哪一个适应面更广?
5. 旅游景区的服务流程设计更适合采用蓝图法还是生产线法?

第十二章
旅游产品有形展示策略

学习目标

(1) 掌握旅游产品有形展示的概念及其作用
(2) 了解旅游产品有形展示的类型
(3) 熟悉旅游产品有形展示的设计原则和方法
(4) 掌握旅游产品有形展示管理的内容

导入案例

为提高连云港市知名度,积极开发"一带一路"旅游市场,由连云港市旅游部门策划组织的"畅游江苏·连云港号"旅游宣传专列已正式启动。"连云港号"为K1354次连云港东至乌鲁木齐的往返列车,每日一班,途经郑州、西安、宝鸡、兰州、乌鲁木齐等城市,是一趟途经城市多、旅客运力强的客运列车。此次专列的开通,汲取了列车媒体受众量大、网络性强和覆盖面广的特点,实现了城市广告、旅游推广、线路传播的联动营销,有助于积极宣传连云港"一带一路"交汇点的重要地位及"山海连云·西游圣境"旅游品牌形象的塑造与推广。

2015年是"中国丝绸之路旅游年",连云港作为"一带一路"交汇点城市及江苏省主要海滨旅游城市,抓住机遇做强做大丝路旅游大有可为。起于连云港市的连霍高速、陇海兰新铁路是横贯"丝绸之路"经济带的交通大动脉,海上客运直达的韩国仁川、平泽是海上丝绸之路的重要节点,这为发展"一带一路"旅游提供了便利的条件。多年来,连云港丰富的旅游资源、特色的旅游产品在"丝绸之路"沿线城市有着广阔的客源市场,对中西部地区的游客有着很强的吸引力。西游记文化游、海滨度假游、温泉养生游、水晶购物游等已经逐渐成为品牌旅游产品并被游客深深喜爱。

(资料来源:国家旅游局.助力"一带一路"交汇点建设——"畅游江苏·连云港号"旅游专列启动,2015-3-25)

第一节 旅游产品有形展示的概念和作用

旅游产品是一种集旅游、餐饮、酒店、交通运输、旅游服务等为一体的综合性的服务产品,是服务市场营销组合策略中的特殊的产品策略。旅游消费者在进行旅游产品消费时,最先看到的不是产品本身,而是与旅游产品消费有关的环境、服务人员、设备、声音、招牌及其他旅游消费者等,所有这些用于旅游服务的产品都是无形的。消费者只有在购买产品体验之后才会对产品质量有一个主观的感受,并且因为旅游者个体的差异,他们对产品质量的评价也不尽相同。对于旅游产品的生产者或供应者来说,如何让这些无形的产品尽可能的"有形化",促使消费者感知、认识并且接受,就是本章所要研究的旅游产品的有形展示策略。

一、旅游产品有形展示的概念

所谓旅游产品有形展示是指旅游服务过程中能被消费者直接感知和提示服务信息的有形物,是一切可传达旅游产品特色及优点的有形组成部分的管理和展示,有助于提高旅游消费者对企业产品的理解和认知,为消费者是否做出购买决定传递重要的信息。

在旅游实践过程中,消费者看不见旅游服务,但能看见服务的环境、服务工具、服务设施、服务人员、服务信息资料、服务价目表、服务中的其他顾客等有形物,这些有形物就是顾客了解无形服务的有形线索。旅游企业不仅将环境视为支持及反映旅游产品质量的有力实证,而且将有形展示的内容由环境扩展至包含所有用以帮助旅游企业产品生产和包装的一切实体产品和设施。这些有形展示,如果旅游企业有效地加以设计,善于管理和利用,则可帮助顾客感觉旅游产品的特点以及提高享用旅游服务时所获得的利益,有助于建立旅游服务产品和旅游服务企业的形象,支持有关营销策略的推行;反之,若不善于管理和运用,则它们可能会把错误信息传达给顾客,影响顾客对产品的期望和判断,进而破坏旅游服务产品及企业的形象。

在一般产品的市场营销中,有形展示基本上就是产品本身,而在旅游市场营销中,有形展示的范围非常广泛。如饭店需要利用有形的资源如房屋建筑、机器设备、交通工具、冷暖空调、电器设备、卫生设备、通信设备、各类家具和室内装饰来展示其服务的内容,吸引顾客,让顾客眼见为实,同时在了解消费者购买需求和行为偏爱的基础上借助良好的品牌形象和口碑建立忠诚的客户源。实践证明,旅游产品有形展示的内容不仅仅局限在环境方面,而且可以扩展至包含所有用以帮助生产服务的一切实体产品和设施以及人员,如服务设施、服务人员、服务行为、市场信息、服务态度、店堂陈设及其他顾客等。这些有形展示,旅游企业若管理得当,则可帮助旅游企业在旅游市场获得良好的产品口碑和企业形象,可以吸引更多的旅游消费者,取得较好的经济效益;若管理不当,则它们会给消费者不好的印象,进而阻碍消费者进行产品的消费,不仅影响企业经营目标的实现,还会给企业带来很多意想不到的不良影响,破坏企业及产品的形象。例如,旅游区在进行有形展示策略时,旅游景区标志是否清晰、旅游服务是否规范、旅游环境是否优美等都可以直接或间接地影响旅游者的感觉,影响他们对旅游产品的期望和判断,进而决定他们最终是否购买本企业的产品和服务。

旅游产品属于服务产品中的特殊产品,顾客对旅游产品的消费过程,依时间推进可分为3个阶段,即购前阶段、消费阶段、购买后评价阶段。其中购前阶段对于旅游企业来说非常关键。因为购前阶段是顾客对旅游产品进行选择决策的过程,其决策的主要依据在于旅游产品的3个特征:一是可寻找特征,即购买前可确认的产品特征,如旅游目的地的景点风光图片与广告,酒店建筑造型外观,餐饮食品的陈列展示外观等;二是经验特征,即顾客个人的以往经历或他人参考经验，通过回忆及人际交流来收集作决策参考。三是可信任特征，指顾客即使在购买和享用之后也难以评价，主要依靠服务提供者的承诺和介绍。而这3个特征都包含在旅游产品的有形展示当中。因此，对于旅游企业，搞好旅游产品的有形展示是至关重要的。

二、旅游产品有形展示的作用

旅游产品有形展示作为旅游产品生产企业实现其产品有形化和具体化的一种手段，在旅游产品营销过程中占有重要地位。具体来说，其作用包括以下几个方面。

(一) 有形展示可刺激消费者的感官，从而影响其对产品的需求

在产品整体概念理论中，作为形式产品的外观是否能满足消费者的感官需求将直接影响到消费者是否真正形成购买行为。同样，在旅游产品的营销中，旅游消费者同样也希望从感官刺激中寻求到自己想要的产品。而旅游产品是无形的，它如何刺激消费者的感观呢？有形展示恰好弥补了这一空白。旅游企业通过有形展示要素的合理运用，充分调动消费者的视、听、嗅觉等功能，努力在消费者的消费过程中注入新颖的、令消费者激动的、去除厌倦情绪的因素。使消费者更多了解本企业的产品，增强消费者的信任感，进而影响其对旅游产品的需求。

(二) 有形展示可以使消费者形成对旅游产品的第一印象

有些旅游爱好者由于经常旅游，与旅游企业接触比较多，对旅游企业的有形展示了解比较多，对企业的印象已有初步的了解，对旅游产品的有形展示不太关注。一般来说，消费者经验越丰富，受有形展示的影响就越小。可有些消费者不经常出门，对旅游企业的各种有形展示了解甚少。对于那些缺乏旅游经验的消费者或从未接受过本企业产品服务的消费者，有形展示对他们的影响作用非常大，会使消费者产生第一印象，而他们会根据第一印象对旅游产品质量做出判断。因此，旅游企业应更加重视产品的有形展示，例如，游客入住某高级酒店，如果前台接待的服务员态度生硬，一点儿不热情，会马上引起游客的不快，进而会怀疑该酒店的服务质量。为此，旅游服务企业应充分利用各种有形展示，逐步引导消费者建立良好的第一印象，使旅游营销上一个新台阶。

实例12-1

西安首家动漫女仆餐厅 能陪客人聊天玩游戏

近日，西安首家动漫女仆餐厅在西安市南门附近亮相。餐厅服务员穿着黑白相衬的围裙装，与动漫游戏中"女仆"打扮无二的装扮吸引了不少年轻人前往就餐。

穿着黑白相间的花边裙，头上戴着白色发带的"女仆"服务员，亲切地询问"主人，有什么可以为你服务的吗？"这是在女仆餐厅门口看到的一幕。据该餐厅的老板曹先生介绍，自己并非动漫迷，女仆餐厅仅仅是让前来就餐的顾客能有个好心情，将吃饭当作一种娱乐。

此外该餐厅的"女仆"也可以陪客人聊天、玩游戏。

(资料来源：西安首家动漫女仆餐厅 能陪客人聊天玩游戏. 西部网)

(三) 有形展示会使消费者对旅游产品产生信赖

消费者的购买行为是建立在对旅游企业和产品足够信任的基础上的。有形展示能让消费者更全面地了解旅游企业及产品的情况，增强信赖感。例如，现在很多餐饮服务企业将一部分后台操作工作改变为前台操作。饭店的拉面师傅经常在客人面前展示拉面技术，并根据客人的特殊要求，为顾客烹制面条。还有的饭店将后台工作间用大透明玻璃窗隔开，目的是让消费者了解服务工作情况，提高工作的透明度，使无形的服务有形化，提高消费者对服务的信任度。

(四) 有形展示能增强企业良好的市场形象

企业市场形象的好坏并非由单一因素所决定。据研究，大部分消费者判断企业形象的好坏，主要是根据"可感知"因素，即通过人的感官对有形物体的感觉及由此产生的印象，人的可感知印象将直接影响到人对产品及企业形象的判断。为此，旅游企业进行产品的有形展示就是在塑造市场形象，将产品质量表现在可感知的有形展示的要素中，生动、具体地宣传自己的市场形象，消费者才会信赖企业优质的服务形象，这要比单纯靠文字宣传有力得多。同时，企业要改变产品的市场形象，更需要提供各种有形展示，使消费者相信本企业的各种变化。

(五) 有形展示可以给消费者提供美感

旅游产品虽说不如有形产品那么直观地给消费者以美好的感知，但同样可以通过有形展示，为消费者提供美的享受。现在，不少旅游企业非常重视旅游景点的艺术风格和色彩布置，给予消费者某种特殊的美感，吸引消费者来本企业消费。当然，艺术风格和色彩布置只能向消费者传递初步信息，只是一些外在表征。对于以感觉为基础的旅游营销战略来说，要更加注重内在要素的展示，如旅游的环境、流程、员工的工作态度、行为规范等，让消费者感觉"表里如一"。

实例12-2

南安市着力推动新一轮旅游厕所革命

近日，在国家、省旅游局的强力推动下，南安市将全面启动旅游厕所改造升级工作。2015年年初南安市旅游局已制定《2015—2017年旅游厕所建设计划表》，力争三年间新建旅游厕所12座，改建11座，覆盖全市各旅游景区，包括A级景区、乡村旅游经营单位、工农业旅游示范点等，以适应大规模、大流量游客的需求。下一步南安市旅游局将以国家旅游局《旅游厕所质量等级的划分与评定》为标准，着力推动将旅游厕所纳入当地政府基础设施建设规划中，在规划过程中，积极倡导以人为本的理念，既满足普通游客的一般需求，又充分考虑老年人、妇女、儿童和残障人士等特殊人群的如厕要求。同时,同步考虑厕所的运营问题、管理问题,探索以商建厕、以商管厕、以商养厕的长效管理机制。此外,对旅游厕所的设计建设和服务标准,提倡简约、卫生、实用、环保,反对豪华,引导采用节水、节能、除臭新技术、新材料,大力发展"免冲式厕所""生态厕所"。

(资料来源:郭莎婷.南安市着力推动新一轮旅游厕所革命.福建旅游之窗,2015-3-26)

(六) 引导消费者对旅游产品产生合理的期望

消费者对旅游服务是否满意,取决于旅游产品所带来的利益是否符合消费者的期望。旅游产品的不可预知性使消费者在购买旅游产品之前,很难对该产品做出正确的理解或描述,他们对该产品的功能及利益的期望也是很模糊的,甚至是过高的。不合乎预期的期望往往又使他们错误地评价旅游产品,以至于做出对旅游企业不利的判断。因此,旅游企业应根据目标细分市场的需要和整体营销策略的安全,无微不至地做好每一项旅游工作和有形展示管理工作,为消费者创造良好的消费环境,以提高消费者对旅游产品的期望值。

(七) 约束员工行为,向消费者提供优质的旅游服务

做好有形展示管理工作,不仅可为顾客创造良好的消费环境,还可为员工创造良好的工作环境,使员工感到身处良好的工作条件下,更要努力为消费者提供优质的旅游服务,满足消费者的需要和欲望。这就要求管理人员通过适当的教育和培训,使员工掌握旅游服务知识和技能,指导员工的服务行为,关心员工的工作条件和生活。

第二节 旅游产品有形展示的类型

旅游产品的有形展示从不同角度可以有不同的分类。不同分类的有形展示对消费者的感官、心理及对旅游产品质量的判断,都有不同的影响。一般来说,旅游产品有形展示主要分两大类:一类是内部有形展示,一类是外部有形展示。

一、内部有形展示

内部有形展示是指在旅游企业内部展现的、为旅游消费者提供线索、传递旅游服务质量的展示要素。内部有形展示主要包括物质因素、人的因素以及环境因素。内部有形因素是消费者接近或感知旅游服务时最先触及的因素,因此,为增强消费者的购买欲,企业应尽可能地、仔细地设计好每一个内部因素。

(一) 物质因素

物质因素是旅游企业传递服务信息的最外层表象,也是消费者与旅游企业接触时,最直接觉察到的外在因素,包括旅游的设施设备、交通运输、旅游产品价格等。

(1) 设施设备。服务的有形化就是让服务尽可能地表现在一定的设施设备等实物载体上,正如一句广告词说的那样:"好吃看得见。"因为设施设备是消费者与旅游企业接触时,最直接感觉到的外在因素,也可以间接地传递服务质量的好坏。比如酒店客房中干净的地板、整洁的床铺、舒适锃亮的桌椅都是凝结了服务员无形服务的实物载体,这些实物载体越能让消费者满意,就意味着产品的质量越高。如果设施设备等实物载体破旧或提供给消费者的服务不安全、不正常等,都会直接影响消费者旅游的心情,对旅游企业留下坏印象。比如炎炎夏日,旅游饭店的中央空调运转不正常,制冷效果太差,消费者汗流浃背,肯定会引起不满;旅游设施老化,年久失修,给消费者带来安全隐患,也会严重影响旅游企业的声誉。因此,旅游企业应充分重视旅游设施设备等实物载体的有形展示,让消费者放心消费,企业才有高的效益。

(2) 交通运输。旅游产品生产和消费存在着空间上的分离性,要实现旅游主体(游客)和旅游客体(对象)相结合的旅游活动,必须依靠旅游媒介——交通运输手段来完成。特别是世界旅游,更与交通工具和交通设施的发展密不可分。现代旅游之所以从局部走向全国,从一国又走向世界,具有群众性发展趋势,一个重要的原因是现代交通运输的发展。因此,交通运输是旅游产品有形展示的重要组成部分,它的发展与落后对旅游业的发展有着决定性影响;而旅游活动的广泛开展,又对交通运输业的发展起着推动作用,它们相互依存、相互促进,使世界旅游业不断发展。

所谓旅游交通运输是指旅游者利用某种手段和途径,实现从一个地点到达另一地点的空间转移过程,即为游客从旅游景点或在各地区旅游的往返提供直接或间接的交通运输服务。旅游交通运输与游客的食、宿、购等旅游部分共同组成旅游产品的整体。它是联系旅游者与旅游对象的重要环节,在两者之间起着桥梁和纽带作用。现代旅游业的发展,交通运输至关重要。因此,旅游企业要合理规划布局,使用现代化旅游交通工具,建成以多种运输方式、交通线路、部门和地区间的联运等手段合理分工、协调发展的交通运输网络,以利于旅游业的发展。同时,鉴于旅游产品的不可储存性,旅游交通运输的产品也不能储存,不能脱离生产和消费过程而独立存在,只能在生产的同时被消费。因此,旅游交通建设必须超前,旅游交通运输能力必须大于旅客流量,才能保证旅游交通的正常进行。同时,改善经营管理,提高服务质量,并充分利用现有能力,最大限度地提高客座利用率,使企业兴旺发达。

实例12-3

伴随着京津冀三地旅游规划布局一体化,三地旅游部门在重点旅游项目等方面进行具体对接,联合开通旅游直通车专线等,京津冀旅游协同发展稳步推进。

北京旅游资源交易平台分别与河北省旅游局和天津市旅游局签署战略合作协议。按照协议规定,北京产权交易所正在逐步汇总北京、天津、河北三地旅游投融资项目。

2015年,京津冀三地旅游部门还将继续推进京津冀交界处道路旅游交通标志牌建设工作;开展三地旅游联合促销,推进"一张图、一张网、一张卡"合作项目;增加旅游直通车,力争2015年下半年,实现北京、天津、石家庄、唐山、沧州5地旅游直通车的正式开通;搭建旅游产业投融资平台;开展旅游执法和处置游客投诉合作。

(资料来源:孙杨.京津冀协同发展开通旅游直通车.新华网,2015-3-26)

(3) 旅游产品价格。价格是市场营销组合中唯一能产生收入的因素，同时，也使被顾客看作产品特征的一个线索。价格能培养顾客对产品的信任，同样也能降低这种信任。由于旅游服务是无形的，旅游服务的不可见性使可见性因素对于顾客做出购买决定起重要作用，价格的高低成为消费者判断服务水平和质量的一个依据。因此，对旅游企业来说，价格不仅是企业获得收入的唯一要素，也是消费者认知旅游产品水平高低的一个有形因素。因为旅游产品是无形的，消费者在无法感知其产品好坏的前提下，他们往往会根据价格来判断旅游产品的档次和质量。价格过高，会使消费者感觉是否物有所值，是否意味着企业高质量的服务，企业是否在有意敲诈消费者，如果企业的价格与提供的旅游产品质量不相符，消费者便会有上当受骗的感觉；如果旅游产品价格过低，又会使消费者怀疑旅游服务的专业知识和产品质量。因此，旅游企业制定一个合理的价格尤为重要。价格是对旅游产品质量高低的可见性展示。

当然，高价和低价并不是绝对的，也就是说，并不是所有的高价旅游产品都是"宰人的"，也并不是所有的低价旅游都是劣质的，这里要看企业的策略如何，看企业能否正确地运用价格，向消费者传递正确的信息，不管是高价和低价同样都会取得竞争的优势。比如，全国连锁的如家酒店，从它开业的那天起，就向消费者承诺它的价位与同行业企业相比是最低的。或许有人说，"便宜没好货""便宜的旅馆没法住"。然而凡是到过如家酒店的消费者，都会留下一个"干净、整洁、价格低廉"的好印象，如家酒店也因此在市场中稳稳地站住脚，取得了竞争的一席之地。相反，过高的价格也同低价一样，要想给消费者留下好印象，不仅要使消费者满足生理需求，还要让消费者满足心理需求，在消费者心目中创下高价、优质、名牌物超所值的印象。可见，旅游产品价格是一把双刃剑，企业应很好地运用。

(二) 人的因素

旅游消费过程就是游客同服务人员接触的互动过程，游客对旅游过程的参与，使得旅游服务的效果不仅取决于服务人员素质，还与游客个人行为密切相关，所以人成为旅游服务产品的核心。旅游产品消费由此附上了强烈的人性化色彩，人的因素是旅游企业内在信息的有形展示。人的因素的有形展示主要包括导游的服务质量及旅游企业服务人员的仪表、着装、行为、服务态度等，都可以影响消费者对服务质量的评判和选择，也会直接影响消费者感知到的服务质量，从而直接或间接地影响消费者的购买决策。具体包括以下3个方面。

(1) 导游的服务是旅游服务质量高低最敏感的标志

导游是旅游接待一线的关键人员，在旅游活动中处于中心地位，起着导演的作用。旅游行业有这样的说法：导游员是"旅游业的灵魂"、是"参观游览活动的导演"。一次旅游活动的成功与否，关键往往在于导游员，外国旅游专家认为"一名好导游会带来一次愉快的旅游，反之，肯定是不成功的旅游"。可见，导游员在旅游接待工作中起着举足轻重的作用，其重要性主要表现在以下两个方面。

一是语言。包括语音、语调、语气、讲解的深度等，语言是人际交流的重要手段，很能反映旅游服务人员的素质，也是判断旅游服务质量的有效依据。导游服务是旅游各项服务中最为根本的服务，食、住、行、游、购、娱构成了旅游活动的六要素，其中最重要的是"游"，而"游"的"导演"则是导游员。导游员为旅游者提供的语言服务沟通了不同的文化,促进了不同民族之间的交流;导游员提供的导游讲解服务帮助旅游者增长知识、加深阅历、获得美的享受。

二是行为。游客在旅游消费过程中,导游员伴随始终,朝夕相处,不仅为游客提供语言服务,还要提供生活服务,保证游客吃得好、住得舒适、玩得痛快,还要维护游客的正当权益、保卫游客的生命财产安全。因此,导游及旅游企业服务人员的行为举止已成为旅游服务的关键环节,它反映了旅游企业的经营理念和服务准则,直接影响消费者对企业文化价值观的判断,对服务质量高低的品评。因此旅游企业要注重服务人员理念的培养,使其受到企业文化的熏陶,改善企业服务行为,树立良好的企业形象。

(2) 旅游服务人员的外表和着装

旅游服务人员的外表和着装指旅游企业服务接待人员的仪表、仪态、仪容等,既代表着服务人员的形象,也代表着企业的形象,是旅游企业极为重要的内在要素。特别是接待人员、飞机服务员、酒店领班的容貌,会对消费者的感觉产生重大影响。因为消费者往往对某些服务人员的外表有某些特殊的期待。一旦期待落空,将会大大影响其购买行为。着装方面是指旅游服务人员的工作服要合体、整洁,这是旅游服务人员能够很好操作的前提,也是增强消费者信任感的有形展示。如果旅游服务人员衣着整洁、训练有素、行为得体,消费者自然会心情愉悦;相反,如果他们衣衫不整、行为粗俗,消费者自然会认为他们的工作和他们本人一样,杂乱无章。

(3) 旅游服务人员使用的销售资料的有形展示

旅游企业销售人员和服务人员,尤其是导游员应经常随身携带小册子、名片、宣传传单、录像带、光碟等销售资料,向消费者介绍旅游项目和服务范围。导游员作为旅行社与旅游者之间、旅行社与其他旅游企业之间的第一线联络人员,在沟通上下、左右、内外的关系方面,他们的作用举足轻重。因此,导游员和旅游企业应经常向消费者赠送名片等销售资料,以便让更多的消费者了解企业、了解企业的产品和服务,所有这些都属于与旅游服务人员有关的有形展示。

总之,人的因素是旅游企业重要的有形展示,因此必须重视员工的管理,充分认识到员工的服务态度、行为方式、为顾客提供的信息在旅游服务质量中的重要作用。

实例12-4

文明旅游,良好环境和服务至关重要

2014年国庆期间,文明旅游成为社会关注焦点。合肥李鸿章故居就是一个典型代表。该景区通过自身环境提升和服务的规范,带动游客一起度过了一个欢乐文明的假期。

李鸿章故居门口安排有"甲午国殇展",内部有升级后的"近代洋务——自强之路——晚清重臣李鸿章生平展",还有《性格李鸿章》经典情景剧演出,多样活动为李鸿章故居带来了较大客流。但是,游客虽多,故居内部却秩序井然,不仅环境整洁,而且没有大声喧哗、大声打电话等不文明旅游现象。

"游客一多,我们就主动提供免费讲解服务,通过讲解引导游客有秩序游览。"景点讲解部主任邬玲玲说。记者在现场看到,通过讲解员的引导,游客自然形成了小团队,形成了良好的秩序。

(资料来源：王永亮.文明旅游，良好环境和服务至关重要.中安在线，2014-10-03)

(三) 环境因素

环境因素包括旅游产品的氛围因素、旅游产品外观设计、装潢等。

(1) 氛围因素。氛围因素指旅游景点、酒店等的空气质量、气温、噪音、整洁、气味等。这类要素属于消费者比较敏感的环境要素，因此也是构成消费者购买动机的直接原因。如果缺少了这些氛围要素或某些要素达不到顾客的期望，就会削弱消费者的购买信心。比如，旅游景点理应是清洁整齐、赏心悦目的地方，如果旅游环境污浊不堪，满目疮痍，消费者肯定会望而却步。因此，一般来说，消费者通常认为旅游服务场所的氛围因素理所当然应该是完美无缺的。良好的氛围要素并不能促使消费者购买服务，但较差的氛围要素一定会引发消费者否定购买行为。

(2) 外观设计。外观设计主要指旅游企业外观设计造型、风格、颜色、材质等艺术设计因素和陈设、布局、舒适程度等功能因素两类。

外观设计因素被消费者认为是构成旅游产品的包装，最能直接刺激消费者的视觉，与氛围因素相比，这类因素对消费者感觉的影响较为明显，从而更能使消费者在心中建立有形的、赏心悦目的产品形象。与物质因素相比，外观设计因素对消费者感觉的影响更加直接、明显，更能培养消费者积极的感觉，更能促使消费者购买。外观设计因素在旅游市场运用得好将给企业带来巨大的竞争潜力。

二、外部有形展示

外部有形展示是指旅游企业通过一定的媒体渠道宣传旅游产品，或将企业长期拼搏所形成的市场信誉和影响力向目标消费者传递的有形载体。主要包括信息沟通、旅游产品的品牌形象策划、社会形象等。外部有形展示的策略在于诱导和吸引消费者，从而达到使消费者满意的营销目标。

(一) 信息沟通

信息沟通是另外一种旅游产品展示的重要形式，它是通过多种媒体传播方式，将企业本身以及其他引人注意的地方展示给消费者。这里所说的多种媒体传播方式，是指有些旅游产品信息的传播，有时并非是企业本身所为，而是通过第三者——消费者的口头传播或公众的宣传。比如消费者对某种旅游产品的亲身体验，一传十，十传百，在不经意间就给旅游企业做了一个大广告。这种传播方式也是信息沟通的一种。不管何种形式的信息传播方式，一方面都在不同程度上展示着旅游企业的产品和服务，都或多或少地影响着消费者对企业产品的决策和判断；但另一方面也会出现信息传播偏颇。因此，为了展示企业产品或服务最好的一面，旅游企业要与周边的环境进行有效的信息沟通。而要做到这一点，可采取以下两种策略。

第一，服务有形化。旅游服务产品虽然不能自我展示，但企业可以创造旅游服务的有形展示，并在信息交流过程中强调与旅游服务相联系的有形物，进一步将有形物推至信息沟通策略的最前沿，让消费者感觉它们就是实实在在的旅游服务。

第二，信息有形化。信息有形化主要指旅游营销人员通过一些营销技巧使得与旅游服务相关的服务更加有形化。

信息有形化常用的方法是鼓励对企业有利的口头传播。很多消费者因为缺乏购买经验或对旅游产品或服务的生产者本身不了解，都特别容易接受其他消费者提供的可靠的口头信息，并以此做出购买决定。因此，旅游企业在信息交流过程中，不仅要使现有的顾客得到满意的旅游产品和服务，强调承诺的真实性，还要针对那些对企业有利的方面加强传播，使现有消费者重复购买并不断向其他消费者宣传赞扬本企业产品和服务。

信息有形化的另一种方法是在旅游营销活动中通过提供旅游产品服务保证，或在广告中应用易被感知的展示，使得旅游产品和服务更容易被消费者把握和感知。

(二) 品牌形象

AMA(美国市场营销协会)曾对品牌有一个定义，认为品牌是一个名称、术语、标记、符号或图案设计，或者是这些要素的不同组合，目的是有效识别产品的生产者或制造者。可见，品牌对于企业和产品本身来说是非常重要的。对于旅游企业而言，由于旅游产品和服务的无形性，就决定了品牌形象对于旅游企业更加重要。如消费者一提起香格里拉大酒店，就会自然而然地将它与质量上乘、形象甚佳画等号。其实，香格里拉大酒店在同类旅游产品当中，价格偏贵许多，但消费者仍然对香格里拉大酒店情有独钟，原因就是香格里拉大酒店在旅游营销活动中，不断地强调竞争对手做不到的自己能够做到，提出国际星级服务，而且在实际运作过程中保证了对消费者的承诺，决不食言。使消费者实实在在地感觉到了它的服务，吸引了一批忠诚者。

实例12-5

2015年春节期间，岱岳区太阳部落景区接待游客6.08万人次，旅游收入400.1万元，同比分别增长391%、352%，刷新了全省主题公园节日期间游客人数的纪录。这是岱岳区大力发展旅游服务业，倾力打造"休闲岱岳"旅游品牌的结果。

岱岳区地处"一山一水一圣人"旅游热线的中点，交通便利，境内既有徂徕山、大汶河等自然资源，也有大汶口文化遗址、齐长城等历史文化资源，还有泰安庙会、泰山剪纸、泰山皮影戏等民俗资源，发展旅游业有着得天独厚的优势。为了更好地拓展岱岳区的旅游市场，岱岳区委、区政府大力开展跨界营销，适时推出岱岳旅游"惠漫界""泉球有礼""泉球热恋"等组合营销产品及1元泡温泉、1元游龙湾优惠促销活动。春节黄金周期间，全区主要A级景区接待游客10.08万人次，实现直接旅游收入775.34万元，同比分别增长86.3%、76.4%。

(资料来源：陶云江. 泰安市岱岳区打响"休闲岱岳"旅游品牌，大众网，2015-3-27)

(三) 社会形象

旅游企业社会形象的好坏会直接或间接影响消费者。因为旅游企业在社会经济当中，不仅仅是一个以盈利为目的的经济单位,也是一个社会实体,因此,它的一言一行、一举一动都会对社会经济产生深远的影响。例如,20世纪60年代,旅游业的大发展使许多著名的旅游胜地都出现了不同程度的环境污染:空气污浊,水源遭到污染,自然灾害频繁发生。于是一场以绿色经济、绿色消费、绿色营销为主题的绿色运动在全球迅速展开。作为社会实体的旅游企业要优先考虑社会利益和环境资源,将绿色营销的理念贯穿于企业经营管理的全过程,制定绿色营销战略,开发绿色产品,创造绿色品牌,树立良好的社会形象,要从我做起,从身边的小事做起,为子孙后代的生存、企业的可持续发展做出应有的贡献。

实例12-6

桂平良好的生态环境造就"如诗如画"的自然景观

作为中国优秀旅游城市的广西省桂平市,近几年来提出了"环境兴旅"的发展目标,高度重视生态环境保护工作,将生态环境保护和旅游发展相互结合起来,通过保护生态环境促进旅游发展,取得了旅游效益和环境效益"双丰收",为该市打造了"青山绿水,蓝天碧云,绚丽多彩、如诗如画"的优美生态旅游环境。

在开展环境保护和旅游开发工作中,桂平市坚持"有效保护,合理开发,永续利用"的原则,把良好的生态环境与旅游资源的永续利用作为旅游业可持续发展的主要任务和途径。该市根据辖区内各旅游景区的实际情况,制定了生态环境保护的目标、任务和主要措施,建立并健全了旅游生态旅游保护管理机制,加强对旅游生态环境的监察工作。对各景区内不符合环境功能要求的摊点、饮食服务行业、垃圾储存点以及污水源等,政府采取限期关闭、停业、拆迁、转移等有力措施进行清理整治。

(资料来源:蒋颖.桂平良好的生态环境造就"如诗如画"的自然景观.www.gx.xinhuanet.com,2009-4-10)

旅游产品内部有形展示和外部有形展示是一个系统的两个分支,二者相辅相成,共同作用产生的合力才能使有形展示最大限度地发挥作用,对任何一个方面的忽略,都会削弱有形展示应有的功能。

第三节 旅游产品有形展示的设计与管理

旅游产品的无形性和不可感知性,虽然在一定程度上妨碍了旅游企业有效地推广旅游服务产品,但顾客仍可通过对旅游环境中有形实物的感知印象,建立对旅游企业形象及旅游产品质量的认识评价。因此,旅游企业要善于借助旅游过程中的各种有形要素,对旅游产品的有形展示进行设计和管理,将大大有利于旅游产品的营销推广。对于旅游企业来说,旅游产品有形展示管理是不容忽视的。旅游企业通过对旅游产品和服务的物质因素、人的因素、环境因素、社会因素、品牌形象等所有为消费者提供有形展示的线索的管理,可增强消费者对旅游产品的理解和认识,为消费者做出购买决定传递有关产品线索的信息。

消费者感知无形的产品和服务，只能通过与之相关的有形可感的事物加以推测。不同的消费者从不同的事物上获得的感受是不同的，而即使在相同的事物上不同的消费者也可能获得不同的感受；同时，旅游产品信息的不确定性和难以界定性，又使得消费者获得的信息是不均等的，也许获得的信息是正确的，对企业营销有正面激励作用；也许获得的信息是偏激的，对企业的营销又具有负面效应。因此，从旅游产品营销的战略出发，很好地规划有利于旅游产品销售的消费者的感受和产品信息，将它们附着在能反映企业产品特色的有形载体上，并排除各种干扰性的有形展示，这就是有形展示设计和管理的核心功能。

一、旅游产品有形展示的设计

旅游产品有形展示策略在旅游企业的实际应用过程中，重中之重是改善旅游产品的包装，突出对旅游产品服务环境、产品功能的设计，从而增加旅游产品的附加值，以建立可感知的赏心悦目的旅游形象。例如酒店建筑外观的独特造型以及企业统一的服务形象标识(CIS)等，在此方面，旅游企业应力求确立产品与企业服务内涵对应一致并且独特醒目的形象。因为消费者在购买旅游产品之前，最先感受到的就是来自环境的影响，尤其是对于那些容易受先入为主影响的消费者而言，环境因素的影响更是旅游企业不容忽视的。

(一) 旅游产品服务环境的设计

1. 旅游产品服务环境的含义

所谓旅游产品服务环境是指旅游企业向消费者提供旅游产品服务的场所，它不仅包括影响旅游服务过程的看得见的各种设施、设备、交通工具、产品质量，还包括很多看不见、摸不着的无形的要素。因此，凡是会影响旅游产品质量和旅游企业信誉的任何要素都叫做旅游产品服务环境。例如，就酒店业而言，环境意味着建筑物、招牌提示、门窗设计、停车场、所有内部装潢、家具和供应品、酒店人员的仪态、仪表等。

通常在消费者的最低期望之内并被消费者默认为构成旅游产品内涵的必要组成部分，如一些较不起眼的因素像茶桌的摆放、一张便签或一朵玫瑰花等，在传统的设计观念中，或许会被忽略掉，其存在不会使消费者感到特殊的兴奋与惊喜，但若缺少则会挫伤消费者对服务的兴趣和消费信心。一般来讲，旅游企业通过严格的规范管理可确保消费者对此类要素的最基本需求，若在一定程度上适当超越消费者的期望，将会提高消费者对服务的满意感。所以，对于旅游服务营销人员来说，任何环境要素都必须与其他有形物品一样要细心打造。

2. 旅游产品服务环境的特点

从环境设计的角度看，旅游产品服务环境具有如下特点。

(1) 环境是容纳与包含，旅游产品服务环境也是如此。人不能成为服务环境的主体，只可以是服务环境的参与者，即人可以设计环境、改变环境。

(2) 环境往往是多元的，也就是说，人对于环境的理解可以形成多种感觉，同样的环境氛围下，可能有的人认为舒服，但有的人可能就感觉不舒服。环境的影响方式不尽相同，致使旅游企业在环境设计时要充分重视消费者的需求个性和爱好。

(3) 环境中的边缘信息和核心信息总是同时展现。边缘信息和核心信息都同样是环境的一部分，即使没有被集中注意的部分，人们还是能够察觉感知出来的，进而影响整体形象。因此旅游企业要全面设计和把握环境要素。

(4) 环境的延伸所透露出来的信息，总是比实际过程发生的要多得多，其中有若干信息可能相互交融、相互冲突。环境要素的连锁反应要求旅游企业对于任何一件小事都不能怠慢，都要认真对待。

(5) 各种环境要素均暗含有某种目的和行为动机，都扮演着不同的角色，发挥着不同的作用。

(6) 环境涉及各种美学的、心理上的、社会性的和系统性的特征。

因此，旅游产品服务环境设计的任务，影响着消费者对服务的满意度，关系着企业各个局部和整体所表达出的整体形象。

3. 影响旅游产品服务环境形象的关键因素

一家旅游企业要塑造的环境形象受很多因素的影响。营销组合的所有构成要素，如价格、服务本身、广告、促销活动和公开活动，既影响消费者与当事人的观感，也成为旅游服务的物质要素。影响旅游产品服务环境形象形成的关键要素主要有两类。

(1) 物质属性

旅游企业的外部环境设计，是影响环境形象的重要因素。比如旅游景点的规模、造型、建筑使用的材料、其所在位置以及与邻近建筑物的比较，都是塑造顾客观感的因素。至于其他相关因素，比如停车的便利性、橱窗门面设计、招牌标示等也很重要。因为外在的观瞻往往能给消费者留下与众不同、华丽高雅、保守、进步或其他各种印象。而内部环境的布局、装饰、照明、色调搭配、材料使用、空气调节、说明小册子、展示空间等等，所有这一切合并在一起就会给消费者创造出"印象"和"形象"。

能将所有这些构成要素合并成"有特色的整体个性"，需要相当的技术性和创造性。旅游产品有形展示可以使一家企业或机构显示其"个性"，而"个性"在高度竞争和无差距化的旅游产品市场中是一个关键特色。而这一特色，往往就是企业的"卖点"。

(2) 氛围

旅游服务场所的氛围也会影响企业形象。所谓"氛围"就是指一种藉以影响消费者的"有意的空间设计"。这种"有意的空间设计"会影响到员工对待消费者的工作态度，会影响前来企业洽谈的其他人员的心情。比如一些商务旅游酒店，大堂的布置就很有讲究。每家旅游酒店大堂都有各自的陈设、布局，有些酒店大堂显得很局促，让人觉得不透亮，不愿多停留；可有些酒店大堂布置的就比较合理，给人宽敞便利明亮的感觉，很有魅力，消费者愿意多停留，并能诱导购买。

进入21世纪，许多旅游企业都开始了解氛围的重要性。餐馆的氛围和食物同样重要是众所周知的，大饭店、旅馆要想使人联想到"温暖与亲切"，就应注意尊重消费者，并增添"氛围"上的魅力，让消费者有"宾至如归"而不是"望而却步"的感觉。影响"氛围"的因素包括：

① 视觉。视觉因素是构成旅游企业氛围的重要因素，也是影响消费者对旅游产品观感的主要方面。许多旅游企业为了达到树立美好形象和实现销售目标的目的，都推行"视觉商品化"，旨在确保无论消费者是在乘车、坐电梯，或在等待付账时，旅游产品的推销和形

象的建立仍在持续进行。显然，旅游产品的照明、陈设布局、颜色，都是"视觉商品化"的一部分，同时，旅游服务人员的外观和着装也是。总之，视觉呈现是消费者惠顾旅游产品的一个重要原因。

② 触觉。旅游服务场所使用的产品材料质地不同，营造的氛围也就不同，从而会给消费者带来不同的感觉。比如旅游酒店客房窗帘的材质和颜色、床上用品的花色、地毯的厚度、壁纸的花纹等，都会使房间散发出不同的氛围；酒店大堂的大理石地面、华丽的吊灯、大堂是否宽敞及陈设展示等，都会营造出与众不同的氛围。

③ 声音。声音在环境设计中，往往作为背景音乐来烘托氛围。不同类型的旅游产品，其营造的背景音乐是不一样的。比如在郊野公园，背景音乐就不能太过于激烈，而是采用舒缓的、令人身心放松的音乐营造氛围；而在一些挑战性强、具有刺激作用的旅游项目中，年轻人居多，所营造的氛围应是热烈的、奔放的、狂野的，采用的背景音乐就应该是节奏感强的、欢快的，让人们听到音乐就能够充分地释放压抑和烦恼，起到很好的烘托氛围的作用。

4. 理想旅游环境的创造

从旅游环境的内涵我们可以得知，旅游环境包含的要素非常广泛，因此，对于大多数旅游企业而言，理想旅游环境的设计和创造并不是件容易的事情。除了需要大量的资金花费外，设计人员对于环境因素及其影响的知识及理解程度、设计人员的想象力和见闻及企业要达到一个什么样的目的等在设计中至关重要；同时，一些不可控制的因素也会影响环境设计。比如，每个人都有不同的爱好和需求，他们对同一环境条件的认识和反应也各不相同。企业在设计时，不可能面面俱到，只有通过深入了解消费者的需求，找到目标消费群体的共性需求，再根据他们共性的需求来设计旅游环境，才能收到较好的效果。例如，对于客流量比较大的机场、车站、大酒店、特色饭店、旅游景点等的设计，就要采取折中的方式，照顾到绝大多数消费者的感受，按照群体共性需求设计，无疑会赢得更多的消费者。

下面以一家旅游饭店为例，可做如下旅游环境设计。

(1) 适当的地理位置

适当的地理位置容易吸引更多的消费者，这是旅游企业环境设计的首要因素。所谓适当的地理位置主要是指饭店除了应处于客流量较多的繁华商业区或交通便利的地方，还应位于目标消费者集中的地区。因此，在设计之前企业应充分了解各个地段的特点，了解该地段消费者的消费需求，这是有效地推广本企业旅游产品的必由之路。

(2) 饭店的环境卫生状况

环境卫生是经营饭店的最基本条件。病从口入，所以环境卫生也是消费者最挑剔的地方。消费者选择饭店前首先要看的就是饭店是否清洁卫生。从外部看，它要求招牌整齐清洁、宣传文字字迹清楚、色泽明亮、盆景修剪整齐；从内部看，要求坐椅摆放齐整，店堂清爽宜人，陈列台、厨房、备餐间以及洗手间等整洁干净。

(3) 饭店的氛围

饭店的氛围也是影响消费者是否接受服务的重要一环。因而无论是饭店外部的结构与装饰还是内部的设计与装潢，都要烘托出某种氛围，以便突出饭店的主题，从而强有力地吸引现有的和潜在的消费者。此外饭店的照明、色彩、音乐等都会影响饭店的氛围。比如音响方面，饭店中通常都要播放音乐，不同类型的饭店选择音乐的风格是不一样的。格调高雅的饭店适合旋律舒缓的、优美的古典音乐；而在专门提供快餐的饭店则可以放一些节奏感较强的流行音乐。此外，音量的高低也是有讲究的。缓慢的、音量适中的音乐能使人心情愉快，增加食欲；反之，热烈的、音量过大的音乐则可能影响人们交谈的兴趣，使人感到厌烦。

(二) 社交因素的改善

尽管在旅游产品有形展示策略中，旅游环境设计是至关重要的，但不能错误地认为环境设计是主宰一切的万能钥匙，而不顾一切地悉心打造，从而忽视了环境设计中起重要支撑作用的要素——社交因素。试想一下，假如一家旅游饭店环境设计得非常豪华、上档次，很是吸引消费者的眼球，可当消费者一走进去，迎面撞见的是服务人员阴沉的面容、邋遢的服装、粗鲁的谈吐，消费者会立刻感觉到这家旅游饭店名不符实，从而拒绝接受服务，致使饭店错失产品销售的良机。因此，旅游产品有形展示除了环境与氛围因素以及设计因素之外，社交因素也不容忽视。

所谓社交因素是指旅游服务场所内一切参与及影响旅游产品生产的人，包括服务人员、顾客和其他人士，他们的外貌、着装、行为、态度、言行举止及处理消费者要求的反应等，都可能影响到顾客的消费期望和对旅游产品质量的判断。它们对企业产品质量乃至整个营销过程的影响远较其他几类要素显著。因为消费者在购买旅游产品的过程中，除了与产品接触之外，其次就是与旅游服务人员打交道，旅游服务人员对消费者要求的反应程度、能否给消费者提供诚心诚意的高质量的服务、是否赢得消费者的信赖等，直接影响着旅游企业服务水平的高低。因此，社交因素对消费者评估旅游产品质量的影响，远比其他因素来得直接。对于旅游企业来说，是绝不可掉以轻心的重要因素。旅游企业不仅不能忽视，还要全力以赴做好它，以赢得更多的消费者，实现企业经营目标。

二、旅游产品有形展示的管理

(一) 旅游产品有形展示管理的含义

旅游产品的不可感知性要求旅游企业要善于利用组成旅游产品的有形元素，突出旅游产品的特色，使无形的产品变得相对具体化，让消费者更好地理解"我们买什么产品"，"我们为什么要买它"，能基本准确地判断旅游产品的特征及使用产品后所获得的利益。因此，应加强对旅游产品有形展示的管理，努力借助这些有形的元素来改善产品质量，实现旅游企业的经营目标。

对旅游产品有形展示进行适当管理要着眼于旅游产品的"不可感知"的特性。旅游产品的"不可感知"主要有两方面含义：一是指旅游产品看不见摸不着的特性；二是指旅游产品的无法界定性，难以从心理上把握。由此可以得出，旅游产品有形展示的管理策略应从这两个方面入手，即力争使旅游产品有形化和使旅游产品易于从心理上进行把握。

1. 使旅游产品有形化

这里所说的旅游产品有形化就是使旅游产品的深层次内涵尽可能地在实务产品上体现出来，比如现在各大旅游景区都推出3A、4A、5A级旅游产品，虽然各种级别本身没有什么太大的区别，消费者也无法真切地判断，但它代表着旅游企业为消费者所提供的各种不同类型的旅游产品和服务。这就是将无形的产品有形化。

2. 使旅游产品易于从心理上把握

除了使旅游产品从无形到有形化之外，旅游企业还应考虑如何使旅游更容易地为消费者所理解、所把握。企业应该注意要把旅游产品与一些让消费者容易接受的有形物体联系起来。比如，广告中的"香格里拉——人间天堂""桂林山水甲天下""黄山归来不看山"，让消费者非常容易地就理解了各个景区的美不胜收。产品特色和宣传要名实相符，换句话说，企业要确保这些有形实物所暗示的承诺，产品的质量一定要兑现，这样消费者才很容易接受企业所提供的产品。

(二) 旅游产品有形展示管理的原则

在旅游产品营销过程中，有形展示管理须遵循以下3个原则。

(1) 致力于消费者的关注点

展示设计的有形载体必须是消费者认为很重要的，而且也是消费者最关心的方面，最好是消费者在旅游产品使用中所致力于寻找和发现的事物，也是他们在购买某产品或服务时所要期望达到的心理需求。如果设计人员将希望传达的信息和感受放在消费者毫不关心的事物上，则往往事与愿违。比如，旅游者入住酒店，其感受产品质量的主要着眼点应该是宽敞的房间、温馨的布置、舒适的床具、洁净的浴具，而地板的质地、家具的品牌等尽管设计人员煞费苦心，设计独特，但旅游者是很少关注的。

(2) 确保旅游产品有形展示的服务承诺到位

旅游产品有形展示所暗示的服务承诺，在正式的服务过程中一定要兑现，也就是旅游产品的实际质量必须比有形展示时给消费者留下的感受要有过之而无不及。不然的话，如果消费者的期望值远远高于产品本身，就会导致消费者极大的失望感，会影响消费者的情绪，致使他们对产品做出不利的评语，从而消费者拒绝该旅游产品，影响企业的总体形象。

(3) 注重旅游企业与消费者长期合作关系

旅游产品的有形展示不仅仅是使消费者对旅游企业产品产生明确的认同、对产品相关信息系统的了解，实现购买旅游产品的目的，而是要通过有形展示的一条有形线索在消费者与旅游企业之间建立持久的联系。进而强化消费者对企业品牌的忠诚度、发展与消费者的长期关系，为企业的可持续发展铺平道路。

(三) 旅游产品有形展示管理的执行

有形展示的执行是旅游产品有形展示管理过程中最关键的问题。比如，一家定位于高档级别的旅游大饭店，在有形展示设计中融入了高品位的装修、高档的家具、华丽的吊灯、大理石地面……但这一切很有可能因为在执行过程中的一丁点疏忽而毁坏了整体的形象，如服务员工态度恶劣、地板上有污迹等。旅游产品有形展示管理的执行是一个长期的过程，在这个过程中，不仅是营销部门唱主角，企业的每一个员工都有义务纠正有形展示的任何偏差，都有责任向消费者传送有关产品的适当信息。具体来说，有形展示管理的执行由以下多个方面的内容构成，企业管理人员应经常问问"为什么""目前怎么样""这样做可以吗"等，应定期考虑这些问题，有助于旅游企业对有形展示的执行工作进行监督和检查。

(1) 执行方法的检查。我们的产品展示管理的方法高效吗？是否存在一种更高效的产品展示管理方法？

(2) 执行的积极程度检查。我们是否积极地进行有形展示管理？我们对消费者可能感觉到的有关产品的每一件事都给予了充分的重视吗？我们是否深入地分析了如何使用一些有形因素来强化我们的产品概念和服务信息？

(3) 执行的细节管理。我们对细节进行了很好的管理吗？我们是否对"小事情"给予足够的关注？我们是否向员工说明企业中的任何细节都必须及时地妥善处理？比如景区霓虹灯泡忽然坏了，我们是立即更换呢还是过段时间再说？

(4) 执行的一致性检查。我们是否将产品展示管理和市场营销计划结合起来了？我们做的环境设计是否与企业高层营销策略一致？如果不一致有何修改和补充？

(5) 执行效果的评价。我们是否通过定期或不定期的调查来指导我们的产品展示管理？是否事先测定过我们的广告向消费者传递了什么样的信息？在产品营销过程中，我们是否征求过消费者和员工的意见？我们是否雇佣过"神秘嘉宾"按照清洁度、整齐度、服务工具的适用性等标准对我们的产品使用过程做出评估？我们是否收集了消费者对企业及员工服务态度、服务设施等的评价资料？

(6) 执行的心态调整。我们是否在整个企业范围内树立了产品展示管理的主人翁姿态？在产品使用过程中，我们向员工强调了产品展示管理的特点和重要性吗？我们是否已经让企业内的每一个人都明确了他们在展示管理中的责任？

(7) 执行的创新管理。我们在产品展示管理过程中富有创新精神吗？我们所做的每件事是否都有别于竞争者和其他产品的提供者？我们所做的事有独创性吗？我们是在不断地提高展示水平以满足消费者的需求，还是停滞不前，固守一隅呢？

(8) 执行的环境设计。我们的广告、内部和外部的环境设备、标志物，是否给消费者留下了深刻印象？我们员工的服务态度对新老消费者是颇具吸引力，还是使他们反感？我们对消费者的第一印象如何管理呢？

(9) 执行的员工条件改善。我们是否对员工的仪表进行了投资？我们有没有向员工分发劳动保护？对于身在一线的员工，我们考虑到为其提供津贴了吗？

(10) 执行的员工管理。我们对员工进行产品展示管理了吗？我们是否使用有形因素来指导员工完成其服务角色？我们工作环境中的有形因素是表达了管理层对员工的关心还是缺乏关心呢？

本章小结

旅游产品有形展示是指在旅游市场营销的范畴内，对一切可传达旅游产品特色及优点的有形组成部分的管理和展示，它有助于提高旅游消费者对企业产品的理解和认知，为消费者是否做出购买决定传递重要的信息。

旅游产品有形展示在旅游产品营销过程中占有重要地位。它可以刺激消费者的感官，影响消费者对产品的需求；可以使消费者形成对旅游产品的第一印象；会使消费者对旅游产品产生信赖感；能增强企业良好的市场形象；可以给消费者提供美感；引导消费者对旅游产品产生合理的期望；约束员工行为，向消费者提供优质的旅游服务。

旅游产品有形展示主要分两大类：一类是内部有形展示，一类是外部有形展示。内部展示包括物质因素、人的因素、环境因素。外部有形展示包括信息沟通、旅游产品的品牌形象策划、社会形象等。

对于旅游企业来说，旅游产品有形展示的设计和管理是不容忽视的。它可以增强消费者对旅游产品的理解和认识，为消费者做出购买决定传递有关产品线索的信息。

案例分析

杭州旅游形象片出现在美国主流媒体

僧人泡上一壶禅茶，老人悠闲地打着太极拳，胡同口可爱的孩子无忧地玩耍……这就是正在美国各大主流电视台中播放的杭州形象片。1月17日开始，以"心中的神秘"为主题的杭州旅游形象片出现在美国洛杉矶地区Fox News福克斯新闻频道、CNN新闻频道、ESPN职业体育频道等6个电视台。它和国家形象片在美国几乎同时推出，此前只有北京、上海在美国密集投放过形象片。

杭州的旅游产品随后还将出现在全美最大仓储零售商好市多(Costco)里。杭州旅游产品将在好市多网站上架10个月，网站首页还将专门开辟中国专页，放置杭州旅游形象片，每月一次向5500万名会员发送杭州旅游广告。此前还没有中国旅游产品进入其渠道销售。

美国游客已经认识了"东方休闲之都"的杭州。美国《纽约时报》网络版2011年1月7日推出的41个2011年最值得旅游的世界城市中，中国有两座城市入选，浙江杭州和山西平遥分别排在第33位、37位。国际著名女旅行家奥丹·科汉这么撰写杭州的入选理由，"尽管作为旅游城市，杭州才刚刚进入世界瞩目的焦点，但它早已凭借极其绚丽的宝塔、历史悠久的寺庙和葱翠舒适的花园，数个世纪以来，迷住了中国的文人墨客……"

杭州旅游形象片投放恰逢胡锦涛主席访美，其实从2010年8月就开始准备了。杭州市旅委副主任王信章说，美国和欧洲是杭州开拓远程旅游市场的主要目的地。在杭州旅游的入境客源人次排名中，美国已跃居第三。

在这段30秒的旅游片中，杭州的形象从寺庙、茶园、丝绸等多个角度得到体现。浙江省中旅航空旅游入境中心副总经理智晨岩说，来杭州的美国游客以中老年人居多。在他们眼中，杭州的寺庙、历史建筑和自然风景，都代表着一种神秘文化，令人向往。港中旅国际(杭州)旅行社总经理倪连生说，可以把杭州人每天买菜的农贸市场、特色茶馆也展现给美国游客，他们希望体验杭州都市人的真实休闲生活。

浙江大学传播研究所所长、中国传媒学会副会长邵培仁评价，传统宣传的政治意味较浓，这次杭州形象片转而表达文化和生活，角度丰富，展现了杭州作为国际旅游城市的丰富内涵和强大包容性。不是硬性宣传，而是柔性地传递信息，说服力更强，展现了杭州人的自信、开放，知道世界需要什么。

(资料来源：鲁莹.杭州旅游形象片出现在美国主流媒体[N].杭州日报，2011-2-3.)

案例讨论

1. 你认为杭州旅游形象片的展示对杭州旅游起到了什么重要作用?
2. 如果你是杭州市民,你还有什么好建议、好办法吸引更多的中外游客到杭州来旅游?

复习思考题

1. 结合杭州发放旅游消费券的实例,你认为旅游企业应如何进行有形展示的设计与管理?
2. 为一家旅游企业设计一个具有特色的有形展示形象。

第十三章
旅游市场营销管理

学习目标

(1) 了解旅游市场营销管理的过程
(2) 熟悉旅游市场营销计划的内容和步骤
(3) 了解旅游市场营销组织的演进过程和未来发展趋势
(4) 掌握旅游市场营销控制的基本方法

导入案例

山东平邑：旅游市场营销措施得力 大团频至

据平邑县旅游局局长东野广瑞介绍，2011年以来，平邑旅游大团频至，主要得益于全县旅游工作，特别是旅游市场营销工作方法正确，措施得力。具体包括以下几个方面。

一、以京沪高铁开通为契机，创新市场营销理念

京沪高铁的开通使旅游进入高铁时代，平邑县距离京沪高铁曲阜东站只有半个小时的路程，京津塘、长三角两个高端旅游客源市场到平邑的时间缩短到3个小时。平邑县通过电视、报纸、网络等主流媒体，加大对京沪高铁沿线的市场营销力度，加强与上海、北京、曲阜等高铁沿线城市的交流和合作。上海市鲁诺集团在平邑县成功注册的情倾沂蒙旅行社，将于近期开业；平邑县与曲阜联合成立了"鲁南高铁县域旅游联盟"，打造了"乘高铁、游曲阜、登蒙山、观天宇"及"山(平邑蒙山)海(日照海滨)圣人(曲阜孔府、孔庙)"旅游精品线路，使平邑融于高铁旅游线路。充分发挥旅行社的外联互动作用，邀请京沪沿线主要客源地的旅行社和新闻媒体到平邑进行考察、踩线、促销。积极策划和举办蒙山长寿文化旅游节，打造具有平邑特色的旅游节会品牌。

二、走出去，请进来，不断开拓新的客源市场

7月份，平邑县人民政府副县长王建锋亲自带队到河南洛阳进行市场营销，与当地旅行社进行对接。4月份，平邑县积极参加2011年淮海经济区旅游交易会及临沂市旅游局组织的长三角线、苏豫皖线、京津冀线和省内线四大目标客源市场宣传推介活动，与40多个城市的500多家旅行社签署合作协议。同时，3—6月，邀请中国旅行社总社有限公司驻全国各地分社负责人、国内部分景区负责人约240人和上海春秋国际旅行社、广州广之旅旅行社等全国知名旅行社到平邑踏线考察，加大了与中国旅行社、上海春秋旅行社的合作，对全县旅游市场的深度开发将起到重要的推动作用。

三、多措并举,打造具有平邑特色旅游品牌

平邑县充分借助相关媒体影响力,进一步加大全县旅游整体形象宣传,不断开拓新的客源市场,吸引更多的游客来平邑县旅游观光。4月份,平邑成功举办首届中国金银花节暨金银花高峰论坛,5月19日启动2011"中国旅游日"平邑庆祝活动暨"登蒙山、求健康、祈长寿"活动和8月14日启动"绿色健康行·旅游惠民生——平邑县国民休闲汇"活动,打造了具有平邑特色的旅游节会品牌。

四、强化旅游服务,营造良好的旅游环境

平邑县加快发展宾馆、餐馆业和现代商业,投资1.6亿元的华百国际主体工程已经完成,投资3亿元的汇源大酒店、投资2亿元的美丽园大酒店即将开工。同时,加大旅游监管力度,强化旅游执法队伍建设,规范旅游经营行为,打造无障碍旅游区,为游客提供了有序、公平、放心的旅游消费环境。

(资料来源:张译文,杨永. 山东平邑:旅游市场营销措施得力 大团频至.新华网山东频道,2011-8-29)

第一节 旅游市场营销管理过程

旅游企业的市场营销活动受到许多复杂多变的因素的影响,为顺利实现旅游企业的市场营销目标,营销人员要依据科学的管理理论,将市场营销中的主要活动纳入科学的管理轨道,以获取良好的社会效益与经济效益。一般而言,旅游企业市场营销管理过程大致要经历以下步骤:分析市场营销机会、研究和选择旅游目标市场、制定营销战略与策略、制订营销计划、实施和控制营销计划,如图13-1所示。

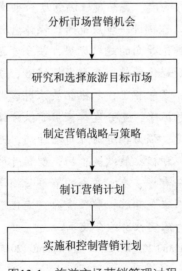

图13-1 旅游市场营销管理过程

一、分析旅游市场营销机会

分析市场机会是旅游市场营销管理过程的首要步骤。旅游市场营销机会是指与企业内

部条件(生产、管理、资金、技术、销售等因素)相适应,能实现最佳营销组合策略和营销目标,具有竞争优势和获得局部或全局的差别利益,并能促进企业自身发展的环境机会。旅游市场上只要存在未被满足的需求,就意味着有可利用的环境机会。

实例13-1

泰安旅游市场营销"出新招"

日前,泰安市2015年旅游市场营销工作座谈会在海岱花园举行,旨在进一步做好2015年泰安市旅游市场营销工作,更好地宣传本市的新发展、新成就、新产品、新线路。

市旅游局副局长张朝晖指出,当前本市旅游市场面临"四多、四小"的新趋势、新情况、新变化,即"散客的数量越来越多,团队的比例越来越小""周边旅游大项目越来越多,市场竞争空间越来越小""游客个性化需求越来越多,大众化产品需求越来越小""跨区域联合营销越来越多,单打独斗营销方式越来越小"。本市旅游市场营销工作经历了形象营销、产品营销阶段,目前已经跨入了品牌营销阶段。2015年,要实现"吃住行游购娱"六要素的"大合唱",打响泰安旅游的区域品牌、城市品牌、产品品牌和服务品牌四大品牌,全力推动"大产业、大市场、大整合、大营销"。

泰安要打造国内外著名旅游目的地城市,首先要整合旅游要素,建立完善"中华泰山·天下泰安"旅游目的地城市品牌营销体系,实施大市场、大营销战略。要创新市场营销理念,通过打造"中华泰山·天下泰安"旅游目的地的"五张旅游形象品牌",即区域品牌、城市品牌、产品品牌、节庆品牌和服务品牌,实现"旅游营销模式的五个转变",提升"五个旅游市场营销信心指数",即通过开展全方位、多渠道、深层次的宣传促销工作,进一步提升泰安旅游的知名度、影响度、美誉度、满意度和忠诚度。

2015年全市旅游市场营销工作将进一步规范传统媒体营销,充分发挥央视、凤凰卫视等高端传统媒体覆盖面广、引领舆论导向的绝对优势,整合资源,规范流程,积极开展旅游形象宣传推介工作;全力突破新锐媒体营销,充分发挥网络、手机等新锐媒体受众率高、传播速度快的相对优势,整合资源,多管齐下,积极拓展旅游客源市场新领域;巩固提升国内市场营销,以营销"三日游"为总抓手,充分发挥京沪高铁方便快捷优势、旅游直通车特有载体效能,不断加大宣传推介力度;强力推进海外市场营销,充分发挥各种营销平台的载体作用,重点撬动日本、韩国市场,积极拓展欧美市场;创新开展旅游节事营销,进一步整合全市旅游节事资源,组织开展安全有序、丰富多彩的节事营销活动。即深化大篷车促销,提升旅游知名度;聚力打造"泰山人家"品牌;整合资源,优化二日游产品;重点抓好"两节一赛";打造三大节庆品牌;着力落实旅游综合改革。

(资料来源:http://www.ctcnn.com/html/2015-03-27/13711442.html,2015-3-27)

二、研究和选择旅游目标市场

通过深入了解旅游者不同消费需求的满足程度,旅游企业力图挖掘那些尚未满足或未被充分满足的旅游需求。通过市场细分,选择对自己当前和以后一段时期内最为有利的一个或几个细分市场作为营销重点。研究和选择旅游目标市场一般要经历测量和预测市场需求、进行市场细分、在市场细分的基础上选择目标市场、实行市场定位4个步骤。

实例13-2

藏历新年带动拉萨旅游市场升温

2015年，藏历新年恰逢农历春节，西藏各地洋溢着节日气氛。拉萨街头，除了转经朝佛的人群，游客的身影也较前两月多了起来。背包客们举起手中的相机，不停地按动快门，记录下西藏"双年"的喜庆景象。

来自广州的游客梁发杰利用春节假期，和朋友们相约来到西藏感受"双年"。在酒店，藏族朋友向梁发杰献上哈达，奔放的藏族音乐、醇香的青稞酒、热情的藏族人，让第一次过藏家新年的梁发杰被周围浓浓的"藏族年味"所陶醉。

在拉萨各大小社区民宅，人们身着民族盛装，手捧寓意五谷丰登的"切玛盒"，端着香醇青稞酒，走亲访友，到处都是"扎西德勒"的祝福声。最热闹的当数著名的八廓街，房顶遍插五彩经幡，整条街都弥漫着浓浓的桑烟，转经路上朝圣者川流不息。

黑龙江游客杨雪跟随朝圣的队伍，举着DV走在八廓街转经道上，记录下藏历新年初一当天朝佛的盛况。"西藏的传统年味十足，选择到西藏过年，享受蓝天、阳光，跟随朝圣的脚步感悟内心，大家都来吧！"杨雪将拍下的照片上传至朋友圈，随即便引来了朋友的纷纷点赞。

如今，大量游客藏历新年期间涌入拉萨，不断激活这里的酒店业。记者21日来到位于朵森格路的一家酒店。负责人赵亮告诉记者，因不少游客来拉萨过藏历年，加上冬季住宿价位低，客人比以前有大幅增加，客房入住率接近六成。

据了解，针对游客到藏族人家体验藏历新年的需求，西藏各大旅行社适时推出了"藏历年体验深度游"活动：游客可在藏历新年期间前往堆龙德庆县桑木民俗村百姓家中夜宿，还可同朝佛百姓一起到大昭寺、布达拉宫感受大年初一的吉祥，零距离接触西藏民风民俗。

西藏2014年全年累计接待游客突破1500万人次，旅游总收入达204亿元。2015年西藏将继续努力提升旅游发展层次、服务管理水平和客源市场定位，促进旅游与文化、生态融合发展，打造西藏旅游"升级版"。

(资料来源：黎华玲，黄兴.藏历新年带动拉萨旅游市场升温.西藏新闻网，2015-2-22)

三、制定旅游市场营销战略

旅游市场营销战略是指为实现市场营销目标对一定时期旅游市场营销活动发展的总体设想、规划，包括旅游市场营销因素组合、营销资源配置和营销费用等方面的基本决策。

(一) 旅游市场营销因素组合

旅游市场营销因素组合是旅游企业用于追求目标市场预期销售量水平的可控营销变量的组合。旅游产品、价格、分销渠道、促销等营销要素各自的运用范围、效用和条件不同，营销战略的目标就是要把这些营销因素组合成最佳形式。

(二) 旅游市场营销资源配置

旅游市场营销战略的运用要建立在一定的企业资源基础之上，尤其是要与市场营销的费用预算相适应，即进行资源分配的规划，充分有效地利用有限的资源。通常，企业可以通过以下3个步骤实现对市场营销费用的合理规划：首先，确定市场营销费用总预算；其次，对营销组织各方面的预算额做出决定；最后，进行年、季、月的预算分析。

(三) 旅游市场营销总费用预算

旅游产品到达旅游者手中，必须要通过市场交易来完成，否则就难以达到预期的营销目标。旅游市场营销的总费用预算要综合考虑企业以往的做法、竞争者情况、企业要占领的新市场以及计划中拟采用的营销战略等各方面因素。

四、制订营销计划

为保证营销战略得以贯彻落实，营销目标得以实现，营销部门还须制订详尽的营销计划。旅游营销计划主要包括：产品管理、产品发展计划、价格管理、定价计划、销售渠道管理和分析计划、促销计划。规范化的营销计划书应包括以下内容：内容摘要、目前营销状况、营销机会和问题分析及结论、计划期营销目标、计划期营销战略、营销战略的实施计划、费用预算和利润计划、营销计划控制措施。

五、实施和控制旅游市场营销计划

实施和控制旅游市场营销计划是旅游市场营销管理过程的最后一环，也是关系到营销目标能否顺利实现的关键一环。为此，旅游企业必须设计一个能够实施这个营销计划的营销组织，推进计划的执行。同时，影响旅游市场的因素复杂多变，计划也不是一成不变的，旅游企业必须不断进行控制，并对计划进行必要的调整及修正，以确保营销目标的顺利实现。

第二节　旅游市场营销计划

对于旅游企业而言，制订切实可行的营销计划一方面明确了自身经营的方向，另一方面也为顺利实现营销目标及企业总体的战略目标设定了具体的步骤。在旅游业中，不同旅游企业制订营销计划并不存在统一的、固定的模式。然而，尽管存在着差异，旅游营销计划中都涉及一些带有共性的内容，如分析和预测市场需求状况、分析市场供给及竞争状况、确立营销目标、编制营销预算、制定营销战略、对营销计划的实施进行检测、评价与控制等。

一、旅游市场营销计划的内容

(一) 市场现状分析

分析市场现状是营销计划制订的第一阶段,具体要分析和评价的内容较多,如旅游企业自身经营状况、行业历史及现状、外部环境、竞争环境等。企业要尽可能全面收集、汇总所有的资料和事实,为进一步制订营销计划提供依据。

(二) 市场预测

市场预测的重点是要判断和评估市场需求的未来发展变化趋势。影响旅游产品供需的因素复杂多变,因而预测结果不可能十分准确,要根据情况的变化对先前的预测进行适时的调整,进而采取应对之策。

(三) SWOT分析

基于对市场的分析和预测,旅游企业需要评定所获信息对制定营销战略的意义。企业可以采用SWOT分析法来分析企业自身的优势(superiority)、劣势(weakness),所面对的环境机会(opportunity)和威胁(threat)。

对于旅游企业而言,自己拥有的所有强于竞争对手的条件和能力都构成了自己的优势,这些优势可能是本企业在经营实践中积累的结果,也可能是承袭于历史遗产。所谓劣势,通常是指本企业不敌竞争者或弱于竞争者的那些方面,即将过时的产品、低劣的服务、待客无礼的员工等都是劣势的典型表现。不论是优势还是劣势都不是绝对的,二者会有相互转化的可能。

机会是指未来营销计划执行期内将会出现的有利于本企业借以实现自身发展的那些因素。机会可能产生于本企业直接控制下的某些因素,也可能产生于外部环境中某些有利情况或有利因素的出现。威胁是指未来营销计划执行期内将会出现的不利于本企业经营与发展的那些因素。不管是企业可以控制的内部因素,还是企业无法控制的外部因素,凡是出现不利于企业经营与发展的变化,都将构成对本企业的威胁。环境机会和威胁常常是共生共存、相互转化的,关键就在于要及时发现各种有利或不利的因素,运用一切手段扬长避短、趋利避害。

实例13-3

合肥元一希尔顿大酒店的SWOT分析如下:

优 势	劣 势	机 会	威 胁
· 政府支持 · 专业的管理公司 · 市内独家经营	· 股东层面:投资者缺乏酒店管理经验,在酒店委托管理的情况下,外部的监督和控制会存在盲点 · 经营管理层面:希尔顿制度和经验本土化存在不确定性	· 旅游业全面振兴 · 居民收入持续上升,旅游、餐饮、娱乐需求逐年提高 · 显著的区位优势 · 客户资源充足 · 商会经济	· 合肥及周边地区现有酒店的竞争 · 潜在进入者的威胁(特别是国际连锁酒店品牌) · 品牌化的经济型酒店的兴起

(图表来源:希尔顿大酒店的SWOT分析. http://www.cntmu.com/blog/user1/wj1008cn/2157.html)

(四) 制定营销目标

一般而言，营销目标是指旅游企业在营销计划执行期内预计实现的经营业绩。营销目标的确立不仅对计划执行期内的营销工作的开展和重大管理决策起着指导或引导作用，同时也是衡量工作绩效的标准。制定营销目标一般要确定两类目标：①财务目标，即以利润为核心的营销目标，表现为营销计划执行期内实现的市场占有率、销售量、销售额、利润额等业绩目标；②以品牌形象和顾客满意为主要内容的营销目标。旅游企业的营销目标多以财务目标为核心，也会涉及形象塑造和顾客满意等方面的内容。例如，旅游目的地更侧重于整体形象的塑造，同时可能涉及力争实现的游客接待量和旅游收入等业绩目标。

(五) 编制营销预算

营销预算是指为了实现营销目标，确保必要促销活动的开展而需要拨付的经费。在制定营销计划的过程中，编制营销预算是一项非常重要的工作。旅游企业进行营销预算有4种常见的方法：量力而行法、收入百分比法、竞争对等法和目标任务法。

1. 量力而行法

量力而行法是指，根据企业的财政状况来编制营销预算的一种方法。企业根据自己的支付能力，量力而行地编制营销预算。

2. 销售百分比法

销售百分比法，即以一个特定的销售量或销售额的百分比来安排营销费用。

3. 竞争对等法

竞争对等法，是指公司按竞争对手的大致营销费用来决定自己的费用预算。

4. 目标任务法

目标任务法首先明确所要实现的营销目标，然后分析实现这一目标所要开展的各种营销活动，估计各项活动所需费用，最后得出预算总额。

其中，前三种方法应用范围比较广，都属于凭借经验的做法，但缺点在于只能计算预算总额却不明确预算资金的分配；目标任务法在理论上比较理想，以目标为中心来分析实现目标的营销活动，并进行相应的费用估算。然而，目标任务法的局限性在于，编制营销预算往往比较耗时，而且在很大程度上要依赖对未来促销活动的判断，难度相对较大。

(六) 制定营销组合方案

营销组合方案是由所需采用和实施的各种营销技术手段组成的行动方案。Borden(1953)率先提出了"市场营销组合"的概念，认为市场需求在某种程度上会受到营销要素的影响，为了实现既定的营销目标，企业需要对这些要素进行有效的组合。菲利普·科特勒(1988)认为，营销组合是企业为了争取在目标市场中实现其营销目标而采用的一整套营销工具。麦卡锡(1960)提出了包括产品(product)、价格(price)、分销(place)、促销(promotion)在内的4P营销组合，菲利普·科特勒在此基础上进行了扩展，提出了大市场营销6P概念，将权力(power)与公共关系(public relations)纳入其中。之后，科特勒又将探查(probing)、分割(partitioning)、优先(prioritizing)和定位(positioning)加入，形成包含10P要素的市场营销战略分析框架。布姆斯和比特纳则将人员(people)、有形展示(physical evidence)、过程(process)加入，构成服务业市场营销组合。不论大家对营销组合的内容构成做怎样的扩展，4P仍被认为是营销组合的基本范畴。

实例13-4

4P营销组合理论在宁波开元名都大酒店的应用如下表所示：

产品	设计	• 康体产品：俱乐部形式、会员制模式 • 启笑轩中餐宴会厅：定位于高档宴请 • 增设棋牌和足浴 • 开通了往来于酒店与万达广场之间的免费穿梭巴士 • 整改宾客集中反映的产品问题：客房噪音与冷量问题、玻璃台阶的安全性问题、会议室规模和品种问题等
	质量	• 建立质量管理体系 • 全面进行标杆企业学习：房务部专人前往上海瑞吉红塔进行考察；餐饮部成立VIP接待小组，从礼仪、形象、语言艺术、服务标准等进行全方位的培训 • 广泛收集宾客的意见：从大堂副理的每日拜访、参观房的宾客意见收集、会议接待后的宾客意见反馈、宴会预定的宾客拜访等渠道来收集
价格	实施收益管理	• 提供给宾客的价格根据市场动态、酒店实际情况和宾客需求进行调整 • 提供给合作伙伴的价格或回佣管理
渠道	旅行社市场	• 收集了杭州、江苏、上海等外地的旅行社名单，并制订详细的促销拜访计划，逐一进行集中拜访 • 由市旅游局出面邀请宁波本地的15强旅行社前来酒店参加酒店产品的推荐会
	网络客源市场	• 除了依托集团的网站和GDS系统外，酒店也加强了外部网络预定公司的渠道开拓，除了携程、e龙等传统网络预定公司外，芒果网、so-hotel等新兴的网络预定公司也成为酒店渠道开拓的目标
促销	内部促销	• 下达指标进行制度层面的促销与合理的产品促销提成的全员促销：年货的促销、客房大礼包的促销、春茶的促销、圣诞节产品的促销等
	外部促销	• 针对本地就餐市场：通过餐饮消费满多少送客房的形式来带动酒店客房的促销 • 广告：《宁波晚报》上面开辟了一个产品专栏 • 借力政府：承办宁波市首届国际烧烤节

(图表来源：袁岳锋."4P理论"在酒店的实践效应. http://guanli.veryeast.cn/guanli/Expertrostrum/2008-7/22/0872215214679362.htm)

(七) 评价与控制

完成上述步骤之后，还要对营销计划进行评价，具体包括计划期结束后的总体评价和计划期内各项计划执行情况的评价。评价的目的是为了控制，通过控制及时发现问题，并在分析问题产生原因的基础上，采取相应的修正措施。评价工作的最终依据是既定的营销目标，因而，营销目标制订的越是详细和精确，评价工作则会越加容易和有效。

二、旅游市场营销计划的实施

旅游市场营销计划的实施要经过以下5个步骤。

(一) 制定详细的行动方案

在旅游市场营销计划实施过程中，要制定详细的行动方案，即旅游营销计划的执行计划。该行动方案中要明确计划实施的关键性要求和任务，并将这些活动的责任落实到个人或作业单位，附上严格的时间表。

(二) 建立营销组织结构

旅游市场营销组织结构是贯彻执行旅游营销计划的主要力量，该组织结构应与企业的营销计划和战略相一致，与企业自身的特点、要求和环境相一致，以确保计划的顺利执行和预期目标的顺利实现。企业的战略不同，相应的组织结构也不同。

(三) 设计科学合理的报酬制度

科学合理的报酬制度可以有效地调动企业员工的积极性，使员工不仅关心短期营销目标的实现，而且致力于企业长期目标的达成。

(四) 培植旅游企业文化

作为企业的重要战略资源，企业文化已成为市场竞争的重要手段，对企业经营思想、领导风格、员工的工作态度和作风等具有重要的影响。旅游企业应该加强企业文化的培育，在员工中形成共同的价值标准和基本信念，保障旅游市场营销计划的顺利执行。

(五) 开发旅游人力资源

旅游市场营销计划的实施离不开企业员工的努力，只有充分调动员工的积极性，实现人尽其才，才能保障预定的营销计划的顺利实施。人力资源开发涉及员工的考核、选拔、安置、培训、激励等问题。

以上各个方面必须协调配合，才能有效地实施旅游市场营销计划。

第三节 旅游市场营销组织

旅游市场营销活动是通过一定的组织结构进行的，旅游企业要根据自身的目标和环境背景，建立起相应的旅游市场营销组织。旅游市场营销组织是指旅游企业中负责管理和执行本单位市场营销工作的组织结构。组织结构不是一成不变的，会随市场环境的改变、企业自身的发展而进行相应的调整。

一、旅游市场营销组织的特点

一般来说，旅游市场营销组织具有系统性、适应性和盈利性的特点。

(一) 系统性

旅游企业是由各个职能部门组成的一个完整的系统，市场营销部门起着指挥和协调的作用，使各个职能部门以市场需求为导向来制订策略和计划，并从总体上满足市场需求，实现旅游企业的整体目标。

(二) 适应性

旅游企业的营销组织应该能够洞察外部环境的变化，并做出快速反应和决策，具有较强的适应和应变能力。

(三) 盈利性

旅游市场营销组织是以市场为导向、以追求经济效益为目的的盈利性的服务型组织。

二、旅游市场营销组织建立的原则

旅游企业在设置旅游市场营销组织时，要遵循以下原则。

(一) 明确核心任务目标

旅游企业市场营销组织应将实施企业营销任务和目标作为首要任务。首先，必须坚持以旅游企业核心业务为中心，按业务活动的内容来设置职务，并配备相关工作人员；其次，在工作过程中要发挥各级员工的积极性和创造性，协调各项工作任务；确定各自的工作任务之后，还要注重员工的主观能动性和主人翁意识的发挥，提升员工爱岗敬业的热情；完成工作任务后，应按照旅游企业的相关规定对工作成绩进行科学合理的评定，使评定工作真实有效、有章可循。

(二) 设置合理的管理跨度

管理跨度是指一名管理者能有效地直接指挥下属的总人数。每个人的时间、精力、体力和能力是有限的，所能管理的人数也是有限的，这就决定了管理者的管理跨度。旅游企业在设置组织结构时，要灵活运用管理跨度原则，使管理能落到实处并起到积极作用。

(三) 明确专业分工

为提高管理专业化程度和效率，旅游企业要明确专业分工，即旅游业务专业化和旅游管理专业化。其中，旅游业务专业化是指按一定标准把同种性质的业务活动尽可能地独立，由专门的机构和人员从事特定类型的旅游活动，从而有利于旅游营销人员提高专业技能和业务水平；旅游管理专业化是按旅游企业管理的职能来划分管理范围和内容，从而发挥旅游企业管理人员的专长，提高其管理能力和业务水平。

(四) 责权利统一

对旅游市场营销组织进行管理的基础是责权利的统一，其中责任是核心，权利是保证，利益是动力。在旅游企业营销管理过程中,首先要明确每位员工应负的责任,建立相应的责任制度;其次,营销人员正确使用权利来完成自己的营销责任,努力实现企业的营销目标、获得经营利润;最后,依据多劳多得的原则及企业的绩效考评制度对营销人员进行合理的奖励。

三、旅游市场营销组织的演化过程

随着市场营销观念的不断发展变化,企业市场营销部门的组织形式也发生了相应的变化,大致经历了简单的推销部门、兼有其他附属职能的推销部门、独立的市场营销部门、现代市场营销部门和现代市场营销企业5个阶段。

(一) 简单的推销部门

简单的推销部门是我国旅游市场发展初期的典型存在形式。在改革开放初期,旅游产品相对于旅游消费需求而言短缺,旅游企业关注增加产品产量,而很少考虑旅游者的差异化需求。推销部门只负责将生产出来的产品推销出去,对于旅游产品的种类、价格、数量等问题没有任何发言权。通常,推销部门由一位管理人员负责招募、管理企业的推销人员,并监管市场调查、市场研究和广告宣传等方面的工作,如图13-2所示。

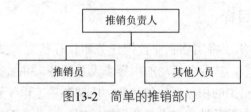

图13-2 简单的推销部门

(图表来源:刘葆.旅游市场营销学[M].合肥:安徽大学出版社,2009.)

(二) 兼有其他附属职能的推销部门

20世纪80年代中期开始,旅游推销工作在企业工作中的重要地位也逐渐引起了我国旅游企业的重视。一些旅游企业通过经常开展市场营销调研与预测、广告及其他促销活动来扩大旅游产品的销路。随着这些工作量的加大,企业会设立一名市场营销主管来具体负责。但是,在此阶段,非人员推销在企业中仍未得到足够的重视,营销主管要接受推销负责人的领导,营销部门也没有作为独立的部门,如图13-3所示。

图13-3 具有其他附属功能的推销部门

(图表来源:刘葆.旅游市场营销学[M].合肥:安徽大学出版社,2009.)

(三) 独立的营销部门

随着企业规模和业务范围的不断扩大,市场调研、新产品开发、广告、公关等市场营销职能的重要性也日渐增强。在这一背景下，负责非人员推销的营销部门逐渐扩张，脱离推销部门成为与其平行且独立的部门，共同接受总经理的领导，如图13-4所示。

图13-4　独立的营销部门

(图表来源：刘葆.旅游市场营销学[M].合肥：安徽大学出版社，2009.)

(四) 现代市场营销部门

尽管推销部门和市场营销部门需要密切配合、相互协调，但在实际中，二者常常会形成一种彼此敌对、相互制约的关系。推销部倾向于短期行为，看重当前的销售量，而营销部门更着眼于长期效果，侧重于制定适当的产品计划和市场营销战略，以满足市场的长期需要。为调和这一矛盾，企业逐渐确立由市场营销部门全面负责和管理推销部门的制度，奠定了现代市场营销部门的基础，即市场营销部门负责企业对外的宣传和销售，统领推销部和营销部，如图13-5所示。

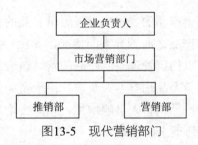

图13-5　现代营销部门

(图表来源：刘葆.旅游市场营销学[M].合肥：安徽大学出版社，2009.)

(五) 现代市场营销企业

仅有了现代化营销部门的企业，还不能成为完全意义上的现代市场营销企业。只有当所有的管理人员都认识到企业一切部门的工作都是"为顾客服务"，"市场营销"不仅是一个部门的名称也是一个企业的经营哲学，是一个企业全体成员的责任时，这个企业才能算是一个"以消费者为中心"的现代市场营销企业。[①]因而，企业内部市场营销部门的设置形式并不是最重要的，关键在于企业是否真正树立"以消费者为中心"的经营理念。

四、现代旅游市场营销部门的组织形式

伴随着旅游企业营销组织的演变，其具体的组织形式也在不断地发展和完善，以下将介

---

① 张玉明，陈鸣.旅游市场营销[M].广州：华南理工大学出版社，2005.

绍5类组织形式。

(一) 职能型营销组织

职能型营销组织是传统且常见的旅游市场营销机构形式，是按照不同的旅游市场营销活动功能建立的相应部门形式，如图13-6所示。这一类型的组织是由市场营销经理统一领导，并协调各职能部门的工作。其优点主要体现在：各职能部门分工明确，能发挥营销人员的专业才能，便于集中管理、统一指挥，有利于管理者指挥和控制营销活动。其不足之处在于：各职能部门缺乏横向联系，各职能部门都强调各自的重要性，力图争取到更多的预算和决策权力，很难做到整体上的配合；而且由于营销人员职责明确、任务具体，并要对其业务成果负责，因而不利于充分调动营销者的主动性和创造性，不利于经营创新。

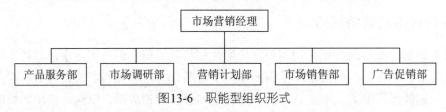

图13-6　职能型组织形式

(图表来源：舒伯阳. 实用旅游营销学教程[M]. 武汉：华中科技大学出版社，2008.)

(二) 产品型营销组织

产品型营销组织是根据旅游产品的类别来设置旅游企业的营销组织形式，通常适用于旅游企业产品种类多、不同旅游产品之间差异大的情况，如图13-7所示。其优点主要在于：具有高度的灵活性；产品主管可以协调管理旅游产品的营销组合策略，及时发现旅游产品在市场营销中出现的问题；所有旅游产品均有专人负责，便于全面且有针对性地促进旅游产品的销售。其缺点主要在于：旅游产品销售人员的增加，相应会增加营销费用和销售成本；各职能部门容易因部门利益而造成协调上的困难。

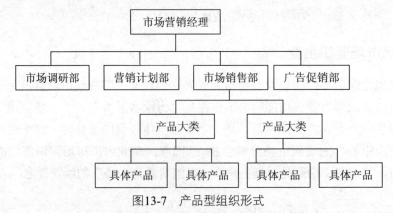

图13-7　产品型组织形式

(图表来源：郭英之. 旅游市场营销[M]. 大连：东北财经大学出版社，2006.)

(三) 市场型营销组织

市场型营销组织是指根据旅游者的类别来设置旅游企业的营销组织形式，由旅游企业市场营销经理统一指挥，协调各职能部门的活动，如图13-8所示。这种形式的组织重点关注了不同旅游者的不同需求,体现了以消费者为中心的经营理念,强化销售和市场开拓。其缺点在于:存在权责不清和多头领导的矛盾;各类旅游者分布较散,所需开支较大。

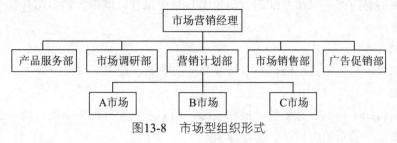

图13-8 市场型组织形式

(图表来源:郭英之. 旅游市场营销[M]. 大连:东北财经大学出版社,2006.)

(四) 地域型营销组织

旅游企业的市场营销活动常常是跨区域的,因而旅游企业常按地理区域来安排自己的营销组织。这种组织形式适合于销售地域较广、营销人员任务复杂、营销人员对旅游企业的营销目标影响较大的情况,如图13-9所示。

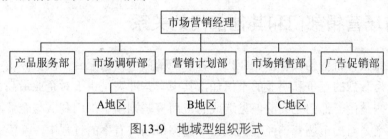

图13-9 地域型组织形式

(图表来源:郭英之. 旅游市场营销[M]. 大连:东北财经大学出版社,2006.)

(五) 矩阵型营销组织

矩阵型营销组织是指综合产品和市场两方面因素来设置旅游企业的营销组织形式,通常适用于经营产品种类较多,且在多个不同市场销售的企业,如图13-10所示。其优点主要在于:既保持了传统的部门职能专门化的优点,也兼顾了产品与市场两方面的因素,以便在更大程度上满足旅游者的需求。其缺点主要在于:管理费用较高,且由于权责界限模糊,协调不利极易产生内部的矛盾冲突。

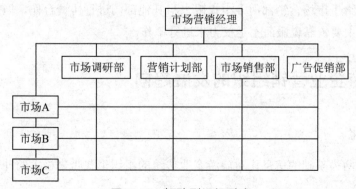

图13-10 矩阵型组织形式

(图表来源:舒伯阳. 实用旅游营销学教程[M]. 武汉:华中科技大学出版社,2008.)

(六) 网络型虚拟营销组织

进入网络信息时代，旅游企业的营销组织具有虚拟性。虚拟营销组织具有不同于实体组织的根本特征。

1. 专长化

虚拟营销组织只保留自己的核心专长及相应的功能，使组织规模小型化、分子化。

2. 合作化

虚拟营销组织不再具有完整的功能和资源，而必须利用外部的市场资源和别的能在功能及资源上形成互补关系的虚拟企业进行合作。

3. 离散化

虚拟营销的资源、功能呈离散状态分散在世界不同的地方，彼此之间通过高效的信息网络连接在一起。

总之，虚拟营销组织突破了企业的有限界限，便于企业实现外部资源和优势的有效整合，发挥企业核心能力，是网络经济时代企业组织模式的典型形态。

五、市场营销部门和其他部门的关系

为确保企业整体目标的实现，企业内部各职能部门应密切配合。但实际上，各部门间的关系常常表现为激烈的竞争和明显的不信任，其中有些冲突是由于对企业最高利益的不同看法引起的，有些是由于部门之间的偏见造成的，而有些则由于部门利益与企业利益相冲突导致的。假设航空公司的市场营销经理在致力于提高市场占有率的过程中，并没有具体的权力去影响乘客的满意程度：他不能雇用或培训机组人员(人事部)；他不能决定食品的质量和种类(餐饮部)；他不能确保飞机的安全标准(维修部)；他不能解决价格表问题(业务部)；他不能确定票价(财务部)。[①]他只能控制市场研究、销售人员与广告促销，并只能通过与其他部门的协调努力形成乘客满意的飞行环境。

在典型的组织结构中，所有职能部门应该说都对顾客的满意程度有或多或少的影响。在市场营销观念下，所有部门都应以"满足消费者需求"这一原则为中心，而市场营销部门则更应在日常活动中向其他职能部门灌输这一原则。市场营销经理有两大任务：一是协调企业内部市场营销活动，二是在顾客利益方面，协调市场营销与企业其他职能部门的关系。然而，很难确定应给予市场营销部门多少权限来与其他部门进行协调合作。但通常情况下，市场营销部经理应主要依靠说服而不是权力来进行工作。

六、旅游企业营销组织的发展趋向

(一) 信息化

以国际互联网为基础的信息化对旅游企业传统的组织形式带来极大的冲击，促使企业组

---

① http://www.ceozg.com/book/116204_2.html

织中信息传递的方式由单向的"一对多式"向双向的"多对多式"转换。"一对多式"单向为主的信息传递方式形成了垂直的"金字塔"式的组织结构，把企业员工像蛋糕一样切块分割、分层，既造成了部门的分割和层叠，又容易造成官僚主义，在信息时代迅速变化的市场面前，周转不灵的弊端暴露无遗。[①]双向水平的"多对多式"的信息传递方式有两个突出的特点：其一，信息化构建了旅游企业的内部网、数据库，所有部门和其他各方都可以通过网络直接快捷地获得效益，管理人员间相互沟通的机会大大增加，组织结构逐步倾向于分布化和网络化结构；其二，信息化使得中层管理人员获得更多的直接信息，提高了他们在决策中的作用，从而实现扁平化的组织结构。

推行信息化，迫使企业将过去高度集中的决策中心组织逐步改变为适当分散的多中心决策组织，由集权制向分权制转变。旅游企业的宏观规划、市场预测等经营活动一般通过跨职能、跨部门的多功能型的组织单元来制定。这种由多个组织单元共同参与、共同承担责任，并由共同利益驱动的决策过程使员工的参与感和决策能力得以提高，从而提高了整个企业的决策水平。

实例13-5

浙江旅游率先加速信息化顺应"互联网+"时代

浙江是信息经济大省，孕育着阿里巴巴等诸多国际知名互联网企业。在旅游产业发展越来越快的当下，浙江旅游在飞奔的同时，也率先与互联网结合，用信息化来作为旅游产业"超速"的动力之一。

2014年，浙江将互联网产业和旅游业列为支撑浙江未来发展的七大产业，并出台了一系列促进信息产业、旅游业发展的政策。

目前，除了一些国内外知名的电子商务平台和行业平台，更有一大批小微互联网创业企业，在浙江如雨后春笋般涌现，而智慧旅游嘉年华、"支付一分钱"旅游明信片定制等活动频频举行。这都为浙江旅游与互联网的融合发展提供了强有力的支撑动力。

如今，浙江省各市县旅游部门都开通了旅游微信、微博，有70%以上的市县旅游局利用微电影进行营销，60%旅游企业在天猫、携程等平台开设网店。浙江旅游与互联网已然密不可分。

2014年，浙江明确了打造万亿旅游产业的目标，在未来3至5年内，让旅游投资和旅游产值皆达到超万亿水平。互联网将成为浙江旅游业转型升级、提升效益的重要一环。同时，浙江将推进智慧旅游示范城市、智慧景区、智慧旅行社、智慧酒店等试点工作，积累智慧旅游建设的经验，也推进旅游景区、酒店、旅行社等旅游企业建设电子商务平台，发展网上预订、在线支付等电子商务，为浙江省内旅游要素供应商和国内旅游电商实现无缝对接。

同时，互联网也能成为提升浙江旅游满意度的主要方法。3至5年内，浙江将会积极推动物联网、云计算、新一代移动互联网等互联网技术在旅游产品开发和管理服务中的创新应用。例如，建立健全12301旅游热线、旅游新闻客户端、旅游云号簿、旅游电子通讯录、全

[①] http://www.seo-gg.cn/wangzhancehua/110_14.html

省中小住宿企业CRS预定平台等多种互联网旅游新载体，方便广大游客和旅游从业人员、管理人员。同时还要加强旅游公共信息服务，打造基于微信的信息咨询平台，建立重点景区天气、PM2.5、人体舒适度、游客接待量等游客关心的信息发布平台，切实完善旅游信息咨询体系。

(资料来源：赵晔娇. 浙江旅游率先加速信息化 顺应"互联网+"时代. 中国新闻网. 2015-3-14)

(二) 柔性化

面对知识化的旅游者，旅游企业经营者不能再把他们视为"商战"胜利者的战利品，建立与旅游者的战略联盟关系将是旅游企业营销孜孜以求的目标。关注游客需求将比关注旅游产品更为重要，关注游客购买的便捷性比关注销售渠道更有意义，关注游客价值将比关注旅游产品价格更有效，重视人性化的沟通、引导理性消费比促销更能打动游客的心。[①]旅游需要是高层次的需要，以对旅游者进行情感上关爱为主的柔性化营销将能赢得竞争的优势。同时，旅游市场营销管理也应趋向柔性化。传统的"权力控制型"旅游企业管理模式将被"学习型""创新型"管理模式所取代，"知识经济以人为本"理念将深入人心，在共同目标下通过建立自主管理的团队，充分发挥每位员工的主动性、创造性，从而提高营销管理对旅游市场的适应性和反应的快捷性、灵敏性。

(三) 灵敏化

灵敏化要求组织不仅力图把顾客置于组织的中心，而且依据提高反应速度和可靠性的基本目标来设计所有的系统和流程。旅游消费者需求差异越来越大，对于旅游市场的细分也日趋微型化。旅游企业应该认清形势、抓住机遇，在组织结构方面打破惯例、增强弹性，以更小、更灵活的经营结构适应市场变化和发展趋势，例如在传统节假日期间，可以从相关部门抽调业务骨干组成临时性的营销队伍，针对特定任务创造性地开展工作。特别是那些数量众多、生存压力较大的中小旅游企业，更需要多动脑筋、灵活变通，发挥"船小好调头"的优势，随机应变。

七、影响旅游企业设立营销组织的因素

设立何种类型的营销组织会受到一些因素的影响，例如旅游企业决策者的观念、旅游企业规模、旅游市场状况等。

(一) 旅游企业决策者的观念

旅游企业市场营销组织结构的设置很大程度上是受企业决策者观念的影响。假如营销负责人意在强化对旅游营销过程的控制，一般会采用产品管理型营销机构；如果该负责人具有

---

① 侯利. 全球化、知识化时代的旅游营销，http://www.sdta.gov.cn/rlzy/module/nsolexam/dylw/ lwinfo.asp?discode=000000 2361 &years=&citycode=3707

一定的现代营销观念，重视消费者个性化需求的满足，则倾向于采用市场管理型组织形式；如果负责人想调动企业营销人员的开拓性和积极性，则会选择地域型组织形式或市场型组织形式。[①]

(二) 旅游企业规模

通常，企业的组织层级会随企业规模的变化而变化，规模越大，层级越多。企业经营的旅游产品区域越广，需要的营销人员越多。这些比较复杂的旅游营销体系一般会采用矩阵型旅游市场营销组织。相反，规模越小、营销人员较少的旅游企业，市场营销组织设置也比较简单，一般采用市场型旅游营销组织。

(三) 旅游产品的特点

旅游产品的特点主要是指旅游产品的差异性。如果旅游企业经营的旅游产品种类较多、相互之间差异较大，则倾向于设置产品管理为主的营销组织形式。

(四) 旅游市场状况

旅游企业进行组织机构设置时还要考虑旅游市场的规模、需求状况及其对市场的认识等因素。针对分布较为广泛、旅游者的背景文化差异较大的旅游目标市场，可以采用地区型或市场型为主的组织形式；针对规模较小的旅游市场，可以选择简单的职能型组织形式；旅游企业假如意在推行市场营销多元化，可以考虑采用地区型组织形式为主的组织结构，以确保对产品和市场两方面的控制。

第四节 旅游市场营销控制

旅游市场营销控制是指控制人员采取一定的措施，对市场营销活动进行相应的引导和限制，使之与制定的营销规划相一致，并通过对营销活动进行评审和信息反馈，对不符合客观实际的营销目标和策略进行修正。作为营销系统的一个关键环节，旅游市场营销控制是营销成功的保证。

一、旅游市场营销控制的类型

根据依据标准的不同，旅游市场营销控制可以划分为不同类型。

(一) 年度计划控制、盈利能力控制、效率控制、战略控制

菲利普·科特勒提出包括年度计划控制、盈利能力控制、效率控制、战略控制等4种类型在内的营销控制方法，可以作为旅游营销控制的方法，如表13-1所示。

---

① 舒伯阳. 实用旅游营销学教程[M]. 武汉：华中科技大学出版社，2008.

表13-1　旅游市场营销控制方法

控制类型	控制责任者	控制目的	控制方法
年度计划控制	中高级管理层	检查年度计划目标是否实现	销售分析、市场占有率分析、营销费用分析、顾客态度分析
盈利能力控制	营销经理、财务经理	检查企业何处盈利或亏损	产品、区域、细分市场、销售渠道、盈利等分析
效率控制	营销经理、中高级管理层	考察营销队伍、广告、促销、分销等的效率	时间、成本、比率、收益等分析
战略控制	高层管理者、营销审计人员	检查企业是否把握最好的市场机会	营销有效性评价、营销审计等

(图表来源：郭英之. 旅游市场营销[M]. 大连：东北财经大学出版社，2006.)

1. 年度计划控制

年度计划控制是指旅游企业在本年度内采取控制措施，检查实际绩效与计划之间是否存在偏差，并采取必要的矫正措施，以确保市场营销计划的实现。该方法主要包括以下步骤。

首先，制定标准，即确定本年度各季度(或月)的目标，如销售目标、利润目标等；其次，绩效测量，即比较实际成果与预期成果；再次，因果分析，即探究发生偏差的原因；最后，改正行动，即采取最佳的改正措施，纠正偏差。

管理层可以通过销售分析、市场占有率分析、财务分析、顾客态度追踪等绩效工具来核对年度计划目标的实现程度，并借此有效地监督各部门的工作。

(1) 销售分析

销售分析是将旅游企业实际的销售额与计划的销售额进行对比分析，并找出二者存在差距的原因。

(2) 市场占有率分析

市场占有率分析可以考察企业同其他竞争对手之间的关系。可以通过总的市场份额(本企业销售额占全行业总销售额的百分比)、目标市场占有率(企业在一个或少数几个细分市场上的占有率)、相对市场占有率(销售额与最大竞争对手的销售额的比率)来进行具体分析。

(3) 财务分析

通过各种财务指标可以了解企业的财务状况，如销售利润率(利润总额与销售收入的比率)、销售费用率(市场营销费用与销售额的比率)、资本金比率(利润总额和资本金总额的比率)等。

(4) 顾客态度追踪

目前旅游市场已是游客主导型的买方市场，关注游客及旅游中间商的态度，监控他们的态度变化，并采取必要行动是提高游客满意度的前提。为及时了解顾客对本旅游企业及其产品的态度变化情况，旅游企业通过设置顾客抱怨和建议系统，实行顾客态度跟踪制度。

2. 盈利能力控制

盈利能力控制是指检查各种产品在不同地区和通过不同分销渠道出售的实际获利能力，作为决定营销活动进退的参照。盈利能力分析是通过对财务统计数据进行系统的处理，把所获利润分摊到产品、地区、分销渠道等营销实体，从而衡量出每个因素对企业最终获得的贡献大小。这项工作主要通过编制各种营销损益表来完成，其目的在于找出制约企业获利的因素，以便采取相应的对策消除或弱化这些不利因素的影响。

3. 效率控制

效率控制主要通过销售效率、广告效率、销售促进效率等指标，寻求提高旅游企业的人员推销、广告、促销等市场营销活动的效率，从而保证旅游营销计划的实现。

(1) 销售效率

客户从最初的接触、询问、决策，到最后签约呈现一个递减的金字塔式结构，旅游企业要考虑如何提高销售的效率，尽可能地降低客户流失的数量。

(2) 广告效率

测量广告效率有以下方法，如媒体有效性的比较、每1000位顾客时的成本、对顾客的影响、信息的保留率、对产品和服务态度的变化及广告所带来的询问等。通过市场调研可以获得这些信息。

(3) 销售促进效率

销售促进包括许多刺激买主兴趣和试用产品的方法。通过记录每项销售促进的成本及销售效果，可以测量销售促进效率的高低，如每单位销售额的陈列成本、赠券回收的比例、促销演示所引起的咨询次数等。旅游企业要控制销售促进的效率，可以通过监控营业推广的费用和销售额的比率，将其控制在一个合理的范围内。

4. 战略控制

战略控制是指通过营销审计对营销实施过程的最新情况进行评价，从总体或全局上对营销战略进行必要的修正。评价的方法主要有营销有效性评价和营销审计等。对于旅游企业而言，营销审计是对企业营销目标、环境、战略和活动等诸方面所做的独立的、系统的和定期的审查，有助于企业挖掘营销机会，发现营销工作中的不足并提出具体的改进意见和行动计划，供决策层参考，从而提高企业的营销业绩。

(二) 程序化营销控制和非程序化营销控制

按照旅游市场营销决策类型的不同，可以将旅游市场营销控制分为程序化营销控制和非程序化营销控制。前者的控制关键点在于程序的科学化和确立控制标准，不必每次都做出新的决策。在实际管理过程中，旅游企业可以确立具体的"控制警戒点"，一旦超出常规的界限要及时向上级报告，采取应对之策。

(三) 策略控制和过程控制

策略控制是通过不同手段对旅游企业营销的环境、内部营销系统和各项营销活动进行定期、全面、系统的考核。过程控制是对营销过程各个环节进行监督，如果发现营销目标不能正确贯彻落实，及时采取必要的措施，以确保营销目标的实现。

二、旅游市场营销控制的步骤

旅游市场营销控制过程实际上是一个目标管理系统，要经历确立控制目标、评价执行情况、诊断执行结果、采取改进行动4个步骤，如图13-11所示。

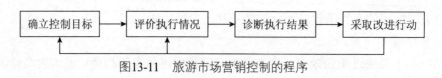

图13-11　旅游市场营销控制的程序

(一) 确立控制目标

旅游市场营销控制过程的首要步骤是确立控制目标。不同于营销计划中的营销目标，控制目标是对营销目标的分解。例如，营销目标如是年度市场销售额，控制目标就可以是每季度或每月销售额。

(二) 评价执行情况

确立控制目标后，要适时监控市场营销活动的进展，评价各个控制目标的执行情况。控制目标的数量化、可测化有利于有效的监控活动的开展。

(三) 诊断执行结果

第三步要比较各个控制目标的执行结果与预期目标，对执行情况差的项目要深究其形成原因。执行结果较差的原因可能来自企业内部(计划目标过高、努力不够等)，也可能来自企业外部(经济环境变化、市场竞争状况变化等)。一般而言，外部因素是企业不可控制的力量，只能想办法适应，很难改变，而内部因素可以采用相应的措施进行调整。

(四) 采取改进行动

针对旅游企业营销目标执行不力的情况，可以采取相应的对策：其一，如果目标执行不力由外部原因和目标设定过高导致，旅游企业可以重新对营销目标和控制目标进行调整；其二，如果目标执行不力由员工努力不够导致，可以通过强化奖惩措施，进行激励。

本章小结

旅游企业的市场营销活动受到许多复杂多变的因素的影响，为顺利实现旅游企业的市场营销目标，营销人员要依据科学的管理理论，将市场营销中的主要活动纳入科学的管理轨道，以获取良好的社会效益与经济效益。一般而言，旅游企业市场营销管理过程大致要经历以下步骤：分析市场营销机会、研究和选择旅游目标市场、制定营销战略与策略、制订营销计划、实施和控制营销计划。

在旅游业中，不同旅游企业制订营销计划并不存在统一的、固定的模式。然而，尽管存在着差异，旅游营销计划中都涉及一些带有共性的内容，如对市场需求状况进行分析和预测、分析市场供给及竞争状况、确立营销目标、编制营销预算、制定营销战略、对营销计划的实施进行检测、评价与控制等。

旅游市场营销活动是通过一定的组织结构进行的，旅游企业要根据自身的目标和环境背景，建立起相应的旅游市场营销组织。旅游市场营销组织具有系统性、适应性、营利性的特点，经历了一个由简单到复杂的演化过程。现代旅游市场营销部门的组织形式包括职能型、地区型、产品管理型、市场型、矩阵型、网络型虚拟营销组织6种模式。21世纪的旅游市场营销组织呈现信息化、柔性化、灵敏化的发展趋势。设立何种类型的营销组织会受到一些因素的影响,例如旅游企业决策者的观念、旅游企业规模、旅游市场状况等。

旅游市场营销控制依据不同的标准可以划分为不同的类型。菲利普·科特勒提出包括年度计划控制、盈利能力控制、效率控制、战略控制等4种类型在内的营销控制方法,可以作为旅游营销控制的方法;按照旅游市场营销决策类型的不同,可以将旅游市场营销控制分为程序化营销控制和非程序化营销控制;还可以将旅游市场营销控制分为策略控制和过程控制。旅游市场营销控制过程一般要经历确立控制目标、评价执行情况、诊断执行结果、采取改进行动4个步骤。

案例分析

江西养老旅游市场营销策略探析

随着人口老龄化的加速,我国已步入老年型社会,庞大的老年客源意味着养老旅游是一个发展潜力无限的市场。通过对江西省老年旅游者购买力、消费观念等进行分析,并在此基础上提出相应的市场营销策略,以推动江西养老旅游市场的发展。

根据全国老龄工作委员会办公室发布的数据统计,目前我国是老年人口最多的国家,世界1/5的老年人生活在中国。可见,人口老龄化是现代社会发展的必然趋势。

据民政部和全国老龄办等部门发布的最新统计数字,截至2008年年底,全国老年人口已经增至1.69亿,现正以年均近1000万的增幅"跑步前进"。据了解,1999年我国进入国际公认的老龄化社会,60岁以上老年人口占全国总人口的10%,短短10年,我国老年人口就增加了5000万,超过江西省的总人口。

目前中国每年老年旅游人数占旅游总人数的20%以上,是我国继黄金周后的主要旅游客源。江西省也进入了人口老龄化行列,成为我国老龄化问题较为显著的地区之一,为江西养老旅游提供了一个庞大的潜在市场。近年来,养老旅游在江西发展迅速,成为一种重要的老年旅游形式。其主要表现为省内诸多旅行社按照不同老年人群体的特点细分市场组合专项旅游产品,如红色怀旧旅游、节庆旅游、生态养老旅游等。另外,随着季节、气候的变化,老年人更愿意选择环境舒适的地方度假养老。如省内庐山、三清山、井冈山、龙虎山、武功山等地,都成了养老旅游者的心仪之处。

产品是市场开发中一个重要项目,能否开发出具特色的养老旅游产品关系到江西养老旅游市场开发的成败。

1. 新型养老旅游产品的设计开发

不同层次的老年人对旅游产品的需求也不一样,因此需针对不同层次老年人群体的需求差异来设计创新型的养老旅游产品。老年人更加关注自身的健康状况,针对以健康为核心需求的老年旅游者可开发医疗健身为主要目的的旅游形式。这种形式不仅可以让老年旅游者感受大自然的魅力,陶冶情操,又可以强身健体,达到身心健康的双重效果。要吸引老年旅游者,除了具有合理的价格外,还必须针对老年旅游者制做出图文并茂的介绍性、提示性和劝说性广告,并辅之以视听广告,避免夸张性广告。如温泉疗养型养老旅游产品,要突出温泉的功能温泉中因含有许多矿物质,可以增强人体免疫功能、促进老年人血液循环、增强老人关节灵活性、减少动脉硬化及增强老年人的心脏血管功能,对患有神经痛及关节炎的老年人有消炎止痛的疗效,而且还具有强壮老人脚力、改善手脚冰冷、温经散寒、通络活络、除湿、促进睡眠、提高免疫能力等强身保健的功效。

由于身体条件的限制,老年旅游者的出游目的仍以游览观光为主,老年人喜欢随兴所至,走走停停,流连于山水之间。可针对娱乐游览型的老年旅游者设计出符合老年人兴趣、爱好的"短而精"旅游产品以及养老生态旅游产品。应设计内容详尽、符合老年人思维习惯和阅读习惯的宣传印刷品,介绍旅游线路、旅游目的地的特色,并能触发老年旅游者出门旅游的欲望。如"中国最美的农村"——江西婺源,在设计宣传品中,可以这样写:自古享有"书乡"之美誉,拥有高达81.5%的森林覆盖率,是全国首批生态旅游示范区,国家3A级旅游区。它以田园牧歌式的优美风光和保存完好的古文化、古建筑、古树、古洞而被人称为"最后的香格里拉"。婺源环境优雅,很适合老年人养老休闲。在那里既有陶渊明诗中"狗吠深巷中,鸡鸣桑树颠"的淳朴和自然,也不缺江南水乡的温婉和柔情;在那里时鲜蔬菜,姹紫嫣红,可以体验采摘的乐趣,让您大饱口福;在那里湾湾碧水,无污染的鱼儿欢快嬉戏,让您尽享垂钓之乐;加之新鲜的空气,带有乡村气息的泥土等,会带给老年人别样的生活情趣,回归儿时嬉戏的好时光。

2. 打造具有江西特色的节庆文化活动

节庆旅游是以民族文化、民族风情为基础,以娱乐为主要形式的综合旅游产品。其突出的特点是娱乐性、文化性、参与性较强,这种旅游花费少、精神品位高,适合养老旅游者参与。江西共38个民族,其中汉族人口最多,占总人口的99%以上。少数民族中人口较多的有回族、畲族、壮族、满族、苗族、瑶族、蒙古族、侗族、朝鲜族、土家族、布依族等,其中人口最多的为回族和畲族,每年举办有特色的节庆活动有百余项。每每春节或者大型节庆日里,江西省南丰、上栗两县都会举办大型的傩舞表演,吸引众多养老旅游者。还有陶瓷文化,如2009年9月,在中国的陶瓷城——景德镇举办了"景德镇第六届瓷文化旅游节暨中国陶瓷城旅游文化大庙会"。瓷文化旅游节为游客精心准备了多项活动,有民间古玩淘宝大会、猜灯谜、百万陶瓷联袂大展销、民间艺术绝活大汇演、瓷乐表演等。

为了配合此次活动,也为了迎接国庆中秋的到来,景德镇市各大景区也纷纷准备了精彩有趣的活动。如古窑景区,在国庆期间准备了清代镇窑生产、传统柴窑烧炼生产等10项活动。"第六届瓷文化旅游节暨中国陶瓷城旅游文化大庙会"是第六届国际陶瓷博览会的首项活动,不仅向市民展示了陶瓷文化的精髓,提升景德镇旅游品牌影响力,同时也为江西养老旅游提供了更大的市场,具有非常重大的意义。

另外,在一些如重阳节、父亲节、母亲节等特殊节庆日里,可以充分利用中国"老吾老以及人之老"的尊老敬老的传统美德,引导儿女们与父母亲一同外出旅游,设计推出一系列的"家庭旅游套餐"等活动。

3. 开发适合老年人的养老旅游产品

当代多数老年人仍较为保守,新颖的产品对他们虽具有一定的吸引力,但是若要他们真正参与其中或是接受还需要一个过程。所以,具有"传统旅游"特征的养老旅游活动多是选择风光秀丽、有文化内涵、较少或者没有艰难险道的旅游景点,以游览观光、健身疗养为主。大多老年人在选择外出旅游时都是有补偿性消费动机，许多结婚多年的老人为弥补当年结婚时的遗憾，在多方面条件都好转之后选择双双外出旅游，这便形成了老年人的"新婚蜜月旅行"。为适应这种趋势，可开发设计推出各种如"金婚游""银婚游"等婚姻补偿性质的"纪念型养老旅游"，让老人们在绿水青山、蓝天碧海中尽情回味过去美好的时光，同时享受着生活的乐趣。还有大多的养老旅游者阅历丰富，又富有"怀旧"情结，十分希望有机会同学、老战友、老同事重游曾经学习、工作和生活过的地方，寻访昔日故友，聊天叙旧。针对此类养老旅游者，可以推出如"怀旧游""寻根游""故地游""亲情游"等"红色之旅"来引起养老旅游者的兴趣。

另外，老年人的身体状况决定了他们是一个特殊的旅游群体，应该为老年人提供个性化的服务。从旅游线路的设计、风景名胜的选择、行程的安排及食宿安排等方面都要一切为老年人着想，一切为老年人服务。因此，旅行社最好为养老旅游者单独组织成老年旅游团队，导游除了要求具有的专业服务知识外，还必须充分了解老年人的健康保健知识以及满足老年人特殊的心理需求，体现保健性、安全性及方便性的原则，随时随地提供个性化的服务，营造亲情融洽的气氛。

江西养老旅游存在较大的市场空间，是江西经济发展的机会，同时更是江西旅游业发展的机遇。应利用现有的机会，充分了解江西养老旅游市场的现状，把握商机，针对不同层次养老旅游者的需求，加大力度拓展江西养老旅游市场的空间。

（资料来源：http://www.shsee.com/redianhuati/11607.html，2015-1-9）

案例讨论

1. 试用SWOT分析法分析江西养老旅游市场的优劣势以及所面临的机会和威胁。
2. "江西养老旅游市场营销策略"有何特点？
3. 在你看来，还可以从哪些方面进一步完善"江西养老旅游市场营销策略"？

复习思考题

1. 旅游市场营销管理过程包括哪些步骤？
2. 旅游市场营销计划包括哪些内容？
3. 简述旅游市场营销组织的演进历程并比较各组织形式的优点和不足。
4. 旅游企业如何使用年度计划控制方法进行旅游市场营销控制？

第十四章
旅游业各行业营销

学习目标

(1) 掌握旅游目的地营销的要素、特点及常用策略
(2) 了解旅游景区营销的影响因素和常用策略
(3) 了解旅游交通的特点及影响因素
(4) 熟悉旅游饭店营销的常用策略
(5) 熟悉旅行社营销的常用策略

导入案例

莱芜发展航空运动旅游 推动产业经济发展

近几年,山东莱芜市独辟蹊径发展新型休闲旅游——航空运动,不仅促进了莱芜整个休闲旅游业的发展,更培育起全新的航空运动产业经济。

据了解,近年来莱芜市着力打造"航空运动之城",投入4.5亿元建设雪野旅游区国际航空科技体育公园,提供高标准的比赛场地,目前正在完善通用机场各项手续。另外,又投资1.8亿元,建设航空俱乐部、航空产业园、观演区、飞行区、航空培训中心和配套商业区等9大功能区。2007年、2008年莱芜先后举办了全国滑翔伞、动力伞优秀选手赛,到目前为止已连续举办三届中国国际航空体育节,来自海内外的航空运动精英在这里举行了表演和比赛。"随着经济的发展以及挑战自我的生活态度在年轻人中流行开来,航空运动必将成为最受欢迎的休闲度假方式之一。"莱芜市旅游局局长魏玉娥很有信心地说:"'航空运动之城'将成为莱芜的城市名片,而且我们还要继续发展,在国际上打响品牌。"

航空运动旅游这种新型休闲运动不仅吸引了更多游客到莱芜,还促进了其他旅游项目的发展,如发展恒大雪野湖北岸旅游小镇,提升莲花山旅游环境和香山景区,发展如万亩桃园、花卉种植基地等生态旅游。据了解,2011年莱芜全市接待游客633万人次,同比增长20%,实现旅游收入27.6亿元,同比增长29.5%。近三年来,旅游综合收入增量中60%以上得益于"航空运动之城"品牌的宣传营销。

大力发展航空运动旅游为莱芜市带来了一项全新的产业。目前,莱芜市已将航空运动器材作为未来发展的重要产业之一,成立了山东莱芜航空产业发展有限公司,与北京航空航天大学签订战略合作协议,买断蜜蜂飞机生产技术专利,并将组装生产和试飞落户在这里;捷克捷飞航空工业公司在中国的代理商也已决定将其代理机型的4S店和俱乐部落户雪野航空体育公园,未来将在这里开展销售、培训、托管、维护等业务;雪野旅游区还与昆山淀山湖工

业园密切合作,引进美国西雅图飞行学校,拓展私人驾照广阔的商业空间。2011年莱芜在举办国际航空节的同时还举办了国际航空运动器材装备展览会。

(资料来源:中国经济网.www.ce.cn,2012-3-14.)

第一节 旅游目的地营销

实例14-1

青岛国际啤酒节

青岛国际啤酒节每年在青岛的黄金旅游季节8月的第二个周末开幕,为期16天,由国家有关部委和青岛市人民政府共同主办,是融旅游、文化、体育、经贸于一体的国家级大型节庆活动。啤酒节的主题口号是"青岛与世界干杯!"

青岛国际啤酒节始于1991年,是中国最早的,以啤酒为媒介,融经贸、旅游、文化等为一体的大型节庆活动,是亚洲最大的啤酒盛会。从一个地方的小型节会成长为亚洲第一啤酒盛会,青岛啤酒节的发展壮大,正与青岛经济社会发展的步伐相吻合。

2006年,青岛第十六届啤酒节共引进了45个啤酒品牌,其中国外品牌就有41个。2007年同样是45种世界名啤,美国百威、德国柏龙、日本朝日等世界十强中的9家都在其中,吸引了来自全国各地的游客达百余万人。

青岛国际啤酒节由开幕式、啤酒品饮、文艺晚会、艺术巡游、文体娱乐、饮酒大赛、旅游休闲、闭幕晚会等活动组成。节日期间,青岛大街小巷装点一新,举城狂欢,节日每年都吸引超过20个世界知名啤酒厂商参节,也引来近300万海内外游客举杯相聚。

(资料来源:中国旅游信息网,www.cthy.com)

一、旅游目的地的界定及类型

旅游目的地(tourism destination),又称旅游地,是指拥有特定性质旅游资源以及相应的旅游设施和交通条件,具备一定旅游吸引力,能够吸引一定规模数量的旅游者进行旅游活动的特定区域。C.J.霍洛韦指出"一个目的地可以是一个具体的风景胜地,或者是一个城镇,一个国家内的某个地区,整个国家,甚至是地球上一片更大的地方"。[①]

可见,某一个特定的地区要成为旅游目的地需要同时具备以下3个条件:其一,要拥有一定数量的、能够满足旅游者某些旅游活动需要的旅游资源;其二,要拥有各种与旅游资源相适用的地面旅游设施和交通条件,如旅游饭店、度假村和通往各地的航空港、火车站和公路交通网等,旅游者可以借助这些设施从不同的地区顺利地到达旅游目的地并利用这些设施在该地停留或离开;其三,该地区具有一定的旅游客流量。因而,旅游目的地是一种集旅游资源、旅游活动项目、旅游地面设施、旅游交通和旅游市场需求为一体的空间复合体。

---

① 潘小其,肖传亮.旅游市场营销[M].北京:科学出版社,2008.

从不同的角度,可以对旅游目的地进行不同的划分。

(一) 按旅游活动的目的划分

按照旅游活动的目的,可划分为观光旅游目的地、度假旅游目的地、专项旅游目的地。

观光旅游目的地是一种传统型的旅游目的地,是指那些资源性质和特点适合于开展观光旅游活动的特定区域,包括自然、城市、名胜几种类型;度假旅游目的地是那些旅游资源性质和特点能满足旅游者度假、休闲和休养需要的旅游地,主要由乡村旅游度假地、海滨度假地、山地温泉度假地3种类型构成;专项旅游目的地是指那些为特殊旅游需求(如探险、修学、专项考察等)提供产品服务的旅游地。

(二) 按空间范围大小划分

按照空间范围的大小,可划分为国家旅游目的地、区域性旅游目的地、城市旅游目的地、景区。

国家旅游目的地是从世界旅游空间范围来划分的,属于国际性旅游目的地的范畴,一般由多个区域性旅游目的地组成。区域性旅游目的地是从一个国家空间范围来划分的,一般由多个城市旅游目的地组成。城市旅游目的地是从一个特定旅游区域空间范围来划分的,由多个旅游景区组成。景区是旅游目的地的最小单位,通常情况下,景区是独立的单位、专门的场所,以一个有特色的旅游资源为主,面积不大(如度假区、风景名胜区、古代遗址、主题公园等)。

(三) 按旅游目的地构造方式划分

按照旅游目的地的构造方式,可划分为板块性的旅游目的地、点线性的旅游目的地。

板块性的旅游目的地的旅游吸引物相对集中在某一个特定区域内,所有的旅游活动都是以该旅游地的服务设施和旅游服务体系为依托,以这个区域为中心开展。板块性的旅游目的地通常以一个主要旅游城市为中心,并基于现代化交通建立起来的。海滨度假地以及大的旅游城市一般都属于板块性旅游目的地,如泰国的普吉岛、美国的夏威夷和迈阿密、日本的冲绳、德国的慕尼黑、法国的巴黎、瑞士的卢塞恩、中国的丽江等。点线性旅游目的地旅游吸引物分散于一个较大的地理空间区域内,在不同的空间点上各个吸引物之间的吸引力相对均衡,没有明显的中心吸引点,比如台湾的故宫博物院、阳明山、野柳地质公园、太鲁阁公园、日月潭、阿里山等,比利时的小于连撒尿雕像、贝居安女修道院、布鲁塞尔大广场、格罗宁格博物馆、圣母大教堂、梅姆林博物馆等,法国里昂的贝拉克广场、十字区、福维耶圣母院、里昂美术馆等。它是通过一定的交通方式和组织将这些空间点上的吸引物以旅游路线的形式结合在一起,旅游者在某一空间、点停留的时间较少。交通方式与组织体系是点线性旅游目的地形成的主要条件。

二、旅游目的地营销的内涵

旅游目的地营销是由某地政府组织(包括国家旅游组织、地方旅游组织)代表本区域内所有的旅游企业和旅游产品，作为统一的营销主体并以相同的旅游目的地形象参与旅游市场的竞争。Lundberg(1990)认为，旅游目的地营销包括三方面的内容：确定目的地能够向目标市场提供的产品及其总体形象；确定对该目的地具有出游力的目标市场；确定能使目标市场信任并抵达该目的地的最佳途径。

三、旅游目的地营销的要素

旅游目的地营销包括4个关键要素：旅游目的地营销主体(由谁开展营销)，旅游客源市场研究(向谁营销)，旅游目的地形象研究(营销什么)以及旅游目的地市场营销信息技术与渠道(如何营销)。

(一) 旅游目的地的营销主体

由于旅游业为目的地带来的广泛社会利益及旅游目的地营销对象的公共物品属性，世界上许多国家的政府都以旅游目的地营销主体的形象出现，承担起旅游目的地营销的责任。在我国，目的地层面的旅游营销基本上由政府旅游管理部门，即各级旅游局负责完成，它们成为旅游目的地的营销主体。

由于旅游产业的分散性，旅游目的地营销涉及众多利益相关者，它们之间相互依赖，为旅游目的地协作营销提供了基础。目前，旅游目的地营销中公私合作的趋势日益增强，政府以外的利益主体，尤其是私营部门在旅游目的地营销中的作用越来越重要，旅游目的地营销主体多元化现象日趋明显。这种情况在国外表现尤为显著，如埃及的私营部门通过产业联邦和协会全面介入国家旅游促销；瑞典的旅游营销由公私合营机构瑞典旅游开发公司负责；智利建立了公私合营的旅游促销公司，但私营部门起主要作用。

(二) 旅游目的地营销的客体

旅游目的地营销的客体即旅游客源市场。在客源市场动机、决策与行为相关理论日臻完善的情况下，研究人员逐渐将目光转移到客源市场的划分方法上。传统上讲，市场通常依据人口统计特征、社会—经济因素、地理位置因素、旅行过程因素和包括购买行为、消费行为以及对吸引物、经历、服务的主观偏好在内的购买者行为因素来进行细分。可随着对客源市场划分方法研究的不断深入，用线性技术来辨别非线性关系的传统做法的局限性暴露得越来越多，这都要求对聚类分析(cluster analysis)和多重线性回归分析(multiple linear regression)重新审视其适用性。目前，市场划分的技术有最基础的百分位制和四分之一分位制，以及因子分析、主成分分析和聚类分析。例如，莫克和艾弗森(Mok & Iverson，2000) 以游客花费为变量，用百分位制划分了到达关岛的台湾游客市场；莫里森等人(Morrison, Jang & O'Leary，2002)运用因子聚类分析法，将到访美国和加拿大的日本游客市场进行细分；格罗威(Galloway，2002) 用主成分分析和K值聚类运算对加拿大安大略省公园游客市场进行划分。[①]可见，客源市场划分技术方法的不断改进为市场定位及营销提供了有效的工具。

---

① 魏婧，潘秋玲. 近20年国外旅游目的地市场营销研究综述[J]. 人文地理，2008(2).

(三) 旅游目的地的营销内容

旅游目的地的首要关注点应集中于对目的地形象的塑造和成功营销上。形象是旅游目的地的生命，也是形成竞争优势的重要支撑。一个良好的、个性鲜明的形象由于其产品与服务的差异化可以形成较长时间的垄断地位。而旅游目的地产品与服务雷同，形象模糊混乱，则易使游客经历平淡，自然回头率就低。在旅游目的地营销中，形象的塑造是核心问题。冈恩(Gunn)指出，每一个政治、地理单元都有着不同的历史背景、传统、生活方式和目标实现途径。也就是说，每个目的地都有自己鲜明的社区价值观和个性，所以针对不同市场的营销一定要对症下药。如"水城"威尼斯、"花园国家"新加坡、"世界艺术之都"巴黎、"音乐之都"维也纳、"会议之都"达沃斯以及"滑雪胜地"瑞士和"圣诞老人故乡"芬兰等都塑造了自身的独特形象。

(四) 旅游目的地市场营销系统

旅游目的地营销系统(destination marketing system，DMS)，又称旅游目的地信息系统(destination information system，DIS)，是旅游目的地以互联网为平台、信息技术为手段进行宣传和咨询服务等营销活动的旅游信息化应用系统。旅游目的地营销系统主要通过因特网向旅游者、旅游批发商及全社会提供区域旅游资源、旅游企业、旅游产品及价格等综合信息，是区域旅游信息服务、形象宣传和产品促销有效的现代化手段，是旅游目的地信息化和建立营销体系的全面解决方案，也是涉及技术、管理、社会3个层面的综合性管理系统。目前DMS在国外已得到广泛应用，英国、新加坡、西班牙、澳大利亚、芬兰等10多个国家的DMS已演变为一种较为成熟的旅游营销模式，促进了本国旅游业的快速发展。

四、旅游目的地营销特点

(一) 整体性

政府旅游组织在对外旅游营销时，将本国或本地区旅游业作为一个整体推出。这是目的地营销与单个旅游企业营销的区别。目的地营销作为发生在区域层面的营销活动，在内容上主要从宏观层面和综合性角度宣传旅游目的地，不可能对本区域众多具体旅游企业的单项产品给予详细介绍，区域总体旅游形象、总体旅游产品(主要景区景点)才是其营销的重点；单个旅游企业营销的重点是本企业的旅游产品，如各条线路、景区、各项服务等，以宣传本企业为主，关心的是其销售量、营业收入，营销局限于微观层面。虽然不少企业也顺便宣传所在地的景区景点，但毕竟是不完整的。

(二) 政策性

政府旅游组织可以通过制定相应的政策达到营销的目的，一般包括产品早期开发时所需的政策支持、必要公共基础建设所需的财政支持、为旅游者提供签证方便、保护旅游者权益、提升旅游产品和环境质量等。例如，墨西哥驻华使馆以及驻上海、广州，香港领事馆大力简化中国游客的签证申请程序，签证日益便捷，申请者在3个工作日内即可领到签证，以吸引更多中国游客赴墨西哥旅游。而且，使馆针对ADS(approved destination status，被批准的旅游目的地国家)旅行社的团体签证系统也很方便，旅行社只需将集齐旅游团游客成员的材料交到大使馆就可以集体办理，同时也准许ADS旅行社为旅游团申请南美多国联游签证，包括去秘鲁、古巴等，这样游客就可以多次入境墨西哥。

(三) 长期性

旅游目的地营销是一种着眼于未来的长期行为，有别于直接生产和经营旅游产品的旅游企业针对某一条旅游路线(或某一项旅游产品)的短期行为。政府旅游组织的营销投资对本国旅游业来说是一种长期的投资行为，具有时间上的延展性。"只有永远的地区，没有永远的企业"。与一般旅游企业相比，旅游目的地营销目标具有长久性。单个企业的营销活动虽然客观上有利于提高目的地的知名度，但主要关注的是本企业的短期利益，较少考虑或无暇顾及地区的长远发展，更难涉及关系地区营销潜力的系列基础要素的建设(如区域基础设施、区域经济背景等)。

(四) 层次性

从国家旅游局到各省、市、县旅游部门，均存在众多不同市场范围的营销系统，呈现出明显的等级层次性。这主要是不同区域旅游目的地的客源市场和竞争对手不同。国家层次的旅游营销主要是吸引海外客源，其他层次的区域兼有国内外两个市场。但除少数著名旅游目的地外，绝大多数中小型旅游目的地往往以邻近地区及国内若干城市为目标市场，其中以地级市为单位的旅游目的地营销具有典型性。

五、旅游目的地营销组织及其职责

世界各国，几乎所有的旅游目的地都设有旅游目的地管理机构(destination management organization)，并设有与政府旅游管理机构合为一体的或相对独立运作的旅游目的地营销组织(destination marketing organization)，在此，统一简称为DMO。DMO行使目的地市场营销、管理与规划的权利，采取必要的措施达到目的地市场营销的战略目标，促进旅游目的地长期繁荣。

根据世界旅游组织、经济合作与发展组织和一些国家的定期调查，政府控制的旅游部门或旅游机构的主要职能在于：组织市场调研与统计分析，研究当前和正在形成的市场，识别最具潜质的细分市场；开展市场营销活动，针对目标市场塑造适当的旅游目的地形象，保护这一形象免受消极宣传的影响；制定旅游发展规划，引导旅游企业开发利用旅游资源；调查游客的满意度，制定规章制度或建议，对产品进行不断开发、改进，以满足当前的需求；向旅游企业提供旅游行业市场信息及促销机会，向消费者和媒体提供全面、具体的旅游目的地信息，协调并有效处理旅游企业与消费者的关系，促进旅游发展，消除旅游障碍；制订旅游从业人员的上岗标准，以及提供旅游培训和教育。

六、旅游目的地营销策略

在旅游目的地竞争日趋白热化的今天,单一的营销策略已很难奏效,实施整合营销传播战略是当前旅游目的地竞争发展的必然选择。美国西北大学舒尔兹(Don Shultz)教授曾指出:"整合营销传播是以消费者为核心重组企业行为和市场行为,综合协调地使用各种沟通方式,以统一的目标和统一的形象,发送统一的产品信息和服务信息,实现与消费者的双向沟通;迅速树立产品品牌在客户心目中的良好形象,建立企业和消费者之间的长期密切关系,从而更好地实现企业的目标。"

1990年,美国营销学家劳特朋教授强调用4C组合代替4P来进行营销策略安排。4C是指消费者的需要与欲望(consumers wants and needs)、消费者获取满足的成本(cost)、消费者购买的方便性(convenience)、企业与消费者的有效沟通(communications)。4C营销组合策略是以消费者为导向的营销策略。在构建完备的旅游营销数据库的基础上,分析目标顾客的需求特点,以便采取相应的营销策略。

(一) 客户导向

国内旅游目前经历了观光旅游和休闲旅游两个发展阶段。观光旅游的产品稀缺性和资源依赖性,决定了游客的消费选择是有限的,消费行为是被动的,景区和旅行社处于强势地位。在这样的市场环境下,营销的关键是处理好景点和线路的关系。进入休闲旅游时代,自驾游的自主性,使游客在旅游活动中逐步占据主动地位。游客的关注重点,从景区产品品质上升为全程旅游体验。在此情况下,无论景区还是旅行社,只有以客户为导向,跟踪研究游客的实际需求,并根据游客的需求改进旅游产品,旅游营销才能产生实际效益。在未来,随着带薪休假制度的实行和交通便利性的提高,度假旅游时代即将到来。度假旅游通常是中远距离的长途旅行,游客的旅游时间长,旅游花费大,购买决策和消费心理较复杂。对此,旅游目的地营销只做景区宣传是不够的,还要进一步以客户为导向,贴近游客的需求,做好产品线扩展、服务营销、品牌营销、细节营销和联合营销。

(二) 成本优势

根据国内专业调查机构的数据显示,游客在出行之前,首先关心的不是某个景点的具体价格,而是一次旅游出行的总花费。这也就是说,游客的价格敏感度首先体现为一次旅游消费活动的"总成本"。其次,在长途旅游中,游客花费构成中,占最大份额的是交通和住宿,景点消费只占其旅游总花费的7%~10%;在短途旅游中,游客花费最大的是餐饮和娱乐,景点消费约占其旅游总花费的13%。因此,旅游目的地营销不能只盯着景区门票,而应通过对"吃住行游购娱"旅游六要素的整合,降低游客旅游消费的总成本,丰富游客的综合旅游体验,提高游客的旅游满意度。

(三) 便利为王

如前所述,休闲度假游客在旅游活动中已经占据主动地位。以携程为代表的新型旅行服务商的崛起,为游客实现远距离和跨区域的自助旅行和度假旅游提供了极大便利。而网络营销的蓬勃发展，正在消除空间距离对旅游目的地的信息阻隔，使游客获取旅游信息的渠道变得通畅。网络营销在旅游目的地营销中扮演着越来越重要的角色：在营销过程中，应以便利性、互动性和信息即时分享为原则，充分发挥旅游网站、论坛、自驾游俱乐部、群组和社区的营销传播作用；要关注意见领袖，研究圈子文化，建立信息反馈机制和危机公关机制，及时回应游客对旅游目的地的意见和建议，迅速处理游客遇到的麻烦和问题；在网络互动的过程中，要注入时尚化和参与性的元素，使游客的体验过程变得轻松有趣。

(四) 双向沟通

游客做出旅游消费购买决策，常常是基于他自己的某种理由，而未必是受营销主体广告宣传的影响。要找到客户的购买理由，只有通过面对面的沟通和观察，才能发现与其购买动机有关的明显的或潜在的因素。因而，旅游目的地营销的促销策略，应从单向的促销宣传转为双向的沟通交流。同时，还可以考虑建立一个开放式的网络互动平台，实现产品研发、设计、销售、服务和改进的一体化的整合营销。

第二节 旅游景区营销

一、旅游景区的概念

旅游景区(tourist attractions)是旅游活动的核心和空间载体，是旅游系统中最重要的部分。旅游服务和旅游业发展都是依附于旅游景区而存在的。旅游景区有时也称旅游景点，两者的差异习惯上理解为空间区域尺度的不同，但在很多场合下，经常被混用不作区分。旅游景区是由具有某种或多种价值、能够吸引游客前来观光、游览、休闲、度假的自然景观以及能够满足游客需要的旅游设施构成的。旅游景区具有明确具体的空间界线，是可以通过对游客进出的管理和提供相关服务来达到盈利或保护该环境空间目的的多元环境空间和经营实体。

二、旅游景区的构成要素

旅游景区主要由以下几个要素构成：①固定的、范围确定的经营服务场所；②供人们观赏、游览或从事科研的旅游资源；③相应的旅游接待设施；④相应的景区经营管理机构。

三、旅游景区的类型

从旅游景区的旅游活动功能及特色看，旅游景区可以划分为历史古迹类、民俗风情类、观光游览类、文学艺术类、娱乐休憩类、科考探险类、综合类等旅游景区类型。

(一) 历史古迹类旅游景区

历史古迹是人类留下的遗迹和遗物,其种类较多,有早期人类遗址(如北京周口店、安徽繁昌人字洞、西安蓝田人遗址等)、庙坛(如北京的天坛、地坛、日坛、月坛)、陵墓(如江苏中山陵、内蒙古昭君墓、印度泰姬陵等);古都城(如意大利罗马古城、希腊雅典、河南洛阳等)、寺观佛塔(河南的少林寺、福建的南普陀寺、西藏的色拉寺、山西大同悬空寺等)、古园林(北京颐和园、承德避暑山庄、苏州拙政园和留园德等)、名人遗迹(如毛泽东故居、海明威故居、胡雪岩故居、霍元甲故居等)等。

(二) 民俗风情类旅游景区

民俗风情类旅游景区是指民族聚居地民族独特的生活习惯及生活方式,包括民族的衣着服饰、民居建筑、饮食特色、娱乐方式、节庆、礼仪、婚丧嫁娶、生产交通等方面所特有的风情、风尚、传统和禁忌,结合当地的自然景观形成独特的人文景观。如江南畲族风情村、十八寨(忠山民俗村)、张家界土家风情园、广东江门石头村、广东清远南岗瑶寨等。

(三) 观光游览类旅游景区

观光游览类旅游景区具备独特、优美的自然景观和人工景物,具有较高的美学价值,主要以江、河、湖、海、山、林、瀑布、岩溶、气候、气象变化等为主要景观。如瑞士的少女峰、日照五莲山风景区、天马岛、云台山、宜宾的岩溶峰丛等。

(四) 文学艺术类旅游景区

该类旅游景区以文化中心为旅游者创造一种特定的文化氛围,使游人在旅游过程中增长学识和艺术修养。例如,横店影视城、深圳世界之窗、楚雄彝族自治州的"禄丰世界恐龙谷景区"等。

(五) 娱乐休憩类旅游景区

这类旅游景区以优美的旅游度假环境(如温泉、气候、阳光、沙滩等)为主,包括康体疗养(如日本的草津温泉、德国巴登高级疗养胜地等)、运动健身(如北京雾灵山、龙门山地运动区、法国查默尼克斯滑雪场)、娱乐休闲型(如迪士尼乐园、欢乐谷、动物园等)。

(六) 科考探险类旅游景区

这类旅游景区以自然资源为主,并且具有科学研究价值,如贵州喀斯特洞穴、利川腾龙洞、雅鲁藏布大峡谷、尼泊尔的喀利根得格大峡谷、秘鲁的科尔卡大峡谷。

(七) 综合类旅游景区

这类景区不仅有优美的自然风光,且有大量的名胜古迹,是自然旅游资源与人文旅游资源有机结合的旅游景区,如大理风景名胜区、丽江风景名胜区等。

四、影响旅游景区营销的因素

(一) 外部因素

1. 社会政治因素

国家和地区的政局稳定程度、社会治安综合治理的状况等都直接影响着旅游景区营销。例如，2002年10月12日印尼巴厘岛发生的爆炸事件、2008年11月28日印度孟买的恐怖袭击事件、2008年11月抗议者围困曼谷主要国际机场事件，都在之后的很长一段时间内对当地旅游业造成了很大的打击。

2. 经济因素

经济发展状况也是影响旅游景区的重要因素。它直接决定着旅游景区产品的质量、规模以及新产品开发的潜力等。例如，我国许多地区有着丰富的各类旅游资源，但有的地方由于长期经济落后，信息闭塞，交通不便，旅游设施简陋，严重影响了当地景区开展营销活动。通过其他产业与旅游业的共同发展来提高旅游景区的经济实力，有利于景区的长远发展。

3. 自然因素

自然因素包括景区所处的地理位置、气候地质、水文等因素，可能对旅游景区营销造成有利或不利因素。如特殊的地质地貌可形成特殊的旅游景观：张家界世界地质公园有砂岩峰林、方山台寨、天桥石门、障谷沟壑、岩溶台原、岩溶峡谷、岩溶洞穴、泉水瀑布、溪流湖泊和沉积、构造、地层剖面、石生物化石等丰富多彩的地质遗迹，其千姿百态、变幻莫测的地貌景观，保存完好的处于原始自然状态的生态环境与生态系统，吸引了大量的游客。又如，2004年的印度洋海啸不仅给东南亚及南亚许多国家人民的生命财产造成巨大危害，同时也给许多以旅游为经济支柱的国家造成深远的影响。

(二) 内部因素

1. 各相关部门对旅游业的观念

旅游景区内的相关机构和企业尤其是行政主管部门对旅游业的观念及重视程度，对旅游景区营销有着直接的影响。随着我国经济的不断发展，各地政府越来越认识到旅游业作为朝阳产业发展的重要性和巨大经济效益，纷纷加大了对旅游业的投入与宣传力度。

2. 各相关部门的协调与统一程度

旅游景区营销需要各旅游相关部门与企业加强统一与协调，达成共识，步调一致，以一个景区的整体形象参与旅游市场营销，才能发挥合力的作用，取得良好的经济与社会效益。

3. 旅游景区内各旅游企业的管理与服务水平

旅游景区内各旅游企业的管理与服务水平直接关系到景区内旅游企业的经济效益和整个景区的形象。目前，我国常见的景区主要采用以下几种管理模式：政企合一类、事业单位、事业单位企业化管理、企业体制。为促进景区的快速发展，还须进一步创新景区管理模式。在旅游服务水平方面，2009年国务院发布的关于加快发展旅游业的意见中提出，旅游企业以游客满意度为基准，全面实施《旅游服务质量提升纲要》：以人性化服务为方向，提升从业人员服务意识和服务水平；以品牌化为导向，鼓励专业化旅游管理公司推进品牌连锁，促进旅游服务创新；以标准化为手段，健全旅游标准体系，抓紧制定并实施旅游环境卫生、旅游安全、节能环保等标准，重点保障餐饮、住宿、厕所的卫生质量；以信息化为主要途径，提高旅游服务效率；积极开展旅游在线服务、网络营销、网络预订和网上支付，充分利用社会资源构建旅游数据中心、呼叫中心，全面提升旅游企业、景区和重点旅游城市的旅游信息化服务水平。

五、旅游景区营销策略

目前，仅中国范围内的景区就达2万余家，加之各种新景区的不断涌现、国外景区对游客的分流，导致市场竞争日趋激烈。如何在众多的景区中脱颖而出，吸引游客，进行恰当的景区营销是关键。

(一) 树立科学的营销观念

景区营销发展到今天，观念、认识、方法都有了很大提升，但是提得最多的"以人为本"的思想仍没有在景区的营销过程中得到贯彻。事实上，"以人为本"不仅体现为尊重人(包括员工、游客、销售商)，更体现为为游客提供增值的服务。景区的产品可以带给游客超出其期望的体验，游客感觉满意，就会向其亲人、朋友或周围的人推介。景区营销一定要树立这种广义上的"以人为本"认识，以游客为导向设计产品、设计营销策略。

(二) 进行专项营销规划

"规划就是财富"已成为业界共识，很多景区在开发前都做了总体规划，在景区的总体定位、发展战略及景区发展各要素安排上进行了总体的部署和安排。然而，总体规划中的营销规划虽有专门章节，但常常是简单粗略的规划，无法满足景区营销的动态性特点及要求。因此，景区还应该有营销的专项规划。一个科学的营销规划是保证景区营销工作得以有效开展、达到预定目标的必要内容，而且从长远来看，景区做专门的营销规划是一个趋势。这样可以根据景区实际的建设情况适时地进行营销工作，明确目标、有效使用资金，从而避免盲目地、冲动地、无序地开发市场。

(三) 找准景区产品的独特定位

景区要想在旅游市场中取得优势，就得在信息传递中把自己的突出特色宣扬给广大消费者，并能牢牢抓住消费者，让自己的产品占据一定的市场地位。景区可以采用以下的定位方法。

1. 领先定位

领先定位适用于独一无二或无法替代的旅游资源，例如长城、故宫、少林寺、金字塔等，都是世界上绝无仅有的旅游产品，在世界上处于绝对的垄断地位。可以根据旅游者各种不同的标准和属性建立形象阶梯，在这些形象阶梯中占据第一的位置，就有领先的形象。

2. 比附定位

比附定位是一种"借光"定位方法。它借用著名景区的市场影响来突出、抬高自己，比如把江苏同里誉为"东方小威尼斯",把新疆伊犁比作"塞外江南",把四姑娘山誉为"东方阿尔卑斯"。采用这种定位方法的景区以近、廉、新的比较优势去争取攀附对象的潜在顾客群,而不是去占据攀附对象的市场地位,与其发生正面冲突。另外,对于已出名的景区和具有独特风格的景区不能滥用此种定位方法。

3. 心理逆向定位

心理逆向定位是打破消费者一般思维模式,以相反的内容和形式标新立异地塑造市场形象。比如,宁夏镇北堡影视城推出的主题定位就是"出售荒凉";河南林州林虑山风景区以"暑天山上看冰堆,冬天峡谷观桃花"的奇特景观征服市场。

4. 空隙定位

空隙定位是景区不具有明显的特色优势,而利用被其他景区遗忘的旅游市场角落来塑造自己旅游产品的市场形象。

5. 变换市场定位

变换市场定位是一种不确定定位方法。它主要针对那些已经变化的旅游市场或者根本就是一个易变的市场而言。市场发生变化,景区的特色定位就要随之改变。比如,受"世界之窗"的冲击,深圳的锦绣中华开始改变以往"小人国"的定位,转而将目标市场定位于珠江三角洲区域的中小学生和各类企业青年员工,并宣传一个"爱国主义教育和观摩基地"的新形象。

(四) 景区产品组合

首先要对自己的旅游产品有所认识,根据景区所提供旅游产品的主要内容和特征,组成完备的营销组合,然后再来考虑其营销策略的制定。

1. 景区要正确认识自己的产品

景区的产品不能仅仅理解为旅游地的风景名胜、人文景观、历史文化等,还应该包括必要的旅游设施、旅游环境、游客观赏和参与的活动项目、景区的管理和各类服务等。

2. 景区产品营销组合因素

(1) 景区吸引物。景区吸引物就是景区内标志性的观赏物,是景区旅游产品中最突出、最有特色的景观部分。旅游从某种角度讲也可称做"眼球经济",游客正是观赏景区某一特定物才不远千里、不怕车马劳顿赶来旅游的。这是景区赖以生存的依附对象,是景区招徕游客的招牌,是景区旅游产品的主要特色显示。例如,济南市南郊的红叶谷不断强化"红叶"这一特色,云南省陆良县的彩色沙林将沙林称为"世界上唯一的多色彩天然沙林景观",与"石林""雨林"并称"云南三林";山东省沂水县雪山彩虹谷"雨中胜境、彩虹环绕"的全天候景观都对游客产生了很大的吸引力。吸引物不仅靠自身独有的特质来吸引游客,还要有一个良好的形象塑造和宣传才能起到应有的引力效果。

(2) 景区活动项目。景区活动项目是指结合景区特色举办的常规性或应时性供游客欣赏,或参与的大、中、小型群众性盛事和游乐项目。景区活动的内容是非常丰富的,如文艺、体育表演、比赛,民间习俗再现,各种绝活演艺,游客参与节目,寻宝抽奖等。这些活动不仅是景区旅游产品的一部分,而且还可作为促销活动的内容。

(3) 景区管理与服务。景区管理包含两个层面,一是对员工的管理,二是对景区的管理。不管是哪种服务，都要以最大限度满足游客需要为宗旨，为游客服务。景区产品表达形式尽管多种多样，但其核心内容仍是服务。景区服务人员所做的各种工作，包括接待服务的过程，解答疑问，清洁卫生，环境美化等，实际上是服务人员通过语言、动作、姿态表情、仪容仪表、行为举止表达对游客的尊重和重视。

(4) 景区可进入性。可进入性指的是景区交通的通达性。由于很多景区处在交通不方便的偏僻地区，使得游客进出景区大受限制，交通甚至成为营销瓶颈。目前，在国家交通条件改善的情况下，影响景区可进入性的不是主干交通，往往是景区门前的最后"十公里"，企业应给予充分的重视。2009年，为保障冬季道路交通，提高景区可进入性，喀纳斯景区投资303万元，购置了2台抛雪机以及铲车等后勤保障设备，以确保道路畅通。游客届时可选择乘坐越野车进入景区，也可选择乘坐冲乎尔乡马拉雪橇或骑马进入景区。

(五) 营销方略

1. 同区域的联合营销

同一区域内的旅游景区，无论其旅游资源是以自然风光为主，还是以人文景观为特色，都会被打上深刻的区域历史文化的烙印，只是各景区旅游资源载体所呈现的区域历史文化内涵的侧重方面有所不同。这种不同的特色组合铸就了一个区域深厚而独特的旅游魅力。因而，在旅游产品的广告宣传推广上，既应强调区域旅游整体品牌的打造，又突出各自景区旅游资源的独特魅力。参与联合营销的会员景区在涉及旅游地资源开发、产品和线路设计、产品组合包装、定价、客源市场分析、营销战略的制定实施、旅游相关信息资源共享、知名度和整体形象的塑造上，要坚持目标一致性、利益共享性，强调行动协调性、投入多元性，共同出谋划策，发挥各自所拥有的资金、技术、区位、知名度、人才、信息、营销等方面的独特优势，以"合力效应"来达到凭个体力量不能达到的营销效果。同时，也要注意明确各自的权责，实现协同优势。

2. 网络营销

2009年，很多调查研究机构对旅游者进行实地或电话的抽样调查发现，互联网已经超过了"报纸""杂志""电视"等传统媒体，成为公众获取旅游信息的最重要的渠道。营销的本质在于价值交换，而网络营销的本质在于参与和沟通，通过互动实现口碑的传递，实现价值交换。有数据显示，2008—2009年旅游产业通过网络发布促销信息，进行网络宣传和活动的比例是2007年的500倍，目前各个景区都非常重视网络这一传播环境。网站既是旅游目的地的宣传平台，也是与消费者的互动平台。景区企业建立网站的目的就是吸引潜在消费者关注，并形成互动。企业可以通过网页内容与形式设计、构建网络社区、网络视频互动、运用即时通讯营销(QQ、MSN、博客等)等各种手段或方式实现与潜在顾客顺畅的互动。

实例14-2

天山天池风景名胜区既是国务院1982年首批确定的44处国家重点风景名胜区之一，同时又是1990年联合国教科文组织批准的国际"博格达峰生物圈保护区"和国家首批公布的4A级风景旅游区。

随着互联网的普及，网民人数的暴增，网络逐渐是人们获取信息的重要渠道。天山天池敏感地认识到这一点。但是从天山天池相关负责人统计互联网天山天池信息发现，天山天池有价值的信息仅为13%，且多为广告或景区介绍，可信度不高。有关网友自发性风土人情及旅游线路信息介绍几乎为零，不能充分发挥电子商务平台的优势以达到预期效果，更不能带动天山天池的旅游。而且天山天池旅游刚刚建立起来的网络电子商务平台不为人知，并没有通过网上售票管理系统为天山天池带来更多的游客。

为了解决这一问题，天山天池迅速制定一系列网络营销执行方案，重新打造新的天山天池网站，打造新疆旅游第一品牌。首先，结合天池的历史相关资料普及大众对景区历史的了解，在知名网站如百度知道、新浪爱问、天涯问答等论坛中开设景区知识有奖问答；与一游网和丝绸之路官方网站合作，带来直接的用户流量和人气；在《中国旅游报》、中国旅游网、新浪旅游等知名旅游网站或门户网站的旅游频道进行全面的广告交换与投放；通过即时消息工具设立网上热线，与网友和游客建立联系，处理电子订单和客户咨询；开发网上门票、酒店、机票预订业务，通过手续费实现网站直接盈利。经过一系列得当的网络营销措施，提升了天山天池景区在人们心中的形象，点燃了网友的热情，天山天池的旅游人数比往常激增了10倍。

网络营销对于旅游行业来说，已不是选择与不选的问题，而是如何根据自己旅游品牌的特点，进行系统化操作的问题。面对中国互联网人数的暴增，旅游市场前景变得清晰可见，旅游网站以及各大景区的营销理念和营销方法也日趋成熟，新阵地转变为充满营销机会的平台。

(资料来源：中国电子商务协会网络整合营销研究中心)

3. 文化营销

特色是旅游之魂，文化乃旅游之基。全面挖掘文化资源加以整合，凸现文化蕴含的无穷魅力是景区营销的根本所在。文化营销是以顾客的文化体验为诉求，针对景区的产品(服务)和顾客的消费心理，利用传统文化或现代文化，形成一种文化气氛，有效影响顾客消费观念，促进消费行为的发生，进而形成一种消费习惯，一种消费传统。人们的旅游动机中包括探新求异以及求知的成分，这就决定了旅游与文化之间存在着密切的联系，旅游景区如能把握住这种联系，将文化体验寓于旅游活动中，便可以取得良好的经营业绩。

实例14-3

爱丁堡艺术节是世界上最著名的艺术节之一，每年都会吸引来自世界各地的音乐大师以及数百万世界游客。因未受战争破坏素有"北方雅典"的美名，而每年在这里举办的各种旅游节庆活动，更是为这个城市增加了无限魅力。

成立于1947年的爱丁堡艺术节已成为世界影响最大的艺术节，门下从国际艺术节、边缘艺术节、军乐队分列式，再到爵士艺术节、国际电影节和图书展，汇成一个雅俗共赏的全球艺术嘉年华，爱丁堡国际艺术节因此成为爱丁堡城市的象征和标志。

爱丁堡国际艺术节期间，爱丁堡城堡附近的古色古香的旧城区"皇家一英里"就成为了其室外活动开展的主要场所。因此也成为常规形态的历史城区和节事活动之间的一条通道。

由于每年都有专业的资金支持，爱丁堡艺术节专业网站的内容丰富实用，更新及时。网站精美生动，内容主要包括演出门票预订，节目预告及视频展示，节庆商品购买，艺术节年鉴和游览地图，博客和广播链接等。

(资料来源：http://www.sdta.gov.cn/sy/ggxx-tzgg/newInfo/fb017e8d3f82ed44013f9e7bd88000a4.ht，2013-7-2)

4. 体验营销

体验营销是一种伴随着体验经济的到来而出现的一种新的营销方式，旅游景区体验营销就是景区的工作人员通过声音或图像等媒介为游客营造一种氛围，一种情景，让游客沉浸其中，努力为游客创造一系列难忘的经历。从旅游者角度分析，景区体验可以由感觉营销、感受营销、思维营销、行动营销、关联营销5个因素构成。美国体验营销专家施密特教授把不同的体验形态看作"战略经验模块"。他认为，根据大脑由具有不同功能的模块组成的概念，体验可分为5种形态：感觉、感受、思维、行动、关联，它们各有其独特的构成和处理程序，构成体验营销框架。在景区营销策划过程中，可以合理运用这5种形态，使其发挥各自功能，达到景区营销策划的目的。

实例14-4

澳大利亚大堡礁的体验式旅游营销

澳大利亚大堡礁尽管久负盛名，但因为随着海洋升温以及游客增多，一度大堡礁的珊瑚虫濒临灭绝，经过一段时间的休养生息，大堡礁生态环境得到了恢复，知名度却已大不如从前。哈密尔顿岛素有澳大利亚"大堡礁之星"的美誉，岛上终年气候舒适宜人，活动多姿多彩，但由于当地旅游受金融危机冲击，游客量大减。

为提升大堡礁的国际知名度，昆士兰旅游局策划了一次网络营销活动：2009年1月9日澳大利亚昆士兰旅游局网站面向全球发布招聘通告，并为此专门搭建了一个名为"世上最好的工作"的招聘网站，招聘大堡礁看护员。网站提供了多个国家语言版本，短短几天时间网站便吸引了超过30万人访问，导致网站瘫痪，官方不得不临时增加数十台服务器。

"世界上最好的工作"大堡礁岛屿看护员的工作主要分为探索和汇报(向昆士兰旅游局以及全世界报告其探奇历程)、喂鱼、清洗游泳池和兼职信差(可参与航空邮递服务)四项工作。这个工作，与其说是看护员，其实不如说是大堡礁的体验者——这正是昆士兰旅游局推出此活动的目的，通过体验式营销的方式来向世界宣扬大堡礁的美妙之处，同时充分利用招聘过程的吸引力成功进行营销造势，吸引全世界旅游者的关注，向全球推广大堡礁的知名度与美誉度。

(资料来源：http://www.shsee.com/，2014-4-15)

5. 节庆营销

以节庆活动促旅游，是迅速提高景区知名度的有效方法。比如，北京国际旅游文化节、成都鹤鸣山中华道源文化节、山东潍坊的风筝节、山东曲阜的"国际孔子旅游文化节"、河北吴桥的杂技节、广东梅州的客家山歌节、内蒙古那达慕草原旅游节等旅游节庆活动，力争将其打造成大邑文化旅游节庆品牌。现在全国大型活动每年下来，不下数百个，但要做好这些节事活动的旅游文章，真正起到扩大景区影响，增加旅游客源，带动景区发展却非易事。

除了以上我们提到的这几种旅游景区营销方略，还有很多有效的营销策略，如名人营销、绿色营销、朝觐营销、影视营销、会议营销、品牌营销等，这里就不一一赘述。

第三节 旅游交通营销

交通运输产业具有基础性和先导性的特征，对经济、社会发展起着拉动和推动作用。发展旅游，交通先行。只有交通的优先发展，并适度超前，才能实现交通与旅游经济的良性互动。发展旅游经济，必须加快交通建设，增加交通供给，提高交通保障。反之，旅游经济的发展又助推交通业的全面活跃，这是交通运输业与旅游业的基本关系定位。

一、旅游交通的概念和特征

(一) 旅游交通的概念

旅游交通是指旅游者利用某种手段和途径，实现从一个地点到另一个地点的空间转移过程。一些学者也提出了自己对旅游交通的界定。例如杜学(1996)认为，旅游交通是指为旅游者在旅行游览过程中提供所需交通运输服务而产生的一系列社会经济活动与现象的总称。张辉(2002)提出，旅游交通是指利用一定的运载工具，通过一定的交通线路和港口、车站、机场等设施，在约定的时间内，将旅游者从其居住地或出发地向旅游目的地进行空间位置转移的一种特殊的经济活动。关宏志等(2001)则从广义和狭义两个角度进行界定：广义的旅游交通是指以旅游、观光为目的的人、物、思想及信息的空间移动，探讨的对象包括人、物、思想及信息；狭义的旅游交通概念则将讨论的对象限定在人或物。

(二) 旅游交通的特征

1. 游览性

与普通公共交通相比，旅游交通具有游览性。例如，杭州西湖以其秀丽的湖光山色和众多的名胜古迹而闻名中外，是我国著名的旅游胜地，也被誉为人间天堂。苏堤和白堤将湖面分成里湖、外湖、岳湖、西里湖和小南湖五个子湖区，子湖区间由桥孔连通，各部分的湖水不能充分掺混，造成各湖区水质差异。坐游船游西湖可以领略山水秀丽之美、林壑幽深之胜，以及丰富的文物古迹、优美动人的神话传说。

2. 舒适性

与普通公共交通相比，旅游交通更注重舒适性。旅游列车在车厢设施、服务项目和质量、乘客定员控制等方面，都优于一般旅客列车。旅游车船公司所使用的交通工具，也是以带空调、音响的豪华型车船为主。旅游者主要选择既舒适又安全的大中型喷气式客机。当今世界豪华旅游交通工具当首推巨型远洋游船,它们一般在7万吨级左右,拥有星级客房、风味餐厅、购物中心和各类娱乐、健身设施,被誉为"海上浮动胜地"。

3. 季节性

受节假日、气候和旅行日程安排等诸多因素的影响,旅游者的旅游活动在时间上分布不均,这一现象被称为旅游活动的季节性。受旅游活动季节性的影响,旅游交通运输量也随季节和时间的推移而发生明显的、有规律的变化,具有较强的季节性。比如一年之中的寒暑假进入运输旺季,假期之后一般跌入运输低淡季,其余为平季。

4. 区域性

旅游交通线路是根据旅游者的流向(流动方向)、流量(旅客数量)、流时(旅行时间)和流程(旅行距离)等因素,集中分布在旅游客源地与目的地之间,以及旅游目的地内各旅游集散、居留、餐饮、游览、购物、娱乐等场所之间,具有明显的区域性。

5. 同步性

旅游交通产业只有服务和消费两个环节,而且这两个环节在时间和空间上高度统一,同步进行。服务与消费的同步性决定了旅游交通运输服务不能进行事先检验,其结果必然是服务质量、意外事故、顾客满意度难以预测和控制。旅游交通管理、技术和服务人员必须以高度的责任感和敬业精神,严格管理,规范操作,热情服务,才能提高服务质量,杜绝事故隐患,使旅客乘兴而来,满意而归。

6. 灵活性

普通旅客的出行一般是有往有返,其流量、流时、流向、流程比较均衡和固定,因此公共客运一般采用定期、定班、定线的固定作业方式。旅游者的出行季节性强且随意性大,其流量、流时、流向、流程极不稳定,分布极不均匀,因此旅游交通客运具有较强的灵活性和机动性。

7. 不可储存性

粮食和工业品都可以长期储存,今天卖不出去可留到明天再卖,其使用价值保持不变。旅游交通运输能力不能储存,今天的舱位卖不出去,这些舱位今天的使用价值就浪费掉了,明天的舱位有明天的使用价值。

二、旅游交通体系的构成

(一) 航空

航空运输业是20世纪发展起来的新兴行业。航空业的发展使旅行发生了重大变革,它的速度和可达到的范围,使人们的时间和金钱的效用也得以提升。一些大城市开通了市内直达机场的地铁,从而大大缩短了往返机场的时间。

然而,航空旅行的缺点在于:一些人对飞行有恐惧的心理,或者身体状况不适合飞行;机场一般会建在偏僻的城市外围,去机场和从机场到驻地需要较长的时间,有时甚至超出了空中飞行的时间。

(二) 游船

随着海洋旅游业的发展，游船业成为国际旅游业发展最为迅猛的一块市场，且发展潜力巨大，每年游客数量约为1350万人次。从世界范围来看，目前，世界许多发达国家的造船业重心开始向豪华游轮方面转移。欧洲凭借在技术、经验和设备供应方面的优势，一直保持在游轮建造方面的领先地位。有关资料显示，世界游轮市场总份额的80%以上，掌握在世界游轮公司的前三强美国嘉年华、美国皇家加勒比和马来西亚的丽星手中。经过近年来的快速发展，目前我国船舶工业已经超过日本，成为世界第二大造船国。我国《船舶工业中长期发展规划2006—2015》也明确提出，要加快研发豪华游轮等高技术高附加值船舶。

(三) 铁路

在现代交通运输体系中，铁路是发展较早的一种交通工具，至今已有170多年的历史，在各国交通运输中具有重要的地位。随着整个交通运输的发展变化，铁路交通在整个交通运输体系中的地位和作用也发生着变化，20世纪60年代以前，铁路交通一直占着重要的地位，担当着交通运输的主角。但是，在西方国家，20世纪60年代以来，航空交通和公路交通有了更快的发展，本来由铁路交通承担的运输任务，逐步由航空交通和公路交通所取代，铁路交通出现萎缩。到20世纪80年代末，高速火车的出现使铁路交通又出现新的转机，由衰转盛。现在已研制出的火车时速是汽车的2~3倍，其花费不足航空的一半，可以预计，今后铁路交通还会再次出现一个新的发展时期。

铁路旅游交通具有客运量大、票价低、受气候变化影响小、安全正点、环境污染小等优点，同时，可以根据旅客的流量、流向的变化和需要，增减列车次数。此外，在各铁路沿线有许多大小不等的车站，对乘坐距离不等的各种旅客都比较方便，但也存在造价高、修筑工期长、受地区经济和地理条件限制等缺点。

(四) 公路

公路交通的特点是灵活、方便，能深入到旅游点内部，短途旅行速度快，公路建设投资少、工期短、见效快，公路旅游交通成为最普遍、最重要的短途运输方式。同时，它也存在运载量小，受气候变化影响较大，安全性能较差，排出的尾气对大气有污染等局限性。固定班次的公共汽车主要限于为城际非商务旅游提供服务；包车和长途汽车是包价旅游的重要组成部分；短途旅游车是目的地内旅游者流动和一日游的重要工具。20世纪60年代以后，在经济发达国家，汽车逐渐进入了更多的家庭，成为人们的主要交通工具。汽车的激增，作为汽车载体的公路难以适应，高速公路应运而生，其凭借安全、快速、通过能力大等特点成为一种新型交通手段。

(五) 特种旅游交通

特种旅游交通是指除人们常用的4种现代旅游交通方式外，为满足旅游者娱乐、游览的需要而产生的特殊交通运输方式。特种旅游交通方式类型繁多，从适应的地理条件上可分为平地、坡地、山地、沙漠、草原、雪地、水上、水下、空中等类型，如平地的黄包车、坡地的旱地雪橇、山地的滑竿、沙漠的骆驼、草原的勒勒车、雪地的雪橇、水上的羊皮筏、水下的观光潜艇、空中的热气球等；从主要功能上可分为客运、观光、娱乐、健身、竞技等类型，如以客运为主的水翼船、以观光为主的索道、以娱乐为主的仿古游船、以健身为主的自行车、以竞技为主的皮划艇等；从历史沿革上可分为传统、现代、超现代等类型，如传统的独木舟、马车和溜索，现代的摩托艇、索道缆车和滑翔机，超现代的气垫船、磁悬浮列车和太空船等。

特种旅游交通方式的优点体现在：其一，它们在运输形式上千奇百怪，在功能上千差万别，能够满足旅游者求新、求奇、求特、求异的多样化特殊游览目的；其二，它们一般具有极强的参与性，多数可由旅游者亲自驾驭并从中得到独特、刺激的体验经历；其三，它们的普及程度一般较低，有些只保留在偏远少数民族地区，有些只在实验基地进行小规模试运行，具有浓厚的民族、地方或科幻色彩，能够满足旅游者怀古和探知未来的特种需求。特种交通方式的缺点体现在：其一，缺乏常规交通方式所拥有的高效客运功能和灵活性；运速、运距十分有限；除磁悬浮列车、气垫船、水翼船等高科技运输方式外，特种旅游交通方式的舒适性一般较差。

各种旅游交通方式都拥有各自的运输优势和劣势(见表14-1)，能够满足不同运输需求旅游者的特定需要，并据此在不同的运输细分市场上占据着主导地位。因此，综合评价各种交通方式的优势与劣势，并据此进行产业内部分工，有利于优化旅游交通产业结构，强化各种交通方式的优势功能，提高整个产业的市场适应力和竞争力。

表14-1　各种旅游交通方式运输优势对比

类型	运距	运速	运价	舒适性	游览性	灵活性
旅游公路	短	低	低	中	良	优
旅游铁路	中	中	中	良	中	良
旅游航空	长	高	高	优	差	中
旅游水运	中	低	低	差	良	中
其中：远洋游船	长	低	高	优	优	差
特种旅游运输	短	低	低	差	优	差
其中：高科技运输	短	高	高	良	优	差

(图表来源：http://www.doc88.com/p-566035753.html)

三、旅游交通在旅游业中的地位和作用

(一) 先进、发达的现代交通既是构成现代旅游的必要条件，又是促进旅游地旅游业发展的重要因素

旅游者要到达旅游目的地，就要从居住地借助旅游交通满足自己的游览需求。旅游者活动的半径有多大，旅游业发展的规模有多大，都要取决于交通发展的规模。旅游者的空间位移不仅有距离长短的问题，而且有所需时间多少的问题，如果所需时间过多，就可能把一大批人排除在旅游者行列之外。因此，旅游者的活动半径和旅游业发展规模，不仅取决于旅游交通的发展规模，还要取决于旅游交通发展的先进程度。

(二) 旅游交通本身有时也是旅游活动的组成部分

通常情况下，旅游交通只是旅游者前往目的地游览的手段，但特殊情况下，它又是旅游经历的一部分。

(三) 旅游交通运载能力是旅游生产力的重要组成部分

旅游生产力(旅游综合接待能力)由许多因素组成，如旅游景点的承载能力、旅行社的接待能力、旅游交通的运送能力等。上述几方面的接待能力构成综合接待能力，并必须保持一定的比例，彼此相互协调和配合。如果出现比例失调，某些过多的接待能力并不能发挥综合效力。旅游交通作为旅游综合接待能力的一个有机组成部分，其发展规模和水平要与旅行社、饭店等接待能力相协调，在此情况下，旅游业才能较为顺利的发展。

四、影响旅游交通营销的因素

(一) 外部因素

1. 交通工具技术

从私人轿车到游船到飞机生产商之间的竞争促使交通工具在大小、座次数、速度、最大行程、节油程度、噪音及舒适度等方面不断得到改进。这些变化影响着企业经营获利能力，也影响着顾客的选择。如前所述，随着时间的推移，这些变化还决定了在可接受的时间和成本约束条件下，哪些目的地可以顺利到达。

虽然开发交通工具技术对于旅游市场的意义在公共交通中体现得最明显，但私人轿车拥有量的增加及交通工具舒适度、可靠性和效率的提高，对于许多形式的旅游市场的增长同样关键。其实，短期周末度假、自助式住宿及景点一日游等在很大程度上都极依赖于汽车旅行。因而，那些对私人交通工具产生影响的技术也成为旅游经营开展营销必须考虑的问题。

2. 信息技术

20世纪60年代以来，计算机的发展和80年代以来计算机技术的广泛应用使客运企业得以有效地应付业务量的不断增长，订票、取消预订、出票、开收据、路线选择及报价等过程都由计算机来处理。这些过程同时生成了大量关于顾客特征的调研数据，这些数据对营销计划具有重要的意义。同时，信息技术还改变了旅游业的分销过程。这些发展有许多是由交通企业带动的，它们对成本、效益的更高追求不仅体现在日常经营中，而且同样体现在对营销运作的实施和控制中。由于交互式在线计算机网络的出现将航空公司、饭店及汽车租赁企业等的预订系统连成一体，旅游产品各要素间的新的营销合作变得极为便利，如著名的Amadeus，Galileo，Sabre，Apollo，World span等预订网络都是在航空公司订票系统基础上发展成为全球性分销系统的。

3. 政府管制

在20世纪的大部分时间里，国际及国内客运交通提出的经营活动在所有国家都受到严格控制和管理。在航空业中，机场准入、国家间飞行、飞越国家领空的许可须经政府间协议商定，这些协议包括准许哪家航空公司飞行哪些航线、允许多大运力及许可价格的范围和种类等。

20世纪90年代初，取消航空管制的改革步伐较大，全世界的航空业处在深刻的变革过程中，取消管制、私有化、兼并、联盟、外资拥有及其他发展成为新的浪潮。这场革命对营销具有深远的意义，特别是在取消原国有航空公司的补助后意义更加深远。在欧洲，为给单一市场清除障碍，欧盟获得了对交通政策及竞争条例的控制权，分解了原有航空规制中的主要条例。这些变化的范围十分庞杂，但它们对交通营销框架的演进具有重大的影响。

4. 环境

交通主要涉及5个方面的环境问题，即噪音、尾气、能源利用、拥挤、废弃物的产生与处理。在20世纪80年代，这些问题对营销的意义并不显著，但从90年代开始，随着社会对环境保护的重视，环境污染也日益成为法规管制的对象。

(二) 内部因素

1. 资本投资与固定成本

现代交通的一大特点就是高投资与高固定成本。高投资是指，购买及维修交通工具和设备、建立与维护线路网络及雇用操作系统的人员所必需的高额经营资本。同时，经营任何服务的固定成本都很高，而变动成本则较低。一旦提供一项服务，每卖出一个座位就意味着多获得了占售票收入90%以上的收益。这些收益或者用于补偿已经承付的固定成本，或者在达到盈亏平衡点后代表毛利的获得。因而，交通企业要关注对座位的边际销售。

2. 上座率、收益率与设施利用频率

由于客运交通的高投资和高固定成本的特征，对于交通企业而言，控制好3个衡量经营绩效的指标至关重要：上座率、收益率与设施利用频率。

其中上座率的高低直接影响到经营收益，因而交通企业往往通过各种营销手段提高上座率。以航空公司为例，一家航空公司必须使自己的每架飞机有至少70%～80%的上座率，否则就会亏钱。

收益率是上座率与实际平均价格的乘积。交通企业要综合考虑上座率和收益率两个指标，不能只追求上座率，因为如果平均价格过低，上座率再高也不能保证有很好的收益。

正如任何投资巨大的生产形式一样，设备利用的频率越高，就其收益与已发生的固定成本相比，业绩就越好。

五、旅游交通营销策略

旅游交通企业必须以市场需求为导向，提供市场需要或通过一定营销手段可以使市场接受的旅游交通产品，才能通过交换使运输服务转化为经济效益，保证企业在市场竞争中得以生存和发展。在市场调查的基础上，企业要对市场进行细分，并确立要服务的目标市场，然后根据市场大环境和自身的运输生产条件，针对目标市场的需求特点，制定相应的市场营销战略和策略。下面从产品组合角度探究旅游交通企业的营销策略决策。

旅游交通需求的多样性，要求有多样化服务产品及其产品组合与之相适应。多种旅游交通产品以及同一产品的不同规格有机结合，便构成了满足多样化旅游交通需求的产品组合。

产品组合的3大要素是产品线的广度、深度和相关度。其中,产品线是指产品系列;产品线的广度,是指产品系列的种类;产品线的深度,是指同一产品系列内部规格的种类;产品线的相关度,是指各个产品系列之间的关联程度。与有形产品相比,旅游交通服务产品组合具有类型更多、规格更全、关联度更高等特点,因而在市场营销方面表现出组合要素的多元化。

(一) 单线策略

单线策略是指以目标市场的部分客源为服务对象,集中力量生产和经营单一产品系列,以便提供规格齐全、质量上乘的产品,并通过较高的价格获取利润。

该策略的优点在于投资少、目标明确、有利于提高产品质量和运输生产的舒适性、游览性、专业化程度等。其缺点是市场占有份额小,容易受市场危机的冲击,对市场需求的季节性和区域性变化适应能力较差等。

(二) 多线密集策略

多线密集策略是指以目标市场的全部客源为服务对象,生产和经营多种产品系列,以便满足各个客源层的多种需求,通过提高客运量和客运周转量来增加盈利。

该策略的优点在于市场占有份额大、对季节性和区域性需求变化适应能力较强、销售额和利润额一般较高等。其缺点是投资较多、经营管理难度大、营销目标比较模糊、进入衰退期后负担沉重等。

(三) 多线分散策略

多线分散策略是指以多个目标市场的客源为服务对象,生产和经营多种产品系列,但各个产品系列之间关系松弛,以便企业把经营风险分解到不同的市场。

第四节 旅游饭店营销

实例14-5

2014年,对我国许多高星级酒店而言,是一个黯淡忧愁之年,但对一些勇于创新的酒店来说,却是一个大展拳脚之年。一些市场目标清晰、设计有特色、服务有卖点的新型细分酒店,犹如一阵新风,吹皱了略显沉闷的一池春水。近日在上海召开的"2015亚太酒店新品牌加盟连锁竹林大会"上,一些细分酒店品牌,就向业界和投资者崭露了生机勃勃的"小荷之角"。

大大的"M",是2014年冒起的迈家社区酒店的徽标,其首席运营官陈刚,在酒店业摸爬滚打20年,眼见酒店同质化现象日趋严重,便与朋友共同创建了"迈家"酒店投资管理公司。他们响亮地提出了"不做经典做绝对,不做传统做新锐"的口号,立志运用互联网思维为18~35岁的年轻群体打造一个社区"基站"式酒店。

在陈刚眼中，一个面向年轻群体的社区酒店，需要具备下列要素：第一是价格便宜，百来元就有得住；第二，床和枕头要好，因此，迈家的卧具均按五星级标准配备，床宽1.8到2米；第三，淋浴设施要先进，迈家一律配置品牌整体浴室；第四，上网要快，迈家一律100兆光纤入室；第五，配置社交空间，建设色彩斑斓的"迈家客厅"，提供免费咖啡，方便客人交友和商务会谈；第六，方圆3公里的社区商家都是住客的供应商，要什么有什么，只要上到迈家主页或APP，戳戳手指就可搞定。

"迈家对酒店原有的要素做了加减法，一些不太需要的功能做了弱化处理，而对青年群体很看重的要素进行了强化。作为社区酒店，迈家要做的是平台，让住店客和酒店四周所有供应商和服务商进行对接，做成集成基站。"

一些专家对迈家的百元卖价和成本之间是否能保持平衡持怀疑态度。对此，陈刚表示，迈家打算客房收入只占到70%，其他服务收入30%，未来后者的收入应该更高。"做互联网生意，关键是人气。"陈刚说。

在陈刚的眼中，迈家要做的是资源集成、客户集成、产品集成，工夫在住宿产品之外。周遭的娱乐场所、理发洗浴、景区、超市、旅游纪念品商店、土特产专卖等，都是住店客可能光顾的场所，也是社区酒店的"大金矿"。只要客人愿意到哪里消费，迈家的盈利点就在哪里。"我们未来要发出有打折功能的迈家会员卡，全国这么多迈家会员去重复消费，商家不欢迎才怪。"据悉，迈家2014年开出了3家店，2015年将达到10家。

哲人酒店管理集团的首席运营官徐期宏，是一个30出头的小伙。他带着不同类型酒店的经历与思考，与人合伙在沈阳成立了一个名字带点哲学神秘的酒店企业——哲人酒店管理公司，并打出"哲人无忧、智者所选"的旗号，希望在多维融合中，缔造出独树一帜，融艺术、文化与时尚于一体的主题酒店。

徐期宏的理想之一，是为一批热衷中国传统思想文化的"哲人"提供一个修身反省的空间。"哲人精品酒店，沿袭博大精深的国学文化，传承历代精品国粹，融合现代流行审美趋势，将精心打造出唐、宋、元、明、清、民国至现代等不同风格、有历史脉络的中国文化艺术系列标杆酒店。""目前已经开出两家门店，分别是宋朝和清朝的风格设计。"徐期宏所指的屏幕上的设计图片，的确让人耳目一新。

徐期宏表示，哲人酒店目前设计了三个品牌系列，分别是面向年轻时尚旅游群体的"棠枫艺术酒店""哲人精品酒店"和"棠荷·雅舍"。据悉，他们2015年5月将在云南丽江推出"棠荷·雅舍"的旗舰店，主打"解构西方文化艺术和交融现代互联网基因"的新古典主义酒店，很让人期待。

(资料来源：中国旅游报，2015-3-4)

一、旅游饭店营销的内涵

作为旅游市场营销的一项重要内容，旅游饭店营销的效果好坏与否直接影响到旅游市场营销的整体水平。饭店市场营销的目的在于运用市场发展和营销理论，不断扩大饭店产品的市场占有率，从而提高其综合竞争力和经济效益。

二、旅游饭店营销的特点

1. 无形性

服务是无形的,对服务质量的衡量并无具体实在的尺度,顾客对产品的满意程度主要来自于感受,与客人的经历、受教育程度、价值观等相关,因而带有较大的个人主观性。

2. 不可储藏性

饭店的设施、空间、环境不能储存、搬运,在某一时间内不能销售出去的客房、菜肴等,这一时间内的价值便随时光而消失,且在以后也无法挽回。

3. 不可运输性

饭店产品不能像别的产品那样可以集中生产、集中销售,而是淡季多生产,旺季多销售。

4. 可变性

产品质量受人为因素影响较大,很难恒定地维持一致。一方面由于服务的对象是人,他们有着不同的兴趣、爱好、风俗、习惯,又有着不同的动机和需要;另一方面提供服务的也是人,其提供服务时受知识、性格、情绪等影响。上述影响使得产品的质量有着很大的可变性。

5. 季节性

饭店产品的销售受季节的影响较大,一个地区的旅游有淡旺季之分,呈周期性变化,季节变化直接影响着人们的出游计划,也影响着饭店产品的销售。

6. 消费的随意性

饭店的大部分宾客是旅游者,而旅游是人们生活水平提高后产生的一种休闲活动,具有很大的随意性。在消费能力许可的条件下,容易受到情感、兴趣、动机等心理因素的影响。

三、旅游饭店产品的营销

(一) 自主营销

1. 构建网络营销渠道

随着信息技术在饭店业的广泛应用,网络营销以其难以想象的发展速度成为饭店最有效、最经济、最便捷的营销手段。饭店网上营销窗口由外部连接和内部连接两大系统组成。外部连接是指饭店营销主页与其他饭店网页、旅游网站、饭店所在地区其他网站、搜索引擎网站的连接,直接影响上网者接触并访问该饭店站点机会的多少;内部连接是指主页上饭店营销信息内容的布局与打开形式,信息内容的布局要符合人们的浏览习惯,突出饭店的经营特色。

2. 人员营销

饭店的人员营销是指通过人际交往的方式向宾客进行介绍、说服等工作,让宾客了解、喜爱、购买本饭店的产品或服务。这种方式费用较高,效果也比较显著。

3. 内部营销

饭店的内部营销是把营销理论和思想应用于饭店内部员工,向员工提供让其满意的服务,从而激发员工的工作热情,增强其对外营销意识,提高服务质量。内部营销分为营销准备阶段(目的是创造好的第一印象)、营销初级阶段(目的是使客人下决心消费)、营销中期阶段(目的是使客人满意)、营销延续阶段(目的是使客人记住你)。①

(二) 委托代理营销

1. 旅行社

饭店经营状况的好坏，和旅行社的合作关系是相当重要的。饭店的市场部门要经常向旅行社推出自己饭店的优势和价格，并和旅行社签订合作协议，其中价格起着重要的作用，饭店要把握好各旅行社团队价格的高低。饭店因为旅行社的推销而受益，因此饭店给旅行社的价格以及旅行社向客户提供的价格都是最优惠的。

2. 专业的销售公司

中央订房系统(GRS)是指饭店成员共享的预订网络，可与饭店全球分销系统(GDS)、互联网分销系统(IDS)、饭店官方网站预订引擎(IBE)连接，使饭店在全球范围内实现实时预订。订房人可以通过直接访问GRS，查看系统内饭店的房态信息，包括房型和房价等，并可直接人机对话，完成网上销售，而无须借助饭店前台人员操作。一个订房通过中央订房系统输送到成员饭店的价值是让订单直接到成员饭店的n倍(n约等于集团的成员饭店总数)。

3. 代理网站

据统计，有70%的网络休闲游客至少在线预订一些个人旅游产品，而52%的旅客则在线购买全部或多数个人旅行产品。2008年2月28日，招商银行携手在线预订运营商芒果网共同推出了联名信用卡。该卡是招行和芒果网在在线预定行业推出的一款重量级金融产品，将为广大的商旅人士和自助游人士提供优惠、优质的机票销售、饭店预订、旅游产品预订服务，以及各种丰富多彩的增值服务。

(三) 合作营销

20世纪60年代中期，分时度假(timesharing)兴起于法国阿尔卑斯山地区，70年代引入美国后得到迅速发展，并延伸到世界各地，成为全球推崇的度假方式。欧盟《分时度假指令》将分时度假定义为："所有的有效期在3年以上、规定消费者在按某一价格付款之后，将直接或间接获得在1年的某些特定时段(这一期限要在一周之上)使用某项房产的权利的合同，住宅设施必须是已经建成使用、即将交付使用或即将建成的项目。"国际上一度通行的惯例是，将一处住所(一般指饭店或度假村的客房)每年的使用期分为52周分时销售给顾客。每个单位的分时度假产品，就是在约定的时期内(一般在20年以上)在这一住所住宿一周的权利，顾客同时也享有转让、馈赠、继承等系列权益以及对公共配套设施的优惠使用权。目前分时度假产业涵盖了全球近6000家度假地，1100万个度假时段已经销售给全球700万个家庭，75%的分时度假时段销售来自酒店业的主要巨头，如希尔顿、万豪等。

在不影响饭店正常经营的情况下，将旅游观光业、旅游饭店业和房地产业通过分时度假交换系统有机地整合起来，将饭店闲置客房以一定的价位分时段一次性出售给客户，一方面可以提高闲置客房的使用效率，以房地产方式迅速收回投资，另一方面又能以多元经营的手

---

① 舒伯阳.实用旅游营销学教程[M].武汉：华中科技大学出版社，2008.

段,拓展旅游饭店的客源市场,进而提高综合效益。

这一系统涉及房产开发商、销售代理商、会员和交换系统公司等关系。房产开发商与会员之间是一种买卖关系,即前者将度假房产未来一定期限的分时使用权卖给后者,双方以销售合同明确各自的权利义务;房产开发商与销售代理商之间是一种代理关系,即前者委托后者销售其分时度假产品,后者按照双方事前商定的委托代理合同的授权对外销售;销售代理商与会员之间是直接买卖关系,前者若在委托代理权限之外发生问题,则需由其承担法律责任;会员与交换系统之间属中介关系,前者通过后者的网络系统实现与其他会员交换分时度假房产使用权的同时,由后者代收费用,后者以佣金的形式从房产开发商或销售代理商那里获取收益;房产开发商与交换系统公司之间是加盟关系,即双方通过自由选择,后者在协议的基础上将符合条件的前者纳入到整个交换系统中;不同会员之间则按照共同合约,通过交换网络进行商业交换。如图14-1所示。

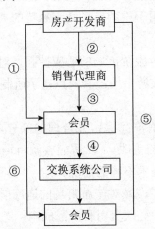

图14-1 房产开发商、销售代理商、会员、交换系统公司四方之间的关系

(资料来源:魏敏. 旅游市场营销[M]. 长沙:中南大学出版社,2005.)

第五节 旅行社营销

一、旅行社的定义

欧洲是现代意义上的旅行社的发源地。在欧洲人看来,"旅行社是一个以持久盈利为目标,为游客提供有关旅行及留居服务的企业"。

我国《旅行社管理条例》将旅行社定义为:"为旅游者代办出入境和签证手续,招徕、接待旅游者旅游,为旅游者安排食宿等有偿服务的经营活动。"

二、旅行社市场营销的含义

旅行社市场营销是旅游市场营销的分支学科,是旅游市场营销学理论在旅行社经营中的具体运用。旅行社市场营销包含6个要素：满足旅游者的需求；具有连续性；营销应有步骤地进行；营销调研是关键环节；发挥团队精神，实施全员参与；与同行、相关行业进行合作。

三、旅行社市场营销策略

(一) 旅行社营销产品策略

旅行社市场营销产品是指适合旅游市场需求的产品。

1. 新产品开发策略

新产品开发策略是指产品在功能、外观、包装、品牌等方面的全面创新，以适应特定旅游目标市场的策略。这一策略适用于旅游市场具有独特的大规模需求、旅行社实力也比较强大的情况。

这一策略的优点在于，产品对旅游市场的适应性强，对消费者具有较强的吸引力，降低了销售风险，能迅速有效地进入旅游市场；其缺点在于研制开发投资大、费用高、困难多。

2. 产品适应策略

产品适应策略是指对一种现有产品保留其合理的部分，并对某些部分进行适当变动(如功能、外观、包装、品牌等方面的更改)，以适应旅游市场不同需求的策略。这一策略适用于消费者需求、消费者购买力、技术不同的情况。

这一策略的优点在于，提高了产品对旅游市场的适应能力，有利于扩大销售，增加企业的收益；缺点在于，增加了相关的更改费用和产品成本。

3. 市场扩张策略

市场扩张策略是指对现有产品的功能、外形、包装等不加任何变动，只是进行规模的扩张，直接扩张到新市场的策略。市场扩张策略适用于市场空间巨大、市场需求同质性的情况。这一策略的优点在于，可以获得规模效益，把生产成本和营销费用保持在最低水平。其缺点在于对旅游市场的适应性差，没有甄别或多或少都有区别的产品需求。

(二) 旅行社产品定价策略

旅行社产品价格是旅游者参加由旅行社组织的旅游活动或为其提供某项服务所需付出的费用总和，在旅行社市场营销组合中起到了中枢作用，是旅行社进行竞争的重要手段。

新产品定价策略有撇脂定价策略和渗透定价策略。撇脂定价策略是指将产品的价格定得较高，尽可能在产品生命初期，在竞争者研制出相似的产品以前，尽快收回投资，获取相当的利润。然后随着时间的推移，再逐步降低价格使新产品进入弹性大的市场。渗透定价策略是指设定最初低价，以便迅速和深入地进入市场，从而快速吸引大量的购买者，赢得较大的市场份额。较高的销售额能够降低成本，从而使企业能够进一步减价。

旅行社产品还可以有针对性地采用形式多样的优惠价(现金折扣、数量折扣等)和差价(等级差价、季节差价、地区差价、年龄差价等)。

(三) 旅行社产品分销策略

旅行社旅游产品的分销渠道是指旅游产品的生产者将产品提供给最终消费者的途径，可以分为直接销售渠道和间接销售渠道。其中，直接销售渠道是指由旅游产品的供给者直接销售给消费者，二者之间不存在任何中介环节，间接销售渠道是指在二者之间存在一些中介环节，包括旅游经营商、批发商、代理商等企业和个人。间接的销售渠道策略主要有独家营销销售策略、选择性销售渠道策略、密集销售渠道策略。

1. 独家营销销售渠道策略

独家营销销售渠道策略是在一定的市场区域内仅选择一家经验丰富、信誉良好的中间商推销自己的产品。这一策略的优点在于一方面降低了销售成本，另一方面也提高了中间商的积极性和推销效率。其缺点在于，一旦中间商出现经营失误，则有可能失去部分市场乃至整个目标市场，承担的风险较大。

2. 选择性销售渠道策略

选择性销售渠道策略仅选择那些有支付能力、有推销经验及服务质量优良的中间商在特定市场推销自己的产品。这一策略的优点在于有效整合中间商的数量，控制了成本。其缺点在于，中间商的范围较小，可能影响产品的推广和销售。

3. 密集销售渠道策略

密集销售渠道策略是通过批发商把产品广泛分配到各个零售商。这一策略的优点在于广告效果好，方便旅游者购买。其缺点在于成本相对较高，对旅行社自身的接待能力、产品供应能力有较高的要求。

(四) 旅行社市场促销策略

实例14-6

三江侗族自治县拥有浓郁的民俗风情，著名的侗族风雨桥及鼓楼被列入世界文化遗产名录，是重要的人文旅游资源。过去，由于三江地处偏僻的大山之中，交通不便，缺乏知名度，因此旅游不旺，外宾罕见。

20世纪90年代初，中国国旅联盟北京、上海、桂林国旅针对欧洲人对东方文化的神秘感，在法国推出了桂林—三江风情旅游线的特种旅游产品。经过一段时间促销，该社驻巴黎办事处在检查促销效果时发现收效不大。通过调研，发现法国人特别崇拜时装名模。于是经过一系列策划后，邀请了数名法国当红知名服装模特到中国三江来拍摄广告照片。当法国某著名时装杂志登出了名模美女们头带别满毛泽东像章的军帽、背倚侗家木楼悠闲相对以及在以侗族风雨桥为背景的水田中赤脚插秧等一组专题照片后，三江在法国的知名度大涨。

之后，外国旅游团队一直是三江县游客的重要成分，在柳州市的入境游客人数中，三江县的外国游客人数保留领先地位。十余年过去，由于三江县酒店档次和景点基础设施慢步提升，三江旅游虽仍裹足慢行，但唯有法国团是例外，只要到了桂林，法国团多半要去游览三江。法国旅游者们希望在品味东方神秘少数民族风情的同时，能寻找到当年名模们异国留影的足迹。

(资料来源：广西壮族自治区旅游发展委员会. http://www.gxta.gov.cn，2012-6-13)

旅行社市场促销策略是指旅行社以人员推销和非人员推销的方式，与目标顾客进行沟通，传递相关旅游信息，以达到影响目标顾客的行为，促进旅行社产品销售的营销活动。这一策略包括人员促销、媒体广告、销售推广、营销公关、直接营销、现场传播等方式。

1. 人员推销

在旅游市场上，人员推销具有灵活性高、能传递复杂信息、有效激发购买欲望、及时反馈信息等优点，是旅行社市场营销中非常重要的促销手段之一。然而，人员推销也存在费用高、培训难等问题。

2. 广告

广告是一种高效的促销手段，包括电视广告、杂志广告、报纸广告、广播广告、网络广告、户外广告等多种形式。如果按覆盖区域的不同，广告还可以划分为地区级、区域级、国家级、国际级媒体广告。

旅行社选择目标市场的媒体广告通常要考虑以下3个因素：成本、产品特征、产品定位。不同媒体的成本是不同的。从覆盖区域看，覆盖范围越广成本越高。不同的媒体广告对产品的表现效果是不同的，而且不同产品对其表现形式的要求也不同，有些产品在做广告时对场、色、形、动感等有较高要求，所选用的媒体就应能体现产品表现的需要。产品的定位不同，媒体的选择也应有所侧重，二者相吻合。

3. 公关

公关的目的是与所有的企业公众建立良好的关系，而营销公关的一切活动都是以具体的产品品牌为中心进行的。公关的功能主要在于：协助旅行社开发新产品；建立与顾客的良好关系；协助旅行社或产品重新定位；创造有利于旅行社营销的外部环境；支持其他沟通促销活动；解决问题和麻烦；直接促进产品销售。

旅行社营销公关促销方法包括新闻、演讲、出版物、展览会、文体活动、公益宣传、旅游咨询等。

4. 销售促进

旅行社销售促进活动包括旅游博览会、交易折扣、联合广告、销售竞赛与奖励、提供宣传品等方式。

本章小结

本章介绍了旅游目的地营销、旅游景区营销、旅游交通营销、旅游饭店营销、旅行社营销等相关内容。

旅游目的地营销是由某地政府组织代表本区域内所有的旅游企业和旅游产品，作为统一的营销主体并以相同的旅游目的地形象参与旅游市场的竞争。旅游目的地营销包括4个关键要素：旅游目的地营销主体、旅游客源市场研究、旅游目的地形象研究以及旅游目的地市场营销信息技术与渠道。旅游目的地营销具有整体性、政策性、长期性、层次性等特点。在旅游目的地竞争日趋白热化的今天，单一的营销策略已很难奏效，实施整合营销传播战略是当前旅游目的地竞争发展的必然选择。

旅游景区是由具有某种或多种价值、能够吸引游客前来观光、游览、休闲、度假的自然景观以及能够满足游客需要的旅游设施构成的。从旅游景区的旅游活动功能及特色看，旅游景区可以划分为历史古迹类、民俗风情类、观光游览类、文学艺术类、娱乐休憩类、科考探险类、综合类等旅游景区类型。社会政治、经济、自然等外部因素,各相关部门对旅游业的观念、各相关部门的协调与统一程度、旅游景区内各旅游企业的管理与服务水平等内部因素都会影响旅游景区的营销工作。为此,在营销过程中,要树立科学的营销观念、进行专项营销规划、找准景区产品的独特定位和产品组合、选择适当的营销方略。

旅游交通是指旅游者利用某种手段和途径,实现从一个地点到另一个地点的空间转移过程。旅游交通具有游览性、舒适性、季节性、区域性、同步性、灵活性、不可储存性等特点。由航空、游船、铁路、公路及特种旅游交通构成的旅游交通体系对旅游业有着重要的影响。交通工具技术、信息技术、政府管制、环境等外部因素和资本投资、固定成本、上座率等内部因素对旅游交通有着显著的影响。从产品组合角度来说,旅游交通可采用单线策略、多线密集策略、多线分散等营销策略。

旅游饭店营销的目的在于运用市场发展和营销理论,不断扩大饭店产品的市场占有率,从而提高其综合竞争力和经济效益。旅游饭店营销具有无形性、不可储藏性、不可运输性、可变性、季节性、消费的随意性等特点。旅游饭店产品的营销策略包括:自主营销、委托代理营销、合作营销等。

旅行社市场营销是旅游市场营销的分支学科,是旅游市场营销学理论在旅行社经营中的具体运用。旅行社营销策略包括:产品策略、定价策略、分销策略和促销策略。

案例分析

上海春秋国际旅行社简析

上海春秋国际旅行社有限公司是我国最大的旅行社集团之一,由王正华成立于1981年,在上海中山公园2平方米的铁皮棚子起家,历经30余年发展,业务涉及旅游、航空、酒店预订、机票、会议、展览、商务、因私出入境、体育赛事等行业,是国际会议协会(ICCA)在中国旅行社中最早的会员,是第53、54届世界小姐大赛组委会指定接待单位,是世界顶级赛事F1赛车中国站的境内外门票代理,被授予上海市旅行社中唯一著名商标企业。

上海春秋国际旅行社的成功分析如下。

1. 内部管理

产权制度和激励体制:春秋旅行社可以说是白手起家的街道企业,2002年完成了产权改革,春秋旅行社基本上成为了"全员所有制"的民营企业。这种企业产权的明晰,对员工有着很大的激励作用,有利于调动企业全体成员的积极性、归属感和责任感。

垂直分工系统:春秋国旅是第一个实现内部运营垂直分工系统的国内旅行社,按照市场的不同环节进行部门划分,由不同的专业人员专门负责。垂直分工可以使得企业的规模优势得到充分发挥,并避免了客源掌握在少数员工手中的情形,减少了人员流动给企业带来的影响。

2. 品牌管理

旅行社的品牌形象直接关系着企业的经营效益,而作为第三产业,旅行社强化品牌的关键是提高服务质量。春秋国旅设有严格的质量监督管理机制,坚持"99+0=0"和"每团必访"的优质服务质量观。春秋对每一个旅行团都要做跟踪调查,每周开一次质量讨论会,每月出一次质量监督公报。严格的质量管理体系为企业赢得了信誉,也赢得了市场。

同时,春秋重视加强内部质量建设,包括对导游的"业务上培训提高,生活上关爱共赢"原则,严格奖惩措施,门店员工的微笑服务等,都让春秋旅行社在消费者中产生了良好的口碑。

3. 运营管理

春秋目前在上海设有50个全资门店,全国有全资分社31家,境外分公司7家,全国共有代理商1500多家。春秋以设计和整合旅游产品为主,将销售工作一部分交给代理商,而春秋只拿10%的利润,将剩余90%归于代理商。这样,代理商得到了更大的发展,有了更多的客源,这样春秋才能进一步的盈利。

同时,春秋成立了自己的航空公司,发展低成本航空市场。航空公司的成立可以帮助春秋有效地减少成本中的交通费用开支。然而更重要的是,春秋掌握了航班的主动权,不再受航空公司的控制。

4. 产品开发

春秋旅行社目前拥有国内线路近百条,尤其是华东、江浙一带聚集了众多春秋的特色旅游线路,已成为春秋的传统优势。

针对市场需求,春秋不断开发个性化产品来满足顾客需要。例如,不进行任何强制购物行为的海南"贵族之旅"纯玩团;专为老年人设计打造的"爸妈之旅";国内外游客共同参与的"春之旅"等,都受到了市场的热烈反响。

5. 网络营销

春秋推出了"旅游电子票"的概念,为人们出行提供了一个方便快捷的新型旅游预订方式,也为旅行社的经营带来了全新的理念。

顾客只需登录春秋旅游网注册为春秋会员,选择合适的线路进行预订并网上支付,支付时不需要手续费。春秋会在顾客支付完成后进行确认处理并将具体合同快递至顾客手中。这样,整个预订过程不需要顾客出门,只需要动动手指,就可以完成一系列的预订活动。春秋为了推行这种方式也加大了旅游电子票的优惠力度,相比门市售价,颇具诱惑力。

同时,为了推进网上销售,春秋旅游与各银行合作,开通了不同的支付平台,此举也增加了网上支付的安全性。

随着散客市场的逐渐扩大,旅游者的需求越来越多样化和个性化,旅游市场也将越分越细。旅游业的蓬勃发展,竞争的地域性也将逐渐打破,春秋将会面对更强硬的对手。因而,春秋需一直致力于发挥企业优势,不断完善内部各项机制,加强服务质量,才能适应国际潮流,获得稳步健康发展。而其成功的经验也将给一些小差企业提供有益的借鉴。

(资料来源:http://travel.sohu.com/20071218/n254159744.shtml)

案例讨论

1. 在4P组合(产品、价格、渠道、促销)中,哪些策略对上海春秋旅行社的成功经营起到了直接的促进作用?还存在哪些问题或不足之处?

2. 请结合该公司的实际情况,制定公司未来一年的营销策略。

复习思考题

1. 简述旅游目的地营销的特点。
2. 一般来说,旅游景区营销会受到哪些因素的影响?
3. 简述旅游交通体系的构成。
4. 试述旅游饭店产品的委托代理营销。
5. 试分析你所熟悉的一家旅行社在节假日的营销策略组合。

参考文献

[1] 菲利普·科特勒,约翰·T.保文,詹姆斯·C.迈肯斯.旅游市场营销[M].谢彦君译.大连:东北财经大学出版社,2006.

[2] 约翰逊.旅游业市场营销[M].张凌云,马晓秋译.北京:电子工业出版社,2004.

[3] 菲利普·科特勒等.市场营销导论[M].余利军译.北京:华夏出版社,2002.

[4] Adrian Payne.服务营销精要[M].北京:中信出版社,2003.

[5] 阿里斯塔·莫里斯.旅游服务营销[M].北京:电子工业出版社,2004.

[6] (美)森吉兹·哈克塞尔等著.服务经营管理学[M].北京:中国人民大学出版社,2005.

[7] 郑向敏.旅游服务学[M].天津:南开大学出版社,2007.

[8] 舒伯阳.实用旅游营销学教程[M].武汉:华中科技大学出版社,2008.

[9] 黄浏英.旅游市场营销[M].北京:旅游教育出版社,2007.

[10] 韩勇,丛庆.旅游市场营销学[M].北京:北京大学出版社,2006.

[11] 潘小其,肖传亮.旅游市场营销[M].北京:科学出版社,2008.

[12] 舒晶.旅游市场营销[M].上海:上海交通大学出版社,2007.

[13] 刘葆.旅游市场营销学[M].合肥:安徽大学出版社,2009.

[14] 徐惠群.旅游营销[M].北京:中国人民大学出版社,2009.

[15] 胡自华,曹洪.旅游市场营销[M].湖北:武汉大学出版社,2009.

[16] 魏敏.旅游市场营销[M].长沙:中南大学出版社,2005.

[17] 李庆雷.旅游策划论[M].天津:南开大学出版社,2009.

[18] 杜学.旅游交通概论[M].北京:旅游教育出版社,1995.

[19] 郭英之.旅游市场营销[M].大连:东北财经大学出版社,2006.

[20] 张玉明,陈鸣.旅游市场营销[M].广州:华南理工大学出版社,2005.

[21] 吴金林.旅游市场营销[M].北京:高等教育出版社,2007.

[22] 韩枫,黄永强.旅游市场营销[M].北京:电子工业出版社,2008.

[23] 李天元.旅游市场营销纲要[M].北京:中国旅游出版社,2009.

[24] 张英奎,姚水洪,贾天钰.现代市场营销学[M].大连:大连理工出版社,2007.

[25] 张俐俐,杨莹.旅游市场营销[M].北京:清华大学出版社,2005.

[26] 张传忠.市场营销理论与实务[M].广州:暨南大学出版社,2006.

[27] 舒伯阳.旅游市场营销[M].北京:清华大学出版社,2009.

[28] 王海云,柏静,万广圣,葛存山.市场营销学[M].北京:经济管理出版社,2008.

[29] 冯丽云，任锡源. 营销管理——理论、实务、案例[M]. 北京：经济管理出版社，2007.

[30] 王妙，朱瑞庭，刘艳玲. 市场营销学教程[M]. 上海：复旦大学出版社，2005.

[31] 杨益新. 旅游市场营销学[M]. 北京：清华大学出版社，2008.

[32] 丁宗胜. 旅游市场营销[M]. 南京：东南大学出版社，2007.

[33] 胡善风. 旅游市场营销学[M]. 合肥：安徽大学出版社，2009.

[34] 吕一林，杨延龄，李蕾，金占明. 现代市场营销学[M]. 北京：清华大学出版社，2000.

[35] 傅尔基，王芬. 现代市场营销学[M]. 北京：中国轻工业出版社，2000.

[36] 刘德光，陈凯，许杭军. 旅游业营销[M]. 北京：清华大学出版社，2005.

[37] 罗明义. 旅游经济学：分析方法·案例[M]. 天津：南开大学出版社，2005.

[38] 李晓. 服务营销[M]. 武汉：武汉大学出版社，2004.

[39] 张文建. 旅游服务营销[M]. 上海：立信会计出版社，2003.

[40] 冯丽云，程化光. 服务营销[M]. 北京：经济管理出版社，2002.

[41] 章海荣. 服务营销管理[M]. 北京：清华大学出版社，2009.

[42] 刘君强. 服务营销[M]. 成都：西南财经大学出版社，2007.

[43] 李怀斌，于宁. 服务营销学教程[M]. 大连：东北财经大学出版社，2002.

[44] 杨米沙. 服务营销——环境、理念与策略[M]. 广州：广东经济出版社，2005.

[45] 王永贵. 服务营销与管理[M]. 天津：南开大学出版社，2009.

[46] 苏日娜. 旅游市场营销[M]. 北京：机械工业出版社，2008.

[47] 辛建荣，陈扬乐，毕华. 旅游市场营销[M]. 哈尔滨：哈尔滨工程大学出版社，2012.

[48] 魏婧，潘秋玲. 近20年国外旅游目的地市场营销研究综述[J]. 人文地理，2008(2).

[49] 肖光明. 旅游目的地营销特点与策略研究——以肇庆市为例[J]. 热带地理，2008(9).

[50] 任春. 整合营销传播理论在旅游目的地营销中的应用分析[J]. 企业经济，2008(7).

[51] 王昌. 旅游目的地营销系统的整合应用[J]. 商场现代化，2007(12).

[52] 高静，章勇刚. 旅游目的地营销主体研究：多元化视角[J]. 北京第二外国语学院学报，2007.

[53] 陈波翀. 浅论旅游产品定价策略[J]. 价格理论与实践，2003(4)：49-50.

[54] 柴海燕. 世界金融危机对中国国际旅游贸易的影响及对策研究[J]. 经济问题探索，2009(12)：111-114.

[55] 郭伟，王颖，张薇. 河北省农民旅游市场开发的营销对策研究[J]. 消费导刊(理论版)，2009(9).

[56] 张敏. 非物质文化遗产国家公园旅游市场分析及定位[J]. 农村经济与科技，2009(20).

[57] 曹光杰. 蒙山旅游客源市场定位及营销策略[J]. 商业研究，2004(19).

[58] 李春芳，郝莱坞. 甘肃省红色旅游产品开发原则与定位[J]. 发展，2009(3).

[59] 白景锋. 南水北调中线水源区生态旅游SWOT分析及产品开发研究[J]. 商业研究，2008(9).

[60] 张曦月. 中小型旅游企业网络营销策划方案. http://www.sunnywom.cn/-post/

zhongxiao- lvyouqiye-wangluoyingxiaocehua.html，2008-8-2.

[61] 郑泽国. 旅游目的地营销的策略选择. 中国营销网，2009-7-2.

[62] 王淼. 旅游景区营销策略. http://www.davost.com/Intelligence/Vision/2008/10/29/1440384428.html，2008-10-29.

[63] 李蕾蕾. 深圳旅游景点的形象定位策略. http：//www.ct-invest.com/lygh/-024.htm

[64] 孙长胜. 新媒体时代：旅游目的地如何进行网络营销. http：//www. emkt.com.cn/article/446/44676.html，2009-12-15.

[65] 谭小芳. 旅游景区网络营销如何互动. http：//www.globrand.com/2008/91501. shtml，2008-10-29.